나는 전쟁범죄자입니다

나는 전쟁범죄자입니다

일본인 전범을 개조한 푸순의 기적

초판 1쇄 발행 2020년 1월 20일
초판 2쇄 발행 2020년 8월 20일

지은이 김효순
펴낸이 이영선

편집 김선정 김문정 김종훈 이민재 김영아 김연수 이현정 차소영
디자인 김회량 이보아
독자본부 김일신 김진규 정혜영 박정래 손미경 김동욱

펴낸곳 서해문집 | 출판등록 1989년 3월 16일(제406-2005-000047호)
주소 경기도 파주시 광인사길 217(파주출판도시)
전화 (031)955-7470 | 팩스 (031)955-7469
홈페이지 www.booksea.co.kr | 이메일 shmj21@hanmail.net

ⓒ 김효순, 2020
ISBN 978-89-7483-005-2 03900

이 도서의 국립중앙도서관 출판예정도서목록(CIP)은 서지정보유통지원시스템 홈페이지(http://
seoji.nl.go.kr)와 국가자료공동목록시스템(http://www.nl.go.kr/kolisnet)에서 이용하실 수
있습니다.(CIP제어번호: CIP2019053444)

일본인 전범을
개조한
푸순의 기적

김효순 지음

나는 전쟁범죄자입니다

서해문집

중국 성 지도

헤이룽장성(黑龍江省)

○ 하얼빈(哈爾濱)

◆ 쑤이펀허(綏芬河)

○ 창춘(長春, 신징新京)

지린성(吉林省)

선양(瀋陽, 펑톈奉天)

◆ 푸순(撫順)

○ 랴오닝성(遼寧省)

네이멍구자치구
(內蒙古自治區)

● 베이징(北京)

● 톈진(天津)

허베이성(河北省)

타이위안(太原) ○

닝샤후이족자치구
(寧夏回族自治區)

산시성(山西省)

산둥성(山東省)

칭하이성
(青海省)

◆ 옌안(延安)

깐수성(甘肅省)

산시성(陝西省)

허난성(河南省)

장쑤성(江蘇省)

○ 난징(南京)

● 상하이(上海)

안후이성(安徽省)

후베이성(湖北省)

쓰촨성(四川省)

○ 우한(武漢)

저장성(浙江省)

● 충칭(重慶)

후난성(湖南省)

장시성(江西省)

구이저우성(貴州省)

푸젠성(福建省)

윈난성(雲南省)

타이완(臺灣)

광시좡족자치구
(廣西壯族自治區)

광둥성(廣東省)

중국 동북 지도

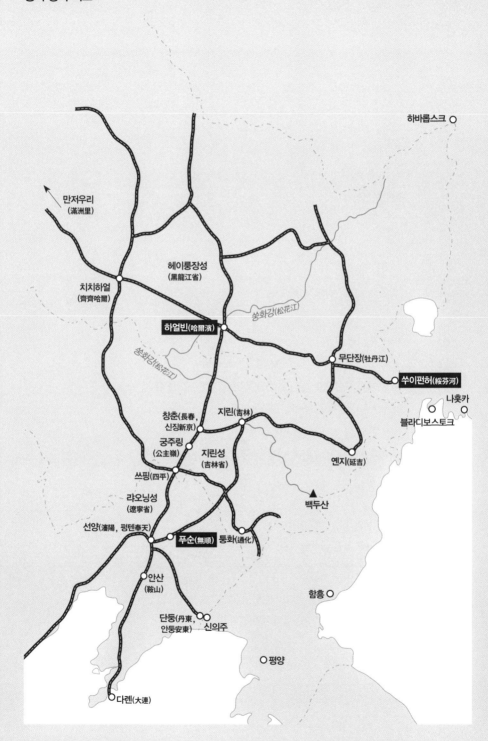

하바롭스크 ○

만저우리
(滿洲里)

헤이룽장성
(黑龍江省)

치치하얼
(齊齊哈爾)

쑹화강(松花江)

하얼빈(哈爾濱)

무단장(牡丹江)

쑤이펀허(綏芬河)

쑹화강(松花江)

나홋카 ○

블라디보스토크 ○

창춘(長春,
신징新京)

지린(吉林)

궁주링
(公主嶺)

지린성
(吉林省)

엔지(延吉)

쓰핑(四平)

랴오닝성
(遼寧省)

▲ 백두산

선양(瀋陽, 펑톈奉天)

푸순(無順)

퉁화(通化)

안산
(鞍山)

함흥 ○

단둥(丹東,
안둥安東)

신의주

○ 평양

다롄(大連)

차례

3 푸순의 기적

"두 번 다시 침략전쟁에 총을 들지 않겠다"

들어가는 글

1

남재희 선생은 한마디로 정형화하기가 쉽지 않은 분이다. 일선 기자를 포함해 신문사 생활을 오래한 뒤 정계로 나가 서울의 한 지역구에서 보수 정당 간판으로 내리 4선을 했다. 김영삼 정권에서는 노동부 장관을 지내 노동운동계에 지인이 많다. 공직에서 은퇴한 뒤에는 민주노동당 등 진보 정당의 출간물을 탐독하고 당내의 젊은 이론가들과 소주를 마시며 격의 없이 담소하는 것을 즐겼다. 이제는 고인이 된 노회찬 의원을 비롯해 심상정 의원 등 진보 정당의 유망주를 아끼고 심정적인 지원을 아끼지 않았다. 나이가 들수록 생각이 보수화되는 게 일반적인데 남재희 선생은 반대로 갔으니 흔한 경우는 아니다.

　남 선생에게서 들은 현역 기자 시절의 수많은 일화 가운데 참수에 관한 것이 있다. 직장에서 해직된다는 정도의 의미가 아니라 실제 칼로 목을 베는 것을 말한다. 한 신문사 선배가 편집국에서 이따금 일본도를 두 손에 움켜쥔 자세를 취하고 내려치는 시범을 보였다고 한다. 태평양전쟁 말기 일본 유학 중 학병으로 나간 그 선배는 일본군 장교 시절 중국인 포로의 목을 친 경험을 자랑스럽게 말했다. 칼날의 앞부분으로 확 내려쳐야 쉽게 떨어져 나간다는 얘기까지 곁들이면서 무용담을 늘어놓았다. 남 선생은 그를 참으로 부끄러움을 모르는 사람이라고 말하며 머리를 절레절레 흔들었다.

그는 도대체 무슨 생각으로 일본도 시범을 보이며 후배 기자들 앞에서 과시하듯 얘기했을까. 그는 참수 체험을 마음속에서 어떻게 정리했을까? 아니, 정리해보려고 고민을 하긴 했을까?

2

일본 군국주의의 침략전쟁에 동원된 일본군 장교는 목검으로 무예 단련을 하듯이 긴 칼로 적국의 군인이나 현지 주민의 목을 수시로 날렸다. 특히 중국 전선의 일본군이 가장 심했다. 이들에게 중국인의 목숨은 포로건 농민이건 그저 파리 목숨과 다름없었다. 참수가 마치 군사 교본에서 정해진 일상 훈련처럼 자행됐다.

《어느 B·C급 전범의 전후사ぁるB·C級戰犯の戰後史》라는 회고록을 남긴 도미나가 쇼조富永正三의 체험을 보자. 구마모토 출신인 도미나가는 1939년 3월 도쿄제국대학교 농학부 농업경제학과를 나와 4월에 만주양곡공사(후에 만주농산공사로 개칭)에 입사했다. 다음 해 2월 소집 영장이 나와 구마모토의 보병 13연대 보충대에 입영했다. 그는 신병 훈련을 받고 나서 간부 후보생에 지원했다. 일본군은 전선에서 소모율이 높았던 초급장교 보충을 위해 중학교(당시 5년 과정) 졸업 이상의 학력을 가진 신병에게는 간부 후보생 지원을 적극 권유했다.

그는 1941년 9월 후보생 교육을 마친 21명의 동기와 함께 중지中支 파견군 예하 보병 39사단 232연대에 수습사관(일본군 용어는 견습사관)으로 배치됐다. 일본은 당시 중국의 화북華北, 화중華中, 화남華南 지역을 북지北支, 중지, 남지南支 또는 북지나, 중지나, 남지나라고 했다. 그 지역을 통괄하는 상급 부대는 북지나방면군, 중지나방면군, 남지나방면군이라고 했다. 232연대의 주둔지는 후베이성湖北省 징먼현荊門縣이었다.

수습사관이 부임하면 연대의 교육 담당이 전담해서 일정 기간 훈련을 했다. 연대 집합교육 최종일 연대장의 명령으로 '우데 다메시(솜씨 시험)'라는 참수 훈련이 실시됐다. 중국군 포로나 항일운동 혐의자를 잡아서 일본도로 목을 베는 것이다.

훈련 전날 연대 교육계 다나카 소위는 수습사관 22명을 연대 본부 영창 앞으로 데려갔다. 그는 바닥에 보리 짚이 깔린 마구간 같은 흙방에 갇힌 사람들을 가리키며 "이것이 너희의 솜씨 시험 재료"라고 설명했다. 갇힌 중국인이 너무 말라서 이유를 물으니 다나카 소위는 내일의 계획을 위해 며칠 동안 거의 식사를 주지 않았다고 말했다.

훈련 당일 수습사관은 연대 본부 대지에 마련된 현장으로 갔다. 24명의 포로가 뒤로 손이 묶인 채 앉아 있었다. 눈은 손수건으로 가려졌다. 앞쪽에는 길이 10미터, 폭 2미터, 깊이 3미터의 큰 구덩이를 파놓았다. 연대장, 대대장, 중대장 등 장교들이 들어와 착석하자, 다나카 소위는 오사와 도라지로大澤虎次郎 연대장에게 경례한 뒤 "이제부터 시작하겠습니다"라고 보고했다. 사역병이 포로 한 사람을 일으켜 세워 저항하는 것을 발로 차 구덩이 앞으로 끌어다 놓았다. 육군도야마戶山학교에서 특별 교육을 받았다는 다나카는 39사단의 총검술 1인자로 알려져 있었다. 그는 수습사관들의 얼굴을 둘러보고 "사람의 머리는 이렇게 베는 것이다"라고 말하며 군도의 칼집에서 칼을 뺐다. 옆에 준비해놓은 물통에서 바가지로 물을 퍼 칼 양쪽에 뿌린 다음 군도를 한번 휘둘러 물기를 뺐다. 이어 포로의 뒤로 가 두 발을 벌리고 서서 허리를 낮추고 칼을 들어 올렸다. 그가 기합 소리와 함께 군도를 빠르게 내려치자 포로의 목이 1미터가량 날아가고 좌우 경동맥에서 두 개의 핏줄기가 분수처럼 솟았다. 몸통은 구덩이로 굴러떨어졌다.

시범을 보인 그는 맨 오른쪽에 선 수습사관을 다음 실행자로 지명했다. 그 후 순번대로 나가서 포로의 목을 베었다. 차례가 된 도미나가는 국제법에 어긋나는 비인도적 행위가 아닌가 하는 약간의 저항감이 있었지만, 그보다 절실한 문제가 있었다. 부임한 중대에서 하사관 이하 사병은 모두 역전의 용사였고 전투 경험이 없는 사람은 자신뿐이었다. 부하들의 눈빛은 본토의 병사들과 달랐다. 사람을 죽인 눈이었다. 그는 포로 하나 제대로 베지 못하면 야전 소대장으로 근무할 수가 없다는 생각이 들어 더 적극적으로 행동했다.

그는 교관의 시범대로 칼집에서 칼을 뽑아 물을 뿌리고 나서 포로 뒤에 서서 심호흡한 뒤 내려쳤다. 뭔가 손에 묵직한 느낌이 와 닿았다. 칼에 묻은 피를 물로 흘려보내고 종이로 씻으니 날이 빠진 데가 한 군데 있었다. 칼날이 턱뼈에 걸린 듯했다.

수습사관 22명은 모두 이렇게 '피의 세례'를 받았다. 내려칠 때 칼을 쥔 손이 흔들려 머리를 베는 바람에 눈가리개가 풀어진 포로도 있었다. 다나카 소위가 "찔러" 하고 고함을 치자 그 수습사관은 당황해서 뒤에서 심장을 찔러 마무리했다.

다나카는 마지막에 포로 한 사람이 남자 "희망자 있습니까?" 하고 물었다. 고참 중위가 나와서 새 칼의 포장을 푼 뒤 익숙한 손놀림으로 해치웠다. 다나카가 "이것으로 마칩니다" 하고 보고하자 연대장은 만족한 표정으로 자리에서 일어났다.

도미나가는 비로소 당당한 군인 한 사람 몫을 하게 됐다고 생각했다. 하지만 세월이 꽤 흐른 뒤에는 그때가 인간이기를 멈추고 살인귀로 전락한 시점이라고 깨달았다.

3

〈매몰된 전후〉는 일본의 공영방송 NHK가 제작한 수많은 다큐멘터리의 하나다. 1965년 4월에 방영된 29분짜리 흑백 영상물에는 한 중년 남자가 눈 덮인 산골짜기를 헤매고 다니며 뭔가를 찾는 장면이 되풀이된다. 주인공은 후쿠시마시福島市에 사는 54세의 오즈키 이치로大槻市郎라는 전직 군인이다. 육군 소좌로 만주국에서 군사고문을 했다.

그는 귀국 후 대부분의 일본군 장교가 하지 않았던 행보를 시작했다. 그는 중국 전선에서 숨진 옛 부하의 집을 하나하나 찾아다니며 유족에게 용서를 구했다. 상관으로서의 책임을 통감한다고 말했다. 평생 노력해도 다 속죄할 수 없다는 생각에 괴로워한 그는 전쟁 책임을 지는 일에 여생을 바치기로 했다. 전쟁 말기 후쿠시마현에는 약 1000명의 중국인이 끌려와 탄광이나 수력발전소 댐 공사장에서 강제노동을 했고 25명이 숨진 것으로 추정된다.

그는 척추 부상으로 두 다리에 약간 마비 현상이 있었지만, 코르셋을 차고 후쿠시마현의 산야를 몇 년째 걸어 다녔다. 일요일이면 산기슭의 마을을 찾아가서 주민에게 끊임없이 말을 건넸다. 일본에 끌려와 숨진 중국인의 유골을 찾아 속죄하고 싶으니 그들이 어디에 묻혔는지 가르쳐달라고 간청했다. 그 유골을 보내주어야 중국에서 숨진 일본인 유골을 찾는 데도 도움이 된다고 마을 주민을 설득했다. 처음에는 그의 얘기를 심드렁하게 흘려들던 주민들은 한결같이 찾아오는 그의 정성에 감복했다. 전후 20여 년간 중국인 희생자 얘기는 입에 담기조차 꺼렸던 마을 주민들은 매장 추정지를 알려주며 유골 발굴 사업에도 동참했다.

그는 주민들의 증언을 토대로 시굴을 하고 성과가 있으면 작업을 확대했다. 유골을 찾아내면 자택의 제단에 모시고 혼령에게 위로의 말을 건넸다. 〈매몰된 전후〉는 그가 생면부지의 중국인 유골을 찾기 위해 불편한 몸을 이끌고 설산을 헤매는 장면으로 끝난다.

오즈키는 후쿠시마현 일중우호협회 회장을 맡아 1970년 중국인 순난자殉難者 위령비를 세웠다. 일본에 부임한 중국 대사가 중·일 우호의 역사를 얘기할 때 꼭 언급할 정도로 그가 중국인 유골 발굴에 기울인 노력은 헌신적이었다.

4

오즈키 같은 사람이 정성을 다해 추진했던 유골 발굴 송환운동에 직접 연결되는 사건이 1950년대 후반 홋카이도에서 발생했다. 유골이 아니라 생존자가 등장한 것이다. '류롄런劉連仁 사건'의 시작이다.

고도 경제성장이 시작되면서 전쟁의 상흔과 교훈을 까맣게 잊어가던 일본에 중국인 강제 연행의 산증인이 돌연 나타났다. 1958년 2월 8일 홋카이도 산속에서 정체를 알 수 없는 한 남자가 토끼 사냥꾼에게 발견됐다. 군용방한 외투를 맨살 위에 걸치고 머리털은 2미터 정도로 자란 기이한 모습이었다. 얼굴은 창백하고 부어 있었다. 발견된 장소는 홋카이도에서도 눈이 많이 내리는 이시카리군石狩郡 도베쓰정当別町 산속의 구덩이였다. 구덩이 크기는 깊이 약 90센티미터, 넓이는 한 평(3.3제곱미터) 정도였고 바닥에 거적이

깔려 있었다. 그의 신원은 일본군이 1944년 9월 산둥성山東省에서 국내의 노동력 부족을 해결한다고 '노무자 사냥'을 할 때 끌려온 류롄런으로 밝혀졌다.

구조됐을 당시 홋카이도의 지역 언론을 제외한 중앙의 전국지들은 그다지 관심을 보이지 않았다. 2월 10일 자《마이니치신문》도쿄판은 화제성 기사를 다루는 사회면 잡기장에 실었다. 그것도 "때때로 산기슭 민가에서 옷이나 식품을 훔쳐서 살았다고 하는데, 훔친 장소나 일시를 전혀 기억하지 못해 정말인지 경찰도 고개를 갸웃하고 있다"라는 식의 흥밋거리로 취급했다. 한겨울에 영하 수십 도까지 떨어지는 홋카이도의 산속에서 한 개인이 외부의 도움 없이 장기간 생존하는 것은 불가능하다는 이유로 스파이설까지 나돌았다.《주간 아사히》는 3월 2일 자에 이 사건을 다루면서 '홋카이도의 설남雪男'이라는 제목을 달았다.

1950년대 중국인 유골 송환운동을 펼쳐온 '중국인포로순난자위령실행위원회'가 자민당 홋카이도 지부에 보관돼 있던 〈화인華人 노무자 명부〉를 조사해 "류롄런 내지內地 잔류"라는 표기를 찾아내자 정체를 둘러싼 시비가 사라졌다. 내지는 일본 본토를 가리킨다.

1913년생인 류롄런의 고향은 산둥성 가오미시高密市 차오보촌草泊村이다. 1944년 9월 하순 향리에서 농사일을 하는 그에게 군인 세 명이 나타나 다짜고짜 총구를 들이대고 밧줄로 묶어 끌고 갔다. 일본에 협력하는 친일 괴뢰정부 소속 병사였다. 당시 그의 처는 임신 7개월이었다. 가오미시 중심부에 들어서니 그처럼 끌려온 중국인 청장년 100여 명이 있었다. 다음 날 기차에 화물처럼 실려 칭다오역青島驛에 도착하니 산둥성과 허베이성 각지에서 끌려온 중국인이 잔뜩 있었다. 누런 군복으로 갈아입고 사진과 지장을 찍은 뒤 10월 11일 일본 화물선에 실려 칭다오항을 떠났다. 6일간의 항해 끝에 규슈의 모지항門司港에 도착했다.

류렌런

류렌런은 홋카이도까지 끌려가 우류군雨龍郡 누마타沼田의 메이지明治광업 탄광에 배치됐다. 11월 3일 탄광에 도착한 이래 주야 2교대로 하루 열두 시간씩 작업했다. 식사 시간 외에 휴식은 없고 식사 때 만두 한 개가 나왔다. 그는 학대와 굶주림을 견디지 못해 패전 직전인 1945년 7월 동료 넷과 함께 탈출했다. 뿔뿔이 흩어져 혼자 남은 그는 잡히면 무조건 죽는다는 생각에 꽁꽁 숨어 다녔다. 한겨울에는 구덩이 속에서 꼼짝하지 않고 추위를 견뎠다. 산속 도피 생활은 무려 12년 반이나 계속됐다.

당시 일본 총리는 기시 노부스케岸信介였다. 일본 헌정사상 최장수 총리가 된 아베 신조安部晋三의 외조부로, 패전 후 A급 전범 혐의로 스가모형무소에 수감됐다가 풀려났다. 기시에게 류렌런의 등장은 대단히 불편한 사건이었다. 기시 자신이 중국인 강제연행 피해자에게 큰 책임을 져야 하는 사람이었기 때문이다. 태평양전쟁을 일으킨 도조東條 내각이 1942년 11월 27일 '화인華人노무자 내지이입內地移入에 관한 건'을 결정했을 때 기시는 상공상이었다. 전시 중 일본 국내의 노동력 부족을 보완하기 위해 중국인 노무자를 데려온다는 이 정책의 결과, 주로 화북 지역에서 3만 8935명이 연행됐다. 이 중 학살, 고문, 탄압 등 가혹한 노동 환경에서 목숨을 잃은 사람이 6830명에 달했다. 이런 전력이 있는 기시가 류렌런의 강제연행 사실을 순순히 인정할 리가 없었다. 출입국 관리 업무를 하는 홋카이도 입국관리국은 류렌런에게 출두하라고 요청했다. 그가 노동 계약을 맺고 일본에 입국했다가 주저앉은 불법 잔류자라고 간주한 것이다.

이 무렵 삿포로시내 여관에 묵고 있던 류롄런에게 오카와라 고이치大河原孝一가 찾아왔다. 오카와라는 전쟁 말기 59사단에서 하사로 복무했다. 59사단은 1942년 산둥성 지난濟南에서 독립혼성 10여단을 주축으로 창설된 치안 사단이었다. 1945년 5월 소련군의 참전에 대비해 관동군 산하로 이동 명령을 받기까지는 주로 중국공산당 계열의 항일부대와 전투를 벌였다. 산둥성의 중국인 노무자 사냥에 직접 간여한 일본군 부대이기도 하다.

오카와라와 그의 옛 전우들은 류롄런을 지원하기 위해 열정적으로 활동했다. 류롄런은 입국관리국의 출두 요구를 거부하고 배상을 요구하는 성명을 발표했다. 일중우호협회, 일본평화연락위원회, 일중국교회복국민회의, 중국인포로순난자위령실행위원회, 중국귀환자연락회는 류롄런의 신병을 일본 정부에 위임하는 것에 반대하며 일본 정부의 책임을 추궁하기 위해 도쿄 상경을 추진했다.

류롄런이 2월 26일 도쿄에 도착하자 앞의 5개 단체에 노동조합총평의회, 탄광노동조합, 부인단체연합회가 가세해 연명으로 기시 총리에게 요망서를 제출했다. 이들은 류롄런의 강제연행 사실과 신원 확인, 귀국 이전의 구제, 정신적·육체적 손해에 대한 보상, 귀국 지원 등을 요구했다. 국회에서도 이 문제가 거론됐다. 기시는 일본 정부의 책임을 추궁하는 사회당 의원의 질의에 "중국인 노동자는 임의 계약으로 데려오는 것이 원칙이었다. 류롄런에 대해서는 계약의 유무를 둘러싼 법률론이 아니고 인도적 견지에서 대처한다"라며 강제연행 책임을 인정하지 않았다.

아이치 기이치愛知揆一 관방장관은 4월 3일 5개 단체와 만나 "정부 내에는 류씨가 화북노공勞工협회와 계약을 맺고 일본에 온 것이라고 주장하는 사람도 있다"라며 "정치 문제화하지 않고 조기에 귀국을 실현하는 것이 우선"이라고 말했다. 류롄런이 출국하기 이틀 전 일본 적십자사를 통해 아이치 관방장관의 서한이 전달됐다. "오랜 기간 고생하신 것에 진심으로 유감이라고 생각합니다. (……) 천천히 정양靜養하셔서 오래 건강하게 사시도록 기원합니다"라는 내용에 10만 엔이 동봉돼 있었다.

류렌런은 납치와 학대 사실을 인정하지 않고 사죄도 하지 않는 기시 내각의 자세에 분개해 편지와 10만 엔의 수령을 거부했다. 그는 배상을 포함한 일체의 청구권을 유보한다는 성명을 내고 일본 선박 하쿠산마루를 타고 귀국길에 올랐다. 배에는 중국인 희생자 84인의 유골도 실렸다. 그는 4월 15일 톈진天津의 탕구항塘沽港에 도착해 14년 만에 가족과 눈물로 재회했다. 중국 정부는 살아 돌아온 그에게 성대한 환영식을 베풀었다.

1990년대 들어 일본 정부를 대상으로 전후 보상을 요구하는 소송이 줄을 잇자 류렌런도 행동을 시작했다. 그는 1996년 3월 사죄와 보상 요구를 철저히 무시해온 일본 정부에 2000만 엔의 보상을 요구하는 소송을 도쿄 지법에 제기했다. 도쿄 지법은 2001년 7월 강제연행 사실을 인정하고 요구액 2000만 엔을 모두 지급하라는 전면 승소 판결을 내렸다. 이 판결은 중국인 강제연행, 강제노동의 법적 책임을 인정한 것은 아니지만, 중국인의 전후 보상 재판에서 처음 원고의 손을 들어준 것이다.

하지만 류렌런은 1심 승소 소식을 듣지 못했다. 아쉽게도 그는 2000년 9월 2일 세상을 떠났다. 그나마 1심 판결의 효력은 오래가지 못했다. 4년 뒤 도쿄 고법은 원고의 요구를 기각했고, 최고재판소는 2007년 고법 판결을 확정했다.

5

유아사 겐湯淺謙은 의사였다. 그는 "의사의 아들로 태어나지 않았더라면 일

개 병졸로서 적을 죽이거나 죽임을 당하는 일은 있더라도 자신에게 닥쳤던 사건을 겪지는 않았을 것"이라고 말했다. 그가 얘기하는 사건은 군의로 근무하면서 체험했던 생체해부, 세균전 실험 등 잔혹한 전쟁범죄에 관한 것이다.

일본군은 1931년 9월 중국의 동북 지방을 침략하면서 전선을 확대해갔다. 전투가 격화되면서 사상자가 급격히 늘어났다. 그에 따라 부상자 응급조치, 질병 치료, 감염병 방지, 위생 대책을 실행하기 위한 군의의 수요가 급증했다. 일본 군부는 부족한 군의를 채우기 위해 의과대학을 갓 졸업한 신참 의사를 징집해 단기 군의로 쓰거나 가난한 의과대학생에게 장학금을 지급해 장기 복무하도록 유도했다. 하지만 전장에서 중상을 입은 군인에게 응급 외과 수술을 할 수 있는 기량이나 경험을 가진 군의가 너무 부족했다. 일본 군부는 경험이 거의 없고 전공 분야가 제각각인 군의의 실습 훈련을 위해 중국인을 마르모트로 삼아 조직적으로 생체해부를 했다. 여기에는 종군간호부로 파견된 일본 적십자사 간호부도 참가했다. 사람의 생명을 다루는 의사로서의 직업윤리를 내팽개치고 엽기적 살인 행위를 자행한 이 악행의 최정점에 세균전 실험을 전문적으로 한 731부대가 있었다. 731부대의 부대장이나 간부진은 모두 명문 의과대학을 나온 의사였다.

일본 군부, 의학계가 한통속이 되어 저지른 범죄 행위는 패전 후 일본 사회에서 책임을 추궁당한 적이 없었다. 731부대에서 핵심 업무를 맡았던 이들은 미군에 실험 자료를 넘기는 조건으로 면죄부를 받았고, 아무 일도 없었던 듯 의과대학이나 유명 제약 회사에서 자리를 잡아 사회생활을 했다.

유아사가 남다른 점은 철저히 입을 닫은 대부분의 군의 출신과 달리 진솔하게 자신의 죄를 고해한 것이다. 그는 90세가 넘어서도 일본 사회를 비판하는 증언 활동을 계속하면서 속지 말라고 호소했다. 그는 "침략전쟁의

일본의학회 집회에 군도를 차고 참석한 세균전 실험부대 731부대의 지휘부. 이시이 시로 731 초대 부대장(앞줄 왼쪽에서 다섯 번째), 기타노 세이지 2대 부대장(앞줄 오른쪽에서 네 번째)

최고책임자는 그대로 버티고 있다. 책임을 분명히 하지 않는다. 사실도 인정하지 않고 입발림의 사죄로, 돈으로 끝내려 한다. 아주 야만적인 국가"라고 전후 일본이 걸어온 길을 신랄하게 비판했다.

그의 전쟁 체험은《지울 수 없는 기억消せない記憶: 湯淺軍醫生體解剖の記録》이라는 책에 생생하게 기록돼 있다. 한 작가가 유아사를 9개월 동안 취재해 1981년 7월 출간한 것이다.

1916년 10월 개업 의사의 차남으로 사이타마현埼玉縣에서 태어난 유아사는 경제적 어려움 없이 유복하게 자랐다. 관동대지진을 일곱 살에 겪었다. 집을 포함해 주변 일대가 다 타버려 오갈 데가 없었다. 하는 수 없이 부친이 의사가 되기 전 조수를 했던 노무라 의사의 집으로 가서 신세를 지기로 했다. 폐허로 바뀐 시가지를 걸어가는 도중 대나무나 몽둥이를 든 자경단이 경계하는 것을 봤다. 조선인이 죽창을 들고 공격한다는 얘기가 돌았는데, 당시는 누구도 그것을 유언비어로 생각하지 않았다. 누나가 누군가가 물으면 제대로 대답하라고 주의를 줬다. 말을 똑바로 사용하지 않으면 조선인으로 착각될 수 있다고 했다. 노무라 의사 집에 도착해 이불 속에서 꿈같은 기분으로 자고 있을 때도 개가 짖으면 모두 조선인이 왔다고 이불 위에 앉아 떨었다.

1929년 제1도쿄시립중학교(5년제)에 입학했다. '도련님 학교'라고 불릴 정도로 중간계급 자녀가 많았다. 학교 인근에 야스쿠니신사가 있어 등하교 때 그 앞에서 절을 하도록 교육받았다. 1934년 지케이慈惠의과대학 예과에 들어갔다. 일본 최초의 사립 의학 전문학교로 1921년 대학으로 승격됐는데, 게이오기주쿠대학 의학부, 니혼의과대학과 함께 3대 사립 의과대학의 하나로 꼽혔다. 아버지의 대를 이어 의사를 하려고 들어온 학생이 제법 있었다. 동기생 가운데는 반전사상을 가져 치안유지법 위반 혐의로 체포된 경험이 있는 사람도 있었지만, 유아사는 그런 일에 관심을 두지 않고 모범생으로 공부했다. 의과대학 축제 때 일부 학생 그룹이 야외극으로 스페인내전을 공화국 입장에서 연출하려다가 영어 교수의 만류로 중지되기도 했다.

1941년 봄 졸업한 유아사는 4월에 도쿄 고마고메駒込병원의 내과의로 갔다. 메이지 초기 콜레라가 창궐함에 따라 1879년 고마고메 '피병원避病院'으로 개설된 병원이다. 언젠가 전쟁터로 가지 않으면 안 되니 감염병 공부를 하려고 일부러 감염병 전문 병원을 선택한 것이다. 동기생 다수는 대학의 의국에 남았다.

군문에 들어가는 것은 바로 닥쳐왔다. 그해 6월 근시로 1을종을 판정받고 10월 20일 홋카이도 아사히카와의 7사단 보병 28연대에 입대했다. 소련과 전쟁할 것을 대비해 북방에 배치된 7사단은 정예부대였다. 일부를 제외하고는 태평양전쟁 중에도 천황 직속 예하 부대였기에 '움직이지 않는 사단'이라는 별명이 붙었다.

지케이의과대학, 홋카이도대학 의학부 졸업생은 7사단에 입영해 2개월간 군사훈련을 받고 중위로 임명됐다. 유아사의 동기생은 23명이었다. 통상 군의를 지원해 임관된 사람은 2년간 근무 후 자원하지 않으면 예비역이 됐다. 하지만 전쟁이 길어지자 예비역 편입과 동시에 재소집되는 군의가 많았다. 의과대학 재학 중 군에서 학비를 지급받은 '군의 위탁생'은 졸업 후 장기 복무를 해야 했다.

의과대학을 졸업한 뒤 군의를 지망하지 않고 사병으로 입대한 사람은 '국가에 대한 충성심이 부족한 자'로 간주돼 부대에서 시달림을 받았다. 소극적 반전 행위를 실천한다는 생각에 군의를 지망하지 않은 사람이 제법 있었다. 이들은 전후 '전일본민주의료기관연합회(약칭 전일본민의련 또는 민의련)' 결성에 참가해 활동했다. 1953년 출범한 민의련은 '무차별·평등 의료와 복지 실현을 추구하는 조직'이라는 강령을 내걸었다.

유아사는 군사교육을 받으며 전장에서 죽을지도 모른다는 실감이 들었다. 교관으로 나온 후루야 군의 대위는 소련과의 노몬한Nomonhan 전투(1939년 만주와 몽골 국경인 노몬한에서 일어난 소·일 간의 국경 분쟁)에 참전한 경험이 있었다. 그는 "결코 포로가 되어서는 안 된다고 교육받았기 때문에 철수할 방법이 없으면 잡히기 전에 자결해야 한다"라고 말했다. 그는 자결할 때 어떻게 해야 하느냐는 교육생의 물음에 "허리춤에 찬 권총은 전투용이 아니라 자결용이다. 입안에 대고 쏘면 호흡중추가 망가져 바로 죽을 수 있다"

라고 가르쳐주었다.

1942년 1월 10일 신참 군의의 부임지가 발표됐다. 유아사의 부임지는 산시성山西省 루안潞安 육군병원이었다. 루안의 현재 이름은 창즈長治다. 산시성의 성도 타이위안太原에서 남동쪽으로 229킬로미터 떨어진 곳이다.

규슈 모지에 있는 선박사령부로 1월 22일 집합하라는 지시를 받고 유아사는 도쿄로 가서 지케이의과대학, 고마고메병원에 인사를 다녔다. 군국주의 광풍이 몰아치던 당시 일본 사회에서 젊은이가 영장을 받아 입영할 때 가족은 살아서 돌아오라는 말을 하지 못했다. 죽어서 돌아오면 천황을 위해 목숨을 바친 명예의 전사로서 인정받는다는 분위기가 지배했다. 유아사는 아버지에게 포로가 되면 자결할 수밖에 없으니 청산가리를 달라고 요청했다. 아버지가 주지 않자 그는 몰래 뒤져서 갖고 나왔다.

1월 23일 오전 5000톤급 여객선을 타고 모지항을 출발해 탕구로 향했다. 배 안에서도 군복 입은 사람은 특별히 대우받았다. 군의는 1등 객실에 묵었다. 탕구에서 열차로 베이징으로 가 정거장사령부가 소개하는 병참여관에 묵었다. 다음 날 열차로 24시간을 달려 타이위안에 도착했다. 타이위안에는 북지나방면군 예하의 1군 사령부가 있었다. 1군 사령부 군의부에 가서 신고하고 다음 날 아침 산시성을 남북으로 종단하는 협궤철로인 둥루선東潞線(현재 타이위안과 자오쭤焦作를 잇는 타이자오선太焦線)을 타고 루안으로 향했다. 당시 팔로군은 타이항산과 타이웨산에 항일 근거지를 만들어 철도 연변을 경비하는 일본군을 공격하고 선로를 파괴했다. 열차 운행도 빈번히 중단됐다. 유아사는 열두 시간 후 루안에 도착했다. 역에 위생병이 트럭을 몰고 나와 맞이했다. 다음 날 아침 당번병이 따뜻한 세숫물을 들고 나타났다.

산시성과 허베이성河北省, 허난성河南省의 경계에 위치한 루안에는 36사단 사령부가 있었다. 36사단은 일본이 중국과 전면전으로 거대한 중국대륙의 늪에 빠지게 되자 광활한 점령 지역 경비를 위해 1939년 2월 신설한 여섯 개 사단 중 하나다. 남방전선이 악화되자 1943년 11월 뉴기니로 이동하라는 명령을 받고 현지에서 패전을 맞았다.

루안육군병원은 북지나방면군 직속이지만, 지휘는 타이위안의 1군 사령부에서 받았다. 3등 육군병원으로 중좌인 병원장과 군의 여덟 명, 치과군의 한 명, 약제관 한 명, 경리 한 명, 서무 한 명이 근무했고, 그 밖에 준사관·하사관 20명, 위생병 70명, 간호부 10명, 군속 수명에 중국인 노무자 20명 정도가 일했다. 시설은 내과병동, 외과병동, 전염병동으로 나뉘어 있었고, 병원장의 뜻에 따라 특별병동을 두기도 했다.

야전병원에서는 위생병이 간호 업무를 하지만 육군병원에는 소집된 일본 적십자사 간호부가 있었다. 전선이 확대되자 많은 간호부가 소집돼 육해군대신의 관리 대상이 됐다. 일반 병사와 마찬가지로 붉은 종이에 인쇄된 전시소집장이 발부되면 가정 형편에 관계없이 응해야 했다. 연인원 약 3만 5000명이 소집돼 1124명이 사망했다.

의료 기자재, 약품, 뢴트겐 필름 등은 궁핍했던 본토의 민간 병원과는 비교가 되지 않을 정도로 충분히 갖춰져 있었다. 군의는 오전 9시에 출근해 회진을 돌면서 간호부, 위생병에게 투약을 지시하고 오후엔 장교 식당에서 점심식사를 한 후 특별 회의에 참석하거나 위생병, 하사관 교육을 했다. 밤에는 당직자 외에는 자유였다. 당직이 아니면 장교 숙사에서 음주, 마작, 바둑으로 소일했고, 장교 클럽이나 요정에 놀러 다녔다. 유아사는 부임 초기에는 자중하다가 동료와 함께 폭음을 하거나 조선인 '기루'에 가서 놀았다.

루안에 온 지 1년 1개월이 지난 1942년 3월 중순 유아사가 은근히 걱정하던 그 일이 터졌다. 장교 식당에서 점심을 먹은 직후 병원장이 잡역 여직원을 물러나게 한 뒤 낮게 깔린 목소리로 "오늘은 오후 1시부터 수술 연습을 하니까 전원 집합"이라고 말했다. 유아사는 드디어 올 것이 왔다고 생각했다. 지케이의과대학 재학 중 군의가 되어 중국대륙에 가면 생체해부를 할 기회가 있는 것 같다는 말을 이미 들었기 때문이다. 중국에 간 군의는 대부분 그것을 한다는 것이 의학생 사이에 공지의 사실이었다. 유아사도 어렴풋이 각오하고 있었다.

생체해부는 군의 정식 명령을 받아 실시됐는데, 야전부대에 배치된 군의를 소집하는 것이니 준비 작업에 상당히 시간이 걸렸다. 1군의 경우 생체수술 훈련은 1군 군의부가 육군병원이나 각 사단 여단에 명령을 내리면 실시됐다. 유아사가 처음으로 참가한 생체해부 훈련은 36사단 야전부대 군의 교육을 위한 것으로, 루안육군병원은 훈련 실시를 보조하는 역할이었다. 36사단 야전부대 군의 37명 내지 38명 가운데 12명 정도가 참가했고, 루안육군병원에서 신참 군의 5명을 포함해 7, 8명이 동참했다.

유아사는 떨떠름한 기분으로 해부실 쪽으로 걸어갔다. 평소 보이던 중국인 노무자가 아무도 없었다. 해부실 입구에는 위생병이 착검을 한 채 경계를 섰다. 생체 훈련은 공공연한 비밀로, 중국인조차 모르는 사람이 없다는 느낌이 들었다. 해부실 한쪽 구석에는 농사꾼, 작업복 차림의 두 사람이 손이 뒤로 묶인 채 있었다. 군의들은 태연히 담소하고 있고, 간호부 두 사람은 두 대의 수술대 옆에 메스, 가위, 겸자 등 수술도구를 갖춰놓았다.

생체해부는 담배를 권하는 것으로 시작됐다. 병원장이 실험 대상이 된 두 남자에게 담배를 피우도록 했다. 체격이 큰 남자는 머리를 흔들어 거부했고 작은 체구의 남자는 담배를 물었다. 흡연이 끝나자 위생병이 두 사람에게 앞으로 나오라고 신호했다. 큰 남자는 각오한 듯 침착하게 나와 수술대에 누웠다. 작은 남자가 비명을 지르며 나오려고 하지 않자 위생병이 밀어냈다. 그는 결국 저항을 포기하고 수술대에서 비명을 질렀다. 간호부가 아프지 않다고 달래며 마취용 마약을 놓았다.

군의들은 두 개 반으로 나뉘어 두 개의 수술대를 둘러쌌다. 요추마취를 하고 효과가 나타나자 전신마취를 했다. 유아사는 저항하던 작은 남자 쪽에 섰다. 가장 먼저 한 것은 맹장염 때 잘라내는 충수 적출이었다. 두 번째는 지혈대를 해놓고 두 팔을 절단도로 잘라내 혈관을 봉합했다. 이어 지혈대를 서서히 느슨하게 해 출혈이 거의 없도록 하면서 피부근육을 봉합하는 것이다. 포탄 파편으로 팔다리에 중상을 입었을 때 하는 수술이다. 다시 복부를 절개해 탄환이 관통했을 경우에 하는 장 봉합을 연습했다. 이미 몸이 난도질된 사람에게 기관 절개까지 했다. 후두가 손상을 입어 혈액이 고이면 호흡곤란에 빠지기 때문에 외부에서 구멍을 내는 수술이다.

생체해부 훈련은 오후 4시께 끝났다. 야전부대에서 온 군의들은 돌아가고 간호부도 나갔다. 병원장, 군의, 위생하사관 등 일고여덟 명이 해부실에 남았는데, 수술대 위의 두 중국인은 가냘프게 호흡을 계속했다. 병원장이 2시시cc 주사기로 심장에 5~6회 공기를 주입했으나 호흡 상태에는 변함이 없었다. 군의들이 목을 졸라 경동맥을 압박했으나 마찬가지였다. 옆에 있던 상사가 "마취약을 정맥에 주사하면 직방입니다"라고 말했다. 왼쪽 팔 정맥에 마취제를 넣자 두 사람은 5~6회 약하게 기침한 뒤 숨이 멈췄다. 유아사는 그날 밤 기분 전환을 위해 동료 군의들과 어딘가에 가서 난리를 친 것으로 기억한다.

유아사는 이후에도 여러 차례 생체해부 실험에 입회했다. 회를 거듭할수록 이런 잔혹한 실험이 루안육군병원이나 1군 산하 부대뿐만 아니라 중국에 진주한 전체 부대에서 행해지고 있다는 확신을 갖게 됐다. 두 번째 실험은 1942년 가을 루안육군병원 주도로 36사단 군의를 모아 실시했다. 실

헤이룽장성 핑팡의 731부대 터에 남아 있는 보일러 굴뚝. 731부대는 패전 직전 세균전 실험관련
시설을 철저히 파괴하고 긴급 대피하라는 명령을 받고 한반도를 거쳐 일본으로 종적을 감추었다.
그 일대는 폐허가 됐는데, 현재 발굴 복원작업이 진행되고 있다험 대상 준비는 중국인 두 명을 헌병대에서 받아와 인수증을 써주면 끝이었다.

세 번째는 1군 사령부가 있는 타이위안에서 열렸다. 1군 산하 군의 40~50명이 모여 첫날은 방역급수부 강당에서 군사의학, 특히 내과·외과 강의를 들었다.

다음 날 오전 강의가 끝난 뒤 군의부장 효도 슈키치兵頭周吉 소장이 와서 "모두에게 도움이 되는, 재미있는 것"을 해주겠다고 말했다. 그는 오후 예정을 변경해서 타이위안감옥에 집합하도록 명령했다. 점심식사 후 감옥에 모인 군의 앞에 육군성 법무부의 흰 견장을 단 군속 두 명이 뒤로 손이 묶인 중국인 남자 두 명을 끌고 와 앉게 했다. 15미터 정도 떨어진 거리였다.

군속은 군의 교육 담당자를 향해 "괜찮습니까?" 하고 말하고는 갑자기 권총으로 중국인 복부를 네다섯 차례 쏘았다. 군의 네다섯 명이 피를 흘리며 신음하는 남자들의 발을 잡고 옆방으로 옮겨 탄환 제거 수술을 시작했다. 탄환 적출을 끝낸 뒤까지 살아 있느냐의 여부가 수술의 성패를 가리는 기준이 됐다. 수술이 한창 진행되는 중인데 중국인 두 명이 총에 맞아 들것에 실려 왔다. 탄환 적출 수술을 하는 동안 다른 군의는 사지 절단이나 기관 절개를 했다.

731부대를 만든 장본인인 이시이 시로石井四郎도 한때 1군 군의부장으로 있었다. 그는 1942년 8월 731부대장에서 1군 군의부장으로 전보됐다가 1년 뒤 도쿄 육군군의학교로 옮겼다. 1945년 3월 군의 중장으로 승진하면서 다시 731부대장으로 돌아간 그는 소련의 참전 직후 대피하라는 긴급 지시를 받고 일본으로 줄행랑쳤다. 그는 어떤 처벌도 받지 않고 1959년 10월 자연사했다.

유아사는 1944년 4월 루안육군병원의 서무주임이 됐다. 그는 베이징의 북지나방면군에서 생체해부 교육에 관한 극비 명령이 온 것을 처음으로 봤다. 군의의 질이 떨어져 실전에 도움이 되지 않으니 수술 연습을 자주 하라는 지시였다. 유아사는 격월로 연 6회 수술 연습 계획을 세워 병원장에 보고하고 1군 군의부, 방면군 군의부에 보냈다. 그 무렵 일본 군부는 부족한 전투 병력을 채우기 위해 나이 든 사람까지 재소집했고, 병사들은 사기가 떨어져 병력 손실이 컸다. 보급품이 떨어져 대나무 수통을 차는 병사까지 등장했다. 결국 부대 이동 등의 사유가 겹쳐 군의를 집합시키는 게 쉽지 않아 연 3회 실시로 축소됐다.

6

앞에서 길게 또는 짧게 언급한 일본인은 몇 가지 공통점을 갖고 있다. 첫째, 일본이 중국에서 침략전쟁을 자행했을 때 중국 전선에서 일본군의 하부 구성원으로 침략 정책의 일익을 담당했다.

둘째, 패전 후 소련과 중국에서 장기 억류된 경험이 있다. 소련이 진주한 동북 3성(만주)이나 북한에서 소련군 포로가 되어 시베리아로 끌려가 5년간 억류됐다가 전범으로 중국에 송환돼 6년간 수용됐다. 중국인 참수 행위로 살인귀로 전락했다는 도미나가 쇼조, 중국인 유골 발굴에 여생을 바친 오즈키 이치로, 강제연행의 산증인 류렌런 지원운동을 한 오카와라 고이치가 여기에 속한다. 이들은 중국에서 랴오닝遼寧省성의 푸순撫順 전범관리소에 주로 수용됐다. 일본군의 조직적인 생체해부 훈련을 증언한 유아사 겐은 이들과 달리 패전 후 산시성 타이위안에 남아 의사를 하다가 전범으로 체포돼 타이위안전범관리소에 있었다.

셋째, 중국이 1956년 수감 중인 일본인 전범 1000여 명 가운데 45명만

기소해 특별군사법정에 회부하고 나머지는 기소 면제로 석방했을 때 풀려나 패전 후 11년 만에 일본에 귀국했다.

넷째, 자신이 저지른 죄행을 진지하게 반성하고 침략전쟁의 진실을 증언하며 반전평화운동에 앞장섰다.

푸순과 타이위안의 전범관리소에서 돌아온 일본인의 삶은 순탄치 않았다. 일본 사회는 장기간 억류됐다 돌아온 이들이 베이징 공산주의 정권을 비난하기는커녕 중국의 인도적 관대 조처로 인간성을 되찾았다고 말하는 것을 보고 '세뇌된 사람', '빨갱이'이라는 딱지를 붙였다. 이들은 바로 공안 기관의 사찰 감시 대상이 됐고 취직 등 사회생활에서도 차별받았다.

이들은 사회의 냉소와 비웃음에 굴하지 않고 귀국한 다음 해인 1957년 중국귀환자연락회(약칭 중귀련)를 설립해 일·중 간의 우호와 국교 정상화, 중국인 유골 반환운동, 침략전쟁의 진실 알리기 운동을 본격적으로 시작했다. 당시 일본과 신중국 사이에는 정식 국교가 없었다. 일본은 1952년 4월 사회주의권 국가를 배제한 채 진행된 샌프란시스코강화조약 발효로 주권을 회복한 뒤 미국의 압력으로 타이완과 '일본과 중화민국 간 평화조약'을 체결했다. 신중국과의 전쟁 상태는 1972년 중일공동성명으로 두 나라가 국교를 회복하고 나서야 비로소 종료됐다.

중귀련 회원은 책자 발간이나 공개 강연을 통해 중국인 포로와 민간인 학살, 약탈과 방화, 생체해부, 전시 성폭행, 세균전 실험, 노무자 강제연행 등의 전쟁범죄를 생생하게 증언하는 활동을 벌였다. 2000년 12월 도쿄에서 성노예로 동원된 군'위안부' 문제를 심판하기 위해 열린 여성국제전범법정에 나와 위안소 운영을 폭로한 두 명의 증인도 중귀련 회원이었다.

전장에서 살아 돌아온 대다수의 퇴역 군인이 입을 닫았던 일본의 현실에서 중귀련이 집단적으로 '가해자 증언'을 계속한 것은 높이 평가할 만하다.

중귀련의 최대 무기는 회원들이 전장에서 직접 저지르거나 목격한 각종 전쟁범죄의 생생한 체험이었다. 참전 군인이 공통의 인식 아래 모여 자연적으로 수명이 다할 때까지 전쟁범죄 증언을 계속한 것은 역사상 유례를 찾기가 쉽지 않을 것이다. 중귀련은 일본의 보수 정치 세력이나 극우 단체가 과거의 침략전쟁을 미화하고 역사 교과서 왜곡, 수정 작업을 추진하면 거세게 항의했다.

중귀련은 중국이 1987년 푸순전범관리소를 보수해 일반에 공개하기로 했다는 방침을 듣고 그곳에 사죄비를 세우기로 의견을 모았다. 중국 당국과 교섭해 푸순전범관리소 터에 '향항일순난열사向抗日殉難烈士사죄비'를 건립했다. 1988년 10월 22일 거행된 제막식에는 중귀련에서 도미나가 쇼조 회장 등 19명의 중귀련 대표단이 참석했다. 대리석, 화강암으로 만들어진 높이 6.37미터의 이 비는 항일운동을 하다 희생된 중국인 열사들에게 바치는 조형물이다. 사죄비를 세우는 데 들어간 총 비용 1500만 엔은 중귀련이 그간 발간한 증언집의 인세와 회원 모금으로 조달했다. 비문의 내용은 다음과 같다.

우리는 15년에 이르는 일본 군국주의의 대중국 침략전쟁에 참가해 태우고, 죽이고, 약탈하는 도천滔天(하늘까지 넘칠 정도로 엄청나다)의 죄행罪行을 범하고 패전 후 푸순과 타이위안의 전범관리소에 구금됐습니다. 거기서 중국 공산당과 정부, 인민의 '죄는 미워하되 사람은 미워하지 않는다'는 혁명적 인도주의 처우를 받고 처음으로 인간의 양심을 되찾아, 뜻밖의 관대한 정책으로 한 명도 처형된 사람 없이 귀국이 허용됐습니다.

이제 푸순전범관리소를 복원하니, 이곳에 비를 세워 항일 순난 열사에게 한없는 사죄의 성의를 바치고 다시 침략전쟁을 허용하지 않는 평화와 일·중 우

들어가는 글

중국귀환자연락회가 1988년 푸순전범관리소 터에 세운 사죄비

호의 서약을 새겼습니다.

중귀련 회원은 "증언하지 않으면 살 이유가 없다"라며 일본 곳곳에서 증언 활동을 끈질기게 계속했지만, 세월의 흐름에는 어찌할 방도가 없었다. 회원이 하나둘 세상을 떠나고 생존해 있더라도 노쇠해서 대외 활동을 접을 수밖에 없게 됐기 때문이다. 중귀련은 2002년 4월 공식 해체를 결정했다.

이와 동시에 중귀련의 정신을 이어가기 위해 '푸순의 기적을 이어가는 모임'이 구성돼 활동을 시작했다. 시민단체 활동가, 학자, 언론인, 대학생, 일반 시민 등이 참여한 이 모임은 푸순전범관리소에서 옛 전범이 인간의 양심을 되찾고 갱생한 것을 '기적'으로 평가하고 인류문화유산으로 삼아야 한다고 제창했다. 이들의 노력으로 2006년 11월 도쿄도 인근의 사이타마현 가와고에시川越市에 '중귀련평화기념관'이 문을 열었다.

중귀련 회원은 푸순전범관리소에 있지 않았다면 다른 생존 군인과 마찬가지로 일상생활에 파묻혀 전장에서 저질렀던 행위를 기억에서 지운 채 입을 닫고 살았을 것이라고 말한다. 도대체 60여 년 전 푸순에서 무슨 일이 있었던 걸까? '푸순의 기적'이란 무엇인가? 기적은 실제로 존재했던 걸까?

일본의 수구 극우 세력이 집요하게 차단하고 흠집 내려 했던 중귀련 회원들의 피맺힌 증언은 일본 사회에서 점점 묻혀가고 있다. 우리마저 기억을 이어가는 작업에 관심을 보이지 않는다면 완전히 망각의 저편으로 사라질지도 모른다. 그들의 고백과 삶의 여정, 일본 사회의 반응을 분석해보는 것은 일본이 왜 갈수록 보수, 우경화되고 한일 역사 갈등이 이렇게까지 증폭됐는지 이해하는 지름길이기도 하다.

01

중화인민공화국 정부와 인민은 '죄는 미워하더라도 사람은
미워하지 않는다'는 인도주의에 따라 나를 처리했다. 죄를
심리하는 데 아주 신중했고, 줄곧 진리 추구로 일관하면서 관대한
정책 처리로 임해 나는 중국 인민으로부터 생명을 받았다.

전범 개조

"살인귀"에서
"선한 사람"
으로

'마지막 전범'의
귀환

패전 후 19년 만의 석방

1964년 4월 7일 오후 도쿄의 하네다공항에는 거센 비바람이 몰아쳤다. 홍콩에서 출발한 일본항공 여객기가 이날 밤 7시 55분 악천후를 뚫고 무사히 착륙하자 다수의 보도진이 몰려들어 북새통을 이루었다. 이 여객기에는 중국에서 전범 혐의로 장기간 수감됐던 일본인 전범 3인이 탑승하고 있었다. 일본 언론은 이들의 입국을 '마지막 전범'의 귀환이라고 표현했다.

마지막 전범으로 규정한 이유는 일본이 제2차 세계대전에서 패망한 후 연합군 주도로 각지에서 진행된 군사법정에서 극형을 선고받고 처형된 사람을 제외하면 대부분의 일본인 전범이 오래전에 풀려났기 때문이다. 미국, 영국, 오스트레일리아, 네덜란드 관할의 군사법정에서 유기형을 받은 전범은 일본이 샌프란시스코강화조약 발효로 주권을 회복하기 전에 일본으로 이송돼 1950년대 후반에 이르면 슬금슬금 다 풀려났다. 소련은 도쿄 군사재판에서 미국의 은폐로 전혀 다뤄지지 않았던 731부대의 세균전 실험 관련자를 비롯해 관동군 지휘부를 하바롭스크군사법정 등에 회부해 중형을 선고했다. 하지만 1956년 소·일 국교 정상화를 계기로 그해 연말까지 수감된 일본인 전범을 모두 귀국시켰다. 일본이 항복한 후 중국대륙에서 대외적으로 전승국의 지위를 대표했던 장제스蔣介石의 국민당 정권은 한동안 일본인 전범 처리에 관심을 보이다가 국공내전에서 밀리기 시작하자 오히려 잔류한 일본 군부의 도움을 노골적으로 청했다. 그 결과 국민당 정권의 전범 처리는 급격히 흐지부지됐다.

마오쩌둥毛澤東의 신중국은 다른 전승국에 비해 전범 처리가 상당히 늦었다. 일본의 패전 이후 4년 넘게 지속된 국공내전에서 승리해 사회주의 국가를 선포했지만, 통치 기반을 정비하고 적대적 국제 환경에 적응하느라 경황이 없었기 때문이다. '전범 개조 작업'과 면밀한 조사와 증거 수집 작업을 거쳐 실제로 전범재판이 시작된 것은 1956년 6월이다. 랴오닝성과 산시성의 성도인 선양瀋陽과 타이위안에서 동시에 열린 특별군사법정에서 대부분의 전범은 불기소처분으로 풀려났고, 45명만이 기소돼 유죄판결을 받았다.

신중국이 벌인 전범재판의 특징 가운데 하나는 사형수가 한 명도 나오지 않았다는 점이다. 무기형도 없었다. 유죄가 선고된 사람은 금고 8년에서 20년의 형을 받았다. 극형을 받아 처형된 사람이 전혀 없었다는 점은 다른 전승국의 일본인 전범재판과 크게 다른 점이다. 도쿄군사법정에서는 A급 전범 일곱 명에게 교수형이 선고돼 집행됐고, B·C급 전범재판에서는 포로 학대나 민간인 학살 혐의로 사형이 선고된 사람이 984명에 이른다. 이 중 일제강점기 말 포로감시원으로 동원됐다가 어처구니없게 죽은 조선인이 23명을 차지한다.

'마지막 전범' 3인은 1956년 특별군사법정에서 중형을 선고받고 복역 중 만기 전에 풀려나 귀국이 허용됐다. 사이토 요시오齋藤美夫 전 만주국 헌병

훈련처 처장과 도미나가 준타로富永順太郎 전 화북교통참여華北交通參與는 금고 20년, 조노 히로시城野宏 전 산시성장 고문은 금고 18년을 선고받았다.

사이토는 일본 육사를 나와 주로 헌병 병과의 보직을 맡아왔고, 조노는 일본 패망 후 산시성에 남아 일본의 권토중래를 꿈꾸며 팔로군과 전투를 벌이다 체포됐다. 도미나가는 중일전쟁 기간뿐만 아니라 전후에도 특무기관원으로 암약해 베일에 가려진 인물이다. 사이토는 선양특별군사법정에서, 조노와 도미나가는 타이위안특별군사법정에서 재판을 받았고, 형이 확정된 후에는 푸순전범관리소에 수용돼 풀려날 때까지 함께 기거했다. 푸순전범관리소의 일본인 전범은 순차적으로 계속 석방돼 1963년 8월에는 여덟 명이 남았고, 9월 1일에는 다섯 명이 풀려나 세 명만 남아 있었다.

마지막 3인이 하네다공항에 도착하기 한 달 전 관리소 소장이 세 명을 본부로 불러서 "이제부터 법정에 가서 재조사를 한다"라고 말했다. 사이토가 "이제 와서 무엇을 재조사하느냐"라고 물었지만, 소장은 "있다"라고만 짧게 답한 뒤 더 이상 설명하지 않았다. 세 사람은 푸순시내의 한 건물로 호송됐다. 임시특별법정이 설치된 시 공회당이었다. 재판장이 차례로 피고석으로 불러 국적, 이름, 나이, 생년월일, 가족 주소 등을 확인한 뒤 "중화인민공화국 전국인민대표대회(우리의 국회에 상당하는 기관. 약칭 전국인대 또는 인대, 일본에서는 전인대를 쓰고 우리도 이 표기를 쓴다) 상임위원회의 의결에 따라 오늘 기한 전 석방을 명한다"라고 선고했다. 그러고는 세 사람에게 바로 명령서를 주었다.

이들은 체포 기일이 달라서 잔여 형기가 사이토 1년 8개월, 조노 3년, 도미나가 5년으로 제각각이었으나 중국 당국은 같은 날 석방키로 결정한 것이다. 이들은 공회당의 별실에서 대기하던 베이징방송 및 《인민일보》와 인터뷰를 마치고 관리소로 돌아왔다. 예기치 못한 일이기에 돌아오는 차 안

사이토 요시오 전 만주국 헌병훈련처 처장 등 '마지막 전범'이 푸순에
서 풀려나기 전 석방 결정서에 서명하고 있다

전범 3인의 귀국을 보도한 아사히신문의 사회면. 사진 왼쪽에서부터
사이토 요시오, 조노 히로시, 도미나가 준타로

에서 도미나가는 사이토의 무릎을 꼬집었다. 사이토가 아프다고 소리를 지르자 도미나가는 "꿈이 아니구나"라고 말했다.

3인의 귀국 절차는 먼저 석방된 전범과 비슷한 경로를 밟았다. 관리소에서 새 옷, 구두, 모포 등 비품과 여행 경비를 지급받고 송별연에 참석해 석방을 축하하는 건배를 들었다. 당일 저녁 소장과 직원들의 전송을 받으며 홍십자회(중국 적십자사) 관계자 두 명과 함께 관리소를 떠나 선양으로 향했다. 석방된 첫날 밤은 선양의 영빈관에서 묵었다. 만주국 시절 남만주철도회사(만철)가 운영하던 고급 호텔 펑톈奉天 야마토호텔이었다. 사이토가 전쟁 전에 헌병 장교로 위세를 떨칠 때 자주 묵던 곳이었다.

다음 날부터 중국 각지를 여행하며 견학했다. 랴오닝성 안산鞍山 제철소, 중국 4대 온천 지대의 하나라는 탕강쯔湯崗子 등을 들러 베이징에서 10여 일간 묵었다. 타이위안에 오래 수감됐던 조노가 타이위안을 보고 싶다고 해서 거기도 갔다. 상하이, 항저우, 광둥廣東을 거쳐 선전深圳에서 홍십자회 관계자들과 작별하고 홍콩으로 들어갔다. 주 홍콩 일본총영사관 직원들의 영접을 받은 이들은 이틀간 홍콩에서 체류한 뒤 꿈에도 그리던 고국을 향해 출발했다. 1950년대 중반 전범이 수백 명 단위로 풀려날 때는 일본의 귀환선이 톈진 탕구항에 들어와 민간인 귀국자와 함께 이들을 대규모로 실어 날랐다.

"최후의 전범은 말한다"

1890년 도쿄 신주쿠에서 태어난 사이토 요시오는 귀국 당시 이미 74세의 고령이었다. 1967년 77세의 희수를 가족과 함께 맞은 것을 큰 기쁨으로 여

긴 그는 자신의 인생 역정과 장기간의 수감 생활에서 얻은 교훈을 가족과 친지에게 남기려고 수기를 쓰기 시작했다. 《최후의 전범은 말한다最後の戰犯は語る》라는 제목의 수기는 등사 원지에 타이프로 쳐서 등사기로 인쇄하는 방식으로, 1968년 제작돼 한정된 사람에게 배부됐다.

사이토는 수기 작성에 온 힘을 쏟아버렸는지 원고를 끝낸 후 급속하게 노환이 진행돼 1973년 세상을 떠났고, 수기의 존재는 일반에 알려지지 않았다. 그러다 1997년 딸 구니코地子의 노력으로 다시 햇빛을 보게 됐다. 구니코는 중·일 국교 회복 25주년을 맞아 수기의 낡은 문어투 문장을 고치고 자신이 쓴 전통 단시 '하이쿠' 작품을 넣어 《날아가는 구름: 최후의 전범은 말한다飛びゆく雲: 最後の戰犯は語る》 2판을 자비 출판 형식으로 발간했다. 부모가 다 세상을 떠났고 중국도 크게 변모했지만 "부친이 몸으로 체험한 평화의 귀중함을 이제야말로 잊어서는 안 된다는 생각에" 재판을 냈다고 했다.

1940년 만주국 수도였던 창춘長春의 만철병원에서 태어난 구니코는 일본이 패망하자 다섯 살에 아버지와 헤어졌다. 다시 얼굴을 보게 된 것은 고등학교 2학년 재학 중 1956년 선양의 특별군사법정이 끝난 후 푸순전범관리소로 어머니와 함께 면회를 갔던 때였다. 그리고 아버지가 일본에 돌아온 게 24세 때였으니 구니코는 소학교 시절부터 급우들에게서 '아버지 없는 애'라는 놀림을 받으며 성장한 셈이다.

사이토 요시오가 패전 후 소련군 포로가 되어 시베리아에 억류됐다가 다시 중국으로 송환돼 풀려나기까지 그 과정을 담은 수기의 내용을 전하기에 앞서 그가 어떤 사람인지 경력부터 살펴보자. 1890년 8월 도쿄 신주쿠에서 출생한 그는 1900년 육군중앙유년학교에 입학해 철저한 군국주의 소년으로 자랐다. 1911년 3월 육군사관학교를 23기로 졸업해 그해 12월 보병 소위로 임관됐고, 6년 뒤 헌병으로 병과를 옮겨 줄곧 그 분야에서 근무했다.

일본 육사를 나와 기병 중위로 근무하다 블라디보스토크로 탈출해 연해주에서 항일운동을 펼친 김경천(일명 김광서, 김응천) 장군도 육사 23기생이다. 김 장군은 육사 23기 명부에 김현충으로 올라 있고 김경천, 김응천 등 여러 이름을 썼다. 그도 후지타와 마찬가지로 일본군이었을 당시 병과가 기병이었다.

1923년 9월 간토대지진의 혼란을 틈타 조선인, 중국인과 일본인 무정부주의자, 사회주의자에 대한 학살과 탄압이 벌어졌을 때 사이토는 임시로 도쿄 고지마치헌병분대장을 맡았다. 전임자였던 아마카스 마사히코甘粕正彦 당시 헌병 대위는 저명한 무정부주의자이자 사회운동가였던 오스기 사카에大杉榮 등을 헌병대 본부로 연행해 고문해서 죽여 악명이 높았던 자다. 아마카스는 구속돼 10년형을 받았다가 3년 뒤 가석방으로 풀려났고, 나중에 만주국에서 특무 공작이나 선전 영화 제작에 종사하다 일본이 패전하자 자살했다.

사이토는 고베헌병분대장(1924년 1월), 도쿄 우에노헌병분대장(1926년 7월) 등을 거쳐 1929년 관동헌병대 창춘분대장으로 임명된다. 그가 수기에서 중국 침략의 출발점이라고 지목한 해다. 다시 일본으로 돌아가 도쿄 고지마치헌병분대장(1932), 식민지 조선에서 함흥헌병분대장(1934년 2월)을 맡았다가, 1934년 12월 관동헌병대사령부 경무과장으로 옮겼다. 이후 괴뢰 만주국과 중국대륙에서 항일운동 탄압과 공산당 세력 박멸 공작에 종사했다. 그가 이 시기에 맡았던 주요 보직은 신징新京헌병대장(1938), 관동헌병대사령부 경무부장(1939), 남지나파견헌병대장(1940), 지나파견총군사령부 군사고문(1942), 만주국헌병훈련처장(1944) 등이다.

일본이 패망한 1945년 8월 일시 피신했던 그는 소련군에 체포돼 시베리아의 수용소를 전전하다가 1950년 7월 중국에 인도돼 푸순전범관리소에 수감됐다. 이후 거의 14년에 이르는 구금 기간 동안 신중국의 전범 개조 정책을 몸으로 체험했다. 뼛속까지 '대일본제국'의 군인정신으로 물들어 침략 정책의 충실한 집행자였던 그는 출범한 지 얼마 되지 않은 신중국의 관대 정책, 혁명적 인도주의에 감복해 철저히 과거를 참회하고 사상 전환을 한다. 엄청난 고뇌를 거쳐 군국주의 사상을 버리고 각성한 그의 새로운 마음가짐은 수기 곳곳에서 드러난다.

그는 도쿄행 비행기에 탑승하기 전 잠시 홍콩에 머물렀을 때 '참사람'으로서 고국 땅을 밟으려 하는 자신의 뇌리에 "중국은 제2의 고향이다"라는 느낌이 들었다고 썼다. 그가 중국대륙에서 전쟁범죄를 거듭한 12년 4개월 동안 '귀신'이었다면, 패전 후 복역 기간을 거쳐 마침내 '선인善人'으로 다시 태어났고, 그것은 "부모의 마음을 넘어서는 정으로 일관한 중국 인민의 개악종선改惡從善의 지도 덕분"이라고 했다.

그는 전쟁 말기 물밀듯이 진공해온 소련군에 저항 한번 제대로 하지 못하고 그냥 주저앉은 관동군의 실상과 만주 곳곳에 집단적으로 이주시킨 일본인 개척 농민의 참상을 직접 목도했다. 그는 일본 교민의 생명이나 재산이 그냥 버려진 것에 대해 대본영(전쟁 때 천황 직속으로 설치되는 군 최고의 통수기관)과 현지 관동군의 전쟁 정책은 천리天理에 어긋나는 인민적 죄악이고, 천인이 용서하지 않을 것이라고 지적했다. 그 자신 파견군 조직자의 한 사람으로서 중국에 강제로 들어가 평화롭게 살던 주민을 엄청나게 탄압한 것을 평생 반성하지 않을 수 없다고 썼다. 또 패전 후 혼란 속에서 인간성이 마비되고 아귀도餓鬼道가 벌어진 것에 대해 결국 일본의 군벌 관료와 독점재벌 특권계급이 '국책'이라고 사칭한 침략전쟁의 잘못에서 일어난 비극이라고 준엄하게 비판했다.

사이토는 소련에서의 수용소 생활은 민주적이라는 장점은 있었지만 강제노동, 처우, 식사 등 대체로 열악했다고 부정적으로 기술했다. 반면 중국에서의 수감 생활은 비교적 담담하게 기술하며 비판을 삼갔다. 1950년 여름 중국으로 인도됐을 때는 심경이 복잡하고 총살될 것이 틀림없다고 생각해 자포자기에 빠지기도 했는데, 중국 당국의 인도주의에 입각한 처우와 지도는 한결같았다고 평가했다. 특히 전범을 직접 담당하는 관리소 소장 이하 직원, 공작원의 태도는 신중하고 진지했고, 전범의 인격과 건강한 생활을 보장한다는 성명을 내고 아주 성실하게 집행했다고 지적했다.

또한 중국의 전범재판과 관련해서는 전쟁범죄에 대한 조사가 주도면밀하고 합리적이었으며, 1956년 열린 군사재판까지 약 10년에 걸쳐 범죄 조사와 증거 수집에 수사력을 모은 노력은 인정하지 않으면 안 된다고 평가했다. 자신이 수감 전범 중 최고형인 금고 20년에 처해진 것에 대해서도 오로지 죄를 인정하는 '인죄認罪'로 일관했기 때문에 불만의 여지가 없었다고 기술했다.

수기를 마무리하는 말에 그의 절절한 심정이 잘 담겨 있어 그대로 인용한다. 그는 스스로 다짐한 대로 일중우호협회에 나가 자원봉사자로 활동하면서 여생을 마쳤다.

거의 20년에 걸쳐 전범으로 억류돼 감금 생활을 수행한 개략을 기술했다. 20년의 옥중 생활을 견뎌낸 예는 역사상 적을 것이라고 생각한다. 육친이나 지인은 한결같이 나의 생환을 마음 깊이 기뻐해주었다. 무엇으로 이런 행복을 잡을 수 있었을까? 이것이 현재와 장래에 걸쳐 부과된 중요한 문제다.
나는 일본 정부가 명하는 대로 중국에 밀고 들어가 침략전쟁에 참가하고 전범으로서 형을 받았다. 전쟁 기간 동안 아무런 죄가 없는, 평화롭게 살고 있던 중국인을 탄압했다. 중국으로서는 용서할 수 없는 죄악을 저질렀다. 이에 대해 어떠한 제재가 가해지더라도 어쩔 수 없다. 그런데도 중화인민공화국 정부와 인민은 '죄는 미워하더라도 사람은 미워하지 않는다'는 인도주의에 따라 나를 처리했다. 죄를 심리하는 데 아주 신중했고, 줄곧 진리 추구로 일관하면서 관대한 정책 처리로 임해 나는 중국 인민으로부터 생명을 받았다. 이것이 생환의 오늘을 얻어낸 첫째 이유다. 나는 공산주의자가 아니다. 그러나 그 장점을 취하는 것은 중요한 일이라고 믿는다.

동시에 2000년간의 우호 친선의 역사를 가진 일·중 국교의 인연을 끊은 자신의 잘못을 청산하지 않으면 안 된다. 그렇게 하기 위해서는 과거 저질렀던 침략전쟁의 길을 다시 밟지 않겠다고 서약하고 다른 사람이 그렇게 하지 않도록 노력해야 한다. 인류의 평화와 행복을 파괴하는 것이 침략전쟁이고 최고의 폭력이다. 그래서 침략전쟁에 반대한다. 그리고 일·중 우호에 진력한다. 이두 가지를 마음에 서약하며 여생을 바칠 각오를 다진다.

'전범 포로'를
넘겨받다,
푸순전범관리소 출범

●

쑤이펀허역에 나타난
일본인 전범들

헤이룽장성黑龍江省에 속하는 쑤이펀허綏芬河는 인구 약 7만 명(2017년 기준)의 작은 도시다. '중·러 우의 도시中俄友宜城'라는 별명에서 드러나듯 중국과 러시아의 접경 지역에 위치한다. 쑤이펀허역에서 국경을 넘어 동진하면 나오는 러시아의 첫 번째 역이 그로데코보(포그라니치니)다. 두 역 사이의 거리는 26킬로미터 정도밖에 안 된다. 요즘 두 역 사이를 운행하는 보통열차를 타면 한 시간 25분 남짓 걸린다고 한다. 그로데코보에서 블라디보스토크까지는 140킬로미터다.

　지금부터 약 70년 전 쑤이펀허는 언덕이 이어지는 접경 지역의 한적한 마을이었다. 중심부에는 러시아의 건축 양식으로 지어진 벽돌 건물이 드문드문 보일 정도의 시골이었다. 한국전쟁 발발 후 얼마 되지 않은 1950년 7월 19일 오후 늦게 그로데코보를 떠난 유개화물열차가 쑤이펀허역으로 들어왔다. 이 열차에는 일반 화물이 아니라 사람이 실려 있었다. 악명 높았던 소련의 수인囚人 열차였다. 차량마다 육중한 철제 빗장이 쳐 있었고 출입구는 자물쇠로 굳게 잠겨 있었다.

도착 당일에는 별다른 움직임이 없었으나 다음 날인 20일 오전 9시께부터 공식 행사가 시작됐다. '일본인 전범' 인도 절차다. 소련 쪽 대표단 단장인 소령 계급의 장교가 중국 쪽에 전범 명단과 관련 서류를 넘기고 짤막하게 연설했다. 연설이 끝나자 소련의 호위 병사들이 화물차 문을 열었다. 포로 인도식에 통역으로 참가했던 조선족 김원은 당시 상황을 회고록에서 이렇게 기술했다.

시커먼 인형이 엉거주춤 땅에 내렸다. 여러 날 동안 캄캄한 차 안에 갇혀 있다가 불시에 밖으로 나온 일본 전범들은 눈을 바로 뜨지 못하고 한참이나 멍하니 있다가 엉기적엉기적 한곳에 모여 열을 지어 섰다. 땀에 흠뻑 젖어 땟국이 절절 흐르는 매무시 하며 수염이 덥수룩한 얼굴에서 희번덕거리는 공포에 찬 눈은 선불을 맞은 산짐승을 방불케 했다.

전범 인도 절차는 양쪽이 한명 한명 일일이 신원을 확인하면서 진행됐다. 먼저 소련 군관이 명단을 들고 호명하면 일본인이 한 사람씩 대열에서 한 발 앞으로 나섰다. 중국 쪽 통역관이 다시 그 이름을 부르면 중국의 해방군 병사가 양쪽에 늘어선 복판으로 넘어와 열을 지었다. 인도식은 당일 오전에 마무리됐다. 태평양전쟁이 종결된 지 거의 5년이 되어가는 시점에 중국의 한 접경 역에 느닷없이 나타난 일본인들은 누구인가?

시베리아 억류의
시작

그날 소련의 수인 열차로 중국 쪽에 신병이 이관된 일본인은 모두 969명이었다. 원래는 971명이었으나 두 명이 이송 전에 사망했다. 이들은 1945년 8월 소련군이 진주한 만주, 북한, 쿠릴열도 등지에서 체포해 시베리아로 연행했던 사람들이다. 직업별로 보면 관동군 산하 전투부대원이 절반을 넘었고 만주국에서 주로 활동한 헌병, 경찰, 철도경호원과 고위 관료였다.

제2차 세계대전이 종식됐을 때 소련은 전승국이기는 했지만, 최대 피해국이기도 했다. 나치 독일과의 처절한 전쟁에서 국내의 산업 시설은 대거 파괴됐고, 군인과 민간인을 합친 인명 피해는 2200만 명에서 2800만 명으로 추산됐다. 주요 전쟁 당사자였던 미국이 41만 8000명, 영국이 45만 명 정도의 인명 피해를 본 것과 비교하면 소련이 얼마나 엄청난 인적 손실을 입었는지 알 수 있다. 전쟁이 끝나자 소련의 독재자 스탈린은 피폐해진 자국의 경제를 조속히 재건하기 위해 일본군 포로의 노동력을 최대한 활용키로 하고 시베리아 각지로 이송하라는 극비 지령을 내렸다. 스탈린이 의장이던 비상기구 국가방위위원회가 내린 결의 9898호다. 1945년 8월 23일자로 채택된 이 결의는 일본인 포로 50만 명을 소련 내 포로수용소로 보내 사역에 종사하도록 하고, 구체적 이행 계획을 부문별로 지시하고 있다. 포로 숙소와 수송 수단 확보, 식량 공급 기준 표 작성, 병원용 침상 준비 등 세부 사항이 언급돼 있다. 포로 가운데 1000명 단위로 '작업 대대'를 만들고 전리품에서 동계·하계용 군장, 침구, 속옷 등 개인 물품을 지급하도록 했다.

이것이 '시베리아 억류'라고 불리는 사건의 시작이다. 최상부의 지령과 달리 현장에서는 훨씬 열악한 조건에서 포로 이송과 사역이 진행됐다. 기

'전범 포로'를 남겨낸 민간, 부순 전범관리소 출범

존의 강제수용소에 들어간 포로는 그나마 나았던 편이고, 화물열차로 이송 돼 시베리아의 황량한 삼림지대에 떨어진 사람들은 조악한 도구로 나무를 베어 스스로 숙사를 지어야 했다. 하계 군복 차림으로 소련 각지의 수용소에 들어간 일본인은 겨울이 되어 영하 30도까지 떨어지는 혹한이 닥치자 동사자가 속출했다. 식량 사정도 극도로 궁핍했다.

일본에서 시베리아 억류를 얘기할 때는 흔히 60만 명이 끌려가 10퍼센트에 해당하는 6만 명이 강제노역, 추위, 굶주림으로 희생됐다고 한다. 메이지유신 이래 부국강병 노선을 추진하며 인접국과 전쟁을 벌여 쓴맛을 보지 못했던 일본으로서는 60만 대군이 포로로 잡혀 장기간 강제노동을 당하고 인명 피해가 속출했다는 것은 유례가 없는 일이었다.

일본인 시베리아 억류 피해의 정확한 실태는 통계마다 수치가 달라서 여전히 파악하기가 어렵다. 소련 내무성 포로억류자관리총국의 1956년 10월 13일 자 보고에는 1945년 9월 단계에서 일본군 포로 억류자는 총 63만 9776명이며, 여기서 징병으로 끌려간 조선인과 중국인을 뺀 일본인은 60만 9448명으로 나온다. 중국 현지에서 석방된 자, 전선 임시수용소에서 사망한 자, 몽골 정부에 인도된 자를 제외하고 소련 영내로 끌려간 일본인은 54만 6086명이며, 이 중 민간인 억류자가 6658명이라는 통계도 있다. 일본 정부의 최신 집계로는 종전 후 소련에 억류된 일본인이 57만 5000명이며, 이 중 5만 5000명이 사망했다. 시베리아 억류는 일본인만 당한 것은 아니다. 독일 등 이른바 추축국 진영에 속했거나 지배 아래 있던 나라의 국민도 많았다.

소련의 전범 조사와
선별 귀국 조치

소련이 자국으로 연행한 일본인을 그저 부족한 노동력을 메우기 위한 대상으로만 간주한 것은 아니었다. 소련의 정보기관과 수사기관은 '일본인 전범'을 색출하기 위해 눈에 불을 켰다. 관동군 특무기관, 첩보부대, 관동군 참모부, 대소련전 준비 관련자, 장구평張鼓峯사건(1938년 만주와 소련의 국경인 장구평에서 일어난 소·일 간의 국경 분쟁)과 노몬한사건 관련자, 헌병, 통신기관, 백계 러시아인 특수부대, 731세균전부대 관련자나 만주국 경찰·사법기관 간부, 만주국 협화회 관련자를 검거해 '반反소비에트, 반혁명 음모' 혐의로 조사했다. 취조 과정에서 자살하거나 감옥이나 병원에서 숨진 사람이 적지 않았으나 사망 원인이 명백히 밝혀진 경우는 드물었다.

　실제로 일본 군부는 진주만 기습을 강행하면서 미국, 영국과 전면전을 벌이기 전에는 소련을 일관되게 주적 1호로 삼았다. 나치 독일이 1941년 6월 22일 소련을 전격적으로 침공하자 일본은 다음 달 '관동군 특종特種 연습(약칭 관특연)'이라는 군사훈련을 한다는 명목으로 일본, 조선, 타이완에서 병력을 출동시켜 관동군 병력을 한때 75만 명까지 늘렸다. 사실상 소련 침공을 전제로 한 대규모 군사훈련이었다. 관동군 지휘부는 나치 독일의 침공에 호응해 소련 협공을 주장했으나, 일본 정부는 전황의 추이를 지켜보기 위해 승인하지 않았다.

　대소련 첩보 특수공작에 관여했던 일본인이 자신들의 행위를 술술 털어놓는 경우는 거의 없었다. 그들 자신이 취조의 달인이어서 철저히 부인하거나 기억이 나지 않는다는 식으로 넘어갔다. 소련 당국은 이들의 범죄 혐의 단서를 잡기 위해 수용소 내 일반 병사의 '반군反軍민주운동'을 후원하면서 용의자를 신고하도록 부추겼다. 협조를 잘하면 조기 귀국자 명단에 넣어주겠다고 미끼를 던졌다.

전쟁이 끝난 뒤에도 교전국의 병사를 장기간 억류해두는 것은 소련으로서도 골치 아픈 문제였다. 소련을 포함한 연합국이 일본의 무조건 항복을 요구하며 공포한 포츠담선언의 9항에는 일본군이 "완전히 무장 해제된 후 가정으로 돌아가 평화롭고 생산적 생활을 영위하도록 허용될 것"이라는 점이 명시됐다. 소련이 일본군 포로를 억류해서 사상 교육을 한 뒤 일본에서 사회주의 혁명을 일으키려고 공작한다는 미국의 비난도 소련으로서는 부담이 됐다. 소련은 국내의 경제 여건이 조금씩 개선돼가자 1947년부터 일본인 억류자를 선별해 돌려보내기 시작했다. 일본군 포로 송환은 1948년 4월부터 본격화됐다. 귀환자는 각지의 수용소에서 집결돼 화물열차편으로 나홋카항으로 이송된 후 일본의 귀환선으로 귀국했다.

소련의 각료회의는 1949년 2월 일본군 포로의 송환 작업을 연내에 끝내기로 결정했다. 내무부는 모든 수용소 소장에게 9월 15일까지 '소련 관계 전범 용의자' 선별 작업을 마치라고 지시했다. 일본인 억류자 가운데 '반소비에트, 반혁명'에 관련된 혐의가 있는 군인, 만주국 간부, 포로수용소 내의 '반동분자' 등은 귀국 대상에서 제외됐다. 소련 당국은 내부적으로 억류자를 세 집단으로 분류했다. 석방해서 일본으로 귀환시킬 자, 소련에서 재판에 회부해 복역시킬 자 외에 중국으로 인도할 자를 따로 지정했다. 1956년 말까지 귀환한 일본인 억류자는 모두 47만 3000명으로 집계됐다.

잔류자, 중국에 송환될까 봐
불안에 떨어

시베리아로 끌려간 일본인은 억류 기간 중 여러 차례 수용소를 옮겨 다녔으나 소련 당국이 미리 행선지를 정확히 알려준 적이 한 번도 없었다고 한다. 언제나 '집으로, 고향으로'라는 의미의 '다모이'라고 해서 귀국 열차에 타는 줄 알고 들떴다가 다른 수용소로 배치돼 낙담하는 일이 되풀이됐다. 그러다가 실제로 귀국 열차에 타게 되면 '붉은 기'를 힘차게 휘두르면서 "힘내라, 한발 먼저 간다"라고 잔류자에게 함성을 질렀다.

귀국하는 사람과 남는 사람의 심정은 그야말로 하늘과 땅 차이였다. 처음에 소련으로 이송됐을 때는 대체로 같은 부대 출신으로 작업 대대가 편성돼 서로 위로하며 지냈는데, 수용소를 전전하면서 흩어졌다. 귀국자 대열이 급격히 늘어나면서 남은 사람은 하바롭스크 주변의 수용소에 집중됐다. 인원이 팍 줄어든 수용소는 폐쇄되고, 그곳에 수용됐던 사람들은 다른 수용소로 옮겨져 합쳐졌다.

1950년 봄 귀국 열차가 빈번히 운행하다가 어느 날 갑자기 뚝 끊겼다. 수용소 내의 일본인에게 아무 근거도 없이 중국으로 송환됐다는 얘기가 나돌았다. 잔류 일본인은 꺼림칙한 느낌이 들기는 했지만, 그런 화제를 입에 담으려 하지 않았다.

시베리아 억류 일본군 중에는 '반동장교단'이라는 집단이 있었다. 소련이 전쟁 말기 부당하게 일·소중립조약을 파기하고 만주국을 침공해 일본의 뒤통수를 쳤다고 생각하는 이들은 매일 아침 모여 천황이 있는 방향으로 절을 했다. 이들은 수용소 당국이 실시하는 모든 '사상 교육'을 거부하고 장교의 특권을 내세워 사역에 나가지 않았다. 블라디보스토크 수용소에 있었던 반동장교단의 일부가 하바롭스크로 옮겨졌다. 중국 이송 정보를 어디서 들었는지 이들의 대표가 수용소에서 작업 배정을 담당하는 일본인을 찾아와 자신들에게도 작업장을 달라고 요청했다. 그는 "소련을 위해서 일할 생각은 털끝만큼도 없으나 조만간 중국으로 이송되는 것이 확실하다. 중국에 가면 반드시 감옥에 들어간다. 거기서 견딜 수 있는 체력을 기르기 위해 노동을 하려고 하니 적당한 작업장을 달라"라고 말했다. 그는 작업을 나가는 데도 조건을 달았다. 자신들을 적대시해온 사병과 함께 일하는 것은 곤란하니 별도의 작업장을 만들어달라는 주문이었다.

마오쩌둥의 소련 방문과
스탈린의 '전범 포로' 인도 제의

중일전쟁과 국공내전에서 승리한 마오쩌둥은 1949년 10월 1일 베이징의 톈안먼天安門광장에서 중화인민공화국 건국을 선포했다. 1976년 9월 세상을 떠나기 전까지 권력을 놓지 않았던 마오는 생전에 두 차례 소련을 방문한 것 외에는 외국에 나가지 않았다.

첫 번째 방문은 사회주의 체제를 처음으로 실험한 소련의 정치, 경제, 사회 제도를 두루 살펴보기 위해서였다. 스탈린 탄생 70주년 기념행사에 참석한다는 명목으로 1949년 12월 6일 베이징에서 열차를 타고 떠난 마오는 16일 모스크바에 도착했다. 그는 두 달 동안 소련에 머물면서 중·소우호동맹상호원조조약 체결을 성사시켰다. 태평양전쟁이 끝난 후 공산당군이 내전에서 승자가 될 것을 예상하지 못했던 스탈린은 1945년 8월 장제스의 국민당 정부와 협력을 강화하는 중·소우호동맹조약을 체결했었다. 두 번째 방문은 1957년 10월 러시아혁명 40주년 기념행사에 참가하기 위해서였다. 마오는 이때 모스크바를 방문해 스탈린 사망 후 실권을 쥔 니키타 흐루쇼프의 평화 공존 정책에 이의를 제기했다.

첫 번째 방문에서 소련이 억류한 일본인 전범을 중국에 인도하는 문제도 본격적으로 논의됐다. 소련은 1949년 11월 신중국에 일본군 수백 명을 인도할 테니 이들이 중국에서 범한 범죄 행위를 추궁해보지 않겠느냐고 타진했다. 스탈린은 사회주의 진영을 제외하면 신중국을 승인한 나라가 얼마 되지 않으니 전범을 조사해 법정에 세우면 국제적 위상을 높이는 데 도움이 되리라고 생각했다. 저우언라이周恩來 총리는 소련의 요청에 바로 당중앙(중국공산당중앙위원회의 약칭, 중공중앙이라고도 한다) 동북국東北局(당시 동북 3성을 총괄하던 기관) 지도자였던 가오강高崗에게 전문을 보내 '수백 명의 일본인 포로를 수용할 수 있는 시설이 있는지'를 파악하도록 지시했다.

소련을 방문 중인 마오쩌둥에게 소련의 고위 인사들이 찾아와 이 문제를 협의했다. 1950년 1월 1일 주중 소련 대사 니콜라이 로쉰은 마오를 찾아가 그의 견해를 물었다. 마오는 베이징을 출발하기 직전에 그런 얘기를 들었다며, 일본인 전범을 심판할 필요는 있지만 인도 시기는 1950년 후반으로 미뤄달라고 말했다. 마오는 1월 6일 안드레이 비신스키 외무장관과의 회담에서도 같은 말을 했다. 국내 전범(국민당 전범)을 먼저 처리해 인민의 분노를 달래야 하니 일본인 전범과 괴뢰 만주국 전범은 당분간 소련 정부가 계속 구류해달라고 요청했다.

마오는 국민당 정부가 일본인 전범을 흐지부지 처리한 것에 강한 불만을 품고 있었다. 내전에서 열세에 몰린 국민당 정부가 1949년 1월 중국 주둔 일본군 총사령관(지나파견군 총사령관)이었던 오카무라 야스지岡村寧次를 포함해 일본인 전범 260명을 일본으로 보내기로 하자 중국공산당과 인민해

방군은 이들 전범을 체포해 재심리할 권리를 가지고 있다는 단호한 성명을
즉각 발표했다.

중국의 인수 작업 준비,
푸순전범관리소 설치

마오쩌둥은 사법부장 스량史良을 불러 전범 처리를 총괄하도록 지시했다.
변호사이자 여권활동가였던 스량은 신중국의 초대 사법부장을 맡았다. 스
량은 국민당 정부의 악명 높았던 항일운동가 탄압 사건인 '7군자君子사건'
에 관련된 유일한 여성이었다. 1935년 여성단체를 결집해 상하이부녀계구
국회婦女界救國會 결성을 주도했고, 이듬해 5월 31일 전국각계구국연합회
가 결성되자 쑨원의 부인 쑹칭링宋慶齡, 유학자 선쥔루沈鈞儒 등과 함께 40
여 명의 집행위원에 포함됐다.

　전국각계구국연합회는 국민당 정권에 내전 정지, 정치범 석방, 공산당과
의 담판을 통한 통일 항일정권 수립 등을 요구했다. 스량은 선쥔루, 장나이
치章乃器 등과 함께 난징으로 가서 국민당 당국에 내전 정지와 항일 일치를
직접 청원했다. 국민당 정부는 1936년 11월 22일 이들을 체포해 수감했다.
죄명은 '위해민국危害民國, 중화민국에 해를 끼침'이었다. 이것이 7군자사건이
다. 중국 전역에서 항의운동이 벌어져 이들은 8개월 뒤인 1937년 7월 31일
감옥에서 풀려났다. 중일전쟁이 전면적으로 확대된 이후에야 석방됐으니
국민당 정부가 내전 정지와 항일전선 통일을 주장했던 세력을 얼마나 불신
했는지가 드러난다.

　스량 사법부장은 1950년 2월 뤼순旅順, 다롄, 푸순 등 동북 지방을 시찰

하고 동북인민정부에 속하는 사법부 직할 제3
감옥도 둘러보았다. 이 감옥이 일본인 전범을
수용하는 시설로 결정돼 푸순전범관리소로 개
칭됐다. 푸순이 선택된 이유는 동북 지방이 중
국에서 상대적으로 일찍 '해방'된 지역이어서
행정 기반이 비교적 빨리 정비됐고, 한반도에
서 급변 사태가 발생했을 때 다른 지역으로 이
송이 편리하기 때문이었다. 또한 만주국 시절
일본인이 건축한 감옥이라 기초가 튼튼하고,

중국의 초대 사법부장 스량

동북 지방 전체를 관할하는 동북인민정부의 소재지인 선양과 가깝다는 점
이 고려됐다.

  푸순전범관리소의 운영과 인적 구성은 실무적으로 동북인민정부가 맡
았다. 동북인민정부는 465억 동북폐(동북 정부 발행 화폐)를 들여 대대적으로
보수 작업을 하고 감방이나 복도에 난방용 파이프를 설치했다. 보일러실,
욕실, 의무실 등을 신설하고 최신 의료 기기도 들여놓았다.

  동북인민정부는 베이징 당국의 지시에 따라 산하의 공안부, 사법부, 위
생부 등에서 간부와 요원을 긴급 차출해 전범관리소에 부임하도록 지시했
다. 동북인민정부의 공안부장 왕진샹汪金祥, 공안부 정치보위처장 왕지안
王鑑, 부처장 지에헝解衡이 갑작스러운 전속 명령에 당혹스러워하는 부하
들을 설득했다. 그해 7월 중순 일본인 전범 인수를 앞둔 직전에야 관리소의
인적 구성이 얼추 마무리됐다.

초대 소장 쑨밍자이와
부소장 취추

초대 관리소장에는 푸순시 공안국 부국장으로 재직하던 쑨밍자이孫明齋가 임명돼 1950년 6월 부임했다. 전범관리소에서 일본인 전범과 일상적으로 부딪쳤던 관리소 지도부의 성격을 이해하려면 쑨 소장의 개인 경력부터 들여다볼 필요가 있다. 1913년 11월 산둥성 하이양현海陽縣 농가에서 태어난 그는 1931년 일본군이 마을에 들어와 집을 불태우고 물자를 약탈하면서 주민을 참혹하게 살해하는 것을 직접 목격했다. 당시 그의 외삼촌이 일본군의 셰퍼드에 물려 죽었다. 복수를 맹세한 그는 1935년 팔로군에 들어가 소대장, 중대장, 대대장, 연대장 등을 역임했다.

그는 1950년 초 동북공안부로 바로 출두하라는 공문서를 받았다. 공안부로 찾아가 정치보위처의 왕지안 처장, 지에헝 부처장을 만난 자리에서 상상도 못했던 말을 듣고 깜짝 놀랐다. "중·소 양 정부의 협의에 따라 일본인 전범, '만주국' 황제 푸이溥儀를 포함한 만주국 전범이 머지않아 중국으로 이관된다. 이를 위해 중앙에서는 동북전범관리소를 설립하기로 결정하고 동북의 공안부, 사법부, 위생부와 공안 3사에 일부 동지를 선발해서 조직을 편성하기로 했다. 공안부에서는 당신을 푸순전범관리소로 파견해 지도 업무를 담임하도록 결정했다."

쑨밍자이는 일반인도 아닌 일본인 전범, 만주국 전범을 관리할 수 있을지 내심 불안했다. 책임이 너무 무겁다고 생각했지만 할 수 없다고 말하지도 못했다. 돌아오는 길에 결코 잊을 수 없는 고향의 불타오르던 집, 군견에 물리고 총격으로 살해되던 주민의 모습 등 학살 장면이 떠올랐다. '극악무도한 강도'로 그의 머릿속에 각인됐던 전범을 자신의 책임 아래 둔다고 하니 어떻게 다뤄야 할지 고민스러웠다.

　나중에 쑨밍자이가 동북공안부에 부임 보고를 하러 가니 왕진샹 공안부장이 사무실로 그를 불렀다. 왕 부장은 "쑨 동지 어떻습니까, 자신 있어요?"라고 물었으나 쑨밍자이가 어물어물하자 작가이자 사상가인 루쉰魯迅의 말을 빌려 격려했다. "루쉰 선생이 이런 명언을 했습니다. '본래 지상에는 길이 없었지만, 다니는 사람이 많아져서 길이 생긴 것이다.' 일본인 전범 관리 교육도 선인의 사례가 없고, 현재 사람들에게도 모범 사례가 없습니다. 당은 이들 전범의 개조 임무를 우리에게 부여했지요. 즉 우리가 전범 관리 교육을 잘할 수 있다고 믿는 것입니다."

쑨밍자이

　쑨밍자이는 그로부터 34년이 지난 1984년 10월 중국귀환자연락회의 초청을 받아 일본을 방

취추

문했는데, 당시의 심경을 이렇게 회고했다. 그가 병으로 세상을 떠나기 4년 전이다. "역사는 끊임없이 발전, 변화하고 때로는 그 속에 있던 사람조차 스스로 믿을 수 없게 되는 일이 있다. 나는 일본을 타도하고 중국을 구하자는 목표를 가슴에 담고 항일전쟁에 참가해서 일본 침략자를 국가와 개인의 원수로 바라보았다. 그런데 뜻밖에 일본인 전범을 개조하는 관리소 소장이 됐다."

　한편 쑨 소장을 옆에서 보좌하며 초기에 전범관리소의 기틀을 잡은 이는 취추曲初다. 그는 스량 사법부장이 동북 지방을 시찰하면서 관리소를 이끌 간부로 점찍은 사람이다. 당시 뤼다旅大지구(뤼순과 다롄 포함)의 관둥關東고

스량 사법부장(앞줄 왼쪽에서 네 번째)이 1950년 2월 일본인 전범을 수용할 시설을 살펴보려고 동북 지방을 시찰했다. 오른쪽에서 두 번째 지팡이를 쥐고 있는 사람이 취추

등법원 노개처勞改處 처장으로 있던 취추를 스량 부장이 전범 개조 직무에 적합한 인물로 발탁한 것이다. 취추는 1950년 5월 쑨 소장보다 먼저 부소장으로 부임해 개소 준비 작업을 했다.

취추는 쑨 소장과 마찬가지로 산둥성 사람이다. 1915년 2월 웨이하이威海에서 태어난 그는 항일전쟁기에 일본군이 팔로군을 소탕한다며 마을에 들어와 무고한 중국 농민을 무참하게 살해하는 것을 보았다. 촌장이었던 그의 형도 일본군이 쏜 총에 맞아 죽었다. 항일투쟁에 투신한 그는 일본군의 추격을 피해서 허리 깊이의 얼음물에 뛰어들어 몸을 숨겼다. 이 때문에 오른쪽 다리에 심한 동상이 걸려 평생 장애를 앓았다. 스량 부장이 동북 지방을 시찰하는 사진에는 취추가 지팡이를 짚고 서 있는 모습이 나온다.

느닷없는 귀국 발표,
이상한 귀국 열차

하바롭스크의 수용소에 있던 잔류 일본인이 혹시라도 중국으로 이송된다면 반드시 죽임을 당할 것이라는 막연한 불안감에 시달리던 7월 중순, 수용소 당국이 갑자기 귀국을 발표했다. 다음 날 아침 출발하니 소지한 돈은 오늘 중으로 사용하라고 공지했다. 수용소에는 매점이 있어 억류 일본인은 귀국 선물을 사려고 기웃거렸다. 수용소의 자치조직인 '민주위원회'는 바로 귀국 집회를 열었지만, 관례대로 스탈린 원수에게 보내는 감사문은 없었다. 뭔가 이상한 낌새가 있는 듯했지만, 모두 새로운 옷으로 갈아입고 들뜬 마음이 됐다.

다음 날 아침 수용소를 청소한 후 출발했다. 역 구내로 들어서니 화물열차의 긴 행렬이 보였다. 다른 수용소에 있었던 일본인도 엄중한 감시 아래 도착해 합류했다. 귀국 열차라고 했지만 뭔가 칙칙한 느낌이었다. 화물열차의 지붕 위에서 전선을 끌어당기며 움직이는 소련 병사들이 보였다. 평소의 귀국 열차에서는 볼 수 없는 광경이었다.

열차 출발에 앞서 '악티브'에게 완장을 반납하라는 지시가 내려졌다. 수용소 안에서 사회주의 이념에 공감하며 일본 군대의 봉건적 절대 복종 질서를 규탄하는 데 앞장섰던 포로들은 악티브로 불렸다. 시베리아 '민주운동'의 주역이었던 이들은 악티브 완장을 차고 기세를 올렸고, '반동 장교'는 하극상이라며 이를 갈았다. 악티브는 열성분자로 활동했는데도 결국 버림을 받는다는 생각에 분노했다. 악티브 완장을 땅바닥에 내던지거나 쓰레기통에 버리는 사람도 있었다.

위도가 높은 지역이지만 7월의 날씨는 무더웠다. 화물열차 안은 푹푹 쩌서 다들 조그만 창으로 들어오는 공기를 들이마시려고 헉헉댔다. 어디쯤인지 알 수 없는 역의 인입선에 들어가자 열차가 정차했다. 열차에서 내려 밥을 짓고 선로 옆 가로수 밑에서 쉬고 있는데, 저녁이 되어도 열차는 움직일 기미를 보이지 않았다. 수인 열차 안에는 3층 침대가 나란히 설치돼 있었다. 밤에 누워 있으면 위에 있는 사람의 땀이 아래 사람에게 떨어졌고 퀴퀴한 냄새가 진동했다.

다음 날 아침식사를 한 뒤 열차는 본선으로 들어가 승차장에 도착했다. 역 이름은 그로데코보라고 쓰여 있었다. 중·소 접경 지역에서 근무했던 일본인에게는 익숙한 이름이었다. 한 가닥 희망이 무참하게 깨지는 순간이었다. 열차가 기적을 울리며 다시 출발했다. 터널을 지나서 쑤이펀허역으로 들어섰다. 만주국 시절 국경수비대의 일본인 병사가 술을 마시며 애창하던 〈쑤이펀허 노래〉에 나오는 바로 그 역이었다.

저우 총리의 특별 지시, 쑤이펀허 접수공작대 구성

저우언라이周恩來 총리는 1950년 7월 10일 동북인민정부 주석 가오강에게 전문을 보내 일본인 전범 접수공작대의 편성을 지시했다. 러시아어에 능통한 류시陸曦 동북인민정부 외사처장이 단장, 둥위펑董玉峰 동북공안부 정치보위처 집행과장이 부단장을 맡게 됐다. 류시가 러시아어를 구사하는 것은 소련에서 교육을 받았기 때문이다. 허베이성 쭌화遵化 태생의 류시는 1932년 토지혁명에 참가하고 다음 해 소련으로 파견돼 소련 적군에서 번역을 담당하며 무선통신 기술을 배웠다. 1937년 중국으로 돌아와 공산당 당원이 된 뒤 산시성, 허베이성 변방에서 무선전 신 공작을 맡았으며, 항일전쟁 승리 후에는 동북 지방에서 외사국 국장 등을 지냈다. 나 중에 베이징외국어대학의 전신인 베이징외 국어학원의 부원장, 고문 등을 역임했다.

전범접수 단장을 맡은 류시
동북인민정부 외사처장

접수공작대는 공안군 장교·통역·의료팀 등 총 30여 명이었고, 동북공안부에서 별도 로 1개 중대가 파견됐다. 조선족으로 공안군 장교였던 김원, 오호연은 통역으로 들어갔 다. 의료팀은 의사 두 명, 간호부 세 명으로 구 성됐다. 접수대는 16일 저녁 10량으로 특별 편성된 열차를 타고 선양을 떠 나 다음 날 정오 하얼빈에 도착했다. 공작 인원이 하차해서 일본인 전범에 게 배부할 빵, 소지지 등을 대량 구입했다. 역 주변 가게의 물건이 동이 나 다오리道里 상점가까지 가서 사야 했다. 특별열차는 그날 저녁 쑤이펀허에 도착했다.

접수공작대 부단장으로 인수식에 참가했던 둥위핑은 〈소련이 넘긴 일본 전범의 접수 전후〉라는 글을 남겼다. 당시 해당 기관의 준비 상황과 일본인 전범 인수 행사의 분위기를 엿볼 수 있는 실무 책임자의 기록이어서 일부 를 인용한다.

(1950년) 4, 5월의 어느 날 동북공안부 정치보위처장 왕지안이 왕진샹 공안부 장의 사무실에 가보라고 통지했다. 왕 부장은 나에게 소련이 일본 전범을 중 국으로 넘기기로 결정했으니 번화가에 있지 않고, 수감 기준이 비교적 좋은 감옥을 찾아보고, 동시에 전범 관리소를 지어야 한다고 지시했다. 나는 유관

동지와 함께 즉시 사방을 시찰하고 선양과 주변 시·현의 감옥, 간수소看守所 (구치소)를 조사해서 푸순현에 있는, 일본인이 지은 특수 감옥이 비교적 좋다 고 파악했다. 감옥의 동쪽으로는 수백 미터에 현정부 소재지가 있고, 푸순시 까지는 6킬로미터 정도 떨어져 있는 곳이었다. 북쪽으로 철로가 있고 그 너머 에 수목이 아주 많은 산이 있었다. 주변에 거주하는 수십 호의 주민을 제외하 면 다른 기관이나 학교가 없어 환경이 비교적 양호했다. 감옥은 아주 큰 뜰이 있고 여섯 개의 사동舍棟이 있는 건축물이었다.

우리는 지도부의 결재를 얻어 즉시 벼락치기로 감옥을 보수했다. 담 주위에 네 개의 망루를 세우고 뜰의 쓰레기를 청소해서 화초와 수목을 심었다. 여기 는 안전이 보장될 뿐만 아니라 조용한 환경이어서 일본인 전범에게 요양소를 꾸며주고 있다고 비꼬는 사람도 있었다.

관리소의 지도부와 관리감독 인원에 대해서는 꼼꼼한 연구를 거쳐 푸순시 공 안국 부국장 쑨밍자이, 동북사법부 처장 취추 동지가 소장과 부소장에 임명 됐다. 두 동지는 오랜 '38식 간부(중국공산당이 간부를 분류하는 용어의 하나. 항일 전쟁이 전면적으로 확대된 1937년 7월 7일부터 다음 해 연말까지 혁명에 참여하고 입 당한 사람, 대체로 교육 수준이 비교적 높은 지식분자가 많았다)'였다. 동북의 공안부 ·사법부·위생부 요원들이 관리소의 감관監管과·교육과·총무과·위생소 등의 과장급 간부로 왔고, 일본어 통역으로 김원 동지가 왔다. 또 동북공안부 간수 소장 잔화중詹華忠이 간수장으로 전임을 왔다. 이로써 전범을 접수하는 일체 의 준비 공작이 궤도에 올랐다.

7월 초 왕진샹 부장이 나를 찾아 일본 전범 접수에 관한 저우언라이 총리의 지시를 전달했다. 전범 접수 시 "한 사람의 도망자도, 한 사람의 사망자도 나 와서는 안 되며, 그들의 인격을 존중하고, 발생 가능한 모든 사안을 당 정책에 따라 처리하도록" 담보하라고 했다. 동북인민정부 외사처장 류시와 내가 임무 집행 책임을 맡았다. 류시 동지는 러시아어가 아주 뛰어나 외사 공작을 맡고 나는 관리감독 임무를 책임졌다.

동북철로국에서는 우리를 위해 전용 열차를 배정했다. 우리는 하얼빈시 공안국에 수천 근의 빵과 수백 근의 소시지를 미리 주문해놓으라고 통지했다. 나와 류 동지는 이번 임무에 참가하는 공안, 공안군 간부를 소집해 회의를 열어 유관 업무를 토론했다.

7월 16일 우리는 선양을 출발했다. 간부, 의료진, 간수 등 수십 명을 제외하고 공안군 1개 중대 병사가 있었다. 계속 생각해보니 '한 사람의 도망자도 내지 말라'는 것은 비교적 용이한 일이나, '한 사람도 죽어서는 안 된다'는 것은 상대적으로 곤란한 일로 여겨졌다. 이 때문에 대단히 염려스러웠다. 극악무도한 전범들은 자신들이 중국에서 저지른 엄청난 죄행을 생각하고 중국 인민이 필연적으로 그들의 말로를 징치하리라는 생각에 이를 것이다. 그러면 거리에서 의외의 사태가 발생하는 것을 피하기가 어렵다.

그래서 열차 선두에서 끝까지 지휘소 전화를 설치하도록 하고 뜻밖의 상황에 대처하려고 했다. 또한 객차의 모든 창문을 내리고 신문지를 발라 전범이 창문 밖으로 뛰어내리는 것을 방지했다. 전범이 화장실에 갈 때는 문을 잠그지 못하도록 하고 간수가 손잡이를 꽉 쥐도록 했다. 또 차량마다 한 명의 비무장 간수가 당번을 맡아 전범의 동태를 관찰하게 했다. 나는 간부와 간수의 토론을 토대로 발생할 수 있는 일체의 빈틈을 메우는 방법을 검토했다. 도중에 하얼빈에서 식품을 싣는 것 말고도 하얼빈시 공안국에 러시아어 통역 1인, 일본어 통역 1인을 증파해주도록 요청했다.

하루 밤과 이틀에 걸쳐 열차는 쑤이펀허역에 도착했다. 우리는 현공안국과 연락을 취하고 현당위원회의 지도자를 방문해 절대 보안을 지키고, 현공안국이 역 주변의 치안을 지키며, 비교적 풍성한 연회용 음식을 예약해달라고 요청했다.

7월 19일 소련의 유개화차가 쑤이펀허역으로 들어와 왼쪽 소련식 광궤철로에 멈췄다. 우리 쪽 열차는 오른쪽 협궤에 있어 두 열차가 나란히 위치했다. 우리는 소련 구류관리국의 전범 압송 책임자인 코류토푸 소령과 아스니스 대위를 연회에 초대했다. 당시는 '중·소 우호 만세' 하는 시절이어서 연회 자리에서 자주 건배했다. 나는 술이 약했지만, 양쪽이 거듭 '스탈린 만세', '마오쩌둥 주석 만세'를 위한 건배를 하는 바람에 마시지 않을 수가 없었다. 내가 버틸 수 없는 시점에 이르자 우리 쪽 간부들이 부득이 내 술잔에 슬쩍 물을 따랐다. 그래도 나는 취해 쓰러져 동행한 동지들이 부축해서 기차에 올랐다.

나중에 간부들은 우리가 먹는 큰 흰 빵과 소시지를 본 소련인이 자기들의 검은 빵과 바꾸자는 손짓을 했다고 알려주었다. 나는 그들에게 빵과 소시지 몇 상자를 가져다주게 했다. 또 그쪽 대장에게 빵, 소시지, 사이다, 백주를 가져다주라고 했다. 그들은 다시 감사를 표하며 소금에 절인 연어 반 통을 우리에게 보내왔다.

둘째 날 정식으로 인도·인수 업무를 했다. 당시 현공안국의 외곽 경계를 제외하면 우리 전사들이 역 양쪽 방면 연선을 향해 보초를 서서 한편으로는 전범의 도주를 막고 다른 한편으로는 백성이 많은 죄를 저지른 전범과 충돌해 보복하는 것을 방지했다. 전범은 각 차량에서 대열을 지어 점호를 거쳐 중국의 객차로 옮겨 탔다. 소련 쪽은 969명의 전범 문서도 우리에게 건넸다. 인도 작업이 끝나자 나와 류시 동지는 인계 서류에 중국 정부를 대표해 서명했으며, 양쪽은 열렬히 악수한 후 헤어졌다.

전범들이 소련의 유개화차에서 내릴 때 나는 팔에 '선전위원', '조직위원' 완장을 찬 사람들이 있는 것을 봤다. 알아보니 소련이 조직한 어떤 '자치위원회'의 명칭이었다. 전범들은 승차한 열차가 객차라는 것을 알고 모두 뜻밖이라고 여겼다. 흰 빵과 소시지를 먹은 후 대다수 전범의 얼굴에는 웃음이 번졌다. 하지만 그들은 엄중한 죄행을 저지른 중국 국토에 이른 것을 알고 무심코 수심 어린 얼굴을 드러냈다. 특히 그중에서도 장관급, 좌관급 장교는 여전히 장교복에 긴 장화를 신고 거들먹거리는 모습을 보였다. 하지만 얼굴에는 충분히 복잡한 심정이 드러났다.

우리는 각 차량에 무기를 휴대하지 않은 간수를 배치해 사고 발생을 막고, 열차가 출발하자 간수들이 규율을 알렸다. 큰 소리로 떠들지 말고, 몰래 소곤거리지 말고, 창문을 열어 바깥을 엿보지 말라고 주의했다. 화장실에 갈 때는 보고해야 하며, 한 번에 한 사람씩 가도록 했다. 우리 쪽 의사가 각 차량을 순시하며 병이 있는 전범은 바로 치료했다. 간부와 통역은 각 차량을 교대로 점검했다.

매 끼니는 빵과 소시지 외에 사전에 무단장牧丹江, 하얼빈, 창춘, 쓰핑四平 등 큰 역의 공안국에 쌀밥과 채소볶음을 준비하도록 통지했다. 사람이 많아서 큰 역의 정차 장소에는 임시 화장실을 만들어두었다. 따라서 우리 전용 열차는 정시에 운행하는 열차가 통과할 때는 모두 피해주어야 했다. 그런 연유로 이틀이 지나서야 선양역에 겨우 도착했다.

'화물'에서 사람으로,
놀라운 처우에
맞닥뜨린 수감 생활

●

중국 도착 첫날 '화물'에서
사람이 되다

쑤이펀허역에 도착한 소련의 수인 열차에서 내린 일본인 전범의 눈에 가장 먼저 띈 것은 초록색 군복에 '중국인민해방군' 흉장을 단 수많은 경비병이었다. 맞은편 선로에 정차 중인 중국 쪽 열차에 오른 일본인 전범들은 묘한 감정에 사로잡혔다. 일본이 만주국 시절 운행하던 만철의 고급 객차였다. 기관차에 만철 표지판이 그대로 붙어 있는 것을 봤다는 일본인의 회고담도 있다. 소련에서는 한 번도 객차를 타본 적이 없었다. 좌석에는 깨끗한 흰 천이 씌워져 있었고 창가의 작은 테이블에는 사탕과 뚜껑 있는 찻잔이 놓여 있었다. 네 명씩 마주 보고 앉으니 화물 취급을 당하다 사람으로 대접받는 느낌이 들었다.

전범을 태운 기차는 7월 20일 낮 12시에 출발했다. 이동 중 주의 사항이 일본어 통역을 통해 전달됐다. 소란을 피우지 말고, 멋대로 좌석을 이탈해

중국 동북 3성의 간선철도

중국 동북 3성의 간선철도는 동아시아 지역으로 급속히 세력을 팽창하던 러시아 제국이 19세기 말에서 20세기 초에 시베리아횡단철도와 연계하기 위해 청에서 철도 부설 이권을 얻어 기본 틀을 깐 것이다. 시대에 따라 둥칭東淸철도, 중둥中東철도, 둥성東省철도, 베이만北滿철도, 만주횡단철도TMR 등 여러 이름으로 불렸다. 1897년 8월 공사를 시작해 1903년 7월 정식으로 개통했다. 하얼빈을 기준점으로 하면 T 자 또는 한자로 정丁 자 모양이다. 서쪽으로는 치타에서 자바이칼스크를 거쳐 중국의 만저우리滿洲里로 들어와 하얼빈에 이르고, 동쪽으로는 하얼빈에서 쑤이펀허綏芬河를 지나 시베리아횡단철도와 연결돼 블라디보스토크에 닿는다. 남쪽으로는 다롄大連까지 이어진다. 일본이 러일전쟁에서 승리한 후 러시아로부터 이권을 넘겨받은 것이 창춘長春-다롄 간 난만南滿철도이며, 이를 운영하기 위해 1906년 11월 설립한 회사가 남만주철도회사(만철)다. 신중국은 제국주의 냄새가 나는 옛 이름을 버리고 빈저우浜洲철도(하얼빈-만저우리 935킬로미터), 빈쑤이浜綏철도(하얼빈-쑤이펀허 489킬로미터), 하다哈大철도(하얼빈-다롄 946킬로미터)로 나눠 일컫는다.

서는 안 되며, 흡연은 금지라는 등의 내용이었다. 잠시 뒤 객차 안에서 웅성거림이 일었다. 갑자기 단발머리의 젊은 여성 여럿이 등장했다. 흰 옷을 입은 간호사들은 의사와 함께 "환자 있습니까?" "기분이 좋지 않은 분은 없습니까?" 하고 물으며 다녔다.

당시 간호사로 접수공작대에 차출된 자오위잉趙航英의 회고에 따르면 접수 작업이 완료되자마자 숨 돌릴 틈도 없이 일을 시작했다. 자오위잉은 1950년 여름 선양 중국의과대학 고급간호과 졸업을 앞두고 푸순전범관리소로 발령을 받은 세 간호사 가운데 한 명이다. 수인 열차를 타고 오면서 지친데다 사지에 들어섰다는 불안감 탓인지 혈압이 올라 두통을 호소하는 전범이 아주 많았다. 위통과 설사를 호소하거나 심장병으로 호흡이 곤란한 사람도 있어 주사로 바로 약을 투여하며 응급조치를 시행했다.

무단장에 도착하기 직전 또 다른 전범이 갑자기 복통을 참지 못하고 신음했다. 의사는 급성맹장염으로 응급 수술이 필요하다고 진단했다. 팔다리 등 급소에 침과 뜸을 놓고 다량의 항생소염제를 주사했다. 무단장역에 도착하자 자오위잉과 간수 두 명이 바로 환자를 철도병원으로 이송했다. 간수는 감시차 남고 자오위잉은 열차로 돌아왔다.

점심식사로 한 사람당 빵 한 근, 소지지 반 근, 오리 알 두 개가 나왔다. 일본인 전범은 소련에서 지겹게 먹었던 검은 빵이 아니라 흰 빵이 나오자 놀랐다. 소련에서 흰 빵을 먹을 수 있는 사람은 상류층뿐이었다. 일본인 전범은 소련에서 벌목, 건축, 석탄 채굴 등 하루 열 시간 이상 노동했으나 식사는 검은 빵 한 근에 소금국 한 그릇 정도로 아주 부실했다. 놀라움은 그걸로 그치지 않았다. 원한다면 먹을 만큼 더 준다고 했다. 따뜻한 물도 양껏 마시게 했다. 저녁에는 쌀밥, 돼지고기볶음, 달걀볶음, 국이 나왔다. 원하는 사람에게는 더 준다고 하자 절반 이상이 더 요구했다. 이들에게는 쌀밥도 5년 만에 처음으로 먹어보는 것이었다.

마침내 푸순감옥에
수감되다

전범의 심사는 복잡해졌다. 생각지도 못했던 식사가 나오고 호송 직원이나 경비병의 말투가 전혀 거칠지 않았다. '이런 후대가 무엇을 의미하는 걸까?' '가다가 중도에 집단으로 처형해버리는 것은 아닐까?' '그렇다면 지급된 식사는 최후의 만찬인가?' 하는 잡다한 생각이 머리를 맴돌았다.

귀국의 꿈이 물거품이 된 이상 이들의 가장 큰 관심사는 도대체 어디로 끌고 가는지였다. 차창에는 신문지를 빈틈없이 붙여놓아 밖을 볼 수가 없었다. 창춘에 열차가 정차했을 때 역 구내 스피커에서 중국어로 창춘역이라는 안내 방송이 나온 것을 바로 알아들은 사람은 아주 적었다.

열차는 선양에서 선지선瀋吉線으로 들어섰다. 선양에서 메이허커우梅河口, 판스磐石를 지나 지린吉林까지 전장 440킬로미터의 노선이다. 열차는 곧 선양에서 43킬로미터가량 떨어진 푸순에 멈췄다. 7월 21일 오전 3시였다.

캄캄한 어둠 속에서 역 앞 광장으로 나간 일본인 전범은 삼엄한 경비 태세에 긴장했다. 동북 지방의 지리에 익숙했던 이들은 '푸순둥잔撫順東站'이라고 쓰인 역 이름을 보고 이곳이 석탄 생산지로 유명한 푸순임을 단번에 알았다. 이들은 "이제 살아서 돌아가긴 다 틀렸어", "평생 석탄을 파다가 죽겠구나" 하며 수군거렸다.

역 주변 건물 옥상에는 기관총을 겨냥한 병사들의 모습이 보였다. 소좌 이상의 장교와 환자는 트럭에 탑승했고 나머지는 대열을 지어 도보로 푸순전범관리소로 이동했다. 연도의 양쪽에는 총검을 든 해방군 병사들이 약 10미터 간격을 두고 도열해 있었다. 이들은 모두 전범을 주시하지 않고 뒤로 돌아서 있었다. 병사들의 이상한 자세는 일본인 전범에게 오랜 기간 수수께끼였다. 나중에 전범이 온다는 기밀이 유출됐을 경우 분노한 중국 인민이 보복 행위에 나서는 것을 방지하려는 조치였다는 설명을 듣고야 납득했다고 한다.

한밤중이어서 통행인은 거의 없었다. 한 20분 정도 걸으니 높은 벽돌담으로 둘러싸인 건물이 나타났다. 아치형 문에는 '중화인민공화국 동북인민직할감옥'이라고 쓰여 있었다. 쪽문을 지나 차례대로 구내에 들어섰다. 사무소 같은 첫 건물 기둥에는 '푸순일본인전범관제처'라는 표지판이 붙어 있었다. 나중에 푸순전범관리소로 바뀌었다. 긴 콘크리트 복도를 지나 사동이 몇 동 있었다. 순서대로 감방에 들어가 인원이 차면 철커덕 하고 문이 닫혔다. 일본인 전범은 감옥에 들어섰다는 실감이 났다. 시베리아의 수용소에서는 감금방을 제외하고는 자물쇠로 잠그지 않았기 때문이다.

푸순전범관리소의 전사前史

푸순시를 동쪽에서 서쪽으로 가로지르며 흐르는 강이 훈허渾河다. 랴오허遼河의 지류 가운데 가장 길어서 샤오랴오허小遼河라고도 불린다. 푸순시의 중심은 강 남쪽에 있고, 강 북쪽에는 가오얼산高爾山이 있다. 정상은 해발 230미터로 높지 않지만 이 지역의 명승지다. 산꼭대기에 남아 있는 성 유적은 고구려가 축성한 것으로 알려져 있고, 천년 고탑도 있다. 고탑은 1088년 요나라 때 건축을 시작한 팔각구층탑이며, 지붕을 층층이 쌓아올리는 밀첨식 구조다. 높이 14.1미터, 직경 6.8미터이며, 푸순을 상징하는 문화재다.

가오얼산 아래쪽에 푸순전범관리소가 자리를 잡았다. 푸순전범관리소의 대지는 2만 제곱미터에 이르고 건축 면적은 약 6600제곱미터다. 전신은

1936년 만주국이 짓기 시작한 푸순감옥이다. 일제는 만주국 통합 조치의 하나로 일본의 치외법권이 철폐됨에 따라 펑톈奉天(선양)과 푸순에 근대적 감옥을 지었다. 푸순감옥은 1937년 6월 준공돼 운영에 들어갔는데, 당시는 푸순전옥典獄이라고 불렸다.

원래는 펑톈에 일본인, 푸순에 조선인 죄수를 수감한다는 방침이었으나 동북 지역에서 반만 항일운동이 거세게 일면서 푸순의 주된 수감자는 중국인과 조선인 항일운동가였다. 푸순감옥에서는 일상적으로 잔인한 고문이 행해져 감옥이 아니라 문자 그대로 무덤이었다. 일본인 간수는 고문을 당하다 숨이 끊어진 항일투사를 담벼락 안쪽 아무데나 묻었고, 열악한 위생 환경에서 감염병에 걸린 정치범은 그대로 생매장했다.

일본 패망 후 국민당 정부가 이곳을 인수해 '랴오닝遼寧제4감옥'이라고 명명했다. 한쪽에는 정치범을 가두고 나머지는 마구간으로 사용했다. 공산당 군대가 1948년 11월 20일 푸순을 해방하자 동북인민정부가 인수해 '랴오둥성遼東省제3감옥'으로 불렀다.

일본 전범 인수를 앞두고 푸순감옥에서는 대대적인 보수 작업이 벌어졌다. 옥사의 낡은 페치카를 뜯어내고 새로 난방 장치를 설치했다. 햇빛이 잘 들어오도록 감방 창문도 넓게 만들었다. 또 도서관, 대강당, 문화실, 병원, 목욕실 등을 새로 짓고 식당의 시설도 전기 제품으로 바꾸었다. 초창기 국가 재정이 극히 어려운 형편인데도 집행 예산을 먼저 배정한 것이다. 보수 과정에서 유골이 감옥 뜰에서 무더기로 나왔다. 만주국 시절 일본인 간수가 사용하던 야만적 형구나 가혹한 고문의 현장인 '물감옥', 암실, 사형장 등도 실체를 드러냈다.

일본인 전범을 수용하던 1950년대 푸순전범관리소 본관

중국 정부는 1986년 보안시설이던 푸순전범관리소를 개방하기로 결정하고, 대대적 보수 작업을 거쳐 1987년 7월 학습 교육을 위한 진열관으로 개관했다. 2006년 6월 '전국중점문물重點文物보호단위'로 선정된 현재의 모습

푸순감옥과 악연으로 얽힌
일본인 전범

푸순전범관리소에 수감된 일본인 가운데는 푸순감옥과 연관 있는 사람도 있었다. 감옥 건축을 기획하고 예산을 집행했거나 항일투사를 체포해 고문하고 수감한 자들이다. 성대한 준공 행사에 참여한 이도 있었다. 직간접으로 감옥 건설에 참여하거나 운영에 관여하며 활개 치던 사람이 그 감옥의 수인으로 전락해버린 것이다.

가장 극적으로 신세가 뒤바뀐 사람은 푸순감옥에서 10년이나 소장(전옥장)을 했던 오무라 시노부大村忍였다. 오무라는 자신들이 탄 열차가 푸순역에 정차하자 "끝장났다" 하고 외마디 소리를 질렀다. 오무라 밑에서 부전옥장을 하던 시마구치 노부시게島口信重도 같은 열차로 압송돼왔다. 오무라와 시마구치는 푸순감옥 앞에서 서로 얼굴을 쳐다보며 어찌할 바를 몰랐다.

오무라는 앞으로 닥칠 운명을 직감했다. 중국의 반만 항일지사가 당한 그대로 이번에는 자신들이 당하게 될 것이 불 보듯 뻔했다. 10년간의 경험으로 유추하면 온갖 혹형을 받아서 살아도 죽느니만 못한 생활을 하게 될 것이고, 결국 쓰레기 버려지듯 주검으로 내던져질 것이라고 예상했다. 푸순전범관리소에는 그가 수감 기간 중 작성한 자필 자술서가 보존돼 있다. "나는 직접 신문했고 고문을 가했다. 수갑과 족쇄를 채워 죽도로 구타했다. 1945년 6월부터 8월 사이에 56명이 병사했다. 시체를 처리해야 하는데, 감독 부실로 얕게 파서 묻었다. 개가 땅을 파헤쳐 주검을 땅 위로 끌고 나오기도 했다."

만주국 시절 푸순감옥의 운영 실태는 누구보다도 오무라 자신이 가장 잘 알았다. 감옥에 수감된 수천 명 가운데 일본인은 몇 명 되지 않았다. 절대다수는 중국인 항일지사였고 그들 대부분은 죽음을 피할 수 없었다. '모범 감옥'이라는 허울 속에 영락없는 인간 지옥이 똬리를 틀고 있었다.

오무라 시노부

오무라 못지않게 푸순 지역과 악연인 사람이 있었다. 푸순시경국장을 지낸 가시와바 유이치柏葉勇一다. 1890년 히로시마현에서 태어난 그는 1911년 12월 사병으로 입대했다. 헌병을 자원해 상등병이 된 후 헌병교습소 교육을 거쳐 하사관으로 승진해 상사까지 올랐다. 조선에서는 의주헌병대 중강진분견대·함흥분견대 등지에서, 중국 동북 지방에서는 하얼빈 북쪽의 하이룬海倫 헌병분견대에서 근무했다. 1932년 10월 헌병 소위 승진과 동시에 예비역에 편입된 그는 만주국 경찰 분야로 옮겨 산하이관山海關 국경경찰대 파견대장, 헤이허黑河 경

가시와바 유이치

찰대장을 맡았다. 1941년 1월 푸순시경국장에 보임돼 3년 10개월 정도 재직하다 국무원 총무청 참사관으로 전보됐다가 다시 만철의 촉탁으로 푸순에 복귀했다.

그가 맡았던 보직을 보면 평생 조선과 중국 동북 지방에서 항일지사를 탄압했고 식민 통치에 종사한 것을 알 수 있다. 중국이 6년간의 '개조 교육'을 거쳐 기소한 45명의 명단에 가시와바가 들어 있다. 중국이 그의 죄행을 그만큼 엄중히 판단한 셈이다. 특별군사법정에서 15년형을 선고받은 그의

자술서에 나오는 주요 죄행의 일부다.

1941년 9월 푸순 동부에 있는 라오후타이老虎臺 탄광에서 250명의 강제연행 노동자俘虜工人가 도주했다. 일대를 포위하고 수색해 일부는 권총으로 사살하고 대부분 체포했다.

푸순시내에서 매년 1회 또는 2회 걸인 단속을 실시해 200 내지 300명을 체포했다(1954년 8월 1일 자 자술서에는 50명으로 수정되었다). 자동차로 싱징현興京縣의 산속에 버렸다. 일부가 신체 쇠약으로 사망했다고 인정한다.

1942년 9월 푸순탄광에서 전염병 발생 지역의 경계 조치를 실시했다. 97명을 격리해 54명이 사망했다. 이 중 융안타이永安臺 25번지 격리소에 수용된 피격리자 가운데 쇠약자를 수리공장의 철광로에 넣어 태워 죽였다.

"우리는 포로지 전범이 아니다"

단층 건물로 지어진 푸순전범관리소에는 죄수를 수감하는 사동이 여섯 개 있었다. 사동의 호칭은 소所라고 했다. 전범은 큰 감방으로 이뤄진 3, 4소에 열일곱 명, 작은 감방인 5, 6소에 다섯 명씩 수용됐다. 감방 벽에는 수감자가 지켜야 할 규칙이 붙어 있었다. '수감자는 간수의 지시에 따라야 한다', '멋대로 큰 소리를 내서는 안 된다', '허가 없이 옆으로 누워서는 안 된다', '기상 오전 6시, 취침 오후 9시 반으로 정한다' 등의 내용이었다. 맨 아랫단에는 푸순전범관리소라고 쓰여 있었다.

전범이라는 용어가 일본인의 심사를 긁었다. 이들은 감옥으로 들어서면서 벽돌담 위에 설치된 고압전선, 네 모퉁이의 감시탑 등을 보고 동요했다. 언제 인민재판이 열려 처형될지 모른다는 불안이 가시지 않은 마당에, 전범이라는 용어를 보니 화가 폭발한 것이다. 이들은 "우리는 포로지 전범이 아니다", "우리 같은 졸개가 어떻게 전범이 되느냐, 전쟁을 일으키고 지휘한 천황, 대신, 군사령관, 정재계 거물이라면 모를까", "조사도 한 번 하지 않고 전범 취급이라니 납득할 수 없다"라며 불평을 쏟아냈다. 격분한 나머지 규칙을 떼어내 바닥에 팽개치는 사람도 있었다.

간수에게 따지는 사람도 있었지만 간수가 일본어를 이해하지 못해 소통이 되지 않았다. 간수는 관리소 본부의 관리교육과(관교과)에 사방이 소란스러운데 전범들의 표정으로 보아 감방 규칙이 원인인 것 같다고 보고했다. 공작원들이 각 감방을 둘러보자 일단 소동은 가라앉았다. 수감자들은 고뇌의 표정이 역력했고 머리를 숙이고 앉아 침묵을 지켰다.

쑨밍자이 소장은 이 소동을 보고받고 일본인 전범이 중국에 이관되고 나서 어떤 생각을 하는지 상세히 파악하기 위해 관교과 직원을 나누어 각 감방으로 보내 대화를 나누도록 했다. 관리소 출범 때 일본어로 소통할 수 있는 사람은 조선족인 김원, 오호연과 장멍스張夢實, 셰롄비謝連璧 정도였다.

척살 훈련의 꺼림칙한
기억

중국으로 이송돼 절망에 빠진 일본인은 전범이라는 용어에 맹렬히 반발했지만, 내심으로는 꺼림칙한 것이 한두 가지가 아니었다. 중일전쟁 중 일본군이 전장에서 저지른 행위를 보면 지위의 고하를 막론하고 털어내면 모두 전쟁범죄자가 되기에 충분했다. 대표적인 것 중 하나가 '척살刺殺 훈련'이었다. 소총에 착검을 한 채 돌진해서 대상을 찔러 죽이는 연습이다. 일본에서 실시할 때는 짚 등으로 만든 허수아비 인형이 표적이었지만, 중국에서는 산 사람이 표적이었다. 일본군은 혐의가 있건 없건 아무 중국인이나 끌고 와서 초년병의 '담을 키워준다'는 명목으로 찌르도록 했는데, 이를 '실물 척살 훈련'이나 '실적 척돌實的刺突'이라고 했다. 이 훈련은 신병 담금질을 마무리하는 필수 코스처럼 광범위하게 실시됐다. 이 통과의례를 끝내면 군인 한 사람 몫을 하게 됐다고 고참병들이 술잔을 돌렸다는 증언도 있다.

1994년 척살 훈련을 거부했던 일본인이 전통 단가短歌를 모아 가집歌集《작은 저항小さな抵抗: 殺戮を拒んだ日本兵》을 출판해 화제가 된 적이 있다. 1922년 야마가타현에서 태어난 와타베 료조渡部良三는 주오中央대학에 재학 중 '학도 출진學徒出陣'으로 입영했다. 1944년 봄 중국 허베이성河北省 내 부대에 이등병으로 배치되자 척살 훈련이 실시됐다. 교관은 와타베 같은 신병에게 손이 뒤로 포박된 채 기둥에 묶인 팔로군 포로 다섯 명에게 돌진해서 총검으로 찌르도록 명령했다. 포로 한 사람에 열 명 정도의 신병이 계속 달려가 찔렀다. 누더기가 된 주검은 발로 걷어차서 구덩이에 떨어뜨렸다.

와타베의 차례가 됐을 때 이변이 발생했다. 그는 기독교인으로서 살해할 수 없다고 명령을 거부했다. 대가는 혹독했다. 그는 처참한 폭력을 당했다. 38소총을 손에 잡고 운동장을 포복으로 돌게 했다. 그는 삭막한 군대 생활에서도 틈틈이 전장의 실상을 단가로 썼다. 패전 후 메모를 옷에 넣고 바늘로 기워 귀국 때 가지고 돌아왔다. 하지만 그는 '너희는 살인하지 마라'라는 성서의 가르침을 상관이나 전우에게 말하지 못한 것이 마음에 걸려 오랜 기간 침묵을 지켰다. 일본군의 약탈, 강간, 살인을 제지하지 못한 것을 후회했다.

그러다 1992년 고희를 맞아 손자들에게 전하겠다며 써놓았던 단가를 정리하기 시작했다. 그는 2014년 4월 세상을 떠났는데, 임종 이틀 전 병원으로 찾아온 지인에게 "양심에 성실하게 살아주세요"라고 말했다고 한다. 전쟁 말기 광기로 치닫는 일본군 부대에서 척살 훈련을 거부한 극히 드문 사례로 평가된다.

척살 훈련으로 죽임을 당한 이의 증언은 있을 수가 없을 것이다. 도미나가 쇼조의《어느 B·C급 전범의 전후사》에는 현장을 지켜본 사람의 감상이 기재돼 있다. 도미나가는 59사단 독립대대 정보계에서 근무하던 입대 5년 차 병사를 Y라고 소개했다. 그는 중국어가 능숙해 부대 밖에서 자유 활동이 허락됐다. 사복 차림으로 중국인 사회에 들어가 팔로군 동정이나 중국 공산당의 주민 공작을 적발하는 임무를 맡았다.

어느 날 그가 체포한 공산당 지하공작원의 처분을 놓고 대대장이 초년병 '교육 자료'로 쓰라고 명령하는 바람에 척살 훈련에 입회하게 됐다. 그 공산당원은 영창에서 형장까지 침착한 모습으로 당당하게 걸어갔다. 손이 뒤로 포박된 채 기둥에 묶여도 표정 하나 바뀌지 않았고, 일본군 병사가 눈가리개를 하려 하자 "부야오不要(필요 없다)"라고 소리치며 물리쳤다. 병사가 억지로 수건으로 눈을 가려 묶자 크게 숨을 들이쉬고는 "중국공산당 만세!" 하고 외치며 머리를 들었다.

초년병계 교관의 지시로 하사관이 "돌격! 찔러!" 하고 호령하자, 선두의 초년병이 함성을 지르며 뛰어나가 그의 가슴에 총검을 찔렀다. 공산당원은 희미하게 소리를 냈지만, 꼼짝도 않고 제2, 제3의 총검을 받아내더니 머리가 조금씩 기울어져 갔다. 그러나 최후까지 고뇌의 표정을 보이지 않았고 자세도 흐트러지지 않았다. Y는 강한 신념과 사명감으로 사는 자만이 취할 수 있는 훌륭한 태도에 자신이 졌음을 느꼈다고 도미나가에게 고백했다.

전범에게는 쌀밥, 관리소 직원은 수수밥

수감 첫날 급식이 시작됐다. 저녁식사로 간수들이 큰 식통 두 개를 감방 안으로 들여놓았다. 하나는 갓 지은 수수밥, 또 하나는 무와 돼지고기를 푹 삶은 부식이었다. 간수들은 맛은 어떠한지, 양은 충분한지 등을 방마다 묻고 다녔다. 부족하다고 하면 밥을 더 주었다. 오랜 기간 마음껏 먹어본 일이 없던 일본인 전범들은 배를 채우는 일에 몰두했다.

한편 수수밥이 입에 맞지 않는다며 먹기를 거부하고 버리거나 밖으로 내놓는 이들도 있었다. 간수들은 속으로 분개했지만 인격적으로 대하라는 상부의 지시에 따라 어찌할 방도를 찾지 못했다. 다음 날에도 수수밥에 손을 대지 않고 불만을 표시하는 조직적 움직임이 이어졌다. 전범들의 동태는 동북 정부의 공안부에 보고됐다. 일부 전범이 수수밥을 입에 대지도 않으려 한다는 것은 저우언라이 총리의 귀에까지 올라갔다. 저우 총리는 일본인의 관습과 문화를 존중해야 한다며 쌀밥을 제공하라고 지시했다. 당시 중국인은 하루에 두 차례 조밥이나 수수밥을 먹었고 관리소 직원도 마찬가지였다.

전범들은 관리소 직원과 접촉하는 일이 점차 많아지면서 이들의 식사 실상을 알게 되자 충격을 받았다. 수감된 자가 관리소 직원보다 더 양질의 식사 대접을 받는 연유를 알 수 없었기 때문이다. 전범에게 제공되는 먹을거리는 그 후에도 계속 개선됐다. 나중에는 일본인이 좋아하는 떡, 어묵, 초밥까지 나왔다.

관리소 당국은 수감자에게 새로운 옷과 비품을 지급하고 얼굴 사진을 찍었다. 중국 당안관(기록보존소)이 나중에 공개한 자료나 출간된 사진집에는 당시의 수감 사진이 나온다. 관리소는 이들에게 각기 수인번호를 부여해 일상 업무는 이 번호로 처리했다.

관리소는 얼마 뒤 전범에게 종이를 나눠주고 각자의 이력을 써서 제출하게 했다. 개개인의 신상을 좀 더 정확히 파악하고 효율적으로 관리하기 위해서였다. 전범 중에는 중국에서 저지른 자신의 행적이 드러날까 봐 전전긍긍하는 부류가 있었다. 가시와바 유이치 푸순시 경찰국장 등은 이름을 허위로 기재하고 신분도 회사 임원으로 써냈다가 들통나기도 했다.

수감자의 절대다수가 군인이어서 계급을 기준으로 세 범주로 나눴다. 장군은 장관급, 대좌·중좌·소좌는 좌관급(우리나라에서는 영관급, 중국에서는 대교·중교·소교라고 해서 교관校官급이라는 용어를 쓴다), 대위 이하 위관급 장교와 사병을 위관급 이하로 분류했다. 그리고 문관이나 경찰 출신은 상응하는 집단에 포함했다.

감방 배정도 새로 했다. 장관, 좌관급은 한 방에 다섯 명씩 들어가는 5, 6소에, 위관급 이하는 17명씩 들어가는 3, 4소에 배치했다. 환자는 7소에 따로 수용했다. 위관급 이하가 들어간 넓은 방은 가운데 2미터 정도의 통로를 두고 양쪽에 높이 50센티미터의 마루가 있고 그 위에 돗자리가 깔렸다. 벽에는 개인 침구를 접어서 놓을 수 있었다. 마루 한쪽에 아홉 명, 맞은편에 여덟 명이 자리를 잡고 구석의 작은 공간에 변소가 있었다. 수감자의 수기에는 철문을 제외하면 운동부의 합숙소나 군대 내무반 같은 느낌이었다고 한다. 1, 2소는 일본인보다 10여 일 늦게 소련에서 이송된 푸이 등 만주국 전범에게 배정됐다.

좌관급 이상은 비슷한 등급의 사람끼리 한 방에서 생활하는 것을 크게 만족해했다. 시베리아에서 사병을 중심으로 '민주운동'이 거세게 일었을 때 반동으로 몰려 괴롭힘을 겪은 쓰라린 경험이 있었기 때문이다. 더 이상 고분고분하지 않은 사병들과 종일 한 방에서 보내는 것은 이들에게 큰 고역이었다.

푸순 수감자 935명의 신분

푸순전범관리소에 전범으로 수감된 일본인은 어떤 이들이었을까? 신중국은 소련에서 인수한 일본인 전범의 존재를 오랜 기간 비밀에 부쳤다. 1954년에야 '중국 침략전쟁 일본인 전쟁범죄 명단日本侵華戰爭罪犯名冊'을 일본 적십자사에 전달했다. 일본 정부는 이를 통해 처음으로 중국에 수감된 자국민 전범의 실태를 파악했다. 일본의 신문과 방송은 대대적으로 이 명단에 대해 보도했고, 전범들의 가족은 종전 후 9년이 지나도록 돌아오지 않는 이들의 생존 소식에 안도의 숨을 내쉬었다.

푸순전범관리소에 당초 수감된 969명 가운데 1954년 이전에 사망한 34명을 제외하면 생존자는 935명이었다. 이들을 분류하면 다음과 같다.

만주국 행정·사법 28명 / 만주국 군 25명 / 만주국 경찰 119명 / 만주국 철로 경호군 48명 / 관동주청 33명 / 관동헌병대 103명 / 관동군 예하 부대 579명

만주국 고위 관리로는 일본인 최고위직인 국무원 총무청 장관 다케베 로

쿠조武部六藏를 비롯해 총무청 차장 후루미 다다유키古海忠之 등의 문관이 들어갔고, 만주국에서 군, 경찰, 철로경호군 등의 치안 부문 관련자가 포함됐다. 관동주청은 일본이 러일전쟁에서 승리한 후 조차지로 할양받은 다롄·뤼순 지역(관동주)의 행정기구다.

절반 이상을 차지하는 것은 관동군 예하 부대다. 북지나방면군에 속했다가 1945년 소련의 침공 가능성에 대비해 관동군의 전력 보강을 명분으로 전속된 네 개 사단이다. 사단별로는 59사단 257명, 39사단 198명, 117사단 31명, 63사단 22명, 기타 71명이다. 뒤늦게 관동군에 합류한 네 개 사단의 장병이 대거 전범으로 지목된 이유는 중국 본토에서 팔로군 토벌을 하며 저지른 잔혹 행위와 연관이 있는 것으로 보인다. 소련군에 의해 무장해제가 될 때 각 사단의 최종 위치는 59사단은 조선 함흥, 39사단은 쓰핑四平, 63사단은 선양, 117사단은 궁주링公主嶺이었다.

사단장 다섯 명의 이력서

계급별로는 장성이 일곱 명, 좌관 17명, 위관 69명, 하사관과 사병이 486명이다. 최고위직은 사단장 지위에 있던 다섯 명의 육군 중장이다. 이들의 삶에 중국 땅을 유린한 발자취가 고스란히 반영돼 있다.

사사키 도이치佐佐木到一 중장　최선임자이며, 일본군에서 유수의 중국통으로 알려졌다. 사사키는 다른 네 명의 사단장이 전쟁 말기 중장으로 승진해 사단장에 보임된 것과 달리, 1938년 3월 중장이 되어 다음 해 10사단장이 됐다. 태평양전쟁이 발발하기 8개월 전인 1941년 4월 예비역에 편입됐다가 종전 한 달 전인 1945년 7월 다시 소집돼 하얼빈에 급조된 149사단에 보임됐다. 이 사단은 패전 직전 일본 군부가 만주 거주 일본인 성인 남성을 총동원할 때 5, 6, 7국경수비대를 기간으로 편성한 부대다. 소련군에 체포돼 시베리아에서 5년 억류 생활을 하다가 중국에 송환된 그는 푸순전범관리소에서 1955년 5월 뇌출혈로 병사했다. 전쟁 말기 현역으로 재소집되지 않았다면 그의 말로는 달라졌을 것이다.

1886년 에히메현에서 출생한 그가 중국통으로 일컬어지는 것은 장제스 등 국민당 지도부와 친분이 있었기 때문이다. 그는 소좌이던 1922년 광둥 주재 무관으로 부임했는데, 당시 광둥이 국민당 본거지여서 쑨원의 군사고문 역할을 하게 됐다. 쑨원에게서 직접 장제스를 소개받았으며, 1920년대 장제스가 국민당군을 이끌고 북벌에 나섰을 때 동행해 '조언'했다고 한다. 만주국 성립 후 군정부軍政部고문, 최고고문을 맡아 만주국군(만군) 창설에 기틀을 놓았고, 1937년 12월 난징대학살 때는 16사단 30여단장으로 진주했다.

그는 전투 기록을 포함해 많은 저서를 남겼는데, 현장 지휘관이 쓴 것이어서 역사가들이 많이 인용한다고 한다. 난징전투와 관련해 그가 1939년에 쓴 기록이다.

오후 2시경 대체로 소탕을 끝내고 배후를 안전하게 한 후 부대를 정비하여 전진해 허핑먼和平門에 이르다. 그 후 포로가 속속 투항해와 수천에 달하다. 격앙한 병사는 상관의 제지도 듣지 않고 한쪽에서부터 살육한다. 많은 전우의 유혈과 10일간의 신산辛酸을 돌아보면 병사가 아니더라도 모두 '해치워버려'라고 말하고 싶어진다.

후지타 시게루藤田茂 59사단장 180도로 사상을 바꾼 인물이다. 푸순전범관리소에 수감된 이후에도 꽤 오랫동안 극심한 완고분자의 하나로 꼽혔으나 죄를 인정하고 나서는 특별군사법정에서 스스로 극형을 요구할 정도로 변했다. 재판에 회부된 고위 장성 가운데 1957년 9월 가장 먼저 석방된 그는 귀국 후 중국귀환자연락회(중귀련)의 초대 회장을 맡아 1980년 사망할 때까지 이끌었다.

'천황'이 직접 임명하는 고위 관직의 하나인 사단장 자리에 올랐던 사람이 과거의 침략전쟁을 비난하고 중·일 우호를 주창하는 조직의 선두에 선 것은 이례적이다. 그는 중귀련 대표단을 이끌고 중국을 네 차례 방문했으며, 저우언라이 총리는 양국 우호를 위한 그의 공헌을 인정해 중산복中山服(쑨원이 제창했다는 중국의 인민복, 중산은 쑨원의 호) 한 벌을 선물했다. 그는 1980년 아흔 살이 넘어 사망하기 직전 가족에게 중산복을 입혀달라고 부탁했다고 한다.

1889년 히로시마현에서 출생한 후지타는 육군유년학교, 육군사관학교를 나와 무사도 정신으로 똘똘 뭉친 군인이다. 1911년 5월 육사를 23기로 졸업하고 그해 12월 기병 소위로 임관했다. 1938년 3월 기병 대좌로 승진해 기병 28연대장, 15연대장을 역임했고, 1941년 10월 소장에 올랐다. 1945년 3월 59사단장에 부임해 그해 8월 함흥에서 소련군 포로로 잡혔다. 일본 육사를 나와 일본군 장교로 근무하다 탈출해 신흥무관학교에서 교관으로 일했고 러시아 연해주에서 독립운동을 벌인 김광서 장군이 그와 동기생이다.

후지타는 시베리아 억류 중 도조 히데키東條英機 등 A급 전범 일곱 명에게 도쿄국제군사법정에서 교수형이 선고된 것을 듣고 "복수는 모든 동물의 본능"이라며 천황에게 끝까지 충절을 다할 것을 다짐했다. 푸순전범관리소에 도착했을 때는 계급장 달린 군복에 장화 차림이어서 마치 이전 점령지로 되돌아온 지휘관의 모습 같았다.

　그는 평소 깔보던 중국인의 수중에 자신이 놓인 것을 견딜 수가 없었다. 하루는 관교과 지도원 김원이 뜰을 지나가는데 후지타가 길을 막고 담화를 요구했다. 김원이 쑨밍자이 소장 사무실로 데리고 가니 자리를 권하기도 전에 의자에 털썩 앉아서 마오쩌둥 주석을 만나게 해달라고 말하고는 돌아앉았다. 쑨 소장이 "장군 각하, 할 말이 있거든 나에게 하시오"라고 하자 "나는 당신과 말하고 싶지 않다. 마오쩌둥을 만나겠다"라고 답했다. 쑨 소장이 할 말이 없으면 감방으로 돌아가라고 하자, 다시 돌아앉아서 "당신들은 국제법을 어기고 있다. 전쟁이 끝나면 포로는 즉각 송환하는 법이다"라며 따졌다.

　쑨 소장도 격분해 맞받아쳤다. 그는 "이곳에는 포로가 없다. 두 손에 피가 질펀하게 묻은 전쟁범죄자가 있을 뿐이다. 당신은 그 가운데 주동자임을 잊지 마라. 그리고 새로 선 중국 정부는 당신들에게서 가장 혹심하게 피해를 입은 인민 대중의 정권임을 기억하라" 하고 경고했다. 후지타는 벌떡 일어나서 소장실을 나갔다.

　후지타는 이전에 음주벽이 심해 알코올의존 후유증으로 고생했고 손이 떨려 글자도 제대로 못 썼다고 한다. 관리소 간부들이 말을 걸면 "나는 제국주의자이고 당신들은 공산주의자다. 우리 사이에는 뭐든 대화할 여지가 없다" 하고 끊어버렸다. 이러던 그가 특별군사법정에서 금고 18년형을 선고받고는 눈물을 흘리며 "나의 죄는 사형이 되어도 속죄를 다 할 수 없다"라고 말했다.

스즈키 히라쿠鈴木啓久 117사단장　후지타 시게루와 육사 동기로 거의 비슷한 속도로 진급했다. 특별군사법정에 기소됐을 때 군 관련 순위에서 첫 번째였고 형량도 가장 많은 금고 20년형이었다. 1963년 6월 만기가 되기 전에 푸순전범관리소에서 석방됐다. 그는 1950년대 후반 중귀련이 중국 침략전쟁의 실상을 알리기 위해 자신들의 수기를 모아《삼광三光》을 펴냈을 때 사단장급으로서는 유일하게 그의 수기가 후속 책(《침략侵略》)에 실렸다.

1890년 후쿠시마현에서 태어난 그는 센다이 육군유년학교, 중앙유년학교를 거쳐 1911년 12월 보병 소위로 임관했다. 1938년 보병 대좌로 승진해 1940년 8월 5사단 예하 67연대장으로 난징과 주변 지역 치안을 맡았다. 다음 해 8월 소장으로 진급해 12월에는 27사단 27보병단장으로 부임했다. 사단 사령부는 톈진, 보병단 본부는 탕산唐山에 있었다. 허베이성 일대의 담당 지역은 당시 공산당의 항일유격부대와 일본군, 만주군의 접전이 치열하게 전개되던 곳이다.

스즈키는 1944년 1월까지 27보병단장으로 있다가 독립보병 4여단장을 거쳐 7월 117사단장 대행이 됐다. 일본은 전황이 불리해지자 화북 지방에 있던 26사단과 62사단을 빼내 필리핀과 오키나와로 이동시켰다. 117사단은 현지의 치안 공백을 메우기 위해 신설한 네 개 치안사단의 하나다. 허난성河南省 신샹新鄕에서 독립보병 14여단을 기간으로 편성된 117사단은 황허黃河 이북에서 징한선京漢線(베이징-한커우漢口) 연선의 경비를 담당했다. 스즈키는 1945년 4월 중장으로 승진하며 정식 사단장이 됐다. 당초 라오허커우老河口 작전에 참여할 예정이었으나 만주로 이동 명령을 받고 지린성吉林省 타오난洮南에 진주했다. 소련 참전 이후 창춘 방면으로 후퇴 중 패전을 맞았고, 사단 주력은 지린성 궁주링에서 무장 해제됐다. 스즈키 사단장은 궁주링에서 비행기로 싱안興安, 창춘을 거쳐 소련으로 연행됐다.

사사 신노스케佐佐眞之助 39사단장   일본 육군에서 전형적인 엘리트 코스를 밟았다. 구마모토 육군유년학교 중앙유년학교를 거쳐 육군사관학교를 27기로 나와 1915년 12월 보병 소위로 임관했다. 그는 후지타 시게루, 스즈키 히라쿠보다 육사 기수가 4기 밑이어서 소위 임관도 당연히 4년 늦었지만, 중장 승진과 사단장 보임은 더 빨랐다.

1893년 후쿠오카현에서 출생한 그의 군 경력에서 눈에 띄는 것은 참모와 육군성 인사과 보직이다. 히로시마 5사단, 나고야 3사단, 가나자와 9사단에서 참모를 했다. 그는 고급 용병학을 가르치는 3년제 육군대학을 1925년 11월 졸업하고 육군사관학교에서 전술 교관을 하기도 했다. 이후 육군성 핵심 부서의 하나인 인사국에서 은상恩賞 과장 겸 육군성 공적조사부장을 했고, 보병 85연대장을 거쳐 본토의 서부군, 19군, 13군 참모장을 역임했다. 그는 1944년 6월 중장에 올랐고 그해 11월 39사단장에 임명됐다.

그의 전쟁범죄 혐의는 주로 중국 전선에서 85연대장과 39사단장으로 재임 시 저지른 것이다. 1940년 8월 저장성浙江省 모간산莫干山에서 예하 대대가 전투 중 독가스를 국민당 군대에게 사용해 막대한 피해를 입혔고, 그해 10월 저장성 주지諸暨에서 국민당군 약 600병을 살해했는데 중상자와 포로까지 처형했다. 1943년 12월 19군 참모장 재직 시 네덜란드의 식민지였던 인도네시아 암본에서 현지 여성 10여 명을 연행해 '위안소' 1개소를 만들었다. 1945년 1월 후베이성 당양當陽에서 39사단 장교를 소집해 독가스 교육을 실시하면서 포로 두 명을 가스실에 넣어 효과를 측정했고, 사단 군의부도 포로 네 명을 가스실에서 살해했다.

사사처럼 군 내부에서 잘나갔던 사람은 푸순에서 상당한 심적 갈등을 겪었을 것으로 추정된다. 종래의 국가관을 버리고 피해자의 처지에서 침략전쟁의 폐해를 반성하는 과정을 거쳐야 했기 때문이다. 사사는 금고 16년형을 선고받고 복역 중 1959년 6월 위암으로 사망했다. 신중국에서 특별군사법정에 기소돼 유죄판결을 받은 45명 가운데 중도에 특사 등의 조치로 풀려나지 않고 감옥에서 사망한 사람은 그가 유일하다.

기시카와 겐이치岸川健一 — **63사단장**   1888년 사가현佐賀縣에서 태어났다. 후지타 시게루, 스즈키 히라쿠와 육사 23기 동기다. 후지타와 스즈키가 소년 시절부터 장교 후보생을 키우기 위해 육군이 설립한 특수학교인 육군유년학교를 나온 데 비해 기시카와는 향리의 사가중학교에서 육사에 진학했다. 임관 후 보병 병과로 일관했고, 1940년 3월 6독립수비대장을 거쳐 1941년 3월 소장으로 승진해 장군 대열에 진입했다. 29보병단장, 독립혼성 17여단장 등을 역임한 뒤 1945년 3월 중장으로 승진하면서 63사단장이 됐다.

63사단은 1943년 6월 베이징에서 독립혼성 15여단을 기반으로 편성돼 북지나방면군에 속했다. 주로 허베이성 서부에서 팔로군 계열 항일부대와 교전을 벌였다. 초대 사단장은 연변 지역에서 항일 게릴라부대에 큰 타격을 입혔던 '노조에 토벌대'의 노조에 마사노리野副昌德였다. 노조에는 관동군 2독립수비대장으로 재직 시 1939년 10월부터 1941년 3월까지 일본군, 만군, 만주국 경찰부대를 동원해 항일연군을 집중적으로 공격했다. 조선인으로 구성된 특수부대인 간도특설대도 노조에 토벌대에 배속돼 소탕에 참가했다.

기시카와가 부임했을 무렵에는 소련의 참전에 대비해 만주로 이동 명령을 받고 퉁랴오通遼(현재 내몽골자치구 동남부)에 주둔했다. 사단은 선양의 원관툰文官屯에서 소련군에 의해 무장 해제됐다. 기시카와는 비행기로 소련에 들어가 하바롭스크 특별45수용소에 수감됐다가 중국으로 송환됐다. 그는 1954년 6월 푸순전범관리소에서 비인암을 앓다가 사망했다.

수수께끼, 하사관 이하 사병의 비율이 높은 이유

전쟁 말기에 편입된 네 개 사단을 중심으로 '중국 관련 전범'으로 송환된 관동군 예하 부대원 579명 중 하사관과 사병의 비율은 84퍼센트에 이른다. 이는 아주 높은 수치이고, 당사자 전원은 자신이 전범 혐의를 받고 있다는 생각을 해본 적도 없었을 것이다. 그중에는 입대한 지 1~2년밖에 되지 않는 신참도 있었다.

소련은 중국 관련 전범을 선별한 기준에 대해 명시적으로 설명하거나 관련 문서를 공개하지 않았고, 소비에트 체제 붕괴 후 들어선 러시아 당국도 마찬가지였다. 패전 후 소련군에 의해 무장 해제되던 당시 병력 총원 가운데 5년 뒤 중국에 전범으로 인도된 비율은 59사단 1.86퍼센트, 39사단 1.51퍼센트, 63사단 0.16퍼센트, 117사단 0.26퍼센트였다. 사단별로 보면 많아야 100명 가운데 두 명 미만이고, 적은 데는 1000명 중 한 명 정도다.

같은 부대에서 유사한 토벌작전에 참가했는데도 왜 자신들만 소수의 '중국 전범' 범주에 들었는지 이들은 납득하지 못했다. 러시아의 연방보안청이나 검찰청은 '개인 정보 보호'를 이유로 전범 용의자의 근거가 기록된 문서 공개를 거부하고 있어 이들이 전범으로 추려진 이유는 여전히 수수께끼다. 당시 군 수사기관이 이들의 전쟁범죄 혐의를 구체적으로 특정했을 수도 있고, 동료의 투서나 '밀고'에 의해 명단에 포함됐을 수도 있다. 아니면 이들이 시베리아 억류 시절 군 수사기관이나 수용소의 협조 요구에 응하지 않았거나 '민주운동'에 소극적으로 임해서 밉보였을 가능성도 배제할 수는 없다.

"일본인의 풍속이나 습관을
존중하라"

푸순전범관리소의 상황은 취추 부소장이 동북공안부에 보고하면, 중앙정부의 뤄루이칭羅瑞卿 공안부장에게 그 보고가 올라갔다. 뤄 부장은 황푸군관학교를 나온 군인으로 장정에 참여했고, 신중국 성립 후 공안부장, 국무원 부총리, 중앙군사위원회 비서장, 해방군 총참모장 등을 역임했다. 긴급사항은 저우 총리에게 바로 보고됐다.

저우 총리는 1950년 8월 28일 '구류 중인 일본 전범과 만주국 전범에 대해서는 국제관례에 따라 생활수준에 등급을 나눠 관리함과 동시에 그들의 인격을 존중하지 않으면 안 된다'고 동북국에 지시했다. 이에 따라 장군, 간임관簡任官(만주국의 직제로, 천황이 직접 임명하는 일제의 친임관親任官과 동격) 2등 이상의 고등 문관에게는 특별식, 좌관이나 동등 이상의 문관에게는 상등식, 그 이하에게는 통상식을 주기로 했다. 당시 동북 지방을 관리하던 동북행정위원회 간부의 처우 기준에 따라 장관급은 부부장 이상 대우, 좌관급은 연대 간부 이상 대우를 하고, 위관급 이하 말단 사병에게는 한동안 수수밥을 제공하다가 쌀밥으로 바꾸었다.

저우 총리는 푸순전범관리소 운영에 지대한 관심을 가지고 계속 지시했다. '외부는 엄하게, 내부는 부드럽게 한다', '한 사람의 도망자도, 한 사람의 사망자도 나오게 해서는 안 된다', '때리거나 욕하거나 인격을 모독해서는 안 된다', '그들의 민족적 풍습이나 습관을 존중하라', '사상 면에서 그들을 교육하고 개조하는 데 주의하라' 등의 내용이었다.

푸순전범관리소는 전범의 건강을 관리하기 위해 자체 의료 시설을 갖추고 체계적인 의료 공작도 시행했다. 환자의 증세가 명확히 판명되지 않으면 바로 상급 의사(선양 중국의과대학과 하얼빈의과대학 교수)에게 진단을 받게 하여 치료했다. 특히 치아 질환을 앓는 전범이 많은 점을 고려해 의무실에 치과를 증설했다. 선양 중국의과대학을 나온 의사가 부임해 치과 치료와 의치 시술을 전담했다.

패전 후 산시성에서 군벌 옌시산閻錫山군에 가담해 팔로군과 싸우다 체포된 나가토미 히로유키永富博之는 타이위안에 수감됐다가 1956년 기소돼 특별군사법정에 회부된 45인 중의 한 사람이다. 13년형을 선고받은 그는 푸순으로 이송돼 수감됐다. 그는 감옥에서 치과 치료를 받은 소감을 이렇게 말했다.

> 과거 나는 산시성 바이스촌白石村에서 잔인하게 칼로 중국인의 혀를 자르거나 많은 중국인의 이를 부러뜨렸다. 그런데도 중국 정부는 중국인에게 무거운 죄행을 저지른 내게 이를 치료하고 의치까지 해주었다. 중국 인민에게 진정으로 죄송하다. 반드시 거듭 태어나겠다.

마작, 바둑 등 유희에 빠진 전범

푸순전범관리소의 전범은 아침, 저녁 식사 뒤 두 차례 30분씩 밖으로 나와 운동하거나 옥외 화장실에서 용변을 보는 것을 제외하면 종일 감방에 수감됐다. 시베리아에서는 대부분 격한 중노동에 시달렸는데 이곳에서는 감방의 실내 청소를 스스로 하는 것 말고는 할 일이 없었다. 감방 안에는 실내 변기통이 있어 두 사람이 한 조가 되어 교대로 변기통을 메고 옥외 화장실에 가서 비웠다. 생활이 너무 편해진 탓인지 그것조차 못하겠다고 버티는 사람까지 나타났다. 하얼빈고등법원 차장을 했던 요코야마 미쓰히코橫山光彥는 자신의 순번이 돌아오자 "변기를 메라는 것은 인격을 무시하는 것이다. 인격 존중이라더니 공염불이다" 하고 소리 질렀다. 간수는 재촉해도 그가 나오지 않자 본부에 보고했다.

요코야마는 영문을 묻는 김원 지도원에게 "통역은 내 말을 소장에게 전달하라"라고 큰소리쳤다. 김원은 치솟아 오르는 화를 참으며 "나는 통역이 아니고 모두를 지도할 책임을 지고 있다. 감방 규칙 1조에 따라 행동하라. 용변을 치우는 자활 작업은 당연하며 인격 무시가 아니다"라고 설명했다. 그는 마지못해 변기통을 메고 나갔다.

전범은 넘쳐나는 자유시간을 어떻게 보내야 할지 고심했다. 이따금 신중국을 소개하는 선전 팸플릿이 배포됐지만 유심히 읽어보는 사람은 없었다. 이들은 자신들의 운명이 어떻게 될지 불안한 것 말고는 크게 힘들지 않았다. 목욕은 감방별로 일주일에 한 번 했고, 이발은 한 달에 한 번 했다. 모여서 하는 얘기는 신변 잡담이나 음담패설 정도였다. 그것도 시들해지자 바둑, 장기, 화투, 트럼프, 마작 등의 놀이 도구를 직접 만들어 오락에 빠졌다. 종이를 물에 넣어 풀어지게 해서 말린 뒤 마작 패를 만들고, 밥알을 이겨 바둑돌을 제조했다. 흰 바둑돌은 치분을 발라서 해결했고 검은 것은 운동 나갔을 때 검댕을 묻혀왔다.

처음에는 각 방에서 은밀하게 놀이를 하다가 간수나 지도원이 나타나면 슬쩍 감추곤 했다. 어느 날 김원은 순찰을 돌다가 감방 안에서 뭔가를 으깨서 비비는 이상한 움직임을 보았다. 무엇을 하고 있느냐고 묻자 한 사람이 주뼛주뼛하다가 바둑돌을 만들고 있다고 답했다. 그로서는 그냥 넘어갈 수 없는 행위였다. 중국대륙을 유린하고 수많은 중국인을 학살한 전범이 반성은커녕 인민의 '피와 땀'의 결정인 곡식으로 놀이 도구를 만들다니 어처구니가 없었다. 게다가 관리소의 직원은 입에 대지도 못하는 귀한 것인데……. 하지만 김원은 분통을 꾹 누르고 질책하지 않았다. 이후 그들은 드러내놓고 놀이를 했고 간수들은 보고도 못 본 척했다.

능수버들처럼 대하는
관리소 직원의 속앓이

일본인 전범이 귀국 후 작성한 수기를 보면 푸순전범관리소 직원이 자신들의 도발, 야유, 항명 등 각종 불온한 움직임에도 안색 하나 바꾸지 않고 능수버들처럼 대응했다는 표현이 눈에 띈다. 속으로는 부글부글 끓었지만, 상부의 지시가 엄중하니 내색할 수 없었던 것이다.

관리소 직원은 대체로 일본인 전범의 인수를 앞두고 동북인민정부의 공안부, 사법부, 위생부 등에서 긴급 차출돼 부임했다. 극히 일부 간부를 제외하고는 자신의 새 임지가 어디인지, 어떤 일을 맡게 될지도 모르는 채였다. 쑨밍자이 소장의 경력에서 드러나듯 직원의 다수는 공안군 장교와 사병이었다. 전범의 교육과 개조를 맡은 관리교육과 지도원은 공안군 장교였고, 사방에서 매일 전범과 얼굴을 맞대는 간수는 공안군 병사(하사관)였다. 토지혁명 초기, 항일전쟁기부터 숱한 전투에 참여했던 역전의 용사도 있고, 일본의 항복 후 국공내전기에 팔로군, 민주연군 등 해방군에 입대해 공을 세운, 상대적으로 젊은 사병도 있었다.

공안군은 신중국 초기에 만들어진 5대 군종의 하나로, 요인 보호 등의 주요 역할을 수행했다. 중화인민공화국이 정식으로 선포되기 직전인 1949년 8월 당중앙 군사위원회는 중국인민공안중앙종대를 창설했다. 공안부에 예속된 이 부대는 당중앙, 중앙정부와 국가기관 지도자의 안전을 보위하고 수도의 치안 유지 임무 등을 맡았다. 1950년 4월 인민해방군을 개편하면서 육군을 국방군과 공안부대로 나눴는데, 공안부대는 총 정원의 4.5퍼센트였다. 그해 9월 20개 사단과 3개 연대 병력으로 이뤄진 공안부대의 사령탑을 베이징에 두고 사령관 겸 정치위원에 뤄루이칭이 임명돼 공안부장을 겸했다.

공안군은 그 후 여러 차례 편제가 바뀌다가 1966년 7월 마오쩌둥의 지시로 아예 폐지됐다. 1982년 6월 인민해방군의 내위內衛 근무부대, 변방경찰, 소방경찰을 통합해서 중국인민무장경찰부대(약칭 무경武警부대)가 창설됐다. 현재는 인민무장경찰부대가 종래의 공안군 역할을 수행하고 있다.

푸순전범관리소에 배치된 공안군 장교, 사병뿐만 아니라 일반 직원도 대부분 일본 군대에 짓밟혀 피눈물을 흘려야 했던 개인사를 갖고 있었다. 밤이면 침대에 누워 울었다는 병사 왕싱王興의 사례를 보자. 러허성熱河省 청더承德 항일 유격 지대에 살던 그는 열 살 때 일본군의 소탕 작전으로 가족 여덟 명 가운데 일곱 명이 살해되는 것을 직접 봤다. 백부의 집에서 자란 그는 일본 패망 후 동북민주연군에 들어가 크고 작은 해방전쟁에 참여했고, 1950년 푸순전범관리소 간수로 전임됐다. 드디어 잔학한 침략자를 처벌해 나라와 가족의 원수를 갚을 절호의 기회가 왔다고 기뻐했는데, 상급 기관에서 '때리거나 욕해서는 안 된다', '인격을 존중하라' 등의 엄격한 지시가 속속 내려오니 기가 막혔다. 일본군 소탕 때 마을 전체가 불바다가 되고 가족 모두가 총검에 찔려 목숨을 잃은 것을 생각하면 도저히 납득할 수 없어 침대에 엎드려 울었다. 그는 푸순전범관리소에서 근무하며 부간수장, 간수장으로 지위가 올랐고, 1956년에는 랴오닝성 공안청 직속 안산鞍山노동교양원으로 이동하게 됐다.

침대에 누워서 분을 삭이는 데 그치지 않고 쑨밍자이 소장에게 직접 따지는 직원도 있었다. 1930년대 2만 5000리 대장정에 참여한 노병으로서 간수장으로 온 잔화중은 소장을 찾아가 옆구리에 찬 권총을 풀어 그의 책상 위에 올려놓았다. 그러고는 "저 파쇼들이 머리를 숙이기는커녕 오히려 반항하고 있다. 왜 저놈들을 곱게 살려두고 아까운 밥을 먹여주는지 도저히 이해가 되지 않는다"라며 원 소속 부대로 돌려보내달라고 요구했다.

일본어를 하는 한 직원은 "정말 상상이 가지 않는다. 나는 전 직장에서 잘 일하고 있었는데 이곳으로 전근시켜 일본 놈의 통역을 하라면서 영광으로 생각하라니, 지나치다"라고 불평했다.

관리소 직원의 일부는 푸순전범관리소에서 벗어나기 위해 항미원조전쟁抗美援朝戰爭(한국전쟁)의 '의용군'에 지원하기도 했다. 일본인 전범을 응징하지 못한다면 차라리 전쟁터로 나가겠다는 것이었다. 불평하는 데 그치지 않고 소극적 행동으로 분풀이하는 직원도 있었다. 취사원의 일부는 쌀을 제대로 씻지 않고 밥을 하거나 채소도 어설프게 다듬었다. 식사 담당은 밥통을 감방 문 앞에 가져다놓고는 발로 차서 급식 시간을 알렸다. 몇몇 간수는 전범이 야유나 욕설을 퍼부으면 맞대응했고, 이발사는 이들의 머리를 일부러 들쑥날쑥 깎았다.

관리소 지도부는 일부 직원의 반발을 심각한 사태라고 판단했다. 쑨밍자이 소장과 취추 부소장, 관교과장, 총무과장, 소무회所務會 비서 등은 수시로 대책 회의를 열어 직원의 사상 통일을 위한 방안을 논의하고 각기 관리소의 하부 조직에 들어가 흉금을 털고 이야기를 나눴다. 이들은 다양한 방법으로 당중앙의 지시 정신을 전달하고 전범 개조의 중요한 의의를 학습시켰다. 직원의 대부분은 항일전쟁과 해방전쟁에 참가해 수많은 시련을 겪어서 정치적 자각도 높았다. 쑨 소장은 전체 직원 대회를 열어 저우 총리와 동북공안부 지도자 동지의 지시를 전달하고 반드시 임무를 완수해 당과 인민의 기대를 저버리지 않도록 하자고 결의했다.

　관리소 당국은 일본인 전범을 다잡기 위해 1950년 7월 28일 모든 전범을 대상으로 입소 후 1차 대회를 열었다. 취추 부소장은 '감규기율監規紀律'을 선포하면서 "너희 중에는 직위가 높은 자도 있고 낮은 자도 있다. 높은 사람은 큰 죄악을, 낮은 사람은 작은 죄악을 저질렀다. 그러나 거물이든 아니든 모두 전범이다"라고 명확히 선언했다. 또 전범이 노력해야 할 방향을 제시했다. "개과천선해서 새로운 사람이 되어야 한다. 사상을 개조해 죄를 인정하고 법에 따라 광명한 앞길을 쟁취해야 한다(改惡從善 重新造人 認罪服法 爭取光明的前途)." 이 방침은 푸순전범관리소에서 6년간 계속 되풀이됐다.

'괴물'에서 사람으로, 놀라운 처우에 맞닥뜨린 수감 생활 ●

학습운동의 파장,
감방 안의
울음소리

한국전쟁 나자 전범들
분산시켜

푸순의 일본인 전범은 한반도에서 전쟁이 일어난 것을 알고 있었다. 소련에서 이송되기 전에 공산당 기관지 《프라우다》에 실린 전쟁 발발 기사를 본 사람들이 있었다. 북조선군이 남조선 반동의 침공을 격퇴하고 남쪽으로 진격한다는 내용이었다. 푸순에 수감되고 나서는 한동안 뉴스를 접하지 못했는데, 1950년 10월 각 감방에 중국어 신문이 배부되기 시작했다.

일본인 전범은 한국전쟁의 흐름을 보고 자신들에게 서광이 비친다고 생각했다. 미군이 북조선군을 밀어내고 삼팔선을 넘어 압록강에 다가서고 있었다. 이대로 가면 미군이 중국의 동북 지방으로 들어와 자신들을 구출해 줄 날도 멀지 않다고 꿈꾸기도 했다.

한국전쟁에 의용군 파견을 검토하던 중국 정부는 긴박한 상황에 대응하기 위해 푸순에 수용된 일본인 전범의 소개疏開를 결정했다. 왕진상 동북공안부장은 10월 16일 저우언라이 총리의 지시에 따라 일본인 전범의 하얼빈 소개를 명령했다. 다음 날 푸순전범관리소는 수감 일본인에게 소개 결정을 공지했다. 쑨밍자이 소장은 내부 방송을 통해 "조선전쟁은 제군도 알고 있듯이 이제 중요한 단계에 이르고 있다. 푸순시도 언제 폭격 당할지 모르는 위험성이 있다. 관리소는 제군의 안전을 지키기 위해 하얼빈으로 이동한다"라고 말했다. 쑨 소장은 "내일 출발한다"라며 이동 날짜까지 밝혔다.

갑작스러운 발표에 일본인 전범은 복잡한 심경이 됐다. "하얼빈으로 이동한다는데 다시 시베리아로 돌려보내는 것 아닌가?" "미군이 오기 전에 어딘가 산속에서 처리하는 것은 아닐까?" 등등 의구심을 거두지 못했다. 한편으로는 "시베리아에 있던 5년간 그들은 행선지를 알려준 적이 한 번도 없었다는 점을 생각해보면 하늘과 땅 차이가 있다"라고 높이 평가하는 분위기도 있었다.

푸순전범관리소는 전범의 겨울용 식량과 동복을 급히 마련해야 했다. 전용열차가 편성돼 18, 19일 한 차례씩 운행했다. 푸순에서 오후 3시경 출발한 전용열차는 다음 날 저녁 하얼빈에 도착했다. 푸순전범관리소와 같은 규모의 구금 시설을 찾을 수 없어서 두 집단으로 나누었다. 좌관급 이상 240여 명은 하얼빈시 다오리道里감옥, 위관급 이하 700명은 하얼빈 교외의 후란呼蘭감옥에 수용됐다.

쑹화松花 강변 중앙다제中央大街(한때 러시아 지배하에 있어 키타이스카야Kitay-skaya로도 불렸다) 거리 변두리의 낡고 음산한 벽돌 건물이 다오리감옥이었다. 여섯 명 정도 들어가는 감방에는 2단 침대가 있었다. 한쪽 구석에는 가림막이 없는 변소가 있어 감방에는 항상 분뇨 냄새로 넘쳤다. 변소 안의 작은 관에서 흘러나오는 물로 이를 닦고 식기를 씻어야 했다. 입소 후 얼마

다오리감옥

후란감옥

되지 않아 스팀이 들어와 북만주의 겨울 추위를 견딜 수 있게 됐다. 식사도 신선한 채소, 생선, 고기가 충분히 나와 괜찮았다.

하얼빈감옥에서는 한때 이상한 병이 유행했다. 발바닥이 쑤시기 시작하더니 통증이 서서히 위로 올라가 다리, 허벅지, 궁둥이로 번졌다. 증세가 악화되면 통증이 밤낮없이 계속돼 움직이지도 못할 지경이었다. 의무팀은 이제까지 접한 적 없는 증후군이라며 다발성신경염으로 불렀다. 특별한 치료법도 없어 운동량을 최대한 늘리도록 권고했다. 포식을 하면서 육체노동은 하는 일이 없으니 운동 부족이 발병 원인으로 꼽혔다. 영하 20도의 날씨에 수십 명씩 모여 모자를 쓴 채 좁은 운동장을 달리는 진풍경이 연출됐다. 한 겨울이 지나 추위가 누그러지자 증상을 앓았던 대부분이 회복했다.

반면에 하얼빈에서 북쪽으로 수십 킬로미터 떨어진 후란감옥은 훨씬 열악했다. 일본인 전범의 수기에는 점토로 만든 오막살이 같은 집으로 묘사돼 있다. 먼저 수용돼 있던 '반혁명분자'를 급히 다른 곳으로 옮기고 일본인을 집어넣은 것이다. 수기에는 벼룩에 시달린 얘기도 나온다.

감방의 온돌에 깔린 건초 위에 앉아서 잡담을 하고 있는데 다리, 허리에 가려움증을 느꼈다. 건초 밑을 살펴보니 벼룩이 우글거렸다. 감방 내 흙바닥으로 내려와 건초에 불을 지르니 벼룩 타는 소리가 들렸다. 간수가 달려와 문을 열어주었다. 감방에는 예닐곱 명씩 들어갔는데 양동이 물 하나로 하루치 물을 써야 했다. 컵 하나의 양으로 이를 닦고 세안을 해결했다.

후란감옥에 수감된 다음 날 각 방에서 작업 요원으로 두 명씩 나오라는 지시가 떨어졌다. 일본인 전범은 푸순 수감 이래 강제노동에서 해방됐다. 근육을 쓴 적이 없으니 오히려 좀이 쑤시는 판이었다. 두 시간 뒤 작업을 마치고 돌아온 이들의 얼굴에는 수심이 가득했다. 운동장 토담 밑으로 사람 키 높이 정도로 구덩이를 가로로 파게 했는데, 총살하려는 것이 아니냐는 의구심이 들었기 때문이다.

저녁 운동시간이 되자 간수는 용변을 보고 싶은 사람은 구덩이에서 일을 보라고 했다. 구덩이의 용도를 알게 되자 일본인 전범들은 맥이 풀렸다. 아침 운동 때 구덩이 쪽으로 엉덩이를 대고 대변을 보았다. 북만주의 혹독한 겨울 추위가 다가오자 소변이 바로 얼어붙을 정도였다. 급식 사정도 좋지 않았다. 수수와 뭇국 정도가 나왔다. 방은 어두컴컴해 책을 읽기 어려웠다.

하얼빈감옥에서
소스라치게 놀란 사람

일본인 전범 중에는 경찰, 헌병 등 치안, 정보 관련 특무기관에서 종사하던 자가 적지 않았다. 이들은 자신들이 갇힌 장소에 아주 민감했고, 과거의 행적이나 전력이 노출되는 것을 극도로 꺼렸다. 이들은 바깥에서 들려오는 소리로 소재지나 정세의 변화를 유추해내려고 애썼다. 아침에 아이들의 재잘거리는 소리가 들리면 주변에 학교가 있다고 생각했다. 수용소 주변으로 기차가 지나가면 운행 횟수의 변화도 예사롭지 않게 받아들였다. 푸순을 떠나기 전 기차 소리가 자주 들리자 한반도 정세가 급박하게 돌아가는 것으로 추정했다.

하얼빈감옥에 수감된 이들이 감방 안에서 본 것은 벽에 새겨진 낙서였다. 자세히 들여다보니 '철저 항일', '타도 일본제국주의', '중국국민당 만세' 등의 문자였다. 어떤 것은 혈서인 듯 거무튀튀하게 보였다. 뭔가 짚이는 게 있는 사람은 속이 불편해졌다. 다음 날 운동을 하러 밖으로 나와 주변 모습을 주의 깊게 관찰하기 시작했다. 감옥은 검은 벽돌로 지은 고풍스러운 2층 건

물이었다. 높은 벽돌담 위에는 유리 조각이 박
혀 있었고 맞은편에는 '하얼빈 제분소'라고 쓰
인 연통이 보였다. 이 건물의 과거사를 아는 사
람에게는 모든 게 분명해졌다. 가장 소스라치
게 놀란 사람은 만주국에서 치안 분야 특수공
작을 담당했던 시마무라 사부로島村三郎였다.

시마무라 사부로

시마무라는 스스로를 '비밀전사'로 생각했
다. 그가 상사로부터 배운 것은 '비밀전사는 잡
혔다면 끝이다. 목숨은 없다고 생각해라', '아
무것도 말하지 마라. 무엇을 말해도 용서해주는 자들이 아니다'라는 특수
한 지침이었다. 그는 자신의 후배에게도 똑같이 전수했다.

만주국에서 시마무라의 마지막 보직은 경무총국警務總局 특무처 조사과
장 겸 중앙보안국 5과장이었다. 경무총국은 만주국 수립 시 경찰 분야를
총괄한 경무사警務司의 후신이다. 경무사는 민정부, 치안부 산하에 있다가
1943년 치안부가 경찰과 군사 부문으로 분리될 때 총무청의 외국으로 경
무총국이 됐다. 방첩, 첩보분야 담당 부서인 보안국은 관동군의 첩보 모략
공작과 밀접한 관계에 있었고, 실제로 관동군 참모장의 지시를 받았다.

시마무라가 자신을 비밀전사로 규정한 것은 중앙보안국의 핵심 부서에
서 간부를 했기 때문이다. 일본이 패망하기 직전 모든 보안국 요원에게는
소련군이 진입하기 전에 급히 조선을 경유해 피난하라는 지령이 떨어졌다.
보안국은 만주국 경찰조직에서 소련이 가장 주목하는 기관이었기 때문이
다. 시마무라는 일선의 현장 요원들이 흩어져 있는데 자신이 먼저 도망갈
수 없다며 남았다가 소련군에 체포됐다.

시마무라가 감옥 운동장에서 경악한 이유를 설명하기 전에 그의 경력을

살펴보자. 1908년 고치현에서 태어난 그는 교토제국대학 경제학부를 졸업했고, 만주국의 고급 관료 양성 기관인 대동학원을 나왔다. 최규하 전 대통령이 바로 대동학원 출신이다. 만주국에서 첫 보직은 몽정부蒙政部 조사과였다. 만주국의 성 단위는 현재의 동북 3성과 달리 세분화되어 있었는데, 시마무라는 산장성三江省 경무청 특무과장 겸 지방보안국 이사관, 빈장성濱江省 자오저우현肇州縣 부현장 등을 역임했다. 1943년 5월 중앙보안국 4과장 겸 경무총국 특무처 외사과장으로 전보됐고 만주국 붕괴 시까지 2과장, 5과장을 지냈다.

시마무라는 1945년 9월 26일 소련군에 체포, 시베리아로 이송돼 군 당국의 취조를 받았다. 그는 담당 소련 장교가 만주국에 대해 아무런 지식도 없다는 것을 간파하자, 소련에 대한 첩보 혐의를 처음부터 부인했다. 소련에 대한 중요한 첩보 활동은 철저히 숨기고 대신 중국공산당에 대한 탄압만을 조금씩 털어놓았다. 그런데 중국으로 송환되면서 그 조서도 따라왔을 것으로 생각하니 좌불안석이 됐다. 게다가 중국에는 자신의 활동 내역을 알고 있는 중국인이 생존해 있을 터였다.

시마무라가 깜짝 놀란 것은 중앙보안국이 하얼빈에서 극비로 운영하던 비밀 수용소가 드러났기 때문이다. 절대로 공개되지 않을 거라고 확신했던 비밀 수용소가 하얼빈감옥으로 바뀐 것이다. 비밀 경찰조직인 보안국은 사환까지도 일본인을 고용했다. 보안국의 은밀한 움직임이 중국인에게 조금이라도 유출되는 것을 차단하기 위해서였다. 물론 조직의 말단에서는 중국인 밀정을 쓰기도 했지만, 그들은 단지 상인이나 목수 등 기술자로 위장한 일본인 조종자에게 연락만 할 뿐이었다. 그래서 중국 밀정은 이런 건물이 있다는 것을 알지 못했고 접근할 수도 없었다.

보안국은 만주국의 각 성에 비밀 수용소를 두고 위장 간판을 달았다. 예

를 들어 산장성의 수용소는 '미시마화학연구소', 룽장성龍江省은 '만몽자원
개발공사'라는 간판을 달아 위장했다. 시마무라의 기억으로는 하얼빈감옥
은 이전에 '제2쑹화수松花塾'라는 이름이 붙어 있었다. 시마무라는 보안국
간부로서 제2쑹화수에서 벌어진 고문 수사의 실상을 알고 있었다. 패전 반
년 전 빈장성 지방보안국은 대규모 국민당 지하조직을 적발했다고 기세를
올렸다. 조직의 핵심 인물 열 명 정도를 이 수용소에 처넣고 연일 혹독한 고
문을 가하며 취조했다. 보안국 요원들은 항일운동가를 의자에 앉혀 전기고
문, 물고문을 했고, 시뻘겋게 달군 철봉으로 몸을 지졌다. 심지어 벌거벗기
고 양의 지방으로 만든 옷을 입혀 불을 지르기까지 했다.

　취조가 끝나면 자백의 신빙성과 상관없이 모두 처단했다. 비밀 수용소에
끌려온 사람은 설사 오인해서 연행된 자라고 해도 수용소의 비밀을 유지하
기 위해 다 죽였다.

미군의 진격에 고무된 전범,
군국주의 노래 불러

하얼빈으로 이송된 일본인 전범은 내심 미군이 중국 군대를 분쇄하고 자신
들을 구출해주리라고 은근히 기대했다. 이들은 일본이 중국과의 오랜 전쟁
에서 국민당군이나 공산당군에 국부적으로 호되게 당한 적은 있어도 끝까
지 대륙의 주요 부분을 장악했고 전황의 주도권을 놓친 일이 없다고 인식
했다. 그런 일본조차 미국의 상대는 되지 못했는데, 이들의 생각에 신생 중
국의 군대가 미군의 막강한 화력에 맞선다는 것은 있을 수 없는 일이었다.

　군국주의 시절 몸에 뱄던 중국인에 대한 멸시 감정이 다시 고개를 들기

시작했다. 특히 좌관급 이상 전범은 행동으로 옮겼다. 감방 안에서 군국주의 시대의 가요를 부르기 시작한 것이다. 처음에는 조용히 부르다가 점차 고성방가 수준이 됐다. 비록 갇힌 신세지만 주눅 들지 말자고 시위하는 것이다. 누군가 선창할 때 따라 부르지 않으면 비겁자가 되니 목소리는 갈수록 커졌다.

일부는 감방의 쇠창살을 두드리며 "우리는 전범이 아니라 포로다. 속히 석방하라" 하고 고함을 질렀다. 운동 시간에 뜰에 나와서도 석방하라는 구호를 외쳤다. 대표적 인물이 만주국에서 경찰 간부를 한 가게 시게타鹿毛繁太였다. 류허현柳河縣 경무과 수석지도관, 진저우시錦州市 경찰국 경무과장 등을 지낸 가게는 주먹을 휘두르며 "전후에 들어선 너희 나라는 우리를 구금할 권한이 없다"라고 고래고래 소리를 질렀다. 그는 "천황 폐하 만세"를 외치기도 했다. 여기에 동조해 몇몇 전범이 석방하라고 외쳐댔다. 일본인 전범은 그를 '야마토 혼大和魂(일본 고유의 정신을 뜻하는 말)의 모범', '걸출한 민족의 영웅'이라고 추어올렸다.

간수들은 격분했으나 윗사람의 지시가 있는 만큼 못 본 척했다. 전범의 노골적 저항을 더 이상 방임할 수 없게 되자 당국은 그들의 기를 꺾기 위해 감옥에서 훤히 보이도록 기관총을 내걸고 간수의 수를 크게 늘렸다. 실제로 기관총에 총알을 장전하지는 않았다.

어느 날 쑨밍자이 소장이 순시하다 가게가 직원에게 마구 호통 치는 것을 목격했다. 직원이 가게를 교육실로 데리고 가 이름을 묻자 그는 "바보 자식, 네가 내 이름을 물을 자격 같은 것은 없다"라며 욕했다. 쑨 소장은 도저히 참을 수 없는 상황이었지만 차분하려고 애를 썼다. 가게는 쑨 소장이 지켜보는 것을 알고 눈길을 피한 채 입을 다물었다. 쑨 소장은 조금 목소리를 높여 "당신이 조금 전에 취한 태도가 어떤 행위였는지 알고 있는가?"라고 물었다. 그는 질문에는 답하지 않고 "나는 중국의 치안유지법을 원조하기 위해 왔는데, 너희는 왜 나를 구류하는 거냐, 왜 귀국시키지 않느냐?"라고 평소의 주장을 되풀이했다.

쑨 소장이 의자에서 일어나 "중국 인민이 언제 당신에게 치안 유지를 위해 와달라고 요청했느냐?"라고 물었다. 가게는 "나는 천황의 명을 받들어 온 것이다"라고 대꾸했다. 쑨 소장은 "천황은 일본인이다. 당신들의 천황이 뭣 때문에 중국의 일에 간섭하지 않으면 안 되는가? 당신들은 바로 침략전쟁 속에서 천황의 침략 정책을 충실히 집행하기 위해 전쟁범죄자가 됐다는 것을 알아야만 한다"라고 지적했다. 가게는 "너희의 국가는 전후에 성립한 새로운 국가다. 우리를 구류할 권리 따위는 없다. 너희는 국제법을 위반하고 있다"라고 주장했다.

쑨 소장은 "국제법의 어느 조항에 한 국가가 다른 국가를 침략해도 좋다는 규정이 있느냐? 국제법을 위반한 것은 당신들이고, 우리가 아니라는 것을 알아야 한다. 신중국은 인민이 주인공인 나라로, 당신들을 구류해서 조치할 권리가 있다. 우리가 하는 것도 전후 연합국의 협의와 국제법에 합치된 것이다. 현재 당신들의 눈앞에 펼쳐지는 유일한 출구는 죄를 인정하고 법에 복종하는 것이다."

가게는 입을 다문 채 거친 숨을 쉬며 의자에 앉았다. 쑨 소장을 그를 독방에 가두고 자신의 잘못을 점검해보도록 했다. 가게는 어물쩍 빠져나올 수는 없다고 생각해 네 장의 반성문을 썼다. 쑨 소장은 반성문의 진정성 여부를 판단하기 위해 감옥의 스피커를 통해 낭독하도록 결정했다. 그는 동료나 부하들 앞에서 체면을 구길 수 없다고 버티다가 결국 7일 뒤 마이크 앞에서 "일전에 소동을 일으킨 잘못을 반성합니다. 포로의 몸으로 감방 규칙을 위반했습니다"라고 밝혔다. 가게의 공개 반성은 '완고분자들'의 기세를 꺾는 데 어느 정도 효과를 가져왔다.

학습운동, 일본 군국주의의
실체를 깨닫는 계기가 돼

관리소는 완고한 전범과 신경전을 벌이는 와중에도 1950년 섣달그믐이 되자 설 특식을 준비했다. 저녁식사가 끝난 후 간수들이 보따리를 들고 나타나 이제부터 설음식을 배분한다고 말했다. 이들은 낮은 창틀 위에 땅콩, 곶감, 사과, 엿, 과자, 떡을 늘어놓았다. 설 아침에는 떡국이 배식됐다. 일본인 전범은 언제나 검은 빵과 수프만 나왔던 시베리아 시절과 비교하지 않을 수 없었다.

관리소는 하얼빈 이동이 전범에게 헛된 희망을 불러일으켜 반동적 언동을 자극한 것으로 판단했다. 중앙에서 전범이 죄를 인정하고 회개하도록 인죄 교육을 실시하라는 지시가 내려왔다. 동북공안부는 일본인 전범에 대한 개조 교육을 '역사적 사명'으로 인식하도록 관리소 직원에게 강조했다. 또 교육 공작에서 '전범의 반동적 사상·관점과 대결'하여 중국의 대일 전범재판 집행의 정당성, '항미원조전쟁'에서 중국 쪽 승리의 필연성을 이해시켜야 한다고 지시했다. 관리소는 학습 반성에 앞서 기초가 되는 '정세 교육'부터 시작하기로 결정했다. 쏭장성松江省 공안청장 자오취페이趙去非, 동북공안부 정치보위처 집행과장 등위펑 등이 전범을 대상으로 정세 보고를 했다. '미 제국주의의 침략 정책은 반드시 계속 실패한다'라는《인민일보》의 사설이나 '눈앞의 국제 정세에 대한 스탈린의 담화' 등을 자연스레 읽도록 했다.

일본인 전범은 인민의용군이 한국전쟁에 참전한 이래 미군이 후퇴를 거듭하는 중이라는 중국 매체의 보도를 그다지 믿지 않았다. 한국전쟁을 다룬《인민일보》의 사설이 두 차례 방송으로 소개됐어도 별로 귀를 기울이지 않았다. 중국과 북조선 인민군이 세계 최강인 미국과 영국을 중심으로 구성된 유엔군에 대항한다는 것은 달걀로 바위를 치는 격이라고 확신했다.

하지만 중국 매체의 보도는 일관되고 관리소 직원의 설명도 설득력이 있었다. 일본인 전범은 군비도 초라한 중국이 미국을 남쪽으로 밀어냈다는 충격적 사실을 서서히 받아들이지 않을 수 없었다. 한국전쟁의 추이는 '중국인은 열등하다', '중국군은 오합지졸이다'라는 편견을 뿌리째 흔들어버렸다. 중국 인민의용군이 보여주는 강력한 힘의 원천이 무엇인지 알고 싶다는 호기심이 이들의 마음속에서 일었다. 게다가 신중국이 자신들에게 보복은커녕 후대하는 것도 불가사의였다. 위관급 장교 중에는 군대에 끌려오기 전에 유수의 대학에서 수학한 사람도 제법 있었다. 시간은 남아도는데 사역을 강요당하지도 않아 무료했던 이들에게 신중국은 마력을 지닌 탐구 대상으로 떠올랐다. 이들의 호기심과 왕성한 탐구욕이 관리소의 교육 방침과 결합되면서 학습운동이 태동했다.

관리소는 중앙의 인죄 교육 지시를 어떻게 실현할지를 놓고 고심했다. 내부 회의를 통해 반동 성향이 뚜렷한 좌관급 이상보다는 위관급 이하에 먼저 눈을 돌렸다. 특히 사병은 빈농 가정 출신이 압도적으로 많았다. 이들은 일본제국주의의 첨병이 되어 사선을 넘나들었지만, 정작 자신이나 가족은 '거대한 가장제'인 천황제 밑에서 아무런 혜택을 입은 게 없었다. 군국주의 사상이나 일본 사회의 모순을 지적하면 이들은 별다른 마음의 갈등 없이 속속 받아들였다.

관리소의 지도원은 평소 대화를 나누면서 학습 의욕을 보이는 사람을 은밀히 골랐다. '대일본제국'은 어떻게 영락했는지, 일본 군국주의 체제에서

일본인 전범의 초기 학습운동을 이끌었던 구니토모 슌타로 등이 학습위원회 구성을 논의하고 있다(1953년 봄 무렵)

이득을 본 자와 손해를 본 자가 누구인지, 중국에 이송된 일본인은 어떻게 전범이 됐는지, 중국공산당의 농민 게릴라가 어떻게 현대식 무기를 갖춘 국민당 군대를 제압했는지, 중국의 사회혁명은 어떤 변화를 가져왔는지 등에 대해 그 나름대로 답을 찾아보려는 자세를 보이는 사람이다.

초기의 학습운동은 후란감옥에서 시작됐다. 관리소는 전범의 자주성을 존중하면서 학습을 희망하는 80여 명을 모아 여섯 개의 학습소조를 만들었다. 각 학습소조에는 대표를 맡은 학습소조장이 있고 이 학습소조장이 모여 학습소조센터를 구성했다. 관리소는 방치된 감옥의 창고를 보수해 학습

공간을 마련했다. 학습소조센터는 여기서 학습운동의 지휘부 역할을 했다.

학습운동이 관리소의 배후 조종으로 시작됐다고 단언하기는 어렵다. 적극적으로 참여한 사람 중에는 시베리아 시절부터 일본 군대의 군국주의 체질을 비판하고 '민주운동'에 앞장선 이들이 적지 않았다. 관리소는 겉으로 드러나지 않고 막후에서 자문하는 역할에 충실했다. 교재로는 일본어로 번역된 레닌의 《제국주의론》, 마오쩌둥의 저작물, 일본공산당의 편찬 자료 등이 활용됐다. 각 그룹에서는 자료 교재를 돌려가며 읽고 토론한 뒤 답을 찾기 어려운 난문이 나오면 소조장이 학습소조센터로 가져왔다. 학습소조센터에서 토론과 연구를 거쳐 답을 찾으면 다시 각 그룹에 전달됐다. 센터에서 답이 나오지 않으면 이들은 관리소 관리교육과에 문의했다.

초기 학습소조센터는 구니토모 슌타로國友俊太郎, 오카와라 고이치 등 장교 출신이 아닌 여섯 명으로 구성됐다. 센터장은 구니토모가 맡았다. 구니토모와 오카와라는 59사단의 병장과 하사였고, 귀국 후 중귀련 결성 과정에서도 핵심 역할을 했다. 나머지 네 명의 계급도 하사, 중사였다.

학습운동에 참여한 사람은 마른 스펀지가 물을 빨아들이듯 새로운 사상, 이론을 열성적으로 흡입했다. 때로는 '얼굴부터 손까지 붉어질 정도로' 논쟁을 벌였다. 이들은 이런 과정을 거치면서 일본에서 받았던 군국주의 교육이 실제로는 독점자본가에 의한 속임수였다는 인식을 공유하게 됐다. 넘치는 시간을 주체하지 못해 바둑이나 마작에 탐닉했던 이들이 이제는 책이나 자료를 읽느라고 놀이도구는 쳐다보지도 않게 됐다.

전범 개조의 중심에 섰던 구니토모 슌타로

구니토모 슌타로는 후란감옥에서 초기 학습운동을 이끌던 시점부터 줄곧 전범 개조와 관련된 움직임의 중심에 있었던 인물이다. 그는 전범들의 자주조직인 학습위원회 간부를 했고, 1956년 대부분의 전범이 기소면제 처분을 받고 세 집단으로 나뉘어 귀국할 때 1진의 단장을 맡았다. 구니토모의 군력은 1년 8개월 정도로 아주 짧은 편이다. 패전 때 흥남 주둔 부대에서 상등병이었던 그는 갑자기 병장으로 진급했다. 망연자실하던 병사들의 사기를 진작시키려 했는지 느닷없이 모든 하사관과 병사를 1계급 승진시키라는 명령이 떨어졌다. 그래서 이때 병장이 된 사람들은 '포츠담 병장'이라는 비아냥거림을 받았다.

1921년생인 구니토모는 어렸을 때 집안 사정으로 여기저기 거처를 옮겨 다니다가 소학교에 들어가고 나서는 주로 가나가와현 가와사키에서 자랐다. 와세다대학교와 고등여학교를 나온 부모를 둔 그는 가와사키현립중학교를 거쳐 사립대학인 다마多摩제국미술대학에 들어갔다. 소학교와 중학생 시절 몇 차례 사생대회에서 입상해 미술에 재능을 보인 그는 대학 재학 중에도 큰 상을 잇달아 수상했다. 땀 흘려 일하는 이들의 모습을 담기 위해 군마현 아카기산의 숯가마에 들어가 함께 생활하며 그린 스케치를 바탕으로 제작한 〈숯 굽는 사람〉이 '신제작파전'에 입선했다. 그러나 군국주의 광풍이 거세지면서 일본군의 전승을 고무하는 주제가 아닌 공모전은 속속 사라졌다. 그는 해군 폭격기를 정비병이 철야로 정비하는 모습을 담은 그림으로 항공미술전의 항공미술협회상을 받았고, 대동아전쟁 미술전에는 필리핀 전선에서 일본군 전차부대의 진격을 묘사한 작품을 출품해 아사히신문상을 수상했다.

부모의 불화로 고학을 해야 했던 구니토모는 대학 3년을 마친 뒤 학업을 포기하고, 1944년 1월 입대했다. 산둥성 더현德縣에서 신병 교육을 받은 그는 다른 동기생과 마찬가지로 고참들의 끝없는 갈구기에 시달렸다. 중학교 졸업 이상의 학력을 가진 신병은 대부분 갑종 간부후보생을 지원하는 분위기여서 그도 신청했다가 포기해야 했다. 교관 소위가 호출해놓고 "너는 학생시절에 뭔가 했지, 시험 칠 자격이 없으니 포기하라"고 했다. 교관은 아무 이유를 설명하지 않았고, 짚이는 데도 없었다. 일등병이던 1945년 1월 지난의 59사단 사령부 정보부 보도반에 배치됐다. 그가 대동아전쟁미술전에서 아사히신문사상을 받은 그림이 〈전쟁미술전 화집畫集〉에 크게 실린 것이 알려져 보도반으로 전보됐지만, 지시 사항이 없어 신문을 보면서 빈둥댔다고 한다.

　무장해제돼 소련의 연해주로 끌려가서는 잡다한 일에 종사하다가 1948년 2월 말 소련군 정보장교의 호출을 받고 '민주교육'을 받은 뒤 수용소에서 '반군민주운동'을 주도했다. 일본군의 계급질서가 그대로 유지된 수용소에서는 장교들에게 당번병이 배치돼 취사, 세탁 등의 수발을 다해야 했다. 하바롭스크의 20분소로 이송된 구니토모는 수용소의 자치기관인 '민주위원회'의 마지막 위원장을 했다. 그는 20분소에 남았던 일본인들이 중국으로 송환된다는 것을 사전에 알았다고 한다. 1950년 7월초 소련 정치부 장교가 찾아와 "머지않아 중화인민공화국에 인도되게 돼 있는데 누구에게도 알리지 않도록 주의해달라"고 통보했다. 여러 가지 소문이 난무해 일본인 사이에 동요가 일어나 사고가 터지면 곤란하다는 취지였다. 그는 역시 올 것이 왔구나라고 생각하면서 슬픔과 분노를 느꼈다.

푸순전범관리소로 분리 귀환,
독서 열풍

1951년 3월 25일 후란감옥 등 하얼빈 인근에 수용돼 있던 소위 이하 669명이 푸순으로 돌아갔다. 후란에 있던 중위 이상 장교는 하얼빈감옥으로 옮겨져 좌관급 이상과 합류했다.

푸순전범관리소는 669명을 원래 기거했던 큰 감방으로 이뤄진 3, 4소에 수용했다. 동시에 후란감옥에서 학습소조에 참가했던 80명을 각 방에 분산 배치했다. 학습소조 참가자들은 같은 방 동료에게 그동안 해온 학습 상황을 소개하고 작성했던 노트를 보여주었다. 그리고 이들이 각 방에서 학습소조장으로 선발돼 학습을 이끌었다.

학습소조센터는 아홉 명으로 증원됐다. 관리소는 군국주의에 반대하고 세계혁명의 발전에 관한 교육을 강화하기로 하고 새로운 학습 자료를 내놓았다. 제국주의론 외에도 노로 에이타로野呂榮太郎의 《일본 자본주의 발달사》, 마오쩌둥의 《신민주주의론》, 《실천론》, 《모순론》, 《지구전론》, 《인민민주주의 독재》 등도 감방 안에 돌아다녔다. 일본공산당의 이론가였던 노로 에이타로는 경찰의 혹독한 고문으로 결핵이 악화돼 34세에 숨졌다. 일본의 좌익 출판사 가이조샤改造社가 펴낸 《마르크스 엥겔스 전집》도 들어왔다. 이들이 일본에 있을 때는 금서여서 볼 수 없었던 것이다. 이들 책에는 만철 조사부의 장서임을 알리는 인장이 찍혀 있었다. 만철 조사부는 남만주철도회사의 연구기관으로, 당시 세계적으로도 굴지의 싱크탱크 중 하나로 간주되던 기관이다.

이 기회에 공부나 제대로 하겠다고 마음을 다잡는 사람이 늘어났다. 감방에서 책을 빌릴 수 있는 기한은 10일 정도여서 여러 사람이 돌려가며 읽기에는 시간이 턱없이 부족했다. 그래서 문헌을 열심히 필사하는 운동이 벌어졌다. 각자 지목한 책을 다른 종이에 옮겨 써서 마무리하면 그럴듯한 표지를 만들어 붙였다. 일본의 마르크스주의 경제학자 가와카미 하지메河上肇의 평론집《빈곤론貧乏物語》처럼 인기 있는 책은 여러 수제본이 돌아다녔다.《빈곤론》은《오사카아사히신문》에 1916년 9월 초부터 연말까지 연재했던 글을 모아 다음 해 출판한 책으로, 일본 사회의 빈부격차를 정면으로 다뤄 베스트셀러가 됐다.

교육을 제대로 받지 못한 농촌 출신 사병을 위해 한자에 음을 병기해서 쉽게 읽도록 하는 움직임도 일어났다.《자본론》이나《사적 유물론》처럼 이해하기 쉽지 않은 이론서는 입대 전 대학 학부에서 그 분야를 전공했던 사람이 강연하거나 간략한 해설서를 써서 팸플릿처럼 돌렸다. 프롤레타리아 문학 작가인 고바야시 다키지小林多喜二의 소설《게공선蟹工船》, 도쿠나가 스나오德永直의《태양이 없는 거리太陽のない街》등이 인기를 끌었고, 로맹 롤랑의《장 크리스토프》나 톨스토이, 도스토옙스키의 작품도 읽혔다.

공산당원이었던 고바야시 다키지는 1933년 특별고등경찰(특고)에 체포돼 혹독한 고문을 받아 숨졌다. 그의 주검이 가족에게 인계됐을 때 특고의 보복이 두려워 어느 병원도 검시하지 않으려 했다. 30세가 되기도 전에 세상을 떠난 고바야시는 20여 년 뒤 중국에 전범으로 수용된 일본인이 그의 작품을 애독하리라고는 상상도 하지 못했을 것이다.

감방 안의 울음소리

학습운동은 갈수록 체계화되어갔다. 학습 시간표를 만들어서 공동 학습을 하자는 요구가 나왔다. 감방 안에서 이불을 접어 탁자처럼 쓰면서 마주 보고 토론했다. 예를 들어 오전에는 정치경제학, 오후에는 마오쩌둥의 《신민주주의론》 등 문헌을 돌아가며 윤독했다. 납득이 되지 않는 부분은 서로 질문하며 의견을 나눴다.

관리소는 개조 교육을 통해 전범이 스스로 토론하여 역사 인식 문제로 한 걸음씩 나아가게 한다는 원칙을 고수했다. 그래서 각 방의 토론에는 개입하지 않았다. 토론의 진전 상황이나 문제점 등은 학습위원회를 창구로 해서 파악했다. 관리소는 전범의 불우한 처지가 개개인의 잘못이라기보다는 사회제도의 근본적 모순에서 비롯된다는 점을 깨우치려고 유도했다. 이들이 깊이 생각해본 적 없는 질문을 제기해 토론을 자극했다. 예를 들어 "두 차례의 세계대전에서 인류는 어떤 재난을 받았는가?" "전쟁은 어찌하여 불가피했는가?" "전쟁의 근원은 어디에 있는가?" "전쟁에서 당신들은 무엇을 얻었는가?" 하고 물었다.

토론 주제가 일본 군국주의의 본질에 이르면 역사학자 이오누에 기요시井上淸가 쓴 《일본 군국주의의 발전사》, 《일본제국주의의 반동적 본질》, 《천황이란 무엇인가》 등이 교재로 읽혔다. 도쿄제국대학교 국사학과를 졸업한 이노우에는 '강좌파 마르크스주의' 입장에서 근대사를 연구했고, 전후에는 교토대학교 인문과학연구소에서 교수로 근무했다.

관리소는 스피커를 활용해 방송 학습도 시도했다. 지도원이 일본어로 '사회발전사'를 강의했다. 지도원은 방송이 끝나면 각 방을 돌아다니면서 "잘 들렸습니까?" 하며 묻고 다녔다. 수감자는 같은 방 동료들과 모여서 내용을 복습했다. 관리소는 학습 효과를 더 높이기 위해 학습위원회에 두 개의 주제를 제시했다. '두 개의 상이한 사회제도 비교', '다른 사회제도하의 감옥 비교'라는 주제로 토론하게 했다. 빈곤 가정 출신을 골라 자신과 부모

형제의 생활 실태를 말하도록 한 뒤 각기 현실과 결부해 토론하게 했다.

어느 날 사무실에서 위관급 이하 교육 담당인 오호연이 학습 상황 총괄 보고를 하고 있는데, 갑자기 간수 여럿이 달려와 감방의 이상한 상태를 보고했다.

나는 언제나 교대하면 감방을 순시하며 전범의 좌담이나 토론의 모양새를 관찰한다. 오늘의 학습 분위기는 여느 때와 달리 엄숙하다는 것을 알아차렸다. 숙직실에 있으니 4소 56호실에서 우는 소리가 들려왔다. 급히 가보니 전범 한 명이 머리를 잡고 흐느끼고 있었고 다른 전범도 거기에 이끌려 울기 시작했다. 이윽고 모든 방에서 우는 소리가 전해져왔다.

사무소의 다른 직원들은 무슨 일이 터졌나 하고 걱정했지만, 오호연은 내심 대단히 기뻐했다. 전범이 이론을 현실에 결부하면서 바뀌고 있다고 판단한 것이다. 오호연은 "아마도 전범 스스로 자신의 삶을 돌아보는 가운데 자연스럽게 생긴 일인 것 같다"라며 간수와 함께 가서 몇몇 감방의 상황을 둘러보았다.

자신의 삶을 얘기하다가 울음을 터뜨린 사람은 헌병 중사 아즈마 잇페이였다. 이시카와현石川縣의 가난한 산골 마을, 영세 농가에서 태어난 아즈마는 직공 일을 하다가 1936년 입대해 4년 뒤 관동군 헌병대에 지원했다. 어린 시절 삶은 극도로 빈한했다. 그의 옷은 언제나 누더기였다. 누나들이 입던 헌옷을 어머니가 수선해 만들어준 것이다. 소학교에 가서 유복한 집 아이가 입은 좋은 옷을 보면 아주 부러웠다.

아버지가 병들어 누웠는데 치료비가 없었다. 어머니가 혼자 일해 겨우 생계를 유지했지만, 살림은 갈수록 기울었다. 큰누나가 살림을 거들기 위해 성냥공장에 취직했다. 숙식 제공에 5년간 임금 300엔을 준다고 했다. 큰누나는 하루 10~12시간, 때로는 14~16시간까지 노동했다. 3년 내내 일하다 과로와 영양실조로 쓰러졌다. 게다가 성냥의 인 독으로 잇몸이 문드러져 밥을 먹지 못했다. 공장의 감독은 더 이상 쓸모가 없다고 치료도 해주지 않고 집으로 돌려보냈다. 큰누나는 잇몸이 다 없어져 결국 아사했다. 성냥공장에서는 5년의 계약 기간을 채우지 못했다며 둘째 누나를 인질로 데리고 갔다. 아버지는 비통한 나머지 졸도했고, 결국 숨을 거뒀다. 아즈마는 얘기하고 울기를 되풀이하다가 아버지의 사망에 이르러서는 말을 잇지 못했다. 머리를 마룻바닥에 대고 큰 소리로 울었다. 그러자 같은 방에 있던 다른 사람도 돌아가며 자신의 가정사, 성장 과정을 얘기하며 울었다.

위관급 이하 전범은 이런 토론 과정을 거치면서 일본제국주의가 대내적으로는 압박과 착취, 대외적으로는 침략과 확장에 의해 유지돼왔다는 인식을 갖게 됐다. 또 중국에 침략전쟁을 발동한 것이 중국인에게 심각한 재난을 가져다주었을 뿐만 아니라, 전후 미국의 점령을 자초해 일본 민족의 이익을 해치고 팔아넘기는 결과가 됐다는 것을 이해하게 됐다.

천황을 살아 있는 신으로 받들던 이들의 천황 숭배 사상에도 심각한 균열이 생겨나기 시작했다. "가난은 운명의 결정에 의한 것이 아니라 독점자본계급의 착취제도가 만들어낸 것이다", "천황은 자비심 깊은 신이 아니라 일본 착취계급의 총 대표다", "천황에게 충성을 다하는 것은 독점자본계급에게 목숨을 파는 것이다" 등의 발언이 이들의 입에서 나왔다. 군국주의 교육 말고는 비판적 사고를 학습한 적이 없는 이들에게는 놀라운 변화였다.

관리소는 이들의 사상이 변화되는 추이를 주시하면서 구체적 주제를 제시하며 인죄 과정을 유도했다. "누가 당신들을 전쟁범죄의 길로 몰아넣었나?" "당신들은 왜 천황의 족쇄에 묶인 희생자가 됐나?" "어떻게 해야 고향에서 멀리 떨어진 구류 생활에서 벗어나 새로운 삶을 얻을 수 있는가?" 등이 새로운 논제였다. 푸순에 수감됐던 초기 전범 규정에 격렬히 반발하던 이들은 스스로의 처지를 객관적으로 보게 됐다. 이런 과정을 거쳐 진심으로 반성하고 인죄의 길을 가야만 중국 인민의 관대한 처우를 얻어낼 수 있다는 인식도 공유하게 됐다.

'반동조', 석방 요구 청원문 제출

관리소는 하얼빈에 남은 좌관급 이상에게도 개조 교육을 실시하려 했지만 별 진전을 보지 못했다. 개별 면담이나 독서, 생활 태도를 보고 성향을 판별하는 정도였다. 관리소는 1951년 말 비교적 온후한 성격의 50명가량을 A, B 2개 조로 편성해 특별 교육을 시작했다. '완고분자'는 따로 수용했다. 한국전쟁이 거의 교착 상태에 빠지자 동북공안부는 1953년 10월 중순 하얼빈에 잔류한 좌관급 이상도 모두 푸순으로 귀환시키도록 했다. 관리소는 이들을 '진보조'와 '반동조'로 나누어 방을 따로 배정하고 운동도 따로 시켰다. 진보조가 반동조의 심리적 압박에서 벗어날 수 있게 하려는 조처였다.

진보조가 관리소의 의중을 반영해 열심히 토론하는 모습을 보이자 반동조는 모자란 놈들이 꼬리를 뺀다고 투덜대다가 나중에는 '일본에 돌아가서 보자'고 대놓고 시비를 걸었다. 진보조가 밤에 시베리아에서 배웠던 진보적 노래를 부르면 반동조는 귀에 거슬린다고 야유했다. 반동조는 감방 안에서 할 수 있는 마작 같은 놀이에 빠졌다. 마작을 하는 중에 못마땅한 토론 내용이 들려오면 전통 민요를 부르며 마루를 두드렸다.

반동조는 점점 대담해졌다. 관동주에서 검사였던 다나카 스구루田中魁

가 진보조의 움직임에 뭔가 반격을 하자고 제의했다. 반동조는 장관급에게도 불만을 터뜨렸다. 이들은 "많은 부하를 끌고 와서 포로가 됐는데 하루라도 빨리 사병을 귀국시키도록 해야 하는 것 아니냐"라며 장군들의 미온적 자세를 비판했다. 여러 의견이 오간 끝에 연명으로 항의문을 내기로 했다. 이왕 항의문을 낸다면 마오쩌둥과 대등한 입장에서 문안을 작성하기로 했다. 필자를 놓고 설왕설래하다가 시마무라 사부로가 맡기로 했다. 형식도 항의문이 너무 세다고 해서 청원문으로 고쳤다.

> 일본 항복 후 7년 반이 지나고 있는데 아직 억류하면서 귀국시키지 않는 것은 무슨 일이냐? 고급 간부의 책임을 추궁하는 것이라면 그렇다 해도, 사병으로 끌려와 전쟁을 강요당한 젊은이까지 그 책임을 묻는다는 귀국의 태도에 우리는 단연히 수긍할 수 없으며, 국제법에 비춰 봐도 위법한 행위라고 믿는다.
> 우리 일본군은 이미 오래전에 전면 항복의 뜻을 표명하고 전승국인 중국에도 사죄하고 전쟁을 종결하는 태도를 명확히 하지 않았는가. 그런데도 귀국의 그런 부당한 태도는 단지 일본 국민의 원망願望을 거스르는 것뿐만 아니라 일·중의 평화, 나아가 동양의 평화, 세계의 평화에도 중대한 장해가 되고 있다고 믿는다.
> 우리는 이에 즉각 석방과 사실상의 전쟁 종결을 요구한다.

청원문의 수신인은 마오쩌둥 주석과 저우언라이 총리로 지정했다. 반동조의 우두머리 격은 에가시라 미유키江頭幸 만주국 헌병 소교(소좌 소령)였다. 각기 자필로 연명하고 지장을 찍어 관리소 당국에 제출했다.

관리소 지휘부는 반동조의 도전을 묵과할 수 없다고 판단했다. 어느 날 반동조 약 30명을 강당으로 불러냈다. 쑨밍자이 소장은 열다섯 명 정도의 지도원을 대동하고 나갔다. 쑨 소장을 비롯해 관리교육과 요원은 모두 군복 차림으로 일렬로 자리에 앉았다. 쑨 소장이 할 말이 있으면 해보라고 말을 꺼냈지만, 일본인은 분위기가 심상치 않자 아무도 손을 들지 않았다. 청원문의 작성자인 시마무라가 다시 나섰다.

"중국은 어떤 이유로 우리를 이같이 장기간 억류하고 있는 것인가? 몇 차례 얘기를 듣기는 했지만 납득이 가지 않는다." "나는 패전 때 러허성 차장 기시타니 류이치로岸谷隆一郎가 자결했을 때 달려온 팔로군의 한 장교가 '자살까지는 하지 않아도 좋았는데……. 우리는 이런 훌륭한 인물과 동아시아의 장래에 대해 얘기하고 싶었다'고 말했다고 들었다. 나는 이 얘기를 듣고 공산주의자 중에도 무사도를 이해하는 훌륭한 인물이 있는가 싶어 감격했을 따름이다. 도대체 중국은 우리를 어떻게 하려는 것이냐? 만약 중국이 우리에게 발밑에서 무릎을 꿇고 구두를 핥으라고 하면 나도 일본 남아이니 그런 굴욕에는 죽음을 걸고 대항할 것이다."

기시타니 류이치로는 1940년 2월 동만 지구의 항일영웅으로 항일연군 1로군 총사령이었던 양징위楊靖宇를 추적해 사살케 한 사람이다. 당시 퉁화성通化省 경무청장이었던 기시타니는 그 후 러허성 차장으로 가서 항일부대 토벌을 진두지휘했고, 일본 패전 직후 가족과 함께 음독자살했다. 시마무라는 동만의 항일운동을 이끈 양징위를 제거하는 데 앞장선 기시타니의 이름까지 거명하며 도발한 것이다.

시마무라의 발언이 끝나자 다나카 스구루 등은 "동감" 하며 소리쳤다. 반동조는 용기를 얻은 듯 잇달아 자신들의 소신을 늘어놓았다. 요코야마 미쓰히코 전 하얼빈고등법원 차장 등은 "우리의 장기 억류는 국제법상으로도 위법이다"라고 따졌다. 이들의 발언이 일단락되자 쑨 소장은 분노로 얼굴이 창백해졌다. 그는 입술을 부들부들 떨며 말했다.

"너희가 많은 중국인을 잔혹한 방법으로 살해해놓고 중국인을 공갈하는 이유가 뭐냐? 너희 앞에는 명과 암, 두 개의 길이 있다. 어느 길을 선택하느냐는 너희의 자유다. 너희가 지난번에 낸 청원문은 그 내용이 부적절하기 짝이 없다. 따라서 소장의 권한으로 버린다"라고 말했다.

다음 날 아침 히로세 사부로廣瀨三郎(보병 중좌, 59사단 고급 부관), 시무라 유키오志村行雄(헌병 중좌) 등 발언한 일곱 명이 모두 독방에 수감됐다. 반동조는 내심 안도했다. 상당히 혹독한 처벌이 내리지 않을까 걱정했는데 가벼운 처벌이어서 '사나이의 면목이 섰다'고 자평했다는 것이다.

독방 수감 3일째 되는 날 아침 관교과의 지도원 장멍스가 시마무라를 찾아왔다. 그는 한 다발의 종이와 연필을 내밀고 자신의 죄행을 될 수 있는 한 자세히 써서 내라고 말했다. 시마무라는 죄행이라 할 만한 것이 없으며 지난번 강당에서 충분히 얘기했다고 반발했다. 장멍스는 "그렇다면 당신이 한 좋은 일을 상세히 쓰세요"라고 말하고 방을 나갔다. 시마무라는 옆방의 히로세 중좌에게 쪽지를 보내 절대로 쓰지 않겠다는 의사를 알렸다. 하지만 며칠 동안 골똘히 생각하다 결국은 쓰기로 결심했다. 당시 반동조의 전형적 사고를 보여주는 내용이다.

"내가 중국에 온 것은 동3성 3000만 주민이 장쭤린張作霖 등 기타 군벌의 가렴주구에 시달리고 있기 때문에 해방시켜 오족협화五族協和의 왕도낙토王道樂土를 건설하기 위한 것이었다. 그사이에 대동아전쟁이라는 불행한 사건이 있었기 때문에 다소의 차질이 있었지만 기본적으로는 초기의 목적을 관철해서 이상향 건설에 노력한 것이다."

시마무라는 이렇게 전제한 뒤 학교 건설, 도로 건설 등 수많은 '자랑거리'를 늘어놓았다. 반동조의 생각은 전전의 식민주의 시절과 조금도 달라지지 않았다.

산시성에 남은
일본 패잔군의
운명

"일본군은 팔로군에게 항복하지 마라",
장제스의 명령

1945년 8월 9일 소련군이 중국의 동북 지방에 전격적으로 진격하자 관동군의 전열은 급격히 무너졌다. 1937년 7월 중일전쟁이 전면전으로 확대된 이후 중국의 주요 도시를 중심으로 광범한 지역을 점령했던 일본군은 중국 대륙에서도 수세에 몰리기 시작했다. 팔로군 총사령 주더朱德는 소련 참전 다음 날인 8월 10일 화북, 화중을 비롯한 각지의 해방구에 있는 모든 무장 부대에 진군 개시를 명령했다. 나아가 해방구 안의 일본군과 괴뢰군(왕징웨이汪精衛 국민정부군 등)을 접수해 무장해제와 질서 유지를 시행하도록 지시했다.

　일본이 포츠담선언을 수락하고 무조건 항복을 발표하자, 항일전쟁 기간 중 아슬아슬하게 유지되던 국공합작은 바로 균열을 드러내기 시작했다. 장제스는 공산당군을 포함한 각지의 부대에 이동을 금지하고 치안 유지를 명하는 '현지주방령現地駐防令'을 내렸다. 장제스는 일본군에 대해 국민정부군(국민당군) 이외의 군대에 항복해서는 안 된다는 지시를 전달했다. 장제스가 팔로군에는 항복하지 못하도록 일본군에 명령하자 주더는 단호히 반대한다는 전문을 보냈다.

장제스는 중국 국민을 대상으로 한 방송 연설에서 일본군에 대한 원한, 원망을 덕으로 갚아야 한다는 '이덕보원以德報怨'의 정신을 강조했다. 전승국으로서의 자신감을 과시

팔로군 총사령 주더

함과 동시에 일본군의 무장해제 경쟁에서 팔로군보다 우위에 서려는 계산이 엿보인다. 장제스의 요구는 일본군으로서도 바라마지 않던 것이다. 지나방면군 총사령관 오카무라 야스지岡村寧次 대장은 "'위옌渝延의 관계(위渝는 충칭의 별칭, 충칭과 옌안의 관계라는 뜻)는 본래 중국 스스로 처리해야 하는 것이지만, 옌안 쪽이 일본에 항거하거나 조롱하는 태도를 갖는 경우 단호히 응징한다"라고 말했다.

일본군 대본영은 국민당군에게 무장해제를 받도록 하고 필요하다면 '자위 목적'의 무력행사를 해도 좋다고 지나파견군에 예외적으로 인정했다. 패전국 군대가 무장 해제돼야 할 시점에 외국의 영토에서 무력을 사용해도 좋다고 승인한 셈이다. 그래서 일본 항복 후에도 화북이나 장쑤성江蘇省 북부에서 무장해제를 시도하는 공산군과 일본군 사이에 크고 작은 전투가 일어나 약7000명의 일본군 사상자가 발생했다.

1945년 9월 9일 오전 9시 난징에서 일본군 항복문서 조인식이 있었다

지나방면군 총사령관 오카무라 야스지 대장이 항복문서에 날인하고 있다

팔로군에 의해 무장 해제되지 않으려고 '자위 목적'의 무력을 사용한 일본군과 달리 패전 후 일본에 돌아가지 않고 중국대륙에 남아 팔로군과 치열한 전투를 벌인 일본군이 있다. 산시성에 주둔했던 일본군의 일부가 귀국하지 않고 국민당군과 연합해 팔로군에 대항하다 포로가 됐다. 일본에서는 이 사건을 '산시 잔류 문제'라고 하는데, 명칭만 보면 사건의 중대성이 바로 느껴지지 않는다. 신중국의 처지에서 보면 중국을 유린했던 일본군이 패전 후 항복을 거부하고 반동 세력인 국민당군과 손잡고 중국 인민의 '해방전쟁'에 노골적으로 개입한 것이다.

신중국은 생포한 일본군 포로를 타이위안감옥 등지에 '전범'으로 수용하고 주모자는 베이징으로 이송해 조사했다. 이들은 후에 타이위안전범관리소에 수감돼 학습 인죄 과정을 밟았다. 푸순전범관리소에 수감된 일본인 전범은 대부분 패전 후 소련으로 끌려가 5년간의 억류 생활 끝에 중국으로 송환된 사람이다. 나중에 일부가 기소돼 특별군사법정에서 재판을 받았을 때 주된 혐의는 중국을 침략해 자원을 약탈하고 강제 노무 동원을 했거나 항일운동가를 탄압하고 토벌 작전 시 잔혹하게 살해, 약탈, 방화, 강간 등을 했다는 것이었다. 반면에 타이위안특별군사법정에 회부된 일본인 전범에게는 전후 '반혁명' 활동을 한 죄가 추가됐다.

산시성 주둔 일본군은 어떻게 해서 패전 후 현지에 남는 길을 선택했을까? 정황을 살펴보면 일본군이 주체적으로 잔류를 결정했다기보다는 산시성의 군벌 영수였던 옌시산閻錫山의 강력한 요청에 호응한 모양새다.

산시성의 수령 옌시산

1883년 산시성 우타이현五臺縣에서 출생한 옌시산은 군인으로 출세해 산시군벌의 영수가 됐다. 청조 말기인 1904년 타이위안무비학당武備學堂을 나와 국비유학생으로 도쿄신부振武 학교에 입학했다. 도쿄신부학교는 일본군 참모본부가 일본사관학교에 들어가려는 청나라 유학생에게 예비 교육을 하기 위해 설립한 곳이다. 장제스가 이 학교 출신이고, 1945년 8월 난징에서 벌어진 일본군 항복 문서 조인식에서 중국군 대표로 참석한 허잉친何應欽도 이 학교를 나왔다.

옌시산은 일본 체류 중 쑨원을 알게 돼 1905년 중국동맹회에 가입했다. 1909년 일본육사를 21기로 나와 귀국 후 산시육군의 교관, 감독을 했다. 1911년 청조를 무너뜨린 신해혁명 때 산시에서 군사를 일으켜 산시성의 최고군정관인 도독都督이 됐고, 위안스카이袁世凱가 쑨원을 밀어냈을 때는 위안스카이를 지지하고 나섰다.

그는 1917년 산시성장을 겸임한 뒤 민간 자본을 끌어들여 산시성은행, 타이위안병기창 등 금융기관과 군수산업을 세웠다. 그는 이때부터 산시를 독립왕국처럼 만드는 '산시먼로주의'를 꿈꾼 듯하다. 산시성은 중국에서도 유수의 광물자원을 보유한 지역이다. 메탄가스, 보크사이트, 마그네슘, 내화점토, 야금용 백운암의 매장량은 중국에서 1위이고, 석탄 매장량은 중국 전체의 17.3퍼센트를 차지해 3위를 차지한다. 철광은 8위에 올라 있다.

그는 1927년 국민혁명군 북방총사령, 다음 해에는 제3집단군 총사령이 됐다. 1930년에는 다른 군벌의 영수 펑위샹馮玉祥, 리쭝런李宗仁 등과 연합해 장제스에 맞선 중원中原 대전을 벌였으나 실패하고 다롄으로 도망갔다. 장제스는 1930년 5월부터 허난성, 산둥성, 안후이성 등지에서 6개월간 벌어진 군벌 간 전쟁에서 승리해 국민당 정권의 실권자가 됐다.

위기에 봉착했던 옌시산은 1931년 9월 일본군의 동북 지방 침공 때 사실상 수수방관했던 장제스의 비저항 정책을 지지했고 1932년 타이위안 수정공서綏靖公署(국민혁명군 지휘기구, 수정은 평정, 진무한다는 뜻) 주임으로 임명돼 다시 산시성의 대권을 장악했다. 그는 1933년 8월 산시성의 현대 공업 발전을 위해 '서북실업공사'를 세워 스스로 '총리'를 맡았다. 동시에 '산시성 10년 건설 계획'을 추진했다.

옌시산의 생존법, '세 개의 달걀 위에서 춤추기'

옌시산은 홍군을 먼저 섬멸해 내부 안정을 꾀한 뒤 일본에 맞선다는 장제스의 '위초圍剿(포위해서 토벌함) 정책'을 지지하고 1개 사단 병력을 증파했다. 홍군이 대장정 끝에 산베이陝北(산시성陝西省 북부의 옌안을 포함한 지역)에 들어가 혁명 근거지를 세우자 옌시산은 공산주의를 막는다는 '방공防共'을 정책의 최우선 순위에 올렸다. 1936년 2월 홍군이 동진을 시작하자 옌시산은 장제스에게 위급함을 알렸고, 장제스는 산시에 5개 사단을 파견했다. 홍군은 5월 초 군대를 되돌려 산베이로 돌아갔으나, 장제스는 병력을 철수하지 않고 6월에 산시, 산베이 등 네 개 변구邊區의 '초비剿匪(공비 토벌) 총지휘부'를 세워 측근인 천청陳誠에게 지휘를 맡겼다.

옌시산은 세 개 세력에 둘러싸인 꼴이 됐다. 의심이 많은 그는 적대 세력의 틈바구니에서 살아남기 위해 '세 개의 달걀 위에서 춤추기'를 시작했다. 일본군이나 공산군이나 옌시산에게는 달갑지 않은 존재였지만, 장제스도 그의 최대 정적이었다. 그는 공산 세력이 당장 자신에게 위협이 되지 않는데다 항일 역량을 갖추었다고 보고 '방공' 구호를 중지하고 공산군과 협조를 모색했다. 그는 1937년 7월 루거우차오蘆溝橋사건으로 중일전쟁이 전면전으로 확대되자 8월 5일 난징 최고국방회의에

1936년 10월 31일 허난성 뤄양에서 장제스 부처와 지방군벌 영수의 회동. 왼쪽부터 장쉐량, 쑹메이링, 장제스, 옌시산. 장쉐량은 장제스 49세 생일축하연을 겸해 이뤄진 모임에서 전면 항일을 건의했다가 거절당했다. 40여 일 뒤 장쉐량이 장제스를 연금해 2차 국공합작을 실현시킨 시안西安 사건(12월 12일)이 일어났다

참석해 전면 항전을 주장하고 제2전구戰區 사령장관이 됐다. 제2차 국공합작 성사로 홍군은 국민혁명군 팔로군으로 개편돼 제2전구 전투서열에 편입됐다. 산시성이 국공합작의 모범 사례로 급부상했다.

일본군은 베이징과 톈진을 점령한 후 주력 부대의 일부가 산시성으로 진격했다. 9월 초 일본군이 진입하자 옌시산은 공산당의 저우언라이, 펑더화이彭德懷, 쉬샹첸徐向前과 타이허링커우太和嶺口에서 회동해 '제2전구 민족혁명전쟁전장총동원위원회'를 설립했다. 9월 하순 팔로군은 핑싱관平型關 전투에서 대승을 거두었다. 전면 항전 이래 첫 승리였으나 이후 일본군에 밀려 11월 초 타이위안은 함락됐고, 옌시산은 산시성 남부의 린펀臨汾으로 후퇴했다.

1938년 2월 산시의 일본군은 대거 남쪽으로 진격했지만 팔로군과 옌시산군의 반격으로 대치 국면이 지속됐다. 대체로 일본군은 철도 연변과 평원 지대를 장악했고, 팔로군은 광대한 산악 지구를 중심으로 항일 근거지를 계속 확대했다. 옌시산의 셈법은 복잡해졌다. 팔로군이 철저한 항일을 원하는 민중의 지지를 바탕으로 급속히 영향력을 확대해 가자 옌시산은 노골적인 견제에 나섰다.

옌시산과 일본군의 밀약

옌시산은 1940년 여름 일본군과 접촉을 시작했다. 당시 산시성에 진입한 일본군은 중일전쟁 확대에 따라 창설된 제1군이다. 1937년 9월 초 도쿄에서 편성돼 그달 14일 허베이성 펑타이豊臺에 도착해 북지나방면군 전투서열에 들어갔다. 타이위안공방전, 쉬저우徐州 회전에 참가했고, 1938년 12월 사령부를 타이위안으로 옮긴 이후 주로 산시성 일대에서 토벌 작전을 벌였다. 옌시산과 1군이 비밀 협상에 나선 것은 서로의 이해가 맞아떨어졌기 때문이다. 옌은 공산 세력의 확산을 차단하려 했고, 1군은 옌을 충칭의 국민당 정부에서 떼어내려 했다.

1941년 8월 옌의 측근이었던 자오청셔우趙承綬 7집단군 총사령과 다나베 모리다케田辺盛武 북지나방면군 참모장(전후 네덜란드군에 체포돼 1949년 7월 인도네시아 메단에서 전범으로 처형되었다)과 구스야마 히데요시楠山秀吉 1군 참모장은 펀양현汾陽縣에서 적대 행동을 중지하는 정전기본협정(펀양협정)에 조인했다. 옌시산은 충칭 국민정부에 이탈을 통보하며 일본군은 옌시산에 산시 내치 권한을 넘기고 옌시산군에 무기를 제공한다는 내용이었다. 옌시산은 얼마 뒤 일본군이 점령한 타이위안, 펀양, 린펑 등지에 사무처를 개설했다.

옌시산의 밀약이 알려지자 공산당은 잇달아 경고를 보냈다. 일본은 진주만 기습

작전 이후 침략전쟁 무대가 동남아시아로 확대되자 옌시산에게 편양협정의 이행을 압박하고 나섰다. 1942년 5월 옌시산은 일본 쪽의 거듭되는 요구로 지현吉縣 안평촌安平村에서 북지나방면군 참모장 아다치 하타조安達二十三, 1군 사령관 이와마쓰 요시오岩松義雄와 회동했다. 일본군은 안평회의에서 충칭 정부에서 이탈한다는 선언을 즉시 발표하라고 요구했다. 옌시산은 역사에 매국노로 기록될 것을 우려해 어물쩍한 태도로 버티면서 먼저 무기와 장비를 제공해달라고 맞섰다. 옌시산은 자신이 납치될 것을 우려해 점심 뒤 휴식 시간에 도주했다. 일본군은 한동안 보복 조치를 취하다가 옌의 순종을 유도하려고 공격을 중지했다.

안평회의에 대해 일본 쪽 자료는 다른 설명을 한다. 일본 쪽 참가자가 1군 사령관 이와마쓰 요시오 중장과 1군 참모장 하나야 다다시花谷正였으며, 양쪽이 공동 방공防共 상호불가침협정을 맺었다고 한다. 서로 연락기관을 설치해 전쟁이 끝날 때까지 협조 관계를 유지했다는 것이다.

어느 쪽의 설명이 진실에 더 가까운지와 관계없이 분명한 것은 옌시산이 큰 상처를 입지 않고 일본의 패전까지 재기의 기반을 고스란히 유지했다는 점이다. 항일 전쟁 기간 중 장제스는 옌이 일본에 투항할 것을 우려해 무기 지원을 늘렸고, 공산당은 항일전쟁의 통일전선이 붕괴되는 것을 막기 위해 옌에 대한 비난을 자제했다.

옌시산, 일본군의 무장해제가 아닌
잔류 공작 추진

1945년 8월 10일경 옌시산은 일본이 무조건 항복을 수락하리라는 정보를 듣고 바로 자오청셔우를 타이위안으로 보내 1군 지휘부와 협상을 벌였다. 옌시산은 8월 30일 타이위안으로 돌아가 일본군의 무장해제가 아니라 잔류 공작에 착수했다. 그는 팔로군에 대항하려고 일본군에 협력한 세력을 끌어들이는 데 그치지 않고 일본군 쪽에 산시에 남아 공생하자고 제의했다.

산시성은 일본 항복 후 국민당군과 공산군 사이에 처음으로 본격적인 전투가 벌어진 곳이다. 1945년 9월 10일 타이위안에서 남쪽으로 229킬로미터 떨어진 창즈에서 제2차 국공내전의 서막이 올랐다. 공산군이 옌시산군에 반격전을 펼쳐 대승을 거두자 옌시산은 장제스의 중앙군에 도움을 요청하는 한편, 일본군의 협력을 끌어내는 일이 절실해졌다. 타이위안에 사령부를 둔 1군의 총 병력은 태평양전쟁 개전 이전에 약 9만 명이었으나 전선 확대로 일부 부대가 남방으로 차출되면서 패전 때는 5만 9000명 수준이었다. 1개 사단, 1개 독립혼성여단, 2개 독립보병여단, 1개 독립경비대, 1개 포병대대가 산시성 일대에 분산 배치돼 있었다.

양쪽의 참모 사이에 극비 협상이 전개됐다. 옌시산 쪽에서는 2군 군장 자오루이趙瑞, 일본군 쪽에서는 1군 참모 이와타 세이이치岩田淸一 소좌, 산시성 정부 고문보좌관 조노 히로시城野宏가 참석했다. 조노는 1964년 사이토 요시오와 함께 귀국한 '마지막 전범' 3인 가운데 한 사람이다. 자오루이는 1군을 옌시산군으로 개편하자고 요구했으나, 이와타는 '천황의 군대'이니 사령관의 의지로 옌시산군으로 개편할 수 없다고 거부했다. 타협책으로 1군 장병을 현지 제대시킨 뒤 옌시산군이 이들을 '개별적으로' 채용해서 일본인 부대를 편성하고 옌시산군 지휘 아래 둔다는 방안이 마련됐다.

산시성에 주둔한 일본군과 일본인 교민은 무슨 속셈으로 일본에 빨리 돌아가지 않고 중국 땅에 남으려고 했을까? 잔류 공작을 추진한 핵심 인물의 하나인 조노 히로시가 작성한 〈일본인의 입장〉이라는 전단의 내용을 보자. 전단은 1군 사령부 인쇄소에서 인쇄돼 망연자실한 상태에 있던 장병이나 교민에게 뿌려졌다.

일본은 연합군에게 점령돼 주권을 상실하고 피지배 국가가 됐다. 일본이 가게 될 길에는 세 개의 가능성이 있다. 하나는 아메리카화의 길이다. 미군 점령 아래 정치적으로 무력화되고 경제적으로 목숨 줄이 잡히고 문화적으로 식민지화돼 제2의 하와이로 바뀌어갈 가능성이 있다. 두 번째는 소련화의 길이다. 전후의 혼란과 피폐 속에서 민중의 좌경화가 진행돼 사회주의인민공화국으로 되어갈 가능성도 있다. 세 번째는 일본 독립의 길이다. 주권을 회복해서 다시 번영한 강국으로서 세계무대에 등장하는 것이다. 우리가 반대하는 것은 앞의 두 개이고, 가장 간절히 원하는 것은 마지막 것이다. 그리고 일본이 신속히 독립을 회복해 조국의 부흥을 이루기 위해서는 점령군의 급속한 철수를 꾀함과 함께 주요한 경제 부흥 자원을 일본 자신의 손에 장악해서 독립 경제의 건설을 꾀하지 않으면 안 된다. 이것이 조국 부흥의 정도正道다. 우리가 산시에 잔류해서 옌시산에 우선 협력하는 것은 이 목적을 달성하기 위함이다.

잔류추진파가 노린 것은 산시성의 풍부한 광물자원이다. 패전 후 바로 귀환해봤자 별 볼일이 없으니 산시성 자원에 일정한 지분을 확보해놓으면 일본이 재기할 때 한몫할 수 있다는 계산이었다. 하지만 느닷없이 산시성에 남는다는 계획에 1군의 젊은 장교들 사이에 회의론이 대두했다. 처음에 잔류 공작에 관여했던 1군 참모장 야마오카 미치타케山岡道武 소장은 일본군이 대규모 전투에 참가하는 것에 반대하고 소수 정예의 장교로 '교관단'을 구성해서 지원해야 한다고 주장했다.

엔시산은 자신의 의도대로 잔류 공작이 돌아가지 않자 1945년 11월 중순 1군 병사와 일본인 교민의 귀국을 위한 수송을 중단하고 1군 사령관 스미타 라이시로澄田費四郎 중장, 114사단장 미우라 사부로三浦三郎 중장을 포함한 10여 명을 전범 용의자로 구속했다. 1군 장병 1만 명을 잔류시키지 않으면 산시성 체류 일본 교민과 군인 10만 명의 귀국은 실현되지 않을 뿐 아니라 전범 용의자가 더 늘어날 것이라고 위협했다.

엔시산의 협박에 교관단 구성 얘기는 쑥 들어가고 명목상 전범 용의자의 변호, 지원 활동을 하는 '전범세화부戰犯世話部(뒤에 타이위안일본연락반으로 바뀐다)'를 기간으로 해서 대규모 부대를 편성하는 방안이 추진됐다. 이 전범세화부에 이와타 참모 등 각 부대의 소장 장교가 들어가 부대 편성을 밀어붙였다. 이와타 참모는 1945년 말 '특무단 편성 계획'을 책정했다. 일본군 1개 사단에 상당하는 1만 5000명 규모로 보병부대, 포병대, 전차대, 의료시설, 생산시설 등을 구성한다는 것이다.

미군과 일본군 지휘부의
개입에 잔류 공작 은폐

일본군을 잔류시켜 공산군과의 결전에 이용하려는 엔시산의 구상에는 미국이라는 큰 걸림돌이 있었다. 해리 트루먼 미국 대통령은 1945년 12월 15일 '일본 세력이 중국에 잔존할 가능성을 제거하기 위해' 중국에 있는 일본

군민의 완전 송환을 선언했다. 장제스의 국민당 정부는 전후 국내 경제 부흥의 한 수단으로 일본인 고문이나 기술자를 잔류시켜 활용하는 '유용留用'을 시행하고 무장 해제된 일본군 활용도 적극적으로 추진했으나 미국의 정책을 대놓고 거역할 수도 없었다. 중국육군총사령부는 1945년 12월 27일 일본인 잔류 허가 대상자를 '전쟁 중 중국에 협력한 자 및 징용 기술자 중 희망하는 자'로 한정하고 1946년 1월 20일에는 중국 내 모든 일본군의 무장해제 완료와 일본 군민 전원의 송환 명령을 내렸다.

사령관 등이 볼모로 잡히고 소장 장교가 잔류를 지지하는 상황에서 1군 참모장 야마오카 소장은 1946년 1월 베이징의 북지나방면군 사령부로 가 산시성의 곤혹스러운 정세를 설명하고 특무단 편성을 허가해주도록 요청했다. 1월 말 1군 사령부는 각 부대의 장교, 하사관, 사병 대표 등이 출석하는 특무단 편성 회의를 정식으로 열어 자원해서 잔류하도록 유도했다. 2월 들어 야마오카 참모장은 각 부대에 '철도수리공작부대'를 편성토록 명령했다. 이어서 전차부대, 교육부, 의료시설 편성 등의 명령을 연속해서 내렸다. 이것은 나중에 국제적 문제가 되지 않기 위해 명칭만 '철도수리공작부대'로 한 것이지 특무단 편성 계획을 그대로 실현에 옮기려 한 것이다.

난징에 있는 지나파견군총사령부(나중에 '일본관병선후官兵善後 연락부'로 바뀐다. 선후는 뒤처리, 대응이라는 뜻)의 승인을 받지 않고 추진되던 1군의 특무단 편성 계획은 바로 제동이 걸렸다. 지나파견군총사령부는 1946년 1월부터 스타이선石太線(스자좡石家莊-타이위안太原)의 수송량 급락에 의구심을 품고 산시 지역에서의 일본인 조기 송환을 지시했다. 별다른 상황 변화가 없자 3월에 총사령부 참모 미야자키 슌이치宮崎舜市 중좌를 타이위안에 파견했다. 미야자키는 1군 간부와 논쟁을 벌이고 옌시산에게도 중국육군총사령부의 훈령을 제시하며 따졌다.

미야자키는 귀로에 베이징의 북지나방면군사령부에 들러 잔류추진파의 소환을 요구하고 국공國共 충돌을 방지하기 위한 '3인소조'의 미군 대표에게도 상세히 설명했다. 미국과 중국 국민당, 공산당은 종전 후 분쟁 조정을 위한 3인위원회를 구성했다. 조지 마셜 원수, 장췬張群(후에 장즈중張治中으로 교체), 저우언라이를 대표로 하는 3위위원회 밑에 '군사조처軍事調處 집행부'를 결성하고, 다시 그 산하에 38개 소조를 설치했다.

지나파견군총사령관은 3월 27일 1군에 귀국 수송과 관련해 강력히 절충해서 특무단 편성을 중지하도록 타전했다. 3인위원회에서 공산당 대표 저우언라이는 산시성의 일본군 잔류 문제를 정식으로 제기했고, 타이위안을 방문한 3인소조의 미군 대표는 일본군 잔류군 편성을 확인하고 옌시산에게 엄중 항의했다.

옌시산과 1군 잔류추진파는 특무단 해산을 결정하면서 동시에 은폐 공작을 벌였다. 1군은 4월 16일부로 각 부대에 특무단 해산 명령을 내렸으나, 이미 원부대를 이탈해서 특무단으로 편성된 자는 그 후의 정세 변화나 본인의 의사와 관계없이 '도망자'로 처리하도록 지시했다. 결국 잔류 병력은 '전범세화반' 명목으로 타이위안에 남은 야마오카 참모장 이하 58명의 1군 간부, 현지 제대 형식으로 남은 병사, 교민 등 2600여 명으로 줄어들었다. 1군 주력부대와 교민 대부분은 1946년 4월 하순 이후 귀국길에 올랐다.

잔류 부대, 옌시산군에 편입

일본군 잔류 문제를 조사하러 온 3인소조가 1946년 5월 타이위안을 떠나자 일본인 잔류자는 '산시성 철로공로수복총대鐵路公路修復総隊'로 재편됐다. 철도와 도로망 경비 임무를 맡은 이 부대는 6개 대대, 통신대와 공병대로 구성됐다. 옌시산은 잔류자를 산시의 관영 기업인 '서북실업西北實業(옌시산이 세운 산시산업의 후신)' 소속 기관에 고용된 '기술자'로 위장하고 국민당 중앙정부에도 잔류자 수를 허위로 보고했다.

6월 이후 국공내전이 전면적으로 확대되면서 일본인 부대는 공산군 공격에 호되게 당했다. 8월 산시성 중부 진중晉中의 위츠楡次에 주둔하던 3대대는 공산군의 양식을 탈취하러 출동했다가 급습당해 오바 고이치大庭孝一 대대장 등이 전사했다. 다시 철로공로수복총대를 산시성보안총대로 개편하고 독립보병 14여단장 출신의 모토이즈미 가오루元泉馨 소장이 잔류 일본군을 총괄하는 군사고문이 됐다. 잔류군의 상황은 갈수록 악화됐다. 1947년 5월 타이위안에서 동쪽으로 약 100킬로미터 떨어진 양취안陽泉을 지키던 5대대가 공산군의 공격을 받자 보안총대의 각 대대는 옌시산군과 함께 지원 출동을 했다. 5대대는 전멸했고 공산군에 포로가 된 대대장 야부타 노부오藪田信雄는 인민재판에 넘겨져 총살형에 처해졌다.

1947년 7월 고모토 다이사쿠河本大作, 야마오카, 모토이즈미 등 일본군 지도부는 산시 각지에 흩어진 잔류 부대를 타이위안에 집결시켜 임시편성 독립10총대暫編獨立10総隊를 구성했다. 고모토 다이사쿠는 1928년 6월 펑톈 군벌의 수령 장쭤린이 탄 열차를 폭파해 죽인 장본인이다. 당시 관동군 참모로 대좌였던 고모토는 그의 소행이 드러났는데도 군법회의에 회부되지 않고 예비역에 편입돼 남만주철도 이사, 만주탄광 이사장을 지냈다. 그는 1942년 1군 참모장 하나야 다다시 소장의 알선으로 산시산업 사장에 취임했다. 1903년 11월 육군사관학교를 15기로 졸업해 다음 해 러일전쟁에도 참전했던 그는 육사 기수로 따지면 당시 1군 사령관이었던 스미타 라이시로 중장보다 9기 선배였다.

1928년 관동군의 음모로 자행된 펑톈 군벌의 영수 장쭤린 폭살사건의 현장

임시편성독립10총대는 그대로 옌시산군에 편입됐다. 총사령은 2대대장이었던 이마무라 호사쿠今村方策, 부사령은 이와타 참모가 맡아 체제를 정비하려 했지만, 부대원의 사기는 급격히 떨어졌다. 공산군과의 전투에서 희생자가 속출하고 당초 잔류 기간이 2년이라고 들었던 사병들이 불만을 토로하자 1947년 11월 일단 800명의 귀국(1차 귀국)이 허용됐다.

옌시산은 1948년 3월 연합국에서 전범으로 지명돼 있던 스미타 사령관을 제외한 1군 114사단장 미우라 사부로三浦三郎 중장 등 10여 명의 전범 용의자를 석방했다. 그는 이들이 일본에서 의용군을 모집하고 우수한 지휘관을 알선해주는 것을 조건으로 일본 귀국을 인정했다. 이에 따라 잔류 고급 간부의 위장 기관인 '전범세화부' 부장이었던 1군 참모장 야마오카는 1948년 6월 600명 장병과 함께 귀국(2차 귀국)했다. 독립10총대의 일본인 규모는 1200명 이하로 크게 줄었다.

타이위안 공방전, 일본육사 출신과 황푸군관학교 출신의 대결

1948년 3월 타이위안 남방의 요충지 린펀에서 옌시산군을 포함한 국민당 군과 공산군 사이에 격전이 벌어졌다. 이 무렵 공산군은 미국이 국민당군에 제공한 최신 무기를 대량으로 노획해 압도적 공격력을 갖췄다. 공산군은 린펀을 함락하고 6~7월 진중 평원으로 진격했다. 공산군은 6만 명의 병력으로 국민당군 10만 명과 싸워 14개 현을 '해방'했다. 잔류 결정의 주역 중 하나였던 모토이즈미 소장이 숨을 거둔 것은 진중전투였다. 공산군에 포위된 그는 7월 16일경 복부 상처로 걷는 게 힘들어지자 수행 부관에게

총으로 쏘라고 명령했다. 수행 부관은 그의 머리에 권총 두 발을 쏴 상관의 마지막 명령을 이행했다.

린펀·진중전투에서 공산군을 지휘한 쉬샹첸은 옌시산과 마찬가지로 산시성 우타이현 출신이다. 산시사범학교 속성반을 수료하고 1921년 향리에서 소학교 교원이 된 그는 학생들에게 반봉건 사상을 가르치다가 쫓겨났다. 1924년 4월 황푸군관학교 1기생으로 들어가 졸업 후 학교에 남아 소대장을 했다. 국민혁명군 북벌에 참가해 1927년 3월 공산당에 입당했고 항일전쟁 기간에는 산시陝西, 간쑤甘肅, 산시山西 등지에서 팔로군을 이끌었다.

옌시산이 지배하는 지역은 계속 쭈그러들어 타이위안 주변과 핑야오平遙 이북의 진중평원만 남았다. 공산군이 산시성의 철도와 도로를 장악해 타이위안은 육지의 고도가 되어버렸다. 타이위안에서 베이징이나 난징으로 나가는 수단은 비행기를 이용한 공로만 남았다. 타이위안을 둘러싼 결전은 일본육군사관학교를 나온 옌시산과 황푸군관학교를 나온 쉬샹첸의 대결로 좁혀졌다.

장제스는 1948년 7월 22일 타이위안으로 날아가 철저 항전을 독려했으나 기울어진 열세를 바꿀 수는 없었다. 전란을 피해 타이위안으로 들어오는 사람은 계속 늘어나는데도 식량 반입이 줄어들자 옌시산은 공산군에 공격을 시도했다. 독립10총대는 자오청서우가 총사령으로 있는 산시야전군과 함께 출진했다가 괴멸적 타격을 입었다. 150명이 전사하고 약 300명이 포로가 됐다. 대대장도 전사하거나 큰 부상을 입었다. 잔류대원의 불만이 폭발해 상관을 폭행하는 일도 벌어졌다. 9월에 잔류 군인과 가족, 민간인 200명의 귀국3차귀국이 허용됐다.

옌시산은 타이위안 방어를 위해 9월 '산시총력전행동위원회'를 설립해서 총동원 체제를 구축했다. 타이위안 주변에 '백리 방어선'을 긋고 5600개의 강고한 토치카를 세웠다. 타이위안전투는 10월부터 시작해 다음 해 4월까지 계속됐다. 옌시산이 아무리 철벽 방어선을 쳤다고 해도 타이위안 해방은 결국 시간문제였다.

중국 전역에서 해방군의 진격은 그칠 줄 몰랐다. 1949년 1월 텐진, 탕구에 이어 베이징까지 해방됐다. 4월 21일 공산군은 타이위안에 총공격을 개시했다. 공산군은 일본인 포로를 잔류 부대 지휘자 이마무라, 조노, 이와타 등에게 보내 항복을 권고했으나 3인은 모두 거부했다. 24일 새벽 타이위안을 에워싼 30만 명의 공산군은 최종 공격을 시작해 수시간의 시가전 끝에 함락했다. 일본 육사와 황푸군관학교 출신의 대결은 황푸 쪽의 승리로 결판났다. 타이위안 해방을 진두지휘한 쉬샹첸은 1949년 10월 인민해방군 총참모장, 1954년 인민혁명군 군사위 부주석, 국방위 부주석을 역임했고 다음 해 9월에는 원수로 승진했다.

잔류 공작 주역의 운명

타이위안에 진입한 공산군은 독립10총대의 사령 이마무라 호사쿠, 부사령 이와타 세이이치, 정치 공작 담당 조노 히로시 등 잔류 부대원 약 400명을 포로로 잡았다. 타이위안 해방 이틀 뒤 '서북실업'의 최고고문으로 잔류 공작을 추진했던 고모토 다이사쿠와 그의 여비서 고다마 하나코兒玉華子를 체포했고 10총대 참모장 기쿠치 슈이치菊地修一, 산시성 경찰고문 후지이 요조藤井庸三 등을 잇달아 구속했다. 이마무라는 포로로 잡히고 나서 3일 뒤 청산가리를 마시고 자살했다. 그는 자신이 '각하(1군 사령관 스미타 라이시로 중장)에게 속았다'는 말을 남겼다고 한다.

공산군은 포로로 잡은 일본인 가운데 상당수를 풀어주고 타이위안에서 생계를 유지하도록 하는 한편, '반혁명 공작'에 적극 가담한 사람은 일본 육군이 건설한 타이위안감옥(타이위안공안국 관할)에 수용했다. 그중 혐의가 중대한 고모토 다이사쿠, 조노 히로시, 이와타 세이이치, 후지이 요조는 1950년 봄 중앙공안부로 이송해 베이징감옥의 독방에 수감했다. 이와타는 이감 2개월 뒤 결핵으로 사망했고, 후지이는 2년째 되던 해 병사했다. 고모토와 조노는 나중에 타이위안전범관리소가 출범했을 때 다시 타이위안으로 이송됐고, 고모토는 1955년 8월 25일 관리소에서 병사했다.

1군 사령관 스미타 중장은 타이위안이 함락되기 2개월 전 타이위안을 빠져나와 귀국했다. 그는 궁지에 몰린 장제스가 상하이에 구속 중인 일본인 전범을 일본의 스가모감옥으로 이관하기로 결정한 것을 알고 옌시산을 설득해 1949년 2월 10일 잔류 일본인 부대를 남겨둔 채 타이위안을 탈출했다. 육군대학을 수석 졸업하고 3년간 프랑스에 유학한 엘리트 군인이었던 그는 휘하의 부하들을 옌시산에게 팔았다는 오명을 썼다.

38년간 산시성의 지배자였던 옌시산도 함락 26일 전 타이위안에서 도망쳤다. 그는 1949년 들어 베이징 등 주요 도시가 공산군에 의해 '해방'되는 것을 보고 오래 버틸 수 없다고 판단했다. 그는 난징에 있는 측근들을 통해 장제스 하야 후 총통 대행을 맡고 있는 리쭝런에게 국사를 논의하고 싶다며 자신을 초청해줄 것을 요청했다. 옌시산은 초청 전문이 오자 3월 29일 비행기로 타이위안을 빠져나왔다. 그는 6월 공산군의 남진에 광저우廣州로 피난한 리쭝런의 '광저우 정권'에서 행정원장 겸 국방부장을 맡았다. 그해 12월 타이완으로 건너간 그는 1960년 타이베이에서 숨을 거뒀다.

조노 히로시의 희한한 주장

"푸순은 극락, 천국이었다." 타이위안, 베이징, 푸순에서 15년간 수감 생활을 했던 조노 히로시의 말이다. 타이위안과 베이징에서 보낸 7년 반 동안은 전혀 목욕을 하지 못했는데, 푸순에서 지낸 7년 반 동안은 입욕이 가능했다. 타이위안의 감방에서는 여름에 종일 땀을 흘려 몸이 땀띠로 얼룩졌고 겨울에는 영하 30도까지 떨어지는 혹한을 견뎌야 했다. 그런데 푸순에 와서는 아침저녁으로 스팀이 나와서 놀랐다.

저우언라이 총리 등 신중국 지도부가 전략적 차원에서 줄곧 관심을 보였던 푸순전범관리소의 일본인 전범 처우는 타이위안관리소와 큰 차이가 있었다. 조노는 "최후까지 전쟁을 하고 시가전까지 벌이며 맞선 부류여서 대우가 좋지 않았다"라고 회고했다. 신중국의 처지에서 이들은 소련이 넘겨준 전범보다 죄질이 훨씬 나쁘다고 볼 수 있었다.

조노는 나중에 타이위안특별군사법정에서 산시 잔류 문제로 기소된 여덟 명 가운데 최고형인 18년형을 선고받았다. 일본육사를 나온 직업군인도 아니었던 그의 특이한 경력을 살펴보자.

1914년 8월 나가사키에서 출생한 그는 도쿄제국대학 법학부 정치학과를 1938년 3월 졸업하고 그해 12월 사병으로 징집됐다. 만주국 룽장성龍江省(성도는 치치하얼) 타이안진泰安鎮에 있던 1사단 병참 1연대에서 이등병으로 초년병 훈련을 받았다. 다음 해 3월 간부 후보생 시험에 붙고 나서 7월에 상등병, 11월에 하사가 됐다. 바로 규슈 구루메에 있는 육군예비사관학교에 입교해 1940년 5월 졸업과 함께 수습 사관이 됐다. 6개월 뒤 육군 소위로 임관돼 연말에 북지파견군 1군 사령부로 전임됐다. 이것이 그가 산시성과 질긴 인연을 갖게 되는 계기였다.

그는 1941년 1월 산시성 서남단 윈청運城에 있는 병참 37연대에 부임했다. 병으로 윈청육군병원에 입원했다가 그해 7월 윈청특무기관에 전보돼 주로 정치반에서 작업했다. 12월 산둥성의 특무기관으로 전보돼 1년 뒤 중위로 승진했다. 그는 1943년 3월 다시 산시성으로 돌아와 특무기관에서 근무했다. 이때는 특무기관이 부대 이름에서 빠지고 타이위안육군연락부로 개칭됐다. 그는 5월 정무반장에 올랐고 9월 규슈 구마모토 6사단 병참연대로 전임돼 현지에서 제대했다.

그는 제대 후 예사롭지 않은 진로를 택했다. 11월 타이위안으로 돌아와서 1군 촉탁으로 산시성 정부 고문실에서 작업을 했다. 직위는 고문보좌관이었고 1944년 2월에는 산시성 고문보가 됐다. 1군 참모부와 긴밀히 연락하며 특무 공작에 관여한 것으로 보인다. 그는 일본이 패망하자 옌시산의 유용留用 제의에 적극 협력해 일본군 잔류를 주장하는 선전 팸플릿을 배포하고 조직 편성에 깊이 관여했다. 그는 옌시산이 사령장관으로 있는 제2전구戰區 장관부 합의사合議社 군사조 조장을 하고 제2전구 장관부 특무단에서 잔류 일본군 지원 공작을 지휘했다. 1947년 8월 임시 편성독립 10총대가 설립되자 정치부장, 정공처政工處 처장을 맡았다.

일본군에서 중위로 제대했던 그는 옌시산군 편제에서 상교(대령), 소장으로 껑충 뛰어올랐다. 옌시산군에 편입된 잔류 일본군 장교들은 조노와 마찬가지로 서너 계단씩 계급이 올랐다. 산시성에 남아 일본의 권토중래에 대비한다는 그의 허황한 꿈은 4년도 되지 않아 무참히 깨졌다. 오랜 수형 생활 끝에 일본에 돌아온 그는 자신이 '산시독립전쟁'을 지휘했다고 희한한 주장을 폈다.

타이위안전범관리소의 출범

타이위안전범관리소는 푸순전범관리소보다 2년 늦게 문을 열었다. 여러 갈래로 나뉘어 진행되던 산시 잔류 일본인 처리를 푸순전범관리소에 수용된 '소련 이송조'와 같이 다루기로 중앙의 방침이 정해지면서 타이위안 쪽으로 일원화된 것이다.

1952년 6월 산시성 인민검찰서는 당중앙의 지시에 따라 '일본전쟁범죄분자의 죄행을 조사하는 연합판공실(연합판공실)'을 설치했다. 연합판공실은 타이위안감옥을 확충해 타이위안전범관리소로 바꾸고 7월부터 10월 사이에 여러 기관으로부터 136명의 일본인 전범을 접수해 수용했다. 이들은 융녠永年훈련소, 중앙공안부, 화북華北행정위원회공안국, 중난中南행정위원회, 톈진시공안국, 산시성공안청 등지에 분산돼 있다가 타이위안으로 집결됐다.

산시성은 전범 접수가 완료되자 1952년 12월 성省 정부, 공안청, 검찰, 군, 법원 간부로 '일본전쟁범죄분자 죄행조사위원회'를 구성했다. 타이위안관리소 수감자 136명을 종전 시 계급, 직업으로 분류하면 좌관 2명, 위관 38명, 하사관·사병 25명, 행정관리 27명, 특무·헌병·경찰 30명, 기업 직원 14명이다. 옌시산군에 가담한 사람은 132명에 달했다.

수감자의 82퍼센트가 넘는 112명이 융녠훈련소에서 왔다. 융녠훈련소는 인민해방군 화북군구軍區의 군사시설이다. 융녠은 허베이성 성도 스자좡에서 남쪽으로 약 150킬로미터 떨어져 있다. 융녠현은 원래 중국 태극권의 발원지로 유명한 곳인데, 2016년 9월 말 한단시邯鄲市에 편입돼 융녠구로 바뀌었다.

내전이 끝나고 신중국 정권이 수립되고 나서 각 지방의 공안기관은 항일

전쟁 기간 중 일본군에 협력했거나 국공내전 당시 국민당 쪽에 가담한 '반동'에 대해 내밀한 조사에 들어갔다. 산시성에서는 잔류 일본인 가운데 혐의자를 추려내 융녠훈련소로 보냈다. 새로운 구속자 수는 500~700명 정도로 추산된다. 이들이 수감된 경위는 다양했다. 산시성 공안국 외사과 직원이 직접 체포장을 들고 와 연행하기도 했고, 일가족과 함께 어디로 모이라는 통지를 받고 수감된 경우도 있다.

융녠훈련소는 통상적 의미의 감옥은 아니고 일종의 노동 개조를 통한 훈련소였다. 수용된 사람은 포로나 전범이 아니라 '학원學員(학생 수강생)'으로 불렸다. 산시성뿐만 아니라 내몽골, 동북 지방에서도 수감자가 이송돼왔다. 융녠훈련소의 내부 생활은 상대적으로 자유로웠으나 일본군 간부, 헌병대, 특무기관, 재판소, 경찰 재직자 등 '전범조'는 가족과의 면회가 제한되고 외출이 금지됐다. 이들의 일부는 '죄행罪行 중대'로 간주돼 다시 타이위안감옥으로 이송됐다.

융녠훈련소에서 죄행이 경미한 사람은 허베이성 이현易縣 시링西陵농장으로 이송됐다. 이들은 단계적으로 풀려났다. 1953년 10월 중국 당국이 죄가 가장 가볍다고 인정한 180여 명이 '일반 거류민'으로서 귀환선에 올랐다. 10개월 뒤인 1954년 8월 시링농장에서 노동 개조를 거친 417명의 전범이 면소 석방 조치로 귀국했다. 이들은 귀환선 고안마루興安丸를 타고 9월 27일 마이즈루항舞鶴港에 도착했다. 신중국이 전범으로 간주한 일본인을 '면소 석방한' 첫 사례가 된다. 타이위안관리소에 수감된 전범의 운명은 1956년 6월 특별군사법정이 열리고 나서야 결정됐다.

고안마루는 일제강점기인 1937년 1월 진수돼 시노모세키下關와 부산 간 항로에 투입된 관부연락선(현재의 부관페리)의 하나였다. 미쓰비시三菱중공업 나가사키長崎조선소에서 건조된 이 배는 세계 최초로 선실 전체에 냉

난방장치를 완비했다. 총 7079톤에 23.1노트의 속도를 낼 수 있는 최신 여객선이었는데, 패전 후 외지에서 돌아오는 일본인 귀환자 수송에 주로 사용됐다.

전범 개조의 주역,
조선족 3인과 만주국
총리 아들

전 해병대 사령관이
만군 장교 시절 겪은 충격

초대 해병대 사령관 신현준은 1937년 만주국의 펑톈奉天 군관학교를 나와 만주국이 붕괴할 때까지 만군 장교로 복무했다. 그의 군관학교 동기생 중에는 대한민국 정부 수립 이후 한국군에서 고위 장성으로 출세한 사람이 적지 않다. 만군 헌병 대위였던 정일권은 육군참모총장, 국무총리, 국회의장 등을 역임했다. 한국전쟁 당시 1군단장이었던 김백일, 김석범 전 해병대 사령관은 신현준과 마찬가지로 간도특설대에서 장교로 있었다. 대부분 조선인으로 구성된 간도특설대는 1930년대 후반과 1940년대 초기 간도성(현재의 옌볜조선족자치구)에서 항일무장부대 토벌을 전담했다. 일제가 조선인 항일 부대를 소탕하기 위해 조선인 위주로 특별히 부대를 만든 것이다. 집중 토벌로 동만의 항일 무장 활동이 급격히 수그러들자 간도특설대는 1943년 말 러허성으로 이동하라는 명령을 받고 팔로군과 전투를 벌였다.

이 무렵 러허성, 허베이성, 산둥성 일대의 일본군, 만군, 경찰은 민중의 광범위한 지지를 바탕으로 세력을 확대하는 팔로군과 대적하느라 경황이 없었다. 신현준은 1944년 7월 만군 8연대의 중대장으로 전보됐다. 2개월쯤 뒤 허베이성 쭌화현遵化縣에 주둔해 있던 그의 부대는 약 100명의 팔로군 병력이 하오뉘타好女塔 남쪽 부락에 잠입했다는 정보에 따라 새벽에 출동했다. 하오뉘타촌은 허베이성 지현薊縣에 있던 마을이다. 베이징과 탕산의 중간에 위치한 지현은 1973년 톈진시에 편입됐다.

신현준 부대는 일본군 복장을 한 팔로군의 기습으로 위기에 봉착했다가 격전 끝에 고비를 넘겼다. 전투가 끝나고 나서 부대 인원을 점검했더니 전사세 명, 행방불명 두 명의 피해가 난 것으로 집계됐다. 신현준은 행불자 두 명도 전사자로 처리해 상부에 보고했는데 다음 날 행불자 두 명이 나타났다.

팔로군이 다친 행불자 두 명을 치료해준 뒤 농민에게 들것에 태워 부대로 보내게 한 것이다. 신현준은 허위 보고를 한 것에 자책감이 들기도 했지만, 부상한 적군을 치료해 무사히 돌려보내기까지 한 팔로군의 조치에 충격을 받았다. 그는 나중에 만군 시절의 체험 가운데 가장 잊을 수 없는 기억이라고 고백했다.

중국 홍군의 '3대 기율, 8항 주의'

중일전쟁 기간 중 중국 국민당군이 주로 진지를 고수하며 일본군과 대치하고 있을 때 공산당군은 대담하게 일본군 점령 지역의 배후로 들어가 항일 근거지를 마련하고 공세를 펼치는 전략을 썼다. 공산당군은 활동 반경을 계속 넓혀가며 일본군과 만군을 끈질기게 괴롭혔고, 그 과정에서 상당한 출혈을 감수했다. 공산당군이 힘겨운 싸움을 벌이면서도 사로잡은 적군의 부상병을 치료해 돌려보내는 이유는 무엇일까? 당시 이들과 적대 관계에 있던 일본군이나 만군의 처지에서는 상상도 할 수 없는 것이었다.

포로를 죽이지 않는다는 방침은 공산당 군대인 중국공농홍군工農紅軍(약칭 홍군) 시대에 시작됐다. 홍군은 장시성江西省 난창南昌폭동에 참여한 주더, 저우언라이, 허룽賀龍, 예팅葉挺 등이 이끄는 국민혁명군 봉기부대와 추수 폭동을 지도한 마오쩌둥의 후난湖南 농민무장부대가 합쳐서 결성됐다. 군사령관은 주더, 당 대표는 마오쩌둥이 맡았다.

마오쩌둥은 교육을 제대로 받지 못한 병사들로 구성된 홍군의 군기를 다잡기 위해 1928년 1월 '3대 기율三大紀律, 6항 주의六項注意'를 제정했다. 그리고 국민당군이 겹겹이 친 포위망을 뚫고 옌안으로 이동하는 대장정 시기에 2개 항을 추가해 3대 기율, 8항 주의가 됐다. 1935년에는 군가로 만들어져 홍군 병사가 행진하며 부를 수 있게 했다.

3대 기율

① 모든 행동은 지휘를 따라야 한다. ② 민중으로부터 바늘 하나, 실 한 오라기도 빼앗지 마라. ③ 획득한 것은 모두 중앙에 제출하라.

8항 주의

① 얘기는 정중하게 하라. ② 거래는 공평하게 하라. ③ 빌린 것은 반환하라. ④ 부순 것은 변상하라. ⑤ 사람을 때리거나 욕하지 마라. ⑥ 농작물을 훼손하지 마라. ⑦ 부녀자를 희롱하지 마라. ⑧ 포로를 학대하지 마라.

당시 중국 사회에서 군인에 대한 사회적 평판은 아주 낮았다. 민중은 군벌이나 사설 무장단체 소속 병사들의 악행에 끝없이 시달렸다. '군인은 사람이 될 수 없다'는 말이 금언처럼 통용되는 사회에서 '실 한 오라기도 빼앗지 말고, 농작물을 훼손하지 마라'라는 3대 기율, 8항 주의는 홍군의 상징이 됐고 민중의 지지를 얻는 데도 크게 기여했다. 1937년 7월 중일전쟁이 전면전으로 확대되면서 제2차 국공합작이 성사되자 홍군은 국민혁명군 팔로군으로 이름을 바꿨다. 화남華南의 홍군은 신사군新四軍이 됐다.

'포로 학대 금지' 항목은 3대 기율, 8항 주의에서 가장 마지막에 있다. 학대 금지 대상에는 항일 전쟁 기간 중 사로잡은 일본인 포로도 포함됐다. 1937년 7월 중일전쟁 전면 확대 후 팔로군의 총사령과 부총사령이었던 주더와 펑더화이는 일본인 포로 정책에 대한 규정을 만들어 일본군 포로를 우대하며 귀국을 원하는 자에게는 여비를 주도록 했다.

유사한 발상과 정책은 중국공산당 지도부에서 계속 발표됐다. 마오쩌둥은 1940년 12월 25일 중국공산당 내부에 지시하는 〈정책을 논함論政策〉을 발표했다. 중국혁명의 역사적 경험을 총괄하고 항일민족통일전선의 책략 원칙을 천명한 것이다. 그는 "어떻게 해서라도 죽이지 않으면 안 되는 포로를 제외하고는 석방해야 한다. 포로를 우리 군을 위해 이용한다는 전략적 필요성에서 관대하게 대해야 한다"라고 썼다.

항일전쟁기에 팔로군이 잡은 일본군 포로가 급증한 것은 백단대전百團大戰이 분기점이 됐다. 중국의 군사 편제에서 단團은 연대를 말한다. 팔로군은 1940년 8월 20일부터 12월 15일까지 105개 단을 동원해 일본군에 대해 정면공격을 시도했다. 이제까지 치중했던 소규모 게릴라전에서 벗어나 처음으로 대규모 병력을 통해 맞붙은 것이다. 팔로군은 스타이선石太線, 퉁푸선同蒲線(다퉁大同-푸저우蒲州), 징한선京漢線(베이징-한커우) 연변 등의 철도 운행을 차단하기 위해 철도를 따라 분산 배치된 일본군을 집중적으로 공격했다. 일본군에서는 이 전투를 진중晉中 작전이라고 일컫는다. 진晉은 산시성山西省을 가리키는데, 전장이 주로 산시성에 몰려 있었기 때문에 그렇게 명명한 듯하다.

백단대전은 팔로군에 대한 일본군의 인식을 확 바꿔놓았다. 기습 공격에 혼쭐이 난 일본의 북지나방면군은 팔로군을 주적으로 삼고 첩보 활동도 대폭 강화했다. 동시에 팔로군과 민중을 격리하기 위해 일정 지역의 주민을 완전히 쫓아내고 사람의 통행도 철저히 통제하는 '무인구無人區(무주지대無住地帶라고도 한다. 일본군이 화북 지방에서 지역 주민과 항일 게릴라의 접촉을 막기 위해 만들었다)'를 설정하거나 팔로군이 출몰하는 지역의 주민을 남녀노소 가리지 않고 학살하는 잔인한 토벌 작전도 병행했다.

일본인 포로를 위한
옌안 일본인 학교와 노사카 산조

중국공산당은 급증하는 일본군 포로를 활용하기 위해 옌안에 일본인 학교를 세웠다. 이 학교는 노사카 산조野坂參三라는 일본인을 빼고는 얘기할 수가 없다. 노사카는 전후 일본공산당을 대표하는 정치인이었다. 오랜 망명 생활 끝에 전후 일본에 돌아와 중의원 3선, 참의원 4선을 했다. 1955년부터 3년간은 당 제1서기, 1958년부터 1982년까지는 당 의장을 맡았다.

노사카는 중일전쟁 기간 중 어떻게 옌안에 나타났을까? 1892년 야마구치현에서 출생한 그는 고베상업학교를 나와 1912년 게이오기주쿠대학 이재과에 들어가 재학 중 노동운동단체인 유아이회友愛會(일본노동총동맹의 전신)에 가입했다. 대학 졸업 후에는 유아이회 상임 서기로 활동했다. 1919년 유아이회 파견으로 영국에 건너가 영국공산당에 입당한 그는 1921년 5월 영국 정부가 추방해 귀국했고 일본공산당 결성에 참가했다. 1923년 6월 1차 공산당검거사건 때는 소련으로 밀항했고, 1928년 공산당에 대한 대대적 탄압인 3·15사건 때 체포됐다. 1930년 3월 눈 질환으로 가석방되자 다음 해 처와 함께 소련으로 밀항해 동방노력자공산대학(KUTV)에서 수학했다. 그는 1931년 2월부터 1940년까지 모스크바 주재 코민테른 일본 대표로 활동했다.

노사카가 중국공산당과 팔로군의 본거지가 있는 옌안에 도착한 것은 1940년 4월이다. 이후 5년간 토굴에 거주하며 일본인 포로를 조직해 일본제국주의를 반대하는 선전 활동을 벌였다. 그는 1940년 5월 일본군 포로로 반전동맹을 결성하고 10월 초 일본공농工農 학교(일본노농勞農 학교라고도 한다)를 세워 사회발전사와 정치경제학을 가르쳤다. 이 학교를 나온 일본인은 전선부대에 배치돼 전단을 살포하거나 일본군의 사기 저하를 유도하는 심리전 방송을 했다. 전단에는 "일본 병사여, 탈주하세요. 내가 일본에 돌아갈 수 있게 해드리겠습니다. 공산당 팔로군 일본인 오카노 스스무岡野進"라는 문안이 인쇄됐다. 오카노 스스무는 노사카가 중국 체류 시기 사용했던 여러 가명 중 하나다.

노사카는 1942년 6월 중국 거주 일본공산주의자동맹을 만들었고, 1944년 2월에는 일본인민해방연맹을 결성했다. 그는 1946년 1월 귀국해 그해 4월 치러진 중의원 총선에 합법화된 공산당 후보로 도쿄1구에서 출마해 당선됐다. 1950년 6월 한국전쟁 발발 직전 점령군사령부(GHQ)가 공산당 간부들을 공직에서 추방하고 정치 활동을 금지하는 조치를 내리자 다시 중국으로 망명해 무장투쟁 노선을 모색했다. 그는 말년에 1930년대 소련에서 일본인 동지를 내무인민성에 밀고해 희생시켰던 사실이 드러나 공산당에서 제명되는 수모를 겪기도 했다.

3대 기율, 8항 주의의 내용은 시기에 따라 약간의 차이가 있었으나 일본 패망 후 '해방전쟁기'인 1947년 10월 10일 인민해방군은 국민당군에 대한 총반격 명령을 발동하면서 훈령으로 통일했다. 공산당군은 국민당군 병사에게 여비를 주어 집으로 돌아가게 했다. 같은 사람이 두 번, 세 번 포로로 잡혀도 그때마다 다시 노자를 주었다.

마오쩌둥은 '해방전쟁'의 흐름이 공산당군의 승리로 거의 기울어진 1949년 6월 30일 중국공산당 성립 28주년을 기념하기 위해 한 편의 논문을 발표했다. 〈인민민주주의 독재를 논함論人民民主專政〉이라는 논문은 머지않아 성립될 중화인민공화국의 성격, 각 계급의 지위 및 상호 관계, 대내외 정책을 다뤘다. 반동을 어떻게 다룰지에 대한 언급은 이렇게 돼 있다.

"반동계급과 반동적 인간에 대해 그들의 정권이 전복된 후 오직 반란을 일으키지 않고, 파괴하지 않고, 교란하지 않는다면 토지와 직업을 주어 살게 하고, 노동 과정을 통해 개조하여 새 인간이 되도록 해야 한다. 그들이 노동을 원하지 않는다고 하더라도 인민의 국가는 그들에게 노동을 강박해야 한다. 우리는 이미 포로 장교들에게 해온 것처럼 그들에게도 주의 깊게 선전 교양을 해야 한다."

무기를 놓고 항복한 적의 절대 다수는 개조할 수 있다는 마오쩌둥의 사상은 중국이 인수한 일본인 전범에게도 그대로 적용됐다. 차이가 있다면 일본인 전범에게는 노동을 강요하지 않고 학습을 통한 개조가 우선시됐다는 점이다.

전범 개조의 주역,
조선족 3인

마오쩌둥을 비롯한 신중국의 지도부가 일본인 전범 처분에 대해 대담하고 그럴싸한 지시를 내리더라도 일선에서 실제로 전범과 부딪치며 실행에 옮기는 사람은 푸순전범관리소의 요원이었다. 나중에 풀려나 귀국한 전범들의 수기에는 푸순전범관리소 요원의 진정성에 감동했다는 식의 표현이 많이 나온다. 한 장성급 인사는 "중국의 인도주의에 대해 처음에는 정치 음모로 알았으나 시간이 차차 흐르는 가운데 관리소 직원의 진정한 인간미를 몸으로 느꼈다"라고 했다. 한 사병 출신은 강한 북풍이 아니라 따뜻한 햇볕이 행인의 외투를 벗겼다는 이솝우화에 비유해서 "중국의 인도주의 대우에 일본인 전범이 시대에 뒤떨어진 파시즘의 외투를 벗어던진 것"이라고 말했다.

이들의 수기에 공통으로 등장하는 푸순전범관리소 직원이 있다. 오만하고 침략전쟁의 책임을 회피하며 군국주의 사상에 찌든 전범과 고도의 신경전을 벌이며 논쟁하는 한편, 인간적인 대화를 많이 나눈 관리교육과의 지도원이다. 실명이 자주 언급된 사람은 김원, 오호연, 최인걸, 장멍스 4인인데, 장멍스를 제외하면 모두 조선족이다. 하지만 수기에는 이들이 조선족이라는 언급이 없다. 당시 일본인 전범의 대부분은 이들이 원래 조선인이라는 사실을 알지 못했던 듯하다. 신중국의 공민이 된 세 사람이 자신의 뿌리를 말하지 않은 것 같다.

세 사람이 관리소에서 핵심 역할을 할 수 있었던 것은 무엇보다도 일본어로 소통할 수 있는 능력이 있었기 때문이다. 이들은 연령으로 보아 식민지 조선이나 괴뢰 만주국에서 일본어를 습득한 것으로 보인다. 김원과 오호연은 1950년 7월 일본인 전범 접수를 위한 선발대로 쑤이펀허에 파견돼 전범 인수와 푸순까지 호송하는 작업에 참가했다. 한밤중 푸순역에 도착한 일본인 전범이 푸순전범관리소에 입소할 때 구령을 붙인 사람이 김원이었다.

그렇다고 세 사람이 사전에 전범 개조를 위한 준비 교육을 받은 것은 아니었다. 그들 스스로 일본인을 접하면서 하나씩 터득해가며 끊임없이 고민해야 했다. 김원은 후에 전범 개조가 스스로를 개조하는 과정이기도 했다고 밝혔다. 그는 "관리소 직원도 한마음이 되어 혼신의 힘을 기울였다. 감화교양 사업에 어떤 교과서가 있는 것이 아니다. 그것은 자기 자신에 대한 교양이기도 했다"라고 회고했다.

《기구한 인연》, 회고록 남긴 김원

김원은 어떻게 해서 푸순전범관리소 소장직에까지 올라갈 수 있었을까? 그는 오호연, 최인걸과 달리 장문의 회고록을 남겼다. 그의 회고록 《기구한 인연》은 1995년 국내에서 먼저 출간됐다. 서울에서 열린 출판 기념회에 참석한 그는 회고록을 쓴 경위에 대해 1991년 광복 후 처음으로 고향을 찾았을 때 만난 친척들이 권유해 책을 쓰게 됐다고 밝혔다. 그의 고향은 경상북도 봉화다. 회고록의 중국어판은 《기연奇緣: 한 전범관리소장의 회고》라는 제목으로 1999년 해방군출판사에서 나왔다. 베이징에 있는 해방군출판사에서 책을 냈다는 것은 공안기관에서 그의 영향력이 상당했음을 보여주는 반증이라 할 수 있다. 중국어판 회고록은 일본어로 번역돼 중귀련이 발행한 계간지 《중귀련》에 2000년부터 2005년까지 19회에 걸쳐 연재됐다.

김원은 푸순전범관리소에 수용됐다가 귀국해 중귀련에서 활동한 전범들이 쓴 수기를 번역해 중국에 소개하는 일에도 열심이었다. 그는 시마무라 사부로의 《중국에서 돌아온 전범中國から歸った戰犯》나 동북 지방에서 헌병을 오래 했던 쓰치야 요시오土屋芳雄의 《어느 헌병의 기록ある憲兵の記錄》을 공안부 직속 출판사인 군중群衆출판사에서 출간했다.

푸순전범관리소 2대 소장 김원

김원의 회고록을 토대로 그의 어린 시절부터 발자취를 따라가 보자. 식민지 조선의 빈농에서 자라나 만주로 이주해 떠도는 망국민의 고단한 삶을 엿볼 수 있다. 그가 어떻게 해서 '민주연군'에 가담해 '해방전쟁'에서 활약하고 공안부서의 중견 간부로 올라설 수 있었는지 이해하는 데도 도움이 된다.

김원은 1926년 4월 경북 봉화군 봉화읍 거촌리 황전동에서 출생했다. 의성 김씨 집성촌에서 4남 1녀 가운데 셋째로 태어났다. 일곱 살 때 일본인이 교장으로 있는 내성면 공립보통학교에 들어갔는데, 형제 중 처음으로 소학교 문턱을 넘어섰다. 빈농이었던 그의 아버지는 황전동 일대에서 소작 부칠 데도 없어 마을에서 50리나 떨어진 골짜기로 들어가 화전을 일구어 가족의 입에 풀칠했다. 그러다 문중 어른의 배려로 논 여섯 마지기, 밭 여섯 마지기의 문중 전답에 농사를 짓게 됐다. 청명과 추석이면 문중 선영 12장에 벌초하고 제사를 지내는 묘지기 역할이었다.

김원의 아버지는 농사일로는 생계를 유지하기 어렵다고 생각해 장사에 나섰다가 어느 날 갑자기 사라졌다. 달포가 지나 만주에서 편지가 왔다. 소장사를 하다가 사기꾼에게 돈을 떼이고 문중 땅이 빚으로 잡히자 사람들

볼 면목이 없다고 만주로 간 것이다. 문중 땅에서 아버지 대신 농사를 짓던 큰형은 결혼한 지 1년도 안 되는 처를 친정으로 보내고 아버지를 찾아 나섰다. 한 달 후 큰형에게서 편지가 왔다. 펑톈 부근의 위홍둔于洪屯(현재 선양시로 편입)에서 아버지를 찾았고, 빚 갚을 돈을 마련할 때까지 만주에서 같이 일하겠다는 내용이었다.

문중 땅이 빚으로 잡혔다는 소문이 번지자 황전동은 발칵 뒤집혔다. 김원 일가는 문밖으로 나가지도 못했다. 어머니는 김원에게 온 식구가 아버지를 찾아 만주로 간다는 편지를 쓰라고 했다. 1932년 동짓달 저녁 김원 일가는 마을 사람들이 잠들기를 기다렸다가 한밤중에 길을 떠났다. 가까운 친척에게도 알리지 못해 외삼촌이 영주까지 와서 기차표를 사주었다. 김천에서 기차를 갈아타고 밤을 꼬박 새워 이른 아침 펑톈에 도착했다.

첫날부터 고생길이었다. 역에 마중 나와 있을 줄 알았는데 몇 시간이 지나도 아버지와 형이 나타나지 않았다. 어머니는 큰아들의 이름을 부르며 목 놓아 울었다. 만주복 차림의 중년 남자가 무슨 일이냐고 묻고는 조선 사람을 찾아줄 테니 걱정 말라고 달랬다. 점심식사를 대충하고 길을 떠나려는데 눈보라가 몰아쳐 무릎까지 눈이 찼다. 중년 남자는 한참을 걷다가 돌아서서 턱으로 위홍둔 쪽을 가리키고는 눈보라 속으로 사라졌다. 김원 일행은 공포에 떨며 오도 가도 못 하고 있는데 멀리 눈보라 속에서 두 사람이 달려왔다. 아버지와 큰형이었다. 모두 부둥켜안고 울었다. 편지에 출발 날짜가 적혀 있지 않아 역에 나가 10여 일간 기다리다가 돌아왔다는 것이다.

만주 유랑 생활

위홍둔에서 멀지 않은 곳에 조선인 집단 마을이 있었다. 조선인과 중국인이 섞여 사는 큰 부락으로 조선인만 100호가 넘었다. 아버지와 큰형은 이 마을에서 잡일을 해주며 입에 풀칠하고 살았다. 마을 인심도 좋아 인사 겸 조선 소식을 듣는다고, 도착한 날부터 주민들이 먹을 것을 들고 찾아왔는데 빈손으로 오는 사람이 없었다.

겨울이라 곡식을 떨어 알곡을 거둘 일조차 없어 가마니 기계를 들여놓고 가마니 짜는 일로 연명했다. 봄이 오자 조선인 마을에서 40리 떨어진 사링沙嶺의 일본인 개척단에서 소작인을 모집한다고 해 일가가 들어갔다. 종자와 비료를 주고 살림집도 마련해준다는 조건이었다. 80여 가구의 소작인이 있었는데 모두 조선인이었다. 가을에 알곡 일곱 가마니를 거두어 소작료 60퍼센트를 내고 종자, 비료 값 등을 내니 남은 게 없었다. 당장 겨울을 나는 게 큰 문제여서 동짓달에 짐 보따리를 지고 지린성 판스현磐石縣 부근으로 이사해 엿 장사를 하며 연명했다.

겨울을 보내고 판스현의 스쮜이石嘴로 이주했다. 200여 호가 사는 큰 마을이었는데 조선인이 70여 호였다. 일본인이 경영하는 동광이 있어 이곳 주민은 광산노동자와 농민이 반반이었다. 항일유격대가 자주 나타나는 지역이어서 만주국 군경의 경계가 심했다. 김원 일가는 여기서 농사를 지으며 2년을 버텼고, 그의 두 형은 광산에 가서 노동을 했다.

3년째 되는 해에 아버지는 동향 사람에게 내몽골 청지쓰한成吉思汗(칭기즈칸)역에서 멀지 않은 야루허雅魯河(헤이룽강과 쑹화강 지류) 부근에 농사가 잘되는 땅이 넘쳐난다는 얘기를 듣고 혼자서 떠났다. 청지쓰한역은 하얼빈에서 서북 방향의 만저우리로 가는 빈저우선濱州線에 있는 역으로, 하얼빈에서 384킬로미터 떨어진 곳이다. 큰형은 항일유격대를 찾아간다고 나가 가족이 흩어졌다. 1년 지나 아버지가 내몽골에서 한 해 농사를 지어놓고 가족을 데리러 왔다. 청지쓰한역에서 멀지 않은 시난둔西南屯이었다. 땅이 흔하고 논두렁도 없이 그저 물이 가는 곳이면 벼농사를 지을 수 있었다. 농사가 잘돼 식량도 넉넉했다.

농사가 잘된다는 소문이 돌면 일본인 개척단이 밀고 들어왔다. 밭갈이철을 앞두고 홋카이도 청년개척단이 몰려와 시난둔과 이웃 다싱둔大興屯에 살고 있는 조선인 60여 호를 모두 내쫓았다. 조선인이 뼈가 휘도록 일구어 농사를 지을 만하면 개척단이 몰려와 빼앗았다. 이들은 사실상 농민 옷을 입은 군대였다. 자체 무장을 갖추었고, 한가한 때는 항일유격대 토벌에 나섰다.

김원 일가는 이사한 지 석 달도 채 안 돼 짐을 싸 청지쓰한역에서 40리 떨어진 녠쯔산碾子山 기슭 얼다오거우二道溝로 들어갔다. 사람의 발길이 거의 닿은 적이 없는 벌판이었다. 조선인 20여 가구가 4월에 함께 들어와 보막이를 하고 개간에 나섰다. 항일유격대에 들어간다며 통화通化로 갔던 큰형이 헛고생만 하고 1년 만에 돌아왔다. 네 부자가 나서서 논을 일구어 여름이 되니 벼가 논판이 터지게 들어섰다. 노인들이 하늘에서 내린 땅이라고 감탄했는데, 벼 이삭이 한창 팰 때 갑자기 된서리가 내려 하룻밤 사이 논판이 허옇게 변해버렸다. 중국인은 밭농사만 지었는데, 수확할 때 꼼꼼히 거두지 않아 밭에 곡식이 널려 있었다. 온 식구가 나서서 콩, 옥수수 등 곡식 알을 한 달 동안 주워 겨울 양식을 마련했다.

이듬해 조선인은 둑을 더 쌓고 논도 더 일구며 열심히 일했지만 이삭이 팰 때 또 된서리가 내려 쭉정이 농사가 됐다. 녠쯔산이 만드는 그늘의 영향으로 해마다 서리가 다른 곳보다 일찍 내렸다. 새해 봄이 되자 조선인은 모두 다른 마을로 이사를 갔지만 김원 일가는 당장 갈 곳이 없어 부근 마을에서 소작을 지었다.

5년 만에 소학교에 들어가 학업 재개

김원은 만주에 온 지 5년이 됐지만, 학교에는 가보지도 못했다. 얼다오거우에는 마을 사람들이 학식이 있다며 오 선생이라는 부르는 농민이 있었다. 어느 날 오 선생이 김원을 찾아와 공부를 계속할 것을 권했다. 나이도 많고 키가 커서 이제 1학년부터 다니면 너무 늦으니 자습해서 3학년, 4학년 시험을 치르도록 하라며 가르쳐주겠다고 했다. 김원이 2학년, 3학년 교과서를 빌려서 찾아가면 오 선생은 일손을 놓고 가르쳐주었다.

얼다오거우에서 25리 떨어진 리싼뎬촌李三店村에 조선인 유지들이 세운 국민우급優級학교가 있었다. 시험을 쳐서 4학년으로 들어갔다. 백낙선 교장을 비롯해 다섯 명의 교원이 열성적으로 지도했다. 김원은 그토록 원하던 학교여서 열심히 공부했으나 매달 숙박료 9원을 낼 형편이 아니어서 중퇴하려고 선생을 찾아가 상담했다. 선생이 리싼뎬촌에서 정미소를 운영하는 조선인 흥농합작사 사장을 소개해줘 그 집에 들어가 기숙하면서 어린아이 넷을 학교에 데리고 다니며 돌보는 일을 했다.

5학년 학기말에 백낙선 교장이 불러 시험 성적이 괜찮으니 한 해 앞당겨 중학 시험을 보면 어떻겠느냐고 권유했다. 집에 돌아가 아버지에게 말을 꺼내니 소학교도 아닌 중학교 학비를 무슨 수로 대느냐고 부정적이었다. 큰형이 혼자 외지에서 소작을 짓다가 홍수로 죽었다는 것을 그제야 들었다. 둘째 형이 다음 날 중학교에 붙으면 학비는 어떻게든 구해보겠다고 아버지를 설득했다.

1942년 시험에 합격해 룽장성龍江省 성립 치치하얼齊齊哈爾 제3국민고등학교 상과에 들어갔다. 4년제 상업학교로 상업법률, 상업요령, 부기, 주산 등을 가르쳤다. 한 학년에 세 학급이 있었는데, 두 학급은 중국인, 한 학급은 조선인 학생으로 편성됐다. 교원은 일본인이 3분의 1, 나머지는 대부분 중국인이었다.

치치하얼은 당시 룽장성 정부 소재지로 일본군과 만군 부대가 주둔한 군사요충지였다. 관동군 정규 1개 사단이 교대로 진주했다. 보병 2개 연대에 기병, 포병, 공병 각 1개 연대의 규모였다. 만군도 1개 연대가 장기 주둔했다. 교외에는 군용 비행장 외에 야전군 병기 공장이나 군수품 공급소가 즐비하게 늘어섰다.

태평양전쟁이 터진 지 얼마 안 된 시점에 입학한 터라 학교는 아예 군사체제로 바뀌었다. 전교를 대대로 해서 학년은 중대, 학급은 소대로 편성됐고, 일본인 소좌와 중국인 대위가 군사훈련을 했다. 명색이 학교일 뿐 공부는 얼마 하지도 못했다. 점차 근로봉사대로 바뀌어 비행장 닦기, 길 닦기, 방공호 파기 등 노역에 동원됐다. 2학년 때 만주국 황제 푸이가 치치하얼에 시찰을 와서 중학교 학생들이 환영 행사에 동원됐다. 김원은 푸이가 탑승한 승용차가 지나가는 것을 허리 구부리고 지켜봤는데, 7년 뒤 푸순에서 '만주국 전범'으로 수감된 푸이와 마주하게 됐다.

김원은 3학년 겨울방학 때 고향 봉화에 다녀왔다. 김원 일가의 생활 형편은 많이 나아졌고 그의 동생도 소학교를 졸업하고 같은 중학교에 입학했다. 그의 아버지는 겨울방학 때 아들 삼형제를 모아놓고 "마음에 항상 못이 박힌 일이 하나 있다"라며 문중 땅 얘기를 처음으로 꺼냈다. 아버지는 이제 기력이 없고 친척을 만나볼 면목도 없으니 누가 고향에 찾아가 사과하고 빚을 갚고 오라며 300원을 꺼냈다. 둘째 형이 집을 비우기가 어려워 김원이 그 역할을 맡았다.

일본의 항복과 해방군 지원

1944년이 되자 치치하얼의 모든 중학교에서는 수업이 사실상 폐지되고 학생은 근로봉사대가 되어 고된 노역에 동원됐다. 노역장에서 일본군 감독이 걸핏하면 폭력을 휘둘러 학생들이 몇 차례 집단행동을 일으키는 사태가 벌어지기도 했다.

1945년 8월 9일 소련군이 세 방면에서 만주국으로 진공하자 치치하얼은 전시 태세에 들어갔다. 학교는 17세 이하는 피난시키고 그 위의 학생만 학교에 남도록 했다. 8월 14일 오후 아홉 명의 조선인 학생에게 징병 통지가 나왔는데 김원도 포함됐다. 일본인 교장은 집의 이불보를 찢어 만든 기다란 띠에 붓으로 '무운장구武運長久'라고 써서 학생들에게 두르도록 했다. 그날 저녁 일본군 병사부에 불려가 각 부대로 배치됐는데, 김원은 야전포 부대였다.

소위가 바로 입대한 학생 100여 명을 모아놓고 황당한 전투 임무를 내렸다. 그는 "너희는 모두 군사훈련을 받지 못했다. 너희에게는 군사기술이 크게 필요하지 않다. 소련 탱크가 들어오면 폭탄 하나씩 안고 나가 터뜨리면 된다"라고 말했다. 그는 요령과 주의 사항을 알려주고는 방위사령부로 끌고 갔다. 밤 12시 폭탄을 가득 실은 트럭이 선두에 서고 학생들이 4열종대로 따라갔다. 대부분 일본인 학생이었고 중국인, 조선인 학생의 순이었다.

일본이 항복한 다음 날인 8월 16일 아침 소위가 나타나 집으로 돌아가도 좋다고 말했다. 그는 군복을 입고 길에 나서면 위험하니 벗어놓고 창고에 있는 옷을 마음대로 골라 입으라고 했다. 김원은 군복 위에 사복을 덧입고 새 구두를 골라 신고 병영을 나왔다.

그해 가을 김원 일가가 사는 지역은 논농사가 아주 잘돼 논이 황금 파도로 출렁였다. 의무적으로 곡물을 납부해야 하는 출하법까지 없어졌으니 좋은 세상을 만났다고 모두 기뻐했는데, 무법천지가 되어버렸다. 도적이 떼를 지어 마을에 들어와 노략질하고 자고 나면 논판에 베어놓은 벼가 사라졌다. 수류탄까지 갖춘 도적 떼가 설쳐대니 열두 개 마을 대표가 돈을 거둬서 총 열두 자루를 구입해 청년들로 경비대를 구성했다.

넨쯔산 일대의 치안 질서는 1946년 1월 초 왕밍구이王明貴 여단이 들어와 잡혔다. 넨쯔산 지역은 2월 초 해방돼 인민정부가 수립됐다. 지린성 판스현에서 1910년 출생한 왕밍구이는 1934년 동북인민혁명군에 참가하고 동북항일연군 6군에서 대대장 등으로 활약했다. 그는 일본군 만군의 집요한 토벌로 1941년 저우바오중周保中 등과 함께 소련으로 피신해 88국제여단에서 간부로 지냈다. 김일성도 이 부대에 있었다. 1945년 8월 초 소련군의 동북 지방 진공이 시작되자 88국제여단의 장병들은 창춘, 선양, 하얼빈 등 동북 지방 57개 도시와 주요 현에 배치됐다. 왕밍구이는 치치하얼로 들어가 치치하얼경비사령부 부사령원, 넌장군구嫩江軍區 사령원 등을 지냈고, 신중국 성립 후에는 헤이룽장성군구 부사령원을 맡았다.

일본 패망 후 동북 지방의 정세는 복잡했다. 스탈린은 동북 지방에서 러시아의 예전 이권을 보장받는 대가로 장제스와 우호동맹조약을 체결하고 팔로군의 활동을 제어하려 했다. 만군 부대는 장제스 지지를 선언하며 바로 국민당군으로 변신했고, 국민당 간부와 정규 부대가 속속 동북의 주요 도시로 들어왔다. 괴뢰 만주국의 특무경찰 등에서 종사했던 부역자는 신분을 감추고 국민당 세력과 제휴하려 했다.

8년간의 항일 전쟁에 지친 팔로군은 막강한 무기를 갖춘 국민당군에 정면으로 맞서기보다는 우회 작전을 벌이며 세력 확대를 꾀했다. 동북의 팔로군은 당시 동북민주연군이라 했고 나중에 해방군으로 통일했다. 민주연군은 진주한 지역에서 민중을 상대로 선전 사업을 벌이며 지원병을 모집했다. 1946년 3월 초 김원 일가가 사는 마을 인근에서 2여단장 리난勵男이 모병 연설을 하자 그 일대 청년 90여 명이 자원했다. 이들로 중대를 편성해 50대의 남자가 중대장으로 위임됐으나 그는 이름만 걸어놓은 상태였다. 스무 살이 된 김원이 부중대장으로 뽑혔다.

군사훈련을 한 달 정도 했을 때 리난 여단장이 중대를 방문해 연설했다. 그는 수일 안으로 출전하게 되니 가정 부담이 크거나 다른 사정이 있는 사람은 돌아가도 좋다고 말했다. 그러자 갓 결혼한 사람 등 여러 명이 귀가하겠다고 했다. 이들은 몇 달 후 다시 찾아와 입대했다.

며칠 후 부대는 치치하얼 남쪽의 앙앙시昴昴溪로 이동했다. 당시 치치하얼은 만군이 점령하고 있어 국민당군 대부대가 도착하기 전에 먼저 소탕해야 했다. 김원은 여단 적후공작대 정찰원으로 뽑혀 네 명이 사복 차림으로 마차를 타고 치치하얼에 드나들었다. 서쪽 교외 지역을 맡은 그는 학생으로 위장해 병영 근처를 돌거나 신사복을 입고 장교 출입 식당에 가서 이야기를 엿들었다. 소련군이 치치하얼에서 철군하자마자 민주연군은 4월 25일 밤 치치하얼 공략을 시작했다. 주력은 동쪽 교외에 매복하고 서쪽 교외에서 치고 들어갔다. 수만 명의 만군이 독 안의 쥐가 되어 모두 포로로 잡혔다.

다음 날 오전 군용 트럭을 타고 시내로 들어가 시민의 환영을 받았다. 치치하얼과 함께 서북만西北滿 일대가 모두 해방됐다. 치치하얼은 당시 넌장성 성도였고, 넌장성과 헤이룽장성이 합쳐져 한동안 헤이넌성黑嫩省이 수립됐을 때도 성도 역할을 했다. 2여단 적후공작대는 성정부 공안처로 개편됐고, 리난이 공안처장을 맡았다. 김원은 공안처 정찰과 정찰 요원으로 근무하며 리난의 신임을 쌓아갔다. 그는 1947년 9월 공산당에 입당했고 후보 기간 6개월이 지난 뒤 정식 당원이 됐다. 1947년 11월에는 치치하얼시 공안3분국 정찰 요원으로 토지혁명 작업에 참여했고, 다음 해 4월에는 치치하얼시 공안국 행정사법과 계장이 되어 연말에 특등 모범 공작으로 평가받았다.

푸순전범관리소에 배치

김원은 1949년 10월 선양의 동북공안간부학교에 들어가 연수를 받았다.

이 학교의 전신은 1948년 5월 창설된 동북공안기술훈련대대였다. 이후 여러 차례 이름이 바뀌어 중앙인민경찰간부학교(1954), 공안부제일인민경찰간부학교(1956), 공안부인민경찰간부학교(1972)로 불렸다가 1981년 현재의 중국형사경찰학원이 됐다. 공안부 직속 고등교육기관인 중국형사경찰학원의 소재지는 여전히 선양이다. 김원이 중국의 공안 분야에서 일정한 지위에 올라 베이징에까지 진출할 수 있었던 것은 공안간부학교를 나온 경력이 상당한 도움이 된 것으로 보인다.

연수가 거의 끝나가던 때 동북공안부 정치보위처의 둥위핑 집행과장이 찾아와 "일본어에 능통한가? 정치경제학 같은 책을 번역할 수 있는가?" 하고 물었다. 김원은 뜻밖의 질문에 깊이 생각하지도 않고 "지금 일어를 쓸 데가 있나요? 왜놈하고는 원수인데요"라고 답했다. 당시 중국 청년 사이에는 러시아어를 배우는 열풍이 일었다. 둥위핑은 "원수의 말도 배워두면 꼭 써먹을 때가 있지요"라며 웃고는 바로 정치보위처를 찾아가 근무처 배치를 받으라고 했다.

몇 명의 강습생이 모인 자리에 간부가 나와서 엄숙한 어조로 얘기를 시작했다.

"한 가지 특수 임무가 있어 여러분을 불렀다. 단기간일 수도 있고 장기간일 수도 있다. 지금 소련에 구금된 일본 전범이 얼마 후 중국에 인도되어 온다. 그들을 수용하기 위해 푸순에 전범관리소가 새로 섰다. 모두 그리 가야 한다. 전범 관리는 누구도 경험해보지 못한 생소한 일이라 애로가 적지 않으리라고 생각한다. 이 사업은 국내외적으로 정치적 의의가 큰 만큼 참되게 수행해야 한다."

뜻밖의 배치에 모두 어안이 벙벙해 아무 말도 하지 못했다. 황당하기는 김원도 마찬가지였다. 그는 민주연군이 들어와 넨쯔산 일대의 치안 질서가

푸순전범관리소가 1964년 공안부 전국 개조공작 선진단위로 선정되자 직원들과 기념촬영을 한
김원(맨 앞줄 가운데 검은 옷차림)

잡힌 1946년 2월 소작인의 딸과 결혼했다. 리싼덴촌의 소학교에 다닐 때 한 교실에서 공부하던 정영순이었다. 약혼 후 며칠 만에 결혼식을 올렸다. 김원은 해방전쟁이 끝나면 군복을 벗고 옌볜으로 거처를 옮겨 부모를 모실 계획이었다. 동북공안간부학교로 입교하기 전에 넌장성 재정처에서 일하던 처를 옌볜자치주의 허룽현和龍縣 세무국으로 전근도 시켰다.

김원은 고심 끝에 동북인민정부 공안부 책임자를 찾아가 부모 얘기를 하고 일본어, 중국어 다 변변치 못하니 옌볜으로 보내달라고 호소했다. 그는 전혀 먹혀들지 않자 전범은 나이도 들고 대학 출신이라 자기 수준으로는 감당이 되지 않는다고 말했다. 책임자는 "수준이 안 되면 애초 보내지도 않았다"라며 단칼에 잘랐다. 전범은 '침략 대학' 공부를 한 사람이고 동무는 '인민 대학' 공부를 한 사람인데, 어찌 그들과 수준을 논할 수 있느냐고 설득했다.

김원은 푸순전범관리소에 부임하고 나서도 한동안 마음의 갈등이 심했다. 푸순전범관리소를 벗어나려고 한국전쟁에 의용군으로 나가게 해달라고 윗사람에게 요청하기도 했다. 이론과 지도력을 갖춘 그는 관리교육과(관교과) 과원에서 출발해 순조롭게 승진했다. 관교과 과장을 거쳐 1957년 12월 부소장이 됐다. 소장이 학습 연수로 부재중이어서 그가 모든 공작을 장악했다고 한다. 그는 1960년 3월 랴오닝성 공안청 1처 부처장 겸 중국국제여행사 랴오닝분사 경리(지배인)로 발령이 나 10년 만에 푸순전범관리소를 떠났다. 1962년 5월 공안청 8처 부처장을 거쳐 1964년 10월 푸순전범관리소 소장에 올랐다. 그해에 푸순전범관리소는 공안부 전국 개조 공작 선진단위로 선정됐다.

김원의 처 정영순은 남편이 푸순전범관리소로 발령 나자 허룽현 세무국에서 푸순전범관리소로 전보돼 총무과에서 회계를 담당했다. 정영순은 전

마지막 황제 푸이와 김원

이탈리아인 영화감독 베르나르도 베르톨루치가 연출한 〈마지막 황제〉는 1988년 아카데미상 시상식에서 작품상, 감독상, 각본상, 의상상, 작곡상 등 9개 부문을 휩쓸었다. 그해 골든글로브상 시상식에서도 감독상 등 네 개 부문에서 수상했고, 다른 영화제에서도 대체로 수상자 명단에 이름을 올렸으니 당대의 화제를 모은 영화임에는 틀림이 없다.

청나라의 마지막 황제 푸이溥儀(선통제)의 일대기를 다룬 이 영화는 이탈리아, 영국, 중국, 일본 등의 합작으로 추진됐다. 중국은 명과 청의 궁전이었던 자금성의 내부 촬영을 처음으로 허가하고 스튜디오와 함께 단역 1만 9000명을 제공했다. 하지만 〈말대황제末代皇帝〉로 표기된 이 영화는 사실 왜곡이 많다고 해서 정작 중국에서는 수십 년 동안 상영되지 않았다.

이 영화에 김원이 잠깐 카메오로 등장한다. 푸이가 푸순전범관리소에서 특사로 풀려나는 장면에서 김원이 마이크로 푸이를 호명한다. 푸이가 앞으로 나오면 소장이 사면장을 읽는다. 푸이는 사면장을 받기 전에 김원과 악수한다. 영어로 된 영화

1959년 연말 사면장을 받는 푸이와 특사 통지서

바느질을 하고 있는 푸이(오른쪽) 그리고 푸순전범관리소에 같이 수용된 동생 푸제溥杰와 바둑을 두고 있는 푸이. 푸제는 일본육사를 나와 화족華族(귀족) 출신의 사가 히로嵯峨浩와 정략결혼했다

의 배역 표에는 '위안진Yuan Jin, party boss'이라는 단역이 나온다. 김원의 중국식 발음이 진위안이니 그렇게 표기한 것이다. 김원이 단역으로 출연하게 된 것은 베르 톨루치 감독의 강력한 요청에 따른 것이다.

일본 패망 때 소련으로 연행됐다가 일본인 전범과 약간의 시차를 두고 중국에 송환됐던 푸이가 중화인민공화국 건국 10주년 기념의 일환으로 만주국 관련 전범 특사 1호로 석방된 시점은 1959년 12월이다. 당시 김원은 푸순전범관리소 부소장 이었는데, 실제로는 소장 임무를 수행했다고 한다. 영화와 달리 푸이의 사면장을 낭독한 사람은 김원이었다. 그는 1960년 3월 랴오닝성 공안청 1처 부처장으로 전 보됐다가 1964년 10월 푸순전범관리소 소장으로 돌아왔다. 그는 문화대혁명 기간 중 홍위병의 공격으로 상당한 고초를 겪었으나, 문혁파의 몰락 이후 베이징에 진출 해 오랜 기간 공직에 있었다.

근 명령을 받고 생후 3개월 된 큰아들을 데리고 1950년 10월 초 푸순에 도착했다가 보름도 되지 않아 하얼빈으로 전범과 함께 소개됐다.

관리소에서 쌀, 밀가루, 채소, 일용품 등 물품을 구입할 때면 모두 정영순을 통해 대금이 지불됐다. 그는 관리소 근무 초기 전범을 배불리 먹이고는 있지만, 중국 정부가 이들을 당연히 사형에 처할 것으로 생각했다. 1956년 관대 정책으로 대부분의 전범이 석방돼 일본에 돌아갈 때도 왜 한 사람도 사형하지 않고 돌려보낼까 의아해했다.

오호연과 최인걸

오호연과 최인걸은 김원처럼 회고록을 남긴 것이 없어 성장 과정이나 학력, 경력 등은 그다지 알려진 게 없다. 중국에서 나온 관련 책자나 일본인 연구자의 기록, 귀환한 전범이 남긴 수기 등에서 보이는 단편적 내용을 모아 인물상을 구성해보자.

푸순전범관리소에서 위관급 이하 장병을 담당한 오호연은 1919년 지린성 둔화敦化에서 자랐다(푸순시 정협문사위원회政協文史委員會가 1990년 6월 펴낸 《震撼世界的奇迹-改造僞滿皇帝暨日本戰犯紀實》에 나오는 내용이다. 일본어 번역판 제목은 《覺醒: 撫順戰犯管理所の六年 日本戰犯改造の記錄》. 푸순관리소진열관에 전시된 오호연 관련 자료는 그가 1927년 7월생이며 지린성 옌지현延吉縣 사람이라고 다른 설명을 하고 있다). 아버지와 작은아버지가 만주국 감옥에서 옥사한 것으로 보아 항일투쟁가 집안으로 추정된다. 그는 1945년 12월 동북민주연군에 가담했다고 하니 김원보다 조금 시기가 앞선다. 민주연군의 간부, 지도원으로 창춘해방전쟁에 참여해 전투 중 부상을 입었다.

동북 지방이 해방된 뒤에는 부대와 함께 화북으로 들어가 각종 전투에 참가했고 양쯔강을 넘어 장시성 성도인 난창까지 진군해 대대장급 간부를 했다. 그는 1950년 4월 부상 등의 이유로 동북군관구의 비군사 부문으로 전속됐다가 푸순전범관리소로 발령받았다. 소련에서 이송되는 전범을 쑤이펀허에서 인수하기 위해 구성된 전범접수공작대에도 참가했다.

소학교 재학 중 일본어를 배운 그는 푸순전범관리소에서 위관급 이하를 담당했고, 한국전쟁 발발 후 전범을 하얼빈 인근으로 소개했을 때는 후란 감옥에서 위관급 이하를 관리했다. 푸순전범관리소에서는 1958년까지 근무하며 관리교육과 과장 등을 맡았다.

친화력이 있어서 일본인 전범 사이에 인기가 많았다. 1956년 6월 특별군사법정이 열려 대부분의 전범이 기소면제로 풀려나 귀국할 때 그는 푸순전범관리소 대표로 일본의 귀환선이 정박한 탕구항까지 가서 전송했다. 기소면제자는 세 차례로 나뉘어 귀환선을 탔는데, 그는 매번 300여 명의 악수 공세를 받느라 손이 쿡쿡 쑤실 정도였다.

푸순전범관리소를 다시 정리해 공개한다고 해서 1979년 복귀했다가 1982년 정년퇴직했다. 1988년 푸순전범관리소가 새 단장을 하고 개방됐을 때 그는 고문으로 초빙됐다. 중귀련 사람들이 계속 푸순전범관리소를 찾아오는데 오호연 외에는 응대할 사람이 없었기 때문이다.

오호연의 처 전증선도 남편과 같이 푸순전범관리소에서 근무했다. 두 사람은 같은 둔화현 출신으로 1942년 결혼했다. 인민해방군 시절부터 같은 부대에 있었는데, 전증선은 부대에서 물자를 조달하는 회계 일을 담당했다. 푸순전범관리소 일대는 저지대여서 비만 오면 배수가 잘 되지 않아 고충을 겪었는데, 전증선은 관리소에서 펌프 등 배수 설비를 맡았다. 중국이 개혁개방 정책을 취하고 중귀련과 옛 관리소 직원과의 교류가 활발해지면서 1992년 부부는 중귀련의 초청으로 2주간 일본을 방문했다.

최인걸은 1926년 10월 지린성 동남부의 하이룽현海龍縣(1985년 현이 폐지되고 메이허커우시梅河口市에 편입돼 하이룽구가 되었다)에서 태어났다. 그는 푸순전범관리소 창설 요원이었던 김원, 오호연과 달리 1952년 겨울 다소 늦게 부임했다. 그의 일본어 구사 능력은 탁월했던 듯하다. 일본인 전범의 수기에 일본인보다 더 우아한 일본어를 한다는 표현이 있을 정도다.

푸순전범관리소에 오기 전에 학교 교사도 했던 듯하다. 그 자신이 "조국의 미래를 짊어질 청소년 교육을 담당했는데, 흉악무도한 전범과 매일 얼굴을 마주해야 했다"라고 쓴 것으로 보아 원했던 전보는 아니었다. 부임 초기에는 위관급 이하 전범의 인죄, 고백 자료를 정리하는 일을 맡았다가 장군, 영관급 전범을 담당했다. 1964년 3월 6일 사이토 요시오, 조노 히로시 등 '마지막 전범'이 석방될 때까지 일본인 전범을 관리했고, 이후 1972년까지 관리교육과에서 일본어 통역을 담당했다.

교토제국대학 출신으로 만주국에서 주로 비밀경찰 업무를 담당했던 시마무라 사부로는 소련에서 중국으로 이송된 뒤에도 계속 반동적 언동을 하다가 나중에는 죄상을 낱낱이 고백하고 진정하게 참회한다. 그가 일본에 돌아간 후 쓴 수기《중국에서 돌아온 전범》에는 최인걸의 이름이 자주 등장한다. 최의 계급을 소위 또는 중위라고 적고 있어 최가 동북군관구 해방군 장교 신분이었음을 알 수 있다. 최의 진지한 자세에 감동한 시마무라는 나중에 특별군사법정에 출정할 때 최후진술까지도 조언을 구하는 사이가 됐다.

최인걸은 일본인 전범이 사회 견학 등의 형식으로 집단 외출을 할 때 며칠씩 통역을 도맡다시피 했다. 통역이 여러 명 있었지만 항상 그에게 일이 돌아왔다. 그는 퇴직 후 중귀련이 내는 잡지에 푸순전범관리소 근무를 회

오호연

1992년 중귀련 초청으로 일본을 방문한 오호연 부부

최인걸

쑨밍자이 소장(왼쪽)과 최인걸

고하는 글을 여러 차례 기고했는데, "당시엔 젊으니까 했지, 이제라면 힘든 일"이라고 썼다.

그는 푸순전범관리소에서 근무하던 때의 고충도 솔직히 기록했다. 일요일이 되면 다른 직장은 쉬지만 자신은 푸순전범관리소를 벗어날 수 없었다. 상부의 지시는 놀아도 좋지만 관리소 안에서 놀라는 것이었다. 폭동 등 비상 상황에 대비해야 한다고 했다. 관리소 간부에게는 대체로 퇴근해서 휴식을 취한다는 발상 자체가 없었다. 쉬는 날에도 수시로 나와 상황을 점검했다.

그의 회고에 따르면 푸순에 일본인 전범이 수용돼 있다는 것 자체가 오랜 기간 비밀이었다. 직원들은 외출할 때 수첩 등을 소지하는 것이 금지됐다. 형제나 친지에게도 1000명에 이르는 일본인 전범이 수용돼 있다는 것을 얘기할 수 없었다.

최인걸은 일본 전범에 대한 관대 정책의 정당성을 새삼 인식하게 된 계기로 1955년 섣달그믐 밤의 일화를 들었다. 김원과 함께 둘이서 3, 4소를 둘러봤는데 일본인이 '마치 한 나라의 원수를 맞이하는 듯한 큰 박수로' 창에 달라붙어 환영해주었다고 한다.

만주국 총리 장징후이의 아들
장멍스

푸순전범관리소에서 지도원으로 활약했던 장멍스의 신분은 아주 특이하다. 그는 평톈 군벌의 수령 장쮀린의 측근이었고 괴뢰 만주국 총리를 했던 장징후이張景惠의 아들이다. 장징후이는 장쮀린 폭살사건 때 수행하다 중상을 입었고, 일본의 동북 3성 침략 후 관동군에 협력해 만주국에서 참의부 의장, 군정부 총장을 거쳐 1935년 총리가 됐다.

장징후이는 일곱 명의 처를 두었는데, 장멍스는 1921년 여섯 째 아들로 태어나 하얼빈에서 자랐다. 하얼빈은 1920~1930년대 동북 지방에서 가장 진보적 사상이 넘치는 도시여서 그는 어린 시절부터 자유, 민주주의 사상을 접했다. 장징후이는 소련의 영향력이 커질 것에 대비해 백러시아 사람을 가정교사로 두고 장멍스에게 러시아어를 가르쳤다. 당시에는 러시아어를 배우는 것이 부잣집 자제 사이에 유행이었다.

장멍스는 부모가 주선한 명문가의 혼처를 거부하고, 어머니의 시종 쉬밍徐明과 사랑에 빠졌다. 장징후이는 두 사람의 관계를 끊기 위해 장멍스를 일본에 유학 보내고 쉬밍을 내쫓았다. 1940년 와세다대학에 들어간 장멍스는 마르크스, 레닌의 저작을 열독하고 중국공산당의 외곽 조직인 '동북유일청년구망회東北留日靑年救亡會(구망은 국가와 민족을 멸망에서 구한다는 뜻)'에 가입했다. 이 모임에는 만주국 상층부의 자제가 많았다.

장멍스는 일본 유학 중에도 생활비를 절약해 쉬밍에게 보냈고, 1943년 귀국해 부모의 반대를 무릅쓰고 결혼하려 했다. 장징후이가 마지못해 허락한 결혼식은 명문가의 자제와 몸종의 결합으로 당시 미담과 쑥덕거림의 소재가 됐다. 후루미 다다유키 총무청 차장 등 만주국의 일본인 고관도 결혼식에 하객으로 참석했다.

귀국한 장멍스는 신징(창춘의 옛 이름)의 공산당 정보조직에 들어가 일본군과 만주국의 기밀 정보를 빼돌려 전달했다. 그는 펑텐주식회사 사장 신분에 아버지의 명함으로 어디에나 무상출입이 가능했다. 그는 자신의 배경을 이용해 지하조직의 동지들에게 안전한 위장 신분을 마련해주거나 활동비를 제공했다. 그가 입수한 기밀 정보 덕분에 지하조직은 몇 차례나 검거

장멍스와 쉬밍 부부, 베이징 원명원圓明園에서, 2012년

왼쪽부터 장징후이 7번째 부인 쉬지칭, 장징후이, 장멍스, 장샤오
웨이(장징후이 조카)

위기를 넘겼다. 그의 처 쉬밍도 정보 수집에 열심히 가담했다. 총리 관저에서 열리는 비밀회의 동정을 염탐하거나 시아버지 장징후이의 가방을 뒤져 명함 등을 빼돌렸다.

일본 패망 때 공산당은 진주한 소련군에게 장멍스를 소개했다. 만주국의 대신 등 고위직이 소련군에게 단시일 내에 검거된 것은 그가 이들의 정보를 적시에 제공했기 때문이다. 그는 장징후이 등이 시베리아로 이송됐을 때 동행해 하바롭스크수용소에서 같이 생활하며 통역 겸 정보 수집을 했다. 장징후이는 다시 중국으로 송환되기까지 아들의 비밀 신분을 까맣게 몰랐다.

장멍스는 일본인 전범과 푸이, 장징후이 등 만주국 전범이 소련에서 송환되기에 앞서 1950년 5월 저우언라이 총리의 지시로 먼저 귀국했다. 그는 푸순전범관리소에 전보돼 관교과에서 해방군 중위 계급장을 달고 지도원으로 일했다. 일본인 전범의 개조 교육에 대해 장멍스는 주로 역사적인 면에서 교화 사업을 추진했다. 레닌의 제국주의론을 학습 교재로 쓴 것은 그의 제안이었다.

장징후이 부자는 장멍스가 푸순에서 일본인 전범 관리 공작을 맡고 있어 직접 만나는 일은 아주 적었다. 장징후이는 아들을 생각하며 "사오지紹紀(장멍스의 본명)가 아직 여기 있느냐?"라고 묻곤 했다. 장징후이는 1959년 1월 푸순전범관리소에서 사망했다.

장멍스는 1956년 공산당에 입당했고 베이징의 국제관계학원으로 옮겨 일본어과 주임을 맡았다. 중국인민정치협상회의(정협) 7기 위원으로 선출됐던 그는 2014년 베이징에서 숨졌다.

다무라는 박수를 받으며 단상에서 내려
오면서 마음속에 걸려 있던 감정의 응어리에서 바로 해방되는
듯한 느낌이 들었다. 모든 사람 앞에서 과거의 자신과 결별을
선언한 것이니 앞으로는 이것 하나로 살아갈 수밖에 없다고
생각했다. 방에 돌아오자 감정이 북받쳐 눈물이 그치지 않았다.

재판 그리고
관대함

"한 사람도
처형하지
않는다"

동북공작단 출범과
충격적인 전범의
고백

●

저우 총리, 전범 처리와
중일관계의 미래를 연계해

한국전쟁이 1953년 7월 정전협정 체결로 일단락되고 동아시아의 정세가
일단 안정을 되찾자 저우언라이 총리는 다시 일본인 전범 처리에 대한 구
체적 지시를 내렸다. 그의 지시에 따라 1954년 봄 '동북공작단'이 구성되고
푸순과 타이위안에 수용된 전범에 대한 인죄탄백운동이 폭풍처럼 진행됐
다. 탄백坦白이란 자신의 잘못을 숨김없이 털어놓는 것으로, 전범 개조 과
정에서 일상적 구호처럼 사용됐다.

　동북공작단의 주임위원이었고 선양특별군사법정 개정 때 수석검찰원
(수석검사)이었던 리푸산李甫山은《내가 참여한 일본 전범 심문 전말我參與
偵訊日本戰犯始末》이라는 기록을 남겼다. 당시 일본인 전범 처리의 핵심 실
무자였던 그의 기록에는 일본인 전범의 인죄 과정이 어떻게 진행됐는지가
잘 요약돼 있다. 1911년 산시성陝西省 옌창현延長縣에서 출생한 리푸산은

1927년 2월부터 혁명 공작에 참가했다. 중국대륙의 서북 지방인 산시성, 간쑤성, 닝샤성寧夏省에서 주로 활동했고, 신중국 성립 후에는 시안시西安市 공안국 부국장, 란저우시蘭州市 군사관제위원회 공안처장, 간쑤성 공안청장 등을 역임했다.

그는 1953년 베이징의 최고인민검찰서(나중에 최고인민검찰원으로 개명, 약칭 최고검)로 전보돼 당조黨組 위원, 판공청 주임을 맡았다. 당조는 중앙이나 지방의 국가기관, 사회단체, 문화조직 등에서 기본 방침을 정하고 정책을 실시하는 기관이다. 공산당이 통치하는 국가이니 어느 기구나 단체건 당조가 핵심 역할을 수행한다. 당시 최고인민검찰서 검찰장 뤄룽환羅榮桓은 인민해방군 10대 원수의 하나로 중앙군사위원회 부주석으로 있었다. 그는 인민해방군 총정치부 주임을 맡고 있어 최고검의 일상 업무는 제1부검찰장인 가오커린高克林이 주재했다.

저우언라이 총리는 1953년 11월 최고검과 공안부 책임자들을 불러 수감 중인 일본 전범의 처리 작업을 최고검에 일임하고 공안부가 인력을 지원하도록 지시했다. 저우 총리는 제1부검찰장인 가오커린과 리푸산 판공청 주임을 따로 불러 보고받고 이렇게 말했다.

일본이 항복한 지 이미 8년이 지나 그동안 국제 정세에 근본적 변화가 생겼다. 일본은 우리의 가까운 이웃이지만 패전, 항복 이후 줄곧 미국의 통제 아래 있어 아직 양국 간에 국교가 없다. 두 나라는 일의대수一衣帶水여서 왕래가 없어서는 안 된다.

최근 일본의 몇몇 민간단체가 여러 경로를 통해 중국을 침략했던 일본군의 행방을 탐문하고 있다. 일본 사회당 의원이 방문 의향서를 제출했다. 의원은 상층 인사이고 우리가 수감한 전범은 일본 국내에서 여러 의원, 상층 인사와 광범한 사회관계를 갖고 있다. 우리는 그들에게 교육을 진행해 중·일 인민 우호의 교량이 될 수 있도록 해야 한다.

우리는 수감 중인 일본 전범을 공포하지 않고 있어 외부에서는 아직 모른다. 중앙은 전범 심문을 되도록 빨리 진행하기로 결정했다. 전범이 중국 침략전쟁에서 중국 인민에게 저지른 죄행을 반드시 분명하게 해서 기소해 심판하거나 관대하게 석방한다. 현재 중국에는 이미 인민검찰기관이 건립돼 있어 일본 전범 심문 공작은 최고검이 책임을 진다. 이 공작은 대량의 인력을 투입할 필요가 있는데, 검찰기관이 겨우 건립된 점을 생각하면 인원이 부족할 수 있으니 공안부가 협조 지원을 하기 바란다.

최고검은 가오커린 부검찰장 주재로 당조 회의를 소집해 전범 처리 전문 기구를 구성하기로 하고 탄정원譚政文 부검찰장이 이 공작을 관장하기로 했다. 최고검은 소련으로부터 전범을 인수하고 나서 검찰원(검사)을 선양 등지에 보내 몇 차례 조사를 벌였으나 한국전쟁으로 흐지부지됐다. 리푸산은 저우 총리의 지시에 따라 푸순과 타이위안에서의 관교管教(관리교육) 상황을 파악하고 전면 공작을 벌이는 데 필요한 기구 설치, 인원 배치 및 공작 단계, 실시 방안 등 상세한 계획을 만들어 최고검 당조에 보고했다. 당조가 계획을 심의해 결정한 후 탄정원 부검찰장과 리푸산은 저우 총리에게 계획을 종합해 보고했다. 저우 총리는 전반적으로 타당한 계획이라고 찬의를 표하고 전범 개조 교육이 진행돼 사회 참관 교육을 실시하려면 예산이 부족할 테니 보완책을 마련하라고 말했다.

전범 처리와 중·일 관계의 미래를 연계해 생각하는 저우 총리는 기소돼 재판에 회부될 전범의 양형 기준도 밝혔다. 저우 총리는 처음부터 양형에서 사형을 제외했다.

이 전범들의 죄행은 도쿄국제군사법정의 A급 전범과 비교하면 좀 가볍다. 1000여 명의 전범에 대해 우리가 일일이 심판할 필요는 없지만, 그들이 저지른 죄행은 하나하나 분명히 해야 한다, 심문이 마무리된 후 죄행이 중대한 자는 기소 심판을 하고 다수 전범은 석방하려 한다. 기소 심판하는 전범이더라도 유기도형有期徒刑을 선고하되 사형을 선고하지는 않는다.

이 전범들은 일본 사회에서 적지 않은 관계와 영향을 갖고 있다. 그들이 중국을 침략하고 중국 인민을 해쳤지만, 그들 자신도 전쟁의 피해자이고, 집과 가족을 잃은 사람도 있다. 심문 공작에서 참을성 있게 교육을 해 개조하면 그들도 침략전쟁을 반대하고 평화를 쟁취하는 벗이 될 수 있을 것이다.

심문 요원 극비 합숙 연수

최고검은 1954년 1월 푸순전범관리소의 쑨밍자이 소장과 김원 관리교육과 주임을 베이징으로 불러 3년에 걸친 푸순의 공작 상황을 보고받았다. 최고검은 심문 공작 계획에 대한 중앙의 비준을 얻자마자 바로 유관 단위와 부문에서 간부를 적극적으로 차출했다. 아주 짧은 시간에 공안, 검찰, 대학과 전문대학, 대외 업무 단위 등에서 심문원, 조사원, 서기원, 통역 및 기타 공작을 담당할 200여 명을 뽑아 베이징에 집결시켰다. 전국 각지의 당위원회, 정부와 각급 단위에 강력한 지시가 내려갔기 때문에 단시일에 간부를 차출하는 것이 가능했다.

최고검은 2월 초 '소수를 처벌하고 다수를 관대히 석방한다'는 중앙의 정책 정신을 실제 공작에서 관철하기 위해 베이징의 전우먀오眞武廟에서 각 심문 공작원의 한 달간 합숙 연수회를 가졌다. 연수는 비밀이었고, 외부와 완전히 차단된 상태에서 진행됐다.

탄정원, 리푸산 등이 강사로 나서서 일본과 만주국의 전범 관리 경위와 당중앙의 처리 방침을 설명하고 중공중앙 대외연락부에서 대일 공작을 실무 총괄하던 랴오청즈廖承志 등이 전후 일본의 상황을 해설했다. 랴오청즈의 아버지 랴오중카이廖仲愷는 샌프란시스코에 거주하는 화교 가문 출신인데, 쑨원의 측근으로 활약하다 1925년 8월 국민당 우파에게 암살됐다. 어머니 허샹닝何香凝은 저명한 여성운동가이자 국민당 원로였다. 일본에서 태어난 랴오청즈는 1919년 귀국했다가 아버지가 살해되자 일본으로 건너가 와세다대학에서 수학했다. 중·일 수교 이후 1973년 중국 대표단이 처음 공식 방일할 때 단장을 맡았다.

연수회의 주요 주제는 심문 공작 요원의 사상 인식 문제와 심문 공작 기술 및 업무 두 가지였다. 연수회에 참석한 검찰 공안 요원은 절대다수가 외국 국적의 범법자를 심문한 경험이 없고 거의 모두 외국인을 접촉한 적도 없었다.

일주일 정도 학습 토론을 거쳐 참가자 모두가 일본 전범을 심문하고 처리키로 중앙이 결정한 공작의 중대 의의를 심각하게 인식하게 됐다. 최고검 지도부는 이것은 한 번의 역사적 심판이고 모두가 신성한 사명을 어깨에 짊어지고 있다고 주지했다.

이런 토대 위에서 정치, 법률 방면 전문가가 심문 업무의 방식, 방법, 심문 중점 대상 및 증거 수집 시 주의할 사항 등에 대해 전문 강좌를 진행했다. 탄정원 부검찰장은 어떻게 일본인 전범과 '위만한간僞滿漢奸(만주국의 중국인 부역자)'을 심문할지에 대한 주제 보고를 했다. 그는 만주국 행정 계통의 간임관簡任官(일제의 칙임관勅任官에 해당, 고등 관료 1, 2등급)과 군사 계통 좌관급 이상 범죄자의 경우 단독으로 중점 심문을 하라고 강조했다. 중점 심문을 하면 나중에 기소 심판 대상을 확정하는 데 편리하기 때문이다.

최고검 지도부는 또 차출된 간부의 임무가 전범 수사, 심문, 증거 수집, 기소 등 검찰 계통의 직능 범위에 국한되지 않는다는 점을 말했다. 수감된 이들의 관리, 교육, 개조도 동시에 진행해야 한다고 요구했다. 지도부는 하찮은 일부터 빈틈없이 처리해서 이 공작이 '역사적 검증과 국제사회의 인정을 쟁취할 수 있도록' 해야 한다고 강조했다.

900여 명에 이르는
동북공작단

일본인 전범과 한간漢奸(중국인 부역자)을 일괄적으로 처리할 수 있는 전문 기구의 필요성은 여러 차례 제기됐지만, 명칭에 대해서는 의견이 분분했다. 당시 중국에 수감된 일본 전범과 한간의 인원, 정황 및 수감 지점 등은 모두 기밀에 속했다. 심문 공작에는 최소 200여 명을 집중해 투입해야 하고 사무 지원 인력과 전범관리소의 근무자까지 합치면 규모는 훨씬 커진다. 참여 인원이 많을수록 기밀성은 떨어지기 마련인데, 심문 공작을 위해서는 관리소 내부뿐 아니라 전국의 많은 지방, 단위, 개인과 연락을 해야 한다. 현지 방문 조사도 물론이지만 우편으로 서류나 자료를 주고받을 때도 최고검찰서 명의로 하면 쓸데없이 사람들의 이목을 끌게 된다.

그래서 기밀을 유지하면서 공작에도 도움이 될 만한 여러 이름이 제안됐으나 다수의 공감을 얻지 못했다. 회의 기록을 맡은 우젠푸吳建璞가 동북공작단이 어떻겠느냐고 의견을 냈다. 공작단은 하나의 통칭이기 때문에 공작

동북공작단 지도부, 앞줄 오른쪽이 리푸산 주임

단 형식으로 하면 사람들의 주의를 끌지 않고 대외 기밀을 유지하는 데 도움이 될 것이라고 이유를 댔다. 당시 동북은 큰 행정구여서 동북이라는 두 글자를 붙이면 동북 지구의 공작을 나타낸다. 우젠푸의 제안은 모두의 찬동을 얻어 최고검 당조에 보고됐다. 최고검 당조는 바로 '최고인민검찰서 동북공작단'을 발족하기로 결정하고 약칭은 '동북공작단' 또는 '공작단'으로 했다.

동북공작단은 1954년 3월 7일 푸순으로 이동했다. 베이징과 지방 각지의 검찰, 공안 부문에서 파견된 사람이 700여 명에 달했다. 여기에 푸순시 당위원회, 푸순전범관리소 직원 200여 명을 합치면 900여 명의 대부대가 된다. 동북공작단은 전체 업무를 효율적으로 실행하기 위해 일고여덟 명 이내의 단위원회(약칭 단위團委)를 구성했다. 리푸산이 주임 위원을 맡고 두 명의 부주임 위원과 약간 명의 각급 위원을 두었다. 푸순전범관리소에서는 쑨밍자이 소장이 단위원회 위원에 포함됐다. 관리를 통일하기 위해 푸순전범관리소도 공작단 구성에 포함됐다.

동북공작단을 작명한 우젠푸는 단위 비서로 발탁됐다. 1947년 베이징대학 법률과에 들어간 우젠푸는 1951년 8월 졸업을 하자마자 최고검 1처에 배치돼 전범, 특무 등 특종 형사 사안을 담당했다. 그는 공산당 입당 신청서를 제출했으나 가정환경을 이유로 거절됐다. 그의 아버지는 국민당 정권하의 베이징법원 판사로 있으면서 '남장 여걸로 일본군 스파이였던 진비후이 金碧輝(일본명 가와시마 요시코川島芳子) 재판'에 참여했다. 청나라 황족의 후손인 진비후이는 1948년 3월 한간으로 사형선고를 받고 베이징감옥에서 총살형에 처해졌다.

공작단은 판공실 한 개, 심문실 세 개를 두었다. 판공실은 심문과 관리교육 이외의 사무 공작을 책임지고 그 밑에 인사, 재무, 행정, 자료, 기밀실 등을 두었다. 심문실의 취조 대상은 1심문실의 경우 일본군 좌관급 이상, 2심 문실은 만주국 정부 관계자나 경정警正 이상 헌병 경찰, 3심문실은 만주국 한간으로 정리됐다. 위관급 이하는 심문 조사 대상에서 일단 제외하고 교육, 인죄 운동을 확대해 추진하기로 했다. 푸순전범관리소 관리교육과가 벌이는 인죄 사업을 4심문실로 부르기도 했다.

타이위안전범관리소의 일본인 전범 취조도 동북공작단의 통일 영도領導 아래 동시에 진행하기로 했다. 산시성山西省 인민검찰서와 공안청이 공동 심문을 하고 산시성 공안청 부청장 정쯔싱鄭自興이 책임을 졌다. 동북공작 단은 자오웨이즈趙維之 검찰원과 징주궈井助國 부주임을 앞뒤로 보내 타이 위안에 장기 주재하며 공작을 지도하도록 했다. 리푸산은 1954년 봄과 여름에 타이위안에 가서 현지의 심문 공작을 점검했다. 징주궈는 푸순의 심문 공작이 거의 일단락되자 1955년 타이위안관리소로 전보돼 다음 해 타이위안특별군사법정이 열렸을 때 수석검찰원을 했다.

"죄를 인정하는 자는 관대히 처분한다"

동북공작단은 여러 차례 단위원회 공작 회의를 소집해 일본 전범의 현상을 토론, 분석하고 심문 공작의 전개 방침과 단계를 결정했다. 공작단은 전범 의 수가 많고, 유형이 잡다하며, 죄행과 직종이 다르다는 특징을 고려하여 구별해 대응하기로 했다.

우선 좌관급 이상과 위관급 이하, 두 집단으로 나누고 처리 방식도 달리 했다. 위관급 이하는 죄행이 비교적 가벼운 만큼 교육 위주의 방법으로 그들이 스스로 죄를 인정하고 참회하도록 유도하기로 했다. 좌관급 이상 장교와 만주국 천임관薦任官(일제의 주임관奏任官에 해당, 3등 문관) 이상 관리는 죄행이 비교적 엄중해 일일이 개별 단독 심문을 하기로 했다. 특히 등급이 높고 죄행이 큰 사람은 공작단 위원이 분담해서 책임을 지고 직접 심문하기로 정했다. 공작단은 또 상·하급 전범 사이에 존재하는 모순 심리를 이용해 심리전을 벌여 분화, 와해하고 전체 전범의 인죄와 고발 운동을 전개하기로 결정했다.

리푸산은 동북공작단의 심문 공작 책략과 실시 방안을 가지고 베이징으로 가서 최고검 당조의 승인을 받았다. 저우 총리는 심문 관련 문제에 대해 펑전彭眞에게 직접 지시를 구하는 것도 좋다고 말했다. 펑전은 당시 중국공산당 중앙정치국원 후보, 정무원 정치법률위원회 부주임, 베이징시장 등을 겸하고 있었다. 펑전은 전범들 사이에 인죄고발운동을 벌이는 방안을 적극 지지하고 그들에게 '항거 종엄抗拒從嚴, 인죄 종관認罪從寬'을 분명히 설명해야 한다고 강조했다. 죄를 인정하기를 거부하는 자는 엄하게 다스리고 죄를 인정하는 자는 관대히 처분한다는 것이다. 동북공작단은 펑전의 지시에 따라 인죄 고발을 진입점으로 해서 '인죄 종관'을 내세워 돌파구를 열기로 했다.

동북공작단은 푸순으로 이동한 지 열흘이 지난 3월 17일 '인죄고발동원대회'를 열어 심문 공작의 막을 정식으로 열었다. 수감 중인 일본인 전범과 한간 전원, 심문 인원 및 관교 인원이 모두 참석하는 대규모 행사였다. 리푸산은 긴 시간의 강연을 통해 일본제국주의의 말로를 비판한 뒤 수감자에게 인죄고발운동을 요구하고 '항거 종엄, 인죄 종관' 정책을 선포했다. 동원대회가 끝난 후 바로 행사장에서 "인죄 종관" 구호가 울려 퍼졌다. 이 무렵 위관급 이하 전범 사이에는 인죄학습이 상당히 진행돼 인죄고발운동을 지지하는 토양이 조성돼 있었다. 푸순전범관리소 당국과 선행학습조 사이에 어느 정도 사전 교감이 있었는지는 알 수 없으나, 강연장을 뒤흔드는 듯한 구호는 수감자를 불안에 떨게 했다. 이때부터 푸순전범관리소의 평온함은 상당 기간 사라졌다.

공작단은 인죄 고발과 중점 심문 대상 취조를 결합하는 공작을 전개했다. 한편으로는 심문 요원을 나눠 100여 명의 중점 심문 대상을 취조하고, 다른 한편으로는 관교 요원과 수감 죄인 간의 대화를 늘려서 인죄 종관 교육을 전개했다. 죄를 인정하면 관대한 처분을 한다는 '인죄 종관' 구호는 전범이나 부역자를 진퇴양난의 기로로 몰아넣었다. 특히 직책이 중상급 이상 수감자가 그랬다. 죄행을 인정하면 할수록 처벌이 세질 것 같고, 거부하면 엄중한 처우를 받게 될 것 같아 두려워했다. 식욕이 떨어져 식사를 제대로 하지 못하거나 밤에 잠을 이루지 못하는 사람이 늘어났다.

중하급 이하 전범 중에서는 많은 이들이 '인죄 종관' 구호에서 미래의 희망을 보았다. 이들은 잇달아 자신의 죄행을 고백하고 상사의 전범 행위를 고발했다. 타인의 범죄 행위를 고발하는 것은 그들이 새로운 인간으로 바뀌는 것을 도와주는 것이라고 적극적으로 권장됐다.

공작단의 인죄고발운동은 전범 사이에 존재하는 틈을 비집고 들어가 상당한 성과를 일궈냈다. 40여 일간의 짧은 기간에 수감자는 2000여 건의 고발과 여러 가지 중요한 죄행 단서를 내놓았다. 공작단은 고발의 진위를 파악하기 위해 증거를 수집하고 현장 조사를 벌였다. 다음 단계의 심층 심문을 위한 유력한 실마리를 다수 확보한 셈이다.

공개 인죄 1,
미야자키와 바이양쓰 사건

인죄고발운동이 동북공작단의 계획대로 순조롭게 흘러간 것만은 아니다. 베이징에서 대규모 조사단이 떼거리로 몰려와 활동을 개시했다는 것이 알려지자 위관급 이하 전범 사이에서도 불안해하거나 과거의 탄백을 뒤집는 사람이 나왔다. 이들은 재판에 회부될 것으로 생각해 상관의 명령에 따른 살인은 인정하지만, 자신이 충동적으로 또는 자의적으로 한 살인은 부인했다.

공작단은 1954년 4월 인죄의 시범을 보여주기 위해 미리 태도가 검증된 사람을 선정해 수감자 전원이 모인 집회에서 공개 인죄를 하도록 했다. 인죄의 봇물을 터뜨린 사람은 패전 당시 39사단 232연대 1대대 기관총1중대 중대장을 한 미야자키 히로무宮崎弘 대위였다. 그는 푸순전범관리소 마당에서 열린 집회에서 긴장한 표정으로 단상에 올라 미리 준비한 글을 읽었다. 그는 간단히 자신의 학력과 군력을 말한 뒤 중일전쟁 때의 사상과 심경을 밝혔다.

> 나는 천황을 숭배하고 우수한 야마토 민족이 대동아공영권을 건설해서 동양의 맹주가 되어 아시아를 지도, 통치하는 것은 당연하고 신으로부터 주어진 사명이라고 생각했습니다. 그것이 정의의 행동이라 믿고 청춘의 피를 불태웠던 것입니다. 그리고 많은 중국 인민을 죽이고 많은 물자를 약탈하고 많은 시설을 파괴하거나 태우는 이른바 삼광三光 작전을 적극적으로 성취하는 것이야말로 충군, 애국의 길이며 전쟁 승리의 길이라 믿고 실행해왔습니다.

미야자키는 초급 장교인 소위 때 중국 농민 10여 명에게 스파이 혐의를

동북공작단이 푸순전범관리소에서 전범들의 자발적 탄백을 유도하기 위해 연 전체 집회

씌워 일본군 초년병으로 하여금 그들을 찔러 죽이게 하는 '척살 훈련'을 실시했다고 고백했다. 그는 또 1943년 12월 말 중대장 시절 바이양쓰白楊寺 부락 습격 계획을 보고하고 실행해 촌민 수백 명을 죽였다고 고백했다.

나는 부하들을 데리고 난입해 부락의 동쪽 언저리에서 도피하다 뒤처진 노인과 아이들을 총검으로 찔러 죽였습니다. 그중에는 다섯 명의 아기와 부모도 있었습니다. 배가 부른 임부도 있었습니다. 그 임부를 발가벗겨 모든 사람 앞에서 찔러 죽여 괴로워하는 모습을 부하들과 함께 보며 웃었던 것입니다. 이같이 해서 우리는 바이양쓰 부락 일대의 중국 농민을 모두 죽였습니다. 다수는 부인과 아이였습니다. 어떤 사람은 타 죽었고, 맷돌에 맞아 머리가 깨져 죽어간 노파도 있었습니다. 배 속의 아기와 함께 총에 맞아 죽은 임부도 있었습니다. 그뿐만이 아닙니다. 농민이 온갖 고생을 해서 재배한 곡물이나 가축을 빼앗고 주민의 집은 한 채도 남기지 않고 불로 태워버렸습니다.

그는 다른 토벌 작전 때 벌인 잔혹한 행위도 언급했다. 라오창老場이라는 곳에서 농민을 취조했는데, 유도 기술을 사용해 몇 차례나 던져버렸고 마지막에는 조르기 기술로 목을 조여 죽였다고 고백했다. 미야자키의 얼굴은 점점 핏기가 빠져 파래졌고 소리는 어느덧 절규로 바뀌었다. 눈물과 땀으로 범벅된 얼굴을 한 채 그의 고백은 마지막 단계에 들어섰다.

나는 인두겁을 쓴 귀신이었습니다. 지금 여기서 중국 인민에게 마음속으로부터 사죄합니다. 어떠한 처벌도 받아들일 각오입니다. 응당 사형에 처해져야 합니다. 나를 죄악의 길로 이끈 것은 일본 군국주의 천황제도입니다. 나는 그 제도를 폭로하고 파멸시키기 위해 내 죄를 고백하는 것이며, 죽는 것이 두렵지 않습니다.

쑨밍자이 소장은 미야자키의 고백이 끝난 뒤 강평을 하면서 "오늘 비교적 잘 행해졌다고 생각한다. 모두 방으로 돌아가서 잘 학습하도록 하라"라고 마무리했다.

미야자키의 고백은 일본인 전범을 충격의 소용돌이로 몰아넣었다. 현장에서 감동한 이들은 "그렇다!" "동감!" 하고 외쳤고 함께 우는 사람도 있었다. 불안과 회의의 시선으로 보는 사람도 적지 않았다. 저렇게 중국인을 많이 죽였다고 자인했는데 중국 정부가 과연 살려주겠느냐고 고개를 갸웃했다. 반동 그룹에서는 미야자키가 중국의 협박에 굴복해 창피한 줄도 모르고 엮였다고 깎아내렸다.

미야자키는 히로시마 출신으로 도쿄고등사범학교를 나온 뒤 징집됐다.

아버지는 어부, 어머니는 방직공으로 일하는 넉넉지 못한 집안이어서 어렵게 학비를 조달했다. 그는 일본 유도계의 아버지로 불리던 가노 지고로嘉納治五郎의 직계 제자로 유도 5단이었다. 가노는 '고도칸講道館 유도'의 창시자이며 1909년 동양인 최초로 국제올림픽위원회(IOC) 위원이 됐다. 사범학교 재학 중 가노의 집에서 기거했던 미야자키는 패전 후 소련의 카라간다 8 수용소에 억류됐을 때 탄광 갱내에서 성질이 고약한 소련인 감독을 팽개쳐 감옥에 갇히기도 했다. 미야자키의 동료들은 그가 시베리아에 있을 때는 마르크스의 '마' 자도 입에 담지 않았는데, 중국에 와서 학습을 시작하고 나서 사상이 놀랄 정도로 바뀌었다고 말한다.

미야자키가 폭로한 바이양쓰사건은 중국에서는 '바이양쓰대도살大屠殺'이라고 한다. 대도살은 대학살이라는 뜻이다. 바이양쓰는 후베이성湖北省 위안안현遠安縣에 있는 오지 마을이다. 위안안현은 성도 우한武漢에서 서쪽으로 355킬로미터, 이창宜昌에서는 동북쪽으로 117킬로미터 떨어져 있다.

1943년 11월 초 39사단은 창더회전常德會戰(회전은 대규모 전투라는 뜻)에 동원돼 주력부대가 출동했다. 창더회전은 후난성湖南省 창더를 거점으로 하는 중국 국민당군과 일본군 11군이 약 두 달에 걸쳐 공방을 벌인 전투다. 미야자키의 중대가 속한 232연대는 당시 창더회전에 나가지 않고 잔류했는데, 연일 국민당군의 습격을 받아 동분서주했다. 전선이 어느 정도 안정되자 1대대는 눈엣가시였던 바이양쓰 마을을 박멸하려 했다. 대대의 제1선에서 10킬로미터 들어간 산 위에 국민당군의 견고한 진지가 있는데다 지형이 험준해 대대의 전력으로는 공격할 수가 없었다. 산 밑의 부락에는 소금, 기름, 면포 등 생필품 교역소가 있어 항일유격대가 이곳을 거점으로 출격해 일본군을 괴롭혔다.

1대대는 12월 25일 포병의 도움을 얻어 바이양쓰의 국민당군 진지를 포격으로 무력화했다. 대대장은 "바이양쓰 부근에 사는 놈은 전부 적의를 가진 주민이니 여자, 아이 할 것 없이 중국인이면 모조리 죽여라"라고 명령했다. 대대는 새벽에 부락으로 돌진해 피하려는 여자와 아이부터 노인에 이르기까지 백 수십 명을 학살했다. 집은 모두 불태워버렸고 교역소에 있는 물자는 소 등에 실어서 서둘러 마을을 빠져나왔다. 항일유격대가 외곽을 포위했다는 첩보가 들어오자 대대 본부는 각 중대에 전령을 보내 긴급 철수를 지시했다. 당시 작전에 참여했던 병사들이 작성한 자술서에 따르면 약탈한 물자로 설 잔치를 요란하게 했다.

푸순전범관리소는 미야자키가 공개적으로 죄를 인정한 지 두 달 뒤 전범을 사단별로 방을 배정해 집단 토론을 하게 했다. 각자의 기억을 토대로 토론하게 해서 좀 더 정확히 죄를 인정하도록 도우려는 조치라는 것이 관리소의 설명이었다. 관리소는 전범이 각자 낸 자술서를 검토해 일정한 기준을 통과했다고 판정한 것은 소 내 스피커를 통해 방송했다. 전범은 방송된 자술서가 어떤 점에서 모범적이라고 평가를 받았는지 알아내려고 감방 창틀에 매달려 귀를 기울였다. 이런 과정을 거쳐 탄백의 열기는 거대한 물결로 바뀌었다. 위관급 이하 전범은 대부분 자신의 죄행을 고백하고 4000여 건의 고발 문서를 제출해 상관이나 다른 전범의 1만 4000여 가지 죄행을 고발했다.

"탄백이란 고뇌에 찬 자기 투쟁 끝에 나오는 것"

미야자키의 공개 인죄는 물론 돌발적인 것이 아니다. 푸순전범관리소는

1951년 3월 후란감옥 등 하얼빈 주변 감옥에 수용돼 있던 위관급 이하 전범의 대다수를 푸순으로 이송하면서 위관급 고참은 하얼빈감옥에 모아 따로 학습 교육을 했다. 미야자키는 그때 학습 교육에 참가한 14명 중 하나였다.

중국귀환자연락회의 마지막 회장이었던 도미나가 쇼조의 수기《어느 B·C급 전범의 전후사》에 따르면 도미나가는 미야자키와 같이 39사단 232연대에서 중대장으로 근무했고, 간부 후보생으로는 도미나가가 한 기수 위였다. 그의 수기에는 바이양쓰학살사건이 어떻게 드러났는지, 그와 미야자키 등 232연대 중대장이 어떻게 소련에서 중국으로 이송되는 집단에 포함됐는지 짐작게 해주는 배경이 설명돼 있다. 시베리아의 수용소에서는 소련 당국의 은밀한 지원 아래 사병 중심으로 '반군민주운동'이 거세게 일었다. 1949년 봄 8수용소에 '민주운동 악티브 양성학교'가 개설돼 각 수용소의 젊은 활동가가 모여 마르크스·레닌주의 이론을 학습했는데, 장교 중에서는 유일하게 같은 연대의 최고참 중대장이었던 K대위가 들어갔다. 한두 달 정도의 교육이 끝나고 K대위가 졸업식 기념 강연 같은 것을 했는데, 내용이 바이양쓰사건 폭로라고 알려졌다.

바이양쓰사건은 연대의 수치로 기록될 만한 사건이어서 모두가 쉬쉬했는데, 소련 당국에 그대로 전달된 셈이다. 일본에 돌아가는 귀국자 명단에 포함되지 않았던 K대위는 어느 날 귀국조가 출발하기 직전 수용소 소장에게 불려가 귀국 통보를 받았다. 그는 짐을 쌀 여유도 없이 서둘러 동료에게 인사하고 귀국 행렬에 합류했다. 잔류자들은 K대위가 바이양쓰사건을 폭로한 '공적'으로 특별 귀국한 것 아니냐고 의심하면서 일본에 돌아가면 살려두지 않겠다고 불만을 터뜨리기도 했다.

1952년 1월 초 하얼빈감옥에 있던 위관급 10여 명이 분리돼 다른 감방에 수용됐다. 다음 날 아침 김원 등 관교과 지도원이 이들을 회의실로 소집했다. 김원은 당시 중국에서 관료주의 부패 등 적폐를 청산하기 위해 자아 비판 등을 강조한 '3반5반운동'을 설명한 뒤 불러낸 이유를 설명했다. "인간이 잘못을 인정하고 고치는 것은 진보이고 암흑의 길에서 광명의 길로 가는 전환이다. 비판을 받아 잘못을 고치는 것은 훌륭한 운동이지만 스스로 나서서 자신의 잘못을 폭로하고 철저하게 자기비판으로 잘못을 고치는 것은 더욱 훌륭한 행동이다. 이것을 탄백이라고 하는데, 당신들은 이미 초보적 학습을 해왔기에 그 성과를 점검하는 의미에서 스스로 탄백을 실행해보는 것은 어떤가." "먼저 과거에 중국에서 어떤 일을 했는지 빠짐없이 종이에 써보는 것이다. 그것은 대단히 곤란하고 힘든 학습이지만, 그 성패는 암흑의 길과 광명의 길 사이의 기로가 된다. 심각하게 생각해보고 하면 된다."

회의실에 불려간 이들은 모두 올 것이 왔다고 생각하고는 말없이 감방으로 돌아왔다. 간수가 와서 백지를 열 장씩 나눠주고 필요하면 더 주겠다고 했다. 모두 팔짱을 끼고 생각에 골몰했다. 김원은 본인의 진보를 위해 암흑에서 광명으로 나아가는 첫걸음이라고 말했지만, 실질적으로 자백을 요구하는 것으로밖에는 달리 생각되지 않았다.

도미나가는 무엇을 어떻게 쓸까 크게 고민하지 않았다. 어차피 사형에 처해질 거라면 거기에 해당하는 주요 죄행을 나열하면 되겠지, 생각하며 먼저 펜을 들었다.

① 1941년 9월 보병 232연대 수습사관으로 착임했을 때 연대 집합교육 마지막 날 후베이성 징먼현荊門縣 쯔링푸子陵舖에 있던 연대 본부 대지에서 연대장 오사와 도라지로 소장 명령으로 연대장, 대대장, 중대장을 비롯한 각 장교 앞에서 포로 척살 훈련을 했다. 교육계 다나카 소위의 지도 아래 수습

사관 22명이 '솜씨 시험'으로 포로 척살을 했고, 나는 네 번째로 실행했다.

② 1944년 5월 후베이성 당양현當陽縣 솽롄쓰雙蓮寺에서 중대장으로 근무할 때 대대 본부에서 '교육용'으로 넘겨받은 포로(밀정)를 중대 뒤 송림에서 초년병 담당 교관 사이토 소위의 지휘하에 초년병에게 척살시켰다.

③ 1941년 9월 후베이성 징먼현 쯔링푸 북방 지구 전투에 소대장으로 참가해 무기를 버리고 투항해오는 중국군 병사를 포로로 잡는 것이 귀찮다고 여겨 경기관총으로 사살케 했다.

④ 1941년 12월 후베이성 징먼현, 당양현 북방 산악 지대에서 행해진 겨울철 산악 작전에 소대장으로 참가해 연대장 호리 대좌의 명령에 따라 통과 지역 민가 100호 이상을 방화해 소각했다.

⑤ 1943년 12월 창더 작전 잔류 기간에 후베이성 당양현 라오창 북방에서 1대대(대대장 야마나카山中 소좌)가 바이양쓰 진지를 공격해 산기슭의 부락민 백 수십 명을 참살했을 때 중대장으로 참가해 연대장 하마다 대좌의 명령에 따라 1대대 우측 면 경계를 맡아 대대의 행동을 원조했다.

도미나가는 이 정도면 충분하리라 생각하고 좀 더 상세하게 써서 마무리했다. 다음 날 다시 읽어보고 나서 정서한 뒤 지나가는 간수를 불러 탄백서라며 제출했다. 다른 동료들은 고뇌 어린 표정으로 썼다 지웠다 되풀이했지만 도미나가는 벽에 기대서 책을 읽었다. 다음 날 점심시간이 지난 뒤 호출을 받아 가니 김원이 근엄한 표정으로 기다리고 있었다. 김원은 작심한 듯 "이것은 탄백서가 아니다"라고 잘라 말했다. 그는 "탄백이란 고뇌에 찬 격렬한 자기 투쟁 끝에 심각한 반성 위에 섰을 때 비로소 되는 것"이라고 차갑게 말하고 "너는 진지하게 탄백 학습을 하는 동료의 방해자이고 중국 인민에 대한 악질 반항자이니 바로 지하 독방에 격리한다"라고 선언했다.

김원의 분노에 찬 발언은 도미나가가 예상하지 못한 것이었다. 컴컴한 지하실로 내려가 곰팡이 냄새가 나는 독방에 들어갔다. 가운데 밥상 같은 작은 책상이 있고 그 위에 침침한 불빛이 비치고 있었다. 벽 여기저기에 '타도 일본제국주의', '견결투쟁', '일본 놈日本鬼子'이라고 쓴 자국이 보였다. 도미나가의 소지품, 이불 등을 가지고 온 간수가 노트와 펜, 잉크를 주면서 '반성 일기'를 쓰라고 했다.

도미나가는 자신의 탄백서가 어디서부터 잘못됐는지 곰곰이 성찰을 계속했다. 그는 자신이 상관의 명령에 따라 인명을 살상했다고 해도 명령 실행자로서의 책임을 피할 수 없다고 생각했다. 실행자로서의 책임을 피하려 하는 자는 명령자를 비판할 자격이 없는 것이다. 스스로 책임을 진다는 것이 가령 죽음으로 이어진다고 하더라도, 책임을 진다는 기반 위에 서야 명령자를 고발할 권리, 아니 도덕적 책임, 도덕적 의무가 생긴다는 생각에 이르렀다. 명령자란 단지 직접 명령자에 한정되지 않고, 명령 계통에 연결되는 정책을 결정한 전쟁 지도 책임자를 포괄하는 것이다.

도미나가는 자신이 중국에서 한 행동이 엄연히 포츠담선언의 포로학대죄에 해당한다고 정리했다. 그는 같은 죄를 짓고도 귀국한 사람 가운데 전혀 죄의식이 없는 자가 적지 않겠지만, 국민 차원에서는 그런 식으로 문제가 끝날 수 없다고 생각했다. 전쟁 중 일본군이 점령 지역에서 행한 죄행, 점령지 국민의 마음에 준 상처는 단순한 금전적, 경제적 배상으로 치유되는 것이 아니다. 그러니 잘못을 범한 일본 국민이 국제사회에 복귀하려면 피해자가 납득할 수 있는 도의적 반성과 거기에 바탕을 둔 구체적 행동이 절대 필요하다고 깨달았다.

그는 이런 사색의 흐름을 적어 나가다가 어느 날 눈앞이 캄캄해지는 것을 느꼈다. 의무실을 일주일 정도 다니며 시력을 회복했는데 김원 과장이 호출해 "당신의 반성이 꽤 깊어졌다는 것을 인정한다"라며 탄백서를 다시 쓰라고 했다. 도미나가는 일주일 걸려 스무 장 분량의 탄백서를 냈다. 2, 3일 뒤 김원이 다시 부르더니 "당신 자신의 탄백은 대체로 됐으니 동료에 대해서도 써보라"라고 말했다. 그는 뭔가 밀고를 하는 듯해 저항감을 느꼈지만, '상호 원조'가 어떤 것인지 지도를 받았기 때문에 주의해서 썼다.

1952년 2월 말 학습에 참여했던 위관급 전범이 다시 회의실로 불려갔다. 처음 시작할 때처럼 지도원이 배석한 가운데 김원이 총괄했다. 그는 "잘못을 범하는 자가 나오기는 했지만 일단 초보적 성과를 올렸다고 인정한다"라며 "학습에 힘써 죄행에 대한 인식을 깊이 하여 더욱 전진하기를 희망한다"라고 말했다.

총괄이 끝나고 나서 다시 일반 감방으로 옮겼다. 탄백의 '방해자'로 몰려 지하 독방에 격리됐던 사람은 도미나가 말고도 몇 사람 더 있었다. 전쟁범죄 학습을 통해 인식의 변화를 겪으면서 동료들 사이에 감정적 다툼이 벌어지기도 했다. 232연대 1대대에서 대대 부관을 한 미야자키 히로무와 정보주임을 한 야스무라는 멱살잡이까지 했다. 두 사람은 간부 후보생 동기였다. 야스무라의 부하였던 정보계 중사가 '밀정'을 취조하다가 완강히 저항하자 독단으로 참살해버린 사건이 드러났다. 야스무라는 중사가 독단으로 한 것이므로 상하 관계라도 책임을 질 필요가 없다고 했다. 그러자 미야자키는 설사 명령하지 않았더라도 정보주임은 정보 관련 모든 일에 책임을 져야 하니 비겁하다고 비판했다. 둘이 나중에는 멱살잡이까지 하며 다투자 동료들이 떼어 말리는 소동이 벌어졌다.

공개 인죄 2,
가장 대표성을 갖춘 후루미 차장

미야자키의 공개 인죄가 있고 나서 한 달 정도 지난 뒤 동북공작단은 두 번째 주자로 후루미 다다유키를 내세웠다. 미야자키의 탄백 이후에도 좌관급 이상 고위직이 크게 달라지지 않자 아예 거물급을 선정한 것이다. 동북공작단은 주요 전범의 심문은 단위원회 위원이 직접 하도록 할당했다. 후루미는 '가장 대표성을 갖춘 상당히 영향력 있는 사람'으로 지목돼 리푸산이 맡았다. 리푸산은 후루미의 심리적 방어선을 무너뜨리기 위해 중포重砲를 터뜨려 충격을 주기로 하고 먼저 만주국 황제 푸이와 만주국 대신들을 다그쳐 '중포의 포탄'을 찾아내 후루미의 인죄를 유도해냈다고《내가 참여한 일본 전범 심문 전말》에서 밝혔다.

후루미는 푸순에 수감된 일본인 문관 가운데 두 번째 서열이었다. 후루미의 삶은 패전 후 A급 전범으로 지정됐다가 1950년대 중반 총리 자리에까지 올랐던 기시 노부스케와 여러 모로 대조를 이룬다. 가까운 사이였던 두 사람은 도쿄제국대학을 나와 중앙 부처의 관료를 하다가 만주국에서 핵심 요직의 하나인 총무청 차장을 맡았다는 공통점이 있다. 패전 후 기시가 승승장구한 반면 후루미는 소련과 중국에서 거의 18년에 걸친 수용 생활을 한 후 귀국해 주목받지 못했다.

1900년 교토에서 태어나 중·고등학교를 마친 후루미는 1924년 도쿄제국대학 법학부 정치학과를 졸업했다. 고등문관시험에 붙어 대장성 관료가 된 그는 대장성 선배로 도조 내각에서 내각 서기관장을 했던 호시노 나오키星野直樹의 설득으로 1932년 대장성을 사직하고 만주국으로 갔다. 만주국 국무원 총무청에서 인사처장, 주계처장 등을 거쳐 1941년 11월 총무청 차장이 되어 만주국 붕괴 때까지 재직했다. 총무청은 만주국에서 총리를 보좌하는 기구로 각 부처 간의 정책을 조정하는 데 그치지 않고 예산, 인사권까지 쥔 실세 기관이었다. 총무청 차장은 만주국 각 부처의 차장들로 구성된 '화요회'를 주재하며 실질적으로 산업 개발, 노무 동원, 자원 배분 등 주요 정책을 결정했다. 만주국 각 부처의 장은 명목상 중국인이 했지만, 실질적 권한은 일본인 차장에게 있었다. 기시는 1939년 3월부터 7개월간 총무청 차장을 하다가 본국의 상공차관에 임명됐고, 1941년 10월 발족한 도조 내각에 상공상으로 들어가 태평양전쟁을 일으킨 개전내각의 일원이 됐다.

후루미 총무청 차장의 직속상관은 다케베 로쿠조 총무장관으로, 1940년 7월 호시노 나오키의 후임으로 임명돼 패전 때까지 그 자리에 있었다. 소련군이 진공하자 1945년 8월 11일 수행원 가신과 함께 기차로 신징(창춘)을 떠나 이틀 후 통화성通化省 린장현臨江縣 다리쯔거우大栗子溝에 피신한 푸이에게 퇴위를 강박한 사람이 다케베 로쿠조였다. 다케베는 8월 17일 특별열차로 푸이를 찾아가 심야에 중신회의를 소집해 퇴위와 만주국 해체를 결정하도록 했다.

만주국을 실질적으로 이끌었던 다케베와 후루미 등 일본인 고위 관료는 창춘에 남아 일본인 거류민 보호 대책 마련에 쫓기다가 그해 9월 27일(24일설도 있다) 소련군에 체포돼 한 달 정도 심문받은 뒤 소련으로 이송됐다. 다케베는 푸순에서 뇌연화증으로 반신불수가 되어 병실에 쭉 누워 있었다. 관리소 요원들이 남긴 기록에 따르면 푸순전범관리소 초기에 후루미는 별로 눈에 띄지 않는 존재였다. 그는 표면적으로는 아무런 저항을 보이지 않고 관리교육에 복종하고 시키는 대로 했다는 것이다. 지식인 풍모의 그는 항상 도서관에서 책이나 신문 읽는 것을 좋아했다. 인죄학습이 진행되면서 후루미의 언동은 일본인 전범뿐만 아니라 푸순전범관리소 요원에게도 큰 관심사가 됐다.

동북공작단은 1954년 5월 20일 수감 중인 모든 전범을 집합시켜 2차 공개 인죄 전체 집회를 열었다. 리푸산 주임이 먼저 전범 안에 존재하는 사상 문제를 고발하고 전범이 쟁취해야 할 길을 밝혔다. 그는 "지난 두 달 동안 자기 죄를 고백하고 적극적으로 타인의 죄행을 고발하면서 다른 사람이 악을 버리고 선을 따르도록 돕는 사람이 있었지만, 여전히 완미하여 깨닫지 못하는 사람이 있다"라고 말하고 "이들이 요행 심리를 버리고 하루 빨리 인죄 참회를 해서 광명한 앞길을 쟁취해야 한다"라고 강조했다. 그러고는 이제부터 후루미 다다유키가 자기비판을 할 것이라고 선포하자 대회장에 작은 동요가 있었다.

후루미는 단상에 오른 후 공작단 지도부에 허리 굽혀 인사를 한 후 바로 마이크 앞으로 가서 원고를 꺼냈다. 후루미는 약 한 시간에 걸쳐 자신이 범한 죄업을 고백하고 사상의 변화와 인죄 과정에 대해 얘기했다.

제2차 세계대전 후 국제법은 새로운 발전을 보였습니다. 침략전쟁을 획책하고 지휘를 한 자는 원래 A급 전범입니다. 또한 침략전쟁 기간 중에 각종 죄를 범한 자는 직책에 관계없이 침략을 당한 전승국이 이들을 B, C급 전범으로 결정해 재단할 권리를 갖고 있습니다.

나는 새삼스럽지만, 나 자신이 범한 죄의 크기와 깊이에 놀라고 있습니다. 지금 이곳에서 내 인간성을 되찾는 기회를 주고 반성을 지도해준 중국 인민에게 마음속으로 감사하지 않으면 안 됩니다. 내 과거는 전적으로 인면수심의 귀신이었습니다.

나는 천인공노할 전범이라는 것을 깨달았습니다. 동시에 내가 만든 법령에 의해 많은 일본과 만주국의 관리가 도처에서 죄를 범한 것에 대해 중대한 책임이 있다는 것을 깨달았습니다. 나는 여기서 중국 인민에게 사죄하는 것과 동시에 중국 인민의 어떠한 처형도 받아들일 각오입니다.

후루미는 말을 마친 후 머리를 깊이 숙이고 가만히 서 있었다. 집회에 모인 일본인 전범은 충격을 받았다. 전후에 성립된 신중국은 자신들을 심판할 권한이 없다거나 자신들은 직책이 낮은데다 그저 명령에 따른 것이기 때문에 전범이라는 딱지는 얼토당토않다고 믿었던 이들의 기대에 후루미가 나서서 찬물을 끼얹은 것이다.

후루미의 탄백이 끝나자마자 위관급 이하 한 무리가 일어나 후지타 시게루 중장, 사사 신노스케 중장을 비롯해 장관·좌관급 10여 명을 가장 앞줄로 불러내 폭로 규탄 대회를 벌였다. 가장 선봉에 선 사람이 후란감옥에서 학습소조의 일원으로 학습했던 미와 게이이치三輪敬一 중위였다. 미와 등은 장관·좌관급의 '반동조'에 대해 "이자들이 우리 사병들을 전범의 길로 빠뜨린 장본인이다"라며 비난을 퍼부었다. 감정을 억제하지 못해 울면서 분노를 표출하는 사병도 있었다.

장관급은 어안이 벙벙한지 멍하니 서 있었으나 히로세 사부로 중좌는 자신을 비판하는 사람이 나오면 그쪽을 향해 정면으로 노려봤다. 히로세 중좌는 폭로 대회가 끝난 뒤 그 자리에서 뒤로 수갑이 채워지고 독방으로 연행됐다가 3일 뒤 풀려났다. 일본인 전범은 신중국에 와서 여러 사람이 보는 가운데 그렇게 거칠게 다뤄지는 것은 처음이었다고 회고했다.

동북공작단이 후루미의 공개 인죄를 기획하면서 완강히 저항하는 반동조의 기세를 꺾기 위해 의도적으로 험악한 장면을 연출한 것으로 보인다.

다음 날부터 심문 요원들이 장·좌관급을 취조할 때 "후루미 같은 태도로 나오면 광명의 길이 열리고 히로세 같은 태도로 나오면 암흑의 길이 있을 뿐이다. 당신은 어떤 길을 택하겠는가"라고 압박했다. 히로세가 독방에서 나올 때 쑨밍자이 소장이 찾아와 수갑을 채운 것은 잘못이었다고 사과했다고 한다. 히로세는 푸순전범관리소에서 반동조의 핵심으로 분류됐으나 2년 뒤 특별군사법정이 개정됐을 때는 기소면제로 바로 귀국했다.

후루미의 공개 인죄는 일본인 전범 완고분자의 인죄를 끌어내는 데 크게 기여했다. 공작단은 전범이 자백한 범죄 실마리와 제공한 증거, 진술을 근거로 심문을 다그치고, 한편으로는 외부에 사람을 파견해 조사, 증거를 수집했다. 범죄 실마리와 분포 구역을 토대로 공작단은 50여 명을 나눠 헤이룽장, 지린, 랴오닝, 내몽골, 허베이, 산둥, 산시, 베이징, 톈진 및 양쯔강 중하류 일대 등 12개 성, 시에서 조사와 증거 채집을 진행했다.

수개월 동안 긴장 속에 계속된 작업 끝에 1954년 10월 말에 이르러 일본인 전범을 심문하는 안팎의 작업이 기본적으로 완성됐다. 고발장, 증언, 감정서, 사진 및 일본 위만僞滿의 서류, 기관지 등 2만 8000건의 물증을 수집했다.

치열한 인죄학습 못 견뎌
자살자 나와

탄백하고 상호 비판을 통해 죄행에 대한 인식을 심화시킨다는 인죄학습이 1954년 내내 계속되면서 일본인 전범도 극도의 스트레스를 받았다. 위관급 이하는 같은 부대, 같은 기관에 있던 사람끼리 모아놓고 취조관 앞에서 순번을 정해 탄백했다. 한 사람이 인죄 발표를 마치면 다른 사람은 그가 진실로 피해자의 입장이 되어 자신의 죄를 탄백했는지, 진술에 애매한 점이 없었는지, 태도가 진지했는지 등을 따져 철저하게 비판했다. 탄백해서 단번에 통과되는 경우는 많지 않았다. 고심 끝에 준비해서 발표한 내용이 비판을 받고 두세 번 거절되면 무엇이 잘못됐는지, 무엇이 부족한지 머리를 싸매야 했다. 식사를 해도 넘어가지 않고 위장장애를 일으키거나 잠을 이룰 수 없는 날이 계속됐다. 그중에는 심리적 압박을 견디지 못하고 스스로 목숨을 끊는 사람도 있었다.

후루미의 인죄 태도에 불편함을 느끼는 사람도 적지 않았다. 이들에게 후루미의 죄행은 피비린내 나는 것이 아니었다. 주로 만주국 운영을 둘러싼 정책 입안과 결정에 관한 것이고, 증거 자료도 당시 신문이나 관보 같은 인쇄물에 공개된 것이니 숨기려고 노심초사할 것도 없었다. 후루미와 달리 항일 전사를 고문, 심문하거나 죽이면서 손에 직접 피를 묻힌 사람은 도대체 어디까지 털어놓아야 할지 안절부절못했다.

관리소 당국은 자살이 가장 비겁한 책임 회피라고 엄하게 비판했지만 자살 시도를 봉쇄하지는 못했다. '상호 원조'라는 형식으로 옛 부하들이 인죄를 도와준다며 집단적으로 찾아와 따지거나 비판하는 것은 당사자에게 큰 고통이었다. 인죄 발표와 토론이 56시간이나 지속된 사례도 적지 않다. 먹지도 마시지도 않고 집중적으로 문제의 근원을 파헤친다는 명목으로 행해졌다. 취조관도 똑같은 조건 아래서 참여했기 때문에 일본인 전범은 불만을 토로할 수가 없었다.

장군 중에도 자살한 사람이 나왔다. 예비역에 편입됐다가 태평양전쟁 말기 다시 현역으로 소집된 세야 히라쿠瀨谷啓 중장이다. 도치기현 출신의 세야는 1910년 육군사관학교를 나와 육군대학을 거쳐 도쿄제국대학 배속장교를 했다. 1937년 8월 소장에 진급해 중일전쟁 때 연대장으로 참전했고 2년 뒤 중장이 되어 타이완의 지룽基隆요새사령관을 거쳐 1940년 8월 군복을 벗었다. 1944년 3월 만주국 철로경호군사령관으로 부임했다가 1945년 4월 다시 소집돼 조선의 나진요새사령관이 됐다. 그는 북한에 진주한 소련군에 체포돼 시베리아에 억류됐다가 중국으로 송환돼 1954년 5월 27일 자살했다.

59사단 소속이었던 고니시 요시오小西嘉雄 중위는 세야 중장보다 앞서 음독자살했다. 식사 운반, 청소 등 잡무를 하는 노동반에서 일했던 고니시는 자신의 죄행 발표를 하루 앞두고 노동반에 있던 소독약 크레졸을 마셨다.

요코타 겐사쿠横田賢作 하사는 옥외 변소의 변조便槽에 투신했다. 전범은 매일 아침 간수의 인솔 아래 옥외 변소로 가서 일을 봤다. 가운데 콘크리트 통로가 있고 양쪽에 문이 달린 20~30개의 변소가 나란히 있는 구조였다. 밑에 하나로 연결된 정화조는 가로, 세로, 깊이가 6×20×2미터의 크기였다. 간수는 변소 앞에서 인원을 확인하다가 한 사람이 모자라자 변소 안을 수색했다. 투신을 파악하자 간수는 바로 뛰어내려 끌어올린 뒤 상체에 올라타서 분뇨로 범벅이 된 입에 대고 인공호흡을 했다. 간수의 구조 노력에도 투신자는 살아나지 못했다. 이후 푸순전범관리소는 모든 변소의 문을 떼어내고 변소 구멍에 사람이 빠질 수 없도록 나무틀을 붙였다. 또한 관리소는 끈으로 목을 매 자살을 시도하는 사람이 나오자 감방 안을 수색해 허리띠, 신발 끈 등 끈이란 끈은 모두 몰수했다.

반동 장교 다무라의
뒤늦은 탄백

인죄운동의 소용돌이가 가라앉고 푸순전범관리소도 평온을 되찾은 1955

년 초 모두 강당으로 집합하라는 지시가 내렸다. 일본인 전범은 단상에 오른 사람을 보고 깜짝 놀랐다. 푸순전범관리소에서 '반동 장교'의 대표 격이라고 할 수 있는 다무라 사다나오田村貞直(귀국 후 결혼해서 처가 쪽 성 가나이金井로 개명)가 공개 인죄를 한다고 나선 것이다.

1919년 야마나시현山梨縣에서 출생한 그는 야마나시현립 농림학교를 나와 농림성 산림국에서 근무하다 1940년 징집영장이 나와 사병으로 입대했다. 갑종 간부 후보생을 지원해 모리오카盛岡예비사관학교에 들어가 1941년 소위로 임관했다. 산둥성에 진주한 59사단에서 기관총중대 중대장을 했고 패전한 해인 1945년 난징에서 대대장 교육을 받고 대위로 승진했다. 그리고 그해 7월 북한의 함흥으로 이동했다가 소련군에 포로로 잡혔다.

다무라는 시베리아에서 사병 중심의 '민주운동'에 철저히 맞선 쓰모리 도키치津森藤吉 중좌가 이끌던 장교단의 일원이었다. 쓰모리 장교단은 제네바협약 등 국제법을 근거로 '장교 신분을 나타내기 위해 계급장을 달고', '장교는 사역을 강제당하지 않기 때문에 노동하지 않으며', '포로에게 사상을 강요해서는 안 되므로 사상 교육에 참가하지 않는다'는 3원칙을 고수했다. 이 집단은 한때 수백 명에 달했으나 점차 귀국해 1949년경에는 수십 명으로 줄어들었다.

쓰모리는 일본 육사 45기(1933년 졸업, 임관)로 의친왕의 아들 이우, 해방 후 한국군에 들어가 27사단장과 국방부 정훈국장 등을 지낸 이형석과 동기다. 쓰모리는 패전 때 관동군 1방면군 참모(정보주임)였고 소련군에 체포된 뒤 연해주의 수용소를 전전했다. 그는 육사 1기 위로 대본영과 관동군 작전 참모를 한 세지마 류조瀬島龍三가 도쿄국제군사법정에 연합군 검찰 증인으로 나간 점, 시베리아에서 악티브에게 공손하게 대했다는 점을 들어 용서할 수 없다고 날을 세웠다. 세지마는 일본 종합상사맨의 활약상을 다룬 소설《불모지대》의 주인공으로, 소련에서 귀국한 후 이토추상사伊藤忠商事에 들어가 회장, 상담역, 특별고문을 지냈다. 세지마는 박정희, 전두환, 노태우 시절 한일관계의 막후에서 조정 역할을 한 인물로도 유명하다.

시베리아에서 쓰모리와 함께 반동 장교의 대명사로 쌍벽을 이룬 사람이 구사치 데이고草地貞吾 대좌였다. 일본 육사 39기로 패전 때 관동군 작전주임참모였고 하바롭스크, 콤소몰스크 주변 수용소를 전전했다. 그래서 일본 사무라이의 혼을 잇는 장교로 '연해주에 쓰모리 있고 하바롭스크에 구사치 있다'라는 말이 돌았다고 한다. 구사치와 쓰모리는 소련에서 전범으로 25년 강제노동형을 선고받고 복역 중 1956년 12월 26일 마지막 귀환선으로 귀국했다. 구사치는 일본향우연행 부회장 등을 지냈고, 2000년 8월 이시카와호국신사에 '대동아성전대비大東亞聖戰大碑'를 세우는 데 앞장섰다.

쓰모리 장교단에서 중국으로 이송된 사람은 모두 다섯 명이었다. 앞서 크레졸을 마시고 자살한 고니시 요시오 중위도 여기에 속했다. 다무라는 푸순전범관리소에서 위관급 이하의 탄백 학습이 시작됐을 때 '진보조'를 멸시했다. 감방 안에서 학습 토론이 벌어지면 그는 등을 돌리고 혼자서 책을 봤다. 한방의 동료들이 '사상 개조의 방해자'로 보고 고립을 시켜도 굴하지 않았다. 그는 시끄러운 이들과 말을 섞지 않아 오히려 좋았다고 했다.

방에서는 고립무원이었지만, 운동장에 나가면 '반동'끼리 모여 격려하고 정보를 교환했다. "저 녀석들 점수 따려고 필사적이네. 일본에서 혁명이라도 일으킬 듯한 형세로 큰소리치고 있으나 어차피 아무것도 하지 못하겠지. 무슨 낯짝으로 가족을 보려 하는지"라며 혀를 찼다. 억류의 몸이 된 지 7~8년이 되어가도 일본이라는 국가와 천황에 대한 생각은 군대 시절과 전혀 달라지지 않았다.

'반동 장교'의 일원임을 자랑스럽게 생각하고 처신했던 다무라가 공개 인죄를 한다고 나섰으니 일본인 전범들이 놀란 것은 당연했다. 그는 완강하게 고집을 피워 동료에게 폐를 끼친 것을 사과하고 사상 변화의 전말을 얘기했다.

소련에서 중국으로 이송돼 대우가 확 바뀌어 처음에는 의심했지만, 2~3년 지나면서 중국 인민의 인도주의적 처우를 통해 과거에 대한 반성의 마음이 싹텄습니다. 하지만 나를 '반동 장교', '군국주의자'라고 욕해온 시베리아에서의 악티브 무리와 같은 행동을 하는 것은 시베리아 '민주운동'에 마지막까지 굴하지 않았던 쓰모리 장교단의 일원으로서 가졌던 자부심이 허용하지 않았습니다. 그러다 이따금 일본에서 위문품 보따리가 왔는데, 출정 이래 나를 10여 년간 기다리고 있는 약혼자의 것도 있었습니다. 그 안에 들어 있던 수제 인형과 시를 보고 인간의 마음이 되살아났습니다.

과거 중국 인민을 비참의 바닥에 밀어놓았으면서 그들의 동포로부터 어떤 대우를 받고 있는지를 생각하면 정말로 죄송합니다. 시베리아 '민주운동'이 걸려서 중국 인민의 진정을 제대로 받아들이려 하지 않은 완고한 자신이 부끄럽습니다.

소련은 불난 곳의 도둑처럼 침입해 들어와 난폭, 방자하기 그지없었고, 수용 능력이나 준비도 없이 우리 포로를 시베리아로 보내 중노동으로 부려먹었습니다. 직접 손을 댄 것은 아니지만 많은 부하가 죽임을 당했습니다. 그 책임은 변명의 여지 없이 소련에 있고, 그래서 소련을 미워합니다. 하지만 소련이 시베리아에서 한 것은 얄타협정이나 제네바조약 등 국제법의 테두리 안에서였습니다.

한편 중국에서 우리는 무엇을 했습니까? 내가 이끌던 중대만 봐도 상당수의 평화로운 주민을 살해하고 재산을 약탈하고 방화를 저지른 것이 수를 헤아릴 수 없습니다. 일본군은 전쟁이 아닌 사변이기 때문에 국제법을 지킬 의무가 없다고 하며 신발을 신은 채 중국의 안방까지 짓밟았고 멋대로 행동해서 많은 인적, 물적 재해를 중국에 입혔습니다.

이 둘을 비교하면 아무리 역성을 든다고 해도 일본군 쪽이 나쁩니다. 그런데도 나는 자신의 것은 건드리지 않고 소련만 미워했습니다. 중국인이 분노해 우리에게 부당한 포학을 했다면 우리는 살 수 없었을 것입니다. 내가 소련을 미워하는 이상으로 중국 사람은 우리를 미워할 것입니다. 중국 사람의 슬픔과 분노가 얼마나 깊은 것인지, 이제까지 한 번도 생각해보지 않았습니다. 나는 멍청했습니다.

일본에서 온 가족의 편지에 쓰인 미국 점령군의 횡포에 분노하고 동시에 점령당하는 쪽의 현실에 눈을 떴습니다. 내가 산둥성에서 했던 행위도 생각났습니다. 타민족의 토지를 구둣발로 밟고 들어가 방약무인하게 유린한 것입니다. 만약 내 고향이 그런 꼴을 당했다면 참을 수 없었을 것입니다. 가한 자와 당한 자의 입장이 바뀌며 비로소 알아차렸습니다.

산간 마을에서 살해한 노파를 생각하며 내 어머니를 떠올렸습니다. 적인지 아닌지 모를 사람도 가벼운 마음으로 사격하도록 명령을 내렸습니다. 살아 있는 사람을 대상으로 훈련한 것이니 나 자신이 정말로 큰 죄인이라는 것을 깨달았습니다.

다무라가 거의 두 시간에 걸쳐 얘기를 이어가는 동안 기침 소리도 나오지 않을 정도로 청중은 몰입했다. 다무라는 박수를 받으며 단상에서 내려오면서 마음속에 걸려 있던 감정의 응어리에서 바로 해방되는 듯한 느낌이 들었다. 모든 사람 앞에서 과거의 자신과 결별을 선언한 것이니 앞으로는 이것 하나로 살아갈 수밖에 없다고 생각했다. 방에 돌아오자 감정이 북받

처 눈물이 그치지 않았다. 감방 동료들이 "이제 됐다, 그만큼 울었으면 기분도 풀렸겠지"라고 위로해줬다. 그는 과거의 자신을 눈물로 씻어낸 셈이라고 회고했다.

다무라는 직접 체험을 통해 시베리아수용소와 푸순전범관리소의 차이를 절감한 것이 있다. 푸순에서 다무라의 반동적 언동은 그냥 방치됐다. 지도원들은 "여기서 그런 태도는 허용되지 않는다", "반동적 태도를 고쳐라" 하는 말은 전혀 하지 않았다. 그저 "자네에게 공산주의자가 돼라, 중국을 신봉하라고 말하는 것이 아니다. 자네가 범한 죄행이 정말로 나쁜 것이었다고 깨달았으면 좋겠다"라고 설득했다.

또한 소련과 달리 푸순에서는 관리소의 지침을 온순하게 따르는 자건, 반항적인 자건 처우에 특별히 차별을 두지 않았다. 시베리아에서는 악티브가 '반동 장교'를 거세게 몰아붙였으나, 푸순에서 그런 일은 허용되지 않았다.

다무라는 이런 차이를 감지하며 바뀌어갔다. 그는 사람을 죽였다는 것이 나쁘다는 것은 바로 이해할 수 있지만 자신의 죄행을 종이에 아무리 쓰더라도 그것은 죽인 자의 입장에 지나지 않는다는 것을 깨달았다. '죽임을 당한 자와 그 친족의 처지에서 생각할 때 비로소 정말로 나쁜 짓을 했구나'를 알게 됐다는 것이다. 그는 자신이 모든 것을 마음속으로부터 진실로 반성한 것은 일본에 돌아오고 나서도 상당히 시간이 경과한 뒤였다고 인정했다.

"처음으로 내 과거와 인생에 대해 진지하게 생각해보게 됐다"

인죄학습을 집중적으로 겪으면서 정신적 고통에 시달리지 않은 사람은 없었다. 일단 소용돌이가 지나가자 두 번 다시 그런 시련을 겪고 싶지 않다는 것이 일본인 수감자의 솔직한 심정이었다. 다른 한편으로는 배 속에 쌓아두었던 오물을 모두 토해낸 듯 온몸이 개운해졌다는 사람이 많았다. 전범의 표정이 환해지고 관리소에 웃음이 되돌아왔다.

동북공작단이 푸순에 내려와 본격적인 추궁과 취조에 나섰을 때 일본인 전범은 움찔하기도 했지만, 어느 정도 자신의 과거를 되돌아볼 준비도 돼있었다. 이들은 일본군 현역 시절이나 시베리아 억류 기간에는 그저 살아남기 위해 허덕였는데 중국에 와서 여유 시간이 넘치면서 처음으로 자신의 과거나 인생에 대해 진지하게 생각해보게 됐다. 그저 회피한다고 해서 전쟁터에서 저지른 꺼림칙했던 가해 행위가 마음속에서 완전히 사라지는 것은 아니었다. 특히 위관급 이하 전범은 39사단, 59사단 등 같은 부대 소속이 많아 누군가 입을 열기 시작하면 계속 은폐하기가 어려웠다. 심리적 저항선이 사라지자 중국인에게 드러날까 봐 두려워했던 내용도 스스럼없이 얘기하게 됐다. 헌병이었던 우에마쓰는 여성의 음부에 부젓가락을 집어넣어 고문했다는 죄행을 털어놓았다.

63사단 80대대 소위였던 니노미야 쇼조二宮正三는 소속 대대에서 유일하게 중국으로 송환됐다. 왜 자신에게만 이런 불행이 닥치는지 불평하던 그는 미야자키 히로무의 탄백을 듣고서 스스로를 되돌아보게 됐다. 작업 중 대퇴골골절이라는 큰 부상을 입은 그는 어깨부터 하반신까지 고정돼 두 손과 얼굴만 겨우 움직일 수 있었다. 식사나 대소변은 전부 간호부나 간수가 해줬다. 이들은 심심풀이나 하라고 만화책을 가져다주고, 식사하기 쉽도록 탁자를 조절해주는 등 극진히 보살폈다. 니노미야는 자신이 마구 죽였던 사람과 간호부, 간수가 똑같은 중국인이라는 생각을 하면 양심의 가책에 시달리지 않을 수 없었다. 그것은 과거의 악행을 직시하고 두 번 다시 전쟁 중 범한 잘못을 되풀이하지 않겠다는 결의로 이어졌다.

일본인 전범은 과거 중국인을 개나 돼지만큼도 여기지 않았던 멸시 풍조의 근원을 따져보게 됐다. 어린 시절부터 뼛속까지 주입된 군국주의 교육의 폐해라는 것을 깨달았다. 받은 교육이라곤 충군애국, 절대복종, 하늘이 내린 '천손天孫민족'이라는 일본인의 우월성뿐이었다. 일본 민족의 우수성만 강조하면 그 결과는 다른 민족을 깔보고 업신여기는 풍조가 되고 참혹한 학살극을 벌여도 아무런 죄의식을 느끼지 않게 된다. 일본인 전범은 가해자와 피해자의 처지를 바꿔서 생각해보는 학습을 하면서 일본인이 대접을 받으려면 다른 민족을 존중해야 한다는 평범한 진리를 깨달았다.

타이위안전범관리소의
인죄탄백운동

타이위안전범관리소에 수감된 일본인 전범도 규모는 작지만 푸순전범관리소와 비슷한 진행 과정으로 인죄탄백운동을 겪었다. 나카가와 히로시中川博(북지나방면군사령부 정보반 통역), 데쓰무라 고鐵村豪(북지나방면군 야전병기창 톈진지청장 하사) 등을 중심으로 학습위원회가 구성됐다. 학습위원회 밑으로 열두 개의 학습소조를 두고 왜 중국에서 전범으로 전락했는지 등을 반성했다.

타이위안관리소가 문을 연 뒤에 산시성 검찰, 공안 관계자의 취조가 시작됐으나 본격적인 조사는 1954년 봄 동북공작단이 출범하면서 동시에 진행됐다. 베이징의 전우먀오에서 실시된 한 달간의 극비 연수회에는 산시성인민검찰서 공안청 요원도 참여해 함께 교육을 받았다.

교류의 물꼬를 튼
중국홍십자회와
전범 명부

일본 땅을 밟은 첫 중국 대표단장
리더취안

1954년 10월 30일 오후 5시 55분경 홍콩발 캐나디안 퍼시픽 항공(CPA) 여객기가 도쿄의 하네다공항에 착륙했다. 여객기가 터미널 정면에 도착하자 일본적십자사 외사부장이 통역과 함께 트랩을 올라가 비행기 안으로 들어갔다. 잠시 후 중국홍십자회中國紅十字會 대표단 일행 일곱 명이 트랩을 내려오자 박수갈채가 쏟아지면서 플래시 세례가 터졌다. 몰려든 사진기자가 100여 명에 이를 정도로 대성황이었다. 중국홍십자회 대표단의 방일은 정부 차원은 아니지만 신중국 성립 이후 중국 대표단이 처음으로 일본 땅을 밟았다는 의미가 있다.

홍십자회 단장은 리더취안李德全이라는 여성이었다. 검은 외투에 짙은 갈색 중국옷을 입은 리더취안은 맨 앞에서 걸어 나와 일본적십자사 사장 (총재) 시마즈 다다쓰구島津忠承의 영접을 받고 악수를 나눴다. 리더취안은 엄청난 사진기자 수에 잠시 놀란 듯했으나 온화한 미소를 띠며 환영객들과 인사한 뒤 마이크 앞으로 나가 중국어로 성명을 낭독했다.

"우리 중국홍십자회 대표단이 시마즈 일본적십자사 사장의 초청을 받아 처음으로 일본에 우호적 방문을 할 수 있게 돼 대단히 기쁘게 생각합니다. 이번 방문은 중국과 일본 양국 인민의 우호 교류에 새로운 발전을 이루고 동시에 양 국민의 이해를 깊게 하는 데 도움이 되리라 생각합니다. 나는 일본적십자사의 여러분과 도쿄도민, 일본의 모든 인민에게 마음속으로부터 인사를 보냅니다."

이날 공항에는 일본적십자사뿐만 아니라 일중우호협회, 일본평화연락회, '유수留守가족단체 전체협의회', 재일화상華商단체 관계자와 스즈키 모사부로鈴木茂三郎 사회당 좌파 위원장, 후지타 도타로藤田藤太郎 노동조합총평의회(총평) 의장, 정치학자이자 참의원인 오야마 이쿠오大山郁夫 등 각계 인사 약 1000명이 나왔다.

리더취안 일행은 형식적 통관 절차를 마치고 여섯 대의 자동차에 나눠 타고 곧바로 도쿄 중심부의 데이코쿠帝國호텔에 도착했다. 호텔 앞에는 약 2000명의 중국인이 제등을 들고 나와 '환영, 조국 홍십자회 대표'라고 쓴 큰 깃발을 중심으로 열광적으로 환호했다. 홍십자회 대표단은 여장을 풀고 잠시 휴식을 취했다가 도쿄역 인근의 별도 호텔에서 열린 세 단체 공동 주최의 환영 만찬에 참석했다. 일본적십자사, 일중우호협회, 일본평화연락회가 함께 마련한 자리에서 리더취안은 베트남에 잔류 중인 일부 일본인에 대해 중국홍십자회가 도와 상하이에서 귀국하도록 하고 싶다고 선물 보따리 하나를 풀었다.

중국 대표단의 첫 방문이 우호 분위기 속에서만 진행된 것은 아니다. 일본 정부는 미국과 타이완 국민당 정부를 의식해 공식 접촉을 피했다. 하네다공항에서는 타이완 지지 학생과 환영 나온 화교 사이에 작은 몸싸움이 벌어지기도 했다. 반공 중국인 학생 10여 명은 "일본 적화의 마수다"라는 구호를 외치며 일본어, 영어로 된 전단 수백 장을 뿌렸다. 이들이 들고 온 광목에는 '교포는 공비(공산당의 유격대)의 기만을 받아들이지 않는다僑胞不受共匪的欺騙'라는 문구가 쓰여 있었다. 데이코쿠호텔 옆 니혼세이메이日本生命회관 옥상에서 '리더취안 내일來日 반대' 전단 수백 장이 뿌려졌고, 옥상 굴뚝에는 한동안 '공비 리더취안 내일 반대'라는 현수막이 걸리기도 했다.

하지만 반공 화교 학생이나 일본 우익의 반대 움직임은 일본 사회의 전반적인 환영 분위기 속에 그냥 묻혀버렸다. 노동조합이나 학생 단체 등은 일본 우익이나 장제스 타이완 정권의 특무조직과 연관된 인사가 테러를 벌일 가능성이 있다고 보고 자발적으로 '사설 경비반'을 만들어 호위를 담당했다. 이날부터 14일 동안 이어진 리더취안의 방일 일정은 일본의 주요 신문이나 방송에 대대적으로 보도됐다. 리더취안 붐이라 할 수 있는 사회현상이 일어난 것이다.

붐이 조성된 배경으로는 우선 리더취안 일행이 일본 패전 후 시베리아로 끌려갔다가 중국에 수감 중인 일본인 전범의 소식을 가지고 온 점을 들 수 있다. 전쟁이 끝난 뒤 9년 이상 행방을 알 수 없었던 이들의 생존이 확인되자 가족과 친지의 기쁨은 더할 나위 없이 컸다. 또 신중국을 바라보는 지식인층의 인상이 상당히 좋았던 시절이기도 했다. 신중국이 세계사에서 새로운 발전 모델을 제시하고 있다는 데 기대가 높았다.

리더취안의 개인적 매력도 한몫했다. 기품 있는 리더취안의 언동은 베일에 가려져 있던 신중국의 이미지를 우호적으로 만들었다. 여성 지도자라는 점도 일본 여성에게 좋은 인상을 심어준 듯하다. 당시 신문의 독자투고란에는 "리더취안 여사를 비롯한 부인의 자각과 열정이 신중국에 넘쳐 나라의 기풍이 놀랄 정도로 향상되고 있다"라고 지적하고 "일본 부인도 이 여사 일행과 어울려 얘기하고 세계 평화에 노력하자"라는 글이 실렸다. 그 무렵 일본에서 여성 지도자는 성차별의 굴레를 벗어나기가 쉽지 않았다. 오랜 의회정치를 자랑하는 일본 정계에서 첫 여성 장관이 나온 시점은 1960년 이다. 이케다 하야토池田勇人 총리는 1차 내각에서 후생상에 나카야마 마사 의원을 기용했는데, 나카야마 의원의 장관직은 5개월 단명으로 끝났다.

홍십자회 대표단의 부단장은 신중국에서 대일 정책을 실무적으로 조율 하던 랴오청즈였다. 그는 1938년부터 홍콩에서 화교를 조직해 항일 투쟁 을 벌이다 1942년 5월 국민당에 체포돼 1946년 1월에야 풀려났다. 태평양 전쟁 종결 이후 미국의 중재 아래 국민당과 공산당이 각기 억류해온 인사 들을 교환할 때 석방됐다. 이후 랴오청즈의 경력은 화려하다. 1946년 9월 신화통신사 사장, 1948년 중공중앙선전부 부부장, 1949년 3월 중국신민 주주의청년단(공산주의청년단의 전신) 중앙 부서기, 1952년 12월 중공중앙통 일전선부 부부장, 중공중앙대외연락부 부부장, 1953년 4월 중공중앙국제 활동지도위원회 부주임 등 다양한 직책을 맡았다. 랴오청즈는 일본인 전범 처리 방침에도 깊이 관여했고, 1953년 봄 일본인 잔류 거류민 귀국에 관한 중국과 일본적십자사의 교섭 때 중국 쪽 대표를 맡았다.

도쿄 도착 당일 랴오청즈는 환영 만찬에 참석하기 전 일본 기자단과 20 분간 만났다. 대표단에서 두 명이 회견장에 동석했지만 기자의 질문에는 랴오청즈 혼자 일본어로 답변했다. 랴오청즈는 1972년 9월 다나카 가쿠에 이田中角榮 총리가 중국을 방문해 중·일 수교를 할 때 병중인데도 교섭의 모 든 과정에 참여했고, 마오쩌둥과 저우언라이 등 중국 최고지도자의 통역을 하기도 했다.

– 중국에 남아 있는 일본인 수는?

"일본인의 귀국 문제에 대해서는 시마즈 사장 등과 협의한다. 금년 말이나 내년 초에는 집단 귀국이 있을 것이다."

– 저우언라이 총리의 성명(그달 12일 방중한 일본 의원단과의 회견 석상에서 나온)에서는 '전범 중 중형자의 조치는 별도 고려한다'고 말했는데, 어떤 의미인가?

"정부 대표단이 아니어서 구체적 답변은 할 수 없다. 단 전범 중 대부분은 관대한 조치를 받을 것이다."

– 전범에 통신을 허용한다고 하는데, 어떤 방법으로 하나? 소포 등도 보낼 수 있나?

"일본적십자사에서 중국홍십자회를 통해 전범에게 전해지도록 한다. 소포 등의 차입도 괜찮다."

– 몽골이나 북조선에 일본인이 다소 남아 있는데, 그들의 귀국에 대해 중국적십자회가 알선할 마음은 없는가?

"외몽골공화국이나 북조선인민공화국의 일에 참견할 리는 없을 것이다."

– 당신은 일본에 와서 가장 기대하는 것이 무엇인가?

"먼저 중·일 양국의 우호 관계를 어떻게 하는가라는 문제다. 하네다에서의 성대한 환영 모습을 보면 우호 관계의 촉진은 가능하다고 생각한다."

– 현 중국의 최대 문제는 무엇인가?

"중국은 자력으로 건설하고 있지만 세계 각국 인민의 원조 없이는 성공하기 어렵다. 특히 2000년 동안 깊은 관계가 있는 일본과 우호를 깊게 하는 것이 극히 필요하다고 믿는다."

– 중국이 말하는 공존이란 것은?

"공존은 이론이 아니다. 첫째가 현실이고 둘째가 노력이다. 중국도 일본도 함께 공존에 책임이 있다고 생각한다."

– 구체적으로 어떻게 노력하면 좋다고 생각하는가?

"현상은 복잡하지만 아무리 복잡해도 해결할 수 없는 것은 없다고 믿는다."

리더취안은 방일 이틀째인 10월 31일 도쿄 시바공원에 있는 일본적십자사 본부를 방문해 방일 일정에서 가장 중요한 행사를 치렀다. 정문을 제외하고는 외부인의 출입이 엄격히 통제돼, 몰려든 노동조합 활동가들은 건물 밖에서 적기를 흔들며 환영 구호를 외쳤다.

홍십자회 대표단은 중국에 수감 중인 일본인 전범 명부를 시마즈에게 전달했다. 두 권으로 된 명부의 표지에는《일본침화전쟁죄범명책日本侵華戰爭罪犯名冊》이라고 쓰여 있었다. 전범의 이름, 소속 부대, 계급, 연령, 출신지 등이 상세히 기록된 것이다. 공동 기자회견을 마친 후 명부는 바로 일본 언론에 공개됐다. NHK 등 방송은 생존자 1069명, 사망자 40명의 명단을 바로 낭독했고, 신문은 많은 지면을 할애해 명단을 게재했다.

소련 억류 시절 몇 차례 받았던 엽서를 제외하고는 완전히 소식이 끊겼던 미귀환 전범 가족의 희비는 바로 엇갈렸다. 펑톈 군벌의 영수였던 장쭤린폭사사건의 주모자 고모토 다이사쿠의 가족은 이제 희망이 사라졌다며 낙담했지만, 생존이 확인된 사람은 일가친척이 모여들어 기쁨을 나눴다.

리더취안 일행은 방일 기간 중 일본적십자사 등 세 단체와 일본인 거류민 및 석방 전범의 귀국 지원, 일본인 전범과 가족 간의 편지 왕래 허가, 중국인 포로 희생자의 유골 송환과 일본인 유골의 일본 송환을 위한 협력 방안 등을 논의했다.

리더취안과 펑위샹

리더취안, 신중국의 여성 지도자로 우뚝 서기까지

일본 우익이나 반공 화교 학생이 리더취안을 '공비'라고 규탄했지만, 리더취안은 혁명전쟁에서 총을 들고 싸운 전사는 아니었다. 중국공산당에 가입한 것은 신중국 성립 이래 9년이 지난 1958년 12월이었다. 랴오청즈가 일본의 기자회견에서 "정부 대표단이 아니어서 구체적 답변은 할 수 없다"라고 전제하며 말을 이어갔지만, 리더취안은 중화인민공화국의 초대 위생부 부장(장관)이었다. 재임 기간이 1949년 10월부터 1965년 1월에 이르렀으니 장수한 장관이었다.

중국홍십자회 회장을 맡은 것은 1950년 8월이다. 신중국 성립 이전에는 대청大淸홍십자회, 중국홍십자회, 중화민국홍십자회가 있었다. 1943년부터 중화민국홍십자회 회장을 맡은 장멍린蔣夢麟은 1949년 국민당 정권 요인들이 타이완으로 피신할 때 동행했다. 신중국에서 홍십자회가 새로 정비될 때 리더취안이 초대 회장으로 추대됐다.

리더취안은 어떻게 신중국의 여성 지도자로 확고히 자리를 잡았을까? 몽골족인 리더취안은 1896년 베이징 동남부 퉁저우通州(현재 차오양구朝陽區)의 빈한한 기독교도 집안에서 태어났다. 1911년 기독교계 학교인 베이만貝滿여자중학에 들어갔는데, 이 학교는 미국의 회중교회會衆教會(조합교회組合教會, Congregational Church)가 세운 것으로 베이징에서 서구식 교육을 가장 빨리 도입한 곳으로 유명하다. 1915년 같은 계통의 셰허協和여자대학에 들어가 1919년 5·4운동이 터졌을 때는 셰허여자대학의 학생회장으로서 적극 참가했다. 셰허여자대학은 1919년 두

개의 기독교 계통 대학과 합쳐져
옌징燕京대학이 됐다. 옌징대학
은 1952년 폐교돼 베이징대학의
토대가 됐다.

1919년 8월 대학을 졸업하
고 모교인 베이만여자중학에 교
사로 부임한 리더취안은 기독교
계를 중심으로 활동 반경을 넓
혀갔다. 1922년 1월에는 베이징
YWCA 학생부 간사를 맡았고,
1925년에는 베이징에 츄즈求知
학교를 개설해 빈한한 가정의 자
녀를 받아들여 무료로 가르쳤다.
그 후에도 계속해서 빈곤층 자녀

평위샹과 리더취안 부부의 충칭重慶 시절

를 위한 학교 건설에 열정을 쏟았다. 여성해방운동에도 관심이 많았던 리더취안은
1936년 난징에서 다른 여성단체와 연합해 '수도首都여자학술연구회'를 만들어 부
녀·사회 문제를 연구했다. 또 국민당 정권이 투옥한 공산당원이나 항일 민주인사
의 구원운동에도 나섰다.

1937년 중일전쟁이 전면전으로 확대되자 다음 해 한커우漢口에서 '전국위로총
회'가 발족했다. 전장에서 싸우는 장병, 상이군인, 군인 가족을 위로하고 돕기 위한
조직이다. 리더취안은 이 조직의 지원에 나섰고 '중국전시아동보육회'를 만들어 전
쟁고아를 보살피는 활동도 펼쳤다. 일본의 항복으로 중일전쟁이 종식된 후 중국대

륙에 다시 내전의 위기가 찾아왔다. 리더취안은 진보적 여성 인사들과 전국부녀연의회全國婦女聯誼會를 조직해 주석을 맡아 내전 재발과 독재에 반대하는 운동을 벌였다. 1946년 1월 충칭에서 국민당과 공산당 세력의 대립을 조정하기 위한 정치협상회의가 열렸을 때는 군사시찰단 단원에 선출됐다. 내전이 공산당의 우세로 기운 1949년 3월 중화전국민주부녀연합회가 발족돼 부주석으로 선출됐다.

'서민 장군', '반란 장군' 등 별명이 많았던 펑위샹

리더취안의 인생을 얘기할 때 빼놓을 수 없는 사람이 있다. 그가 1924년 결혼한 서북군西北軍의 영수 펑위샹이다. 1913년 기독교 신자가 된 펑위샹은 병영 안에 예배당을 짓고 목사를 초청해 병사들에게 설교를 듣게 한 '크리스천 제너럴(기독 장군)'로 유명하다. 중국 현대사의 고비마다 파란을 일으켰던 펑위샹은 1928년 7월 2일자 미국의 시사주간지《타임》에 표지 모델로 등장하기도 했다. 이외에도 '서민 장군', '반란 장군' 등 여러 별명이 따라다닐 정도로 범상치 않은 삶을 산 무인이었다. 1923년 아내가 사망하자 다음 해 리더취안과 재혼했다.

　1882년 즈리直隷 칭현靑縣(현재 허베이성 창저우滄州)에서 태어난 그는 바오딩保定에서 자랐다. 군인이었던 아버지의 영향을 받아 열다섯 살에 바오딩의 회군淮軍 군영에 들어가 진법 등의 병서를 열심히 읽었다. 청나라 말기 리훙장李鴻章이 이끌던 회군의 지리멸렬함에 실망한 그는 1902년 위안스카이의 군대로 들어가 진급을 거듭했다. 1910년 대대장까지 오른 그는 혁명파 조직과 접촉을 갖기 시작했고, 신해혁명이 발발한 다음 해인 1912년 1월 초 허베이성 란저우灤州에서 동지들과 군사를 일으켰다. 신해혁명사에서 '롼저우 기의起義'로 기록된 이 거사는 바로 진압돼 주모자는 처형됐다. 거사에 '총참모장'으로 가담한 펑위샹은 상관의 배려로 파

타임지 표지모델로 등장한 펑위샹, 1928.7.2.　　펑위샹

직되고 목숨만 겨우 건졌다.

　　군문에 복귀한 그는 청조 멸망 후 군벌 간의 쟁탈전이 격렬해지는 가운데 자파 세력을 확산해 나갔다. 위안스카이가 1915년 12월 제정 부활을 선포하며 황제에 오르자 쑨원의 국민당파는 격하게 반발했다. 차이어蔡鍔를 중심으로 한 윈난성雲南省 군벌은 윈난의 독립을 선포했다. 위안스카이의 북양군北洋軍 지휘부는 전군의 모든 여단장 이상 지휘관에게 황제 즉위를 지지하는 성명에 이름을 올리도록 명령을 내렸으나 펑위샹은 거부했다. 그는 윈난성의 군벌을 토벌하라는 명령을 받고 쓰촨성四川省에 진주했으나 차이어와 비밀리에 정전협상을 맺었다. 위안스카이 사후 북양 정권의 실력자가 된 돤치루이段祺瑞로부터 1918년 2월 쑨원을 토벌하

도록 지시를 받았으나 펑위샹은 후베이성 우쉐武穴에서 진군을 멈추고 정전과 남북화해를 공개 주장했다.

펑위샹의 독자 행보는 1924년 9월 군벌 즈리파直隸派와 펑톈파奉川派 사이에 2차 즈펑直奉 전쟁이 발발하자 베이징에서 즈리파에 대한 반란을 주도하면서 분명히 드러났다. 그의 휘하 부대는 10월 20일 새벽 즈리파의 영수로 대총통에 오른 차오쿤曹錕을 체포하고 자금성에 거주하던 마지막 황제 푸이를 추방했다. 자신의 부대를 '국민군'으로 개칭한 그는 스스로 국민군 총사령 겸 1군 군장에 올랐고, 쑨원에게 북상을 요청하는 전문을 보냈다. 그는 '소련과 연합하고 공산당을 용인하며 노동자·농민을 돕는다'는 쑨원의 정책을 적극 지지했다.

그는 돤치루이 등 군벌 영수의 압력으로 1925년 초 베이징에서 밀려나 서북변방독판西北邊防督辦에 임명됐다. 산시성陝西省, 간쑤성, 닝샤성 등 서북 지방을 통치하는 자리다. 그의 군대는 국민군이라는 호칭을 쓰지 못하게 되어 '중화민국 서북변방군(약칭 서북군)'으로 바뀌었다. 펑위샹은 장자커우張家口로 부임하기 전에 중국공산당의 초기 지도자 리다자오李大釗, 중국 주재 소련 대사 레프 카라잔을 만나 소련의 원조를 받기로 했다. 그는 소련의 군사고문단을 서북군에 받아들였고, 장병을 선발해 소련이나 일본으로 유학을 보냈다.

1925년 5월 상하이에서 5·30사건이 터지자 펑위샹의 격정이 다시 발동했다. 상하이 조계에서 대학생을 비롯한 군중이 반제국주의 시위를 벌이자 영국 경찰 간부가 발포 명령을 내려 열세 명의 사망자와 수십 명의 중상자를 낸 이 사건은 중국에서는 '5·30참안慘案' 또는 '5·30혈안血案'으로 불린다.

발단은 보름 전인 5월 15일 상하이의 일본계 면방공장에서 쟁의를 유혈로 진압했기 때문이다. 공장 관리자의 발포로 노동자 한 명이 죽고 10여 명이 다쳤다. 중국의 주요 도시에서 대학생과 노동자가 항의시위에 나서면서 반제국주의 분위기가 고조됐다. 5월 29일 청다오青島의 일본계 방적공장에서 파업이 벌어지자 일본군과 북양군벌이 철저히 진압해 수십 명의 사상자를 내는 사태로 번졌다. 다음 날 상하이에서 아침부터 시위를 벌이던 대학생 열다섯 명이 연행되자 오후에는 1만여 명의 군중이 영국 조계인 난징로에 모여 연행학생 석방과 '타도 제국주의' 구호를 외쳤다. 조계 경찰의 과잉 진압으로 중국 전역에 반제운동이 고조돼 다음 해 10월까지 계속됐다.

펑위샹은 돤치루이에게 전문을 보내 국난에 맞서 선두에 서라고 요구했다. 그는 장자커우에서 여러 차례 학생과 민중의 반제시위 대회를 열었고 앞장서서 〈국치가國恥歌〉를 선창했다. 그는 산하 부대 장교들에게 파업 노동자를 돕기 위한 기부를 호소하고 무력으로 '제국주의의 도살 정책'에 반격하자는 주장까지 폈다.

쑨원의 삼민주의 정책을 지지하고 민족주의 색채가 강한 펑위샹을 북방의 군벌 영수들은 눈엣가시처럼 여겼다. 1925년 연말이 되자 전쟁까지 치렀던 펑톈계 군벌, 즈리계 군벌이 연합해 서북군을 협공하려 했다. 구석에 몰린 펑위샹은 1926년 1월 돌연 하야 성명을 내고 3월에 아내 리더취안과 소수의 측근을 데리고 군사 시찰 명목으로 소련으로 향했다. 그는 모스크바로 가는 도중 울란바토르에서 소련이 파견한 미하일 보로딘 국민당 고문을 만나 지원 방안을 논의했고, 모스크바 도착 이틀째인 5월 10일 국민당 가입을 선언했다.

'우위안서사'로 국민혁명군 가담, 북벌에 공헌

소련에서 3개월 체류한 뒤 서북군에 돌아온 펑위샹은 국민당의 국민혁명군에 가담하기로 결심했다. 서북군은 군벌연합 세력에 쫓겨 당시 내몽골의 우위안五原에

우위안에서의 거병을 기리는 펑위샹 동상,
제자는 마오쩌둥의 필적이다

펑위샹, 장제스, 옌시산(왼쪽부터)

본대를 두고 있었다. 그는 9월 17일 우위안에 부대를 집결해 국민군연군國民軍聯軍
으로 개편하고 총사령에 올랐다.

또한 전 부대원을 국민당 당원으로 선포하고 깃발도 북양北洋 정부가 쓰던 오색
기五色旗에서 청천백일기青天白日旗로 바꿨다. 중국 현대사에서 '우위안서사五原誓
師'로 기록된 사건이다. 서사는 군대가 출정하기 전 모든 장수가 장병을 모아놓고
훈시하거나 결의를 다지는 대회를 뜻한다.

펑위샹의 군대는 먼저 산시성陝西省으로 진군해 즈리파 군벌 세력을 몰아내고
허난성으로 진주해 1927년 5월에는 중원의 뤄양洛陽, 정저우鄭州를 제압했다. 펑
위샹 부대의 궐기는 1926년 6월에 시작됐다가 답보 상태에 있던 국민혁명군의 북
벌에 큰 원군이 됐다. 북벌은 국민혁명군의 북상에 쫓긴 펑톈파의 장쭤린이 1928
년 6월 동북 지방으로 귀환하다가 폭살당하며 끝났다.

펑위샹은 1927년 4월 제1차 국공합작을 깨뜨린 장제스의 상하이쿠데타 때 장

제스를 지지했으나 점차 틈이 벌어졌다. 북벌이 완료됐을 때 펑위샹의 병력은 약 30만 명으로 늘어났고, 장제스는 군축을 압박하며 견제에 나섰다. 펑위샹은 산시성의 군벌 옌시산 등을 끌어들여 몇 차례 반장제스 전쟁을 일으켰다가 장제스의 재빠른 대응과 이간책으로 실패하고 국민당에서 제명됐다.

산시성山西省 펀양과 타이산泰山에 은거하던 그는 1931년 9월 일본군의 동북 지방 침략 후 국민당에 복귀해 1933년 5월 차하르에서 민중항일동맹군을 결성했으나 별다른 성공을 거두지 못했다. 그는 1935년 11월 쑨원의 부인 쑹칭링, 국민당 좌파이자 여권운동 선구자인 허샹닝(랴오청즈의 어머니) 등 열세 명과 함께 쑨원의 3대 정책(소련과 연합하고, 공산당을 용인하며, 노동자와 농민을 돕는다)을 회복하도록 요구하는 문건을 국민당 당국에 제출했다. 그해 12월에는 장제스가 항일 실행을 약속하겠다는 조건을 달고 난징으로 가서 국민정부 군사위원회 부위원장을 맡았다. 그러나 1937년 7월 항일 전쟁이 전면적으로 확대된 후에도 그에게 전선 지휘관으로서의 역할은 주어지지 않았다. 그는 각지를 돌아다니며 항전 의식을 고취하는 문화 선전 활동을 열정적으로 했다.

항일 전쟁이 중국의 승리로 끝난 후 펑위샹은 장제스에게 내전 반대를 주장했으나 무시당했다. 1946년 초 미국 방문을 위한 출국 허가를 요청한 그는 9월에 수리水利사업을 시찰한다는 명목으로 미국으로 향했다. 동행한 리더취안은 그해 10월 미국에서 열린 세계부녀대표대회에 참가했다.

펑위샹은 미국 체류 기간 중 국내 정세를 주시하다가 1947년 5월 샌프란시스코 신문에 〈전국 동포에게 고하는 글〉을 발표했다. 그는 즉시 정전을 요구하고 중국민주동맹의 지도자 장란張瀾, 쑹칭링 등 원로들로 화의를 주선하게 해서 '진정한 연합정부'를 구성하자고 주장했다. 그는 6개월 뒤 〈나는 왜 장제스와 결렬했나〉라는 글을 발표해 장제스 정부가 중국의 역대 부패 정권에서 최고봉이라고 비난했다. 분노한 장제스는 펑위샹에게 12월 말까지 귀국하도록 명령했다. 펑위샹이 거부하자 장제스는 그의 여권을 취소하고 미국 정부에 추방을 요청했다.

1948년 1월 중국국민당 혁명위원회가 홍콩에서 발족하자 펑위샹은 상무위원과 정치위원회 주석에 선출됐다. 그는 국민당 당적 박탈에 대한 성명을 내고 국민당 안의 민주파 동지와 함께 장제스의 독재를 전복하고 중국에서 화평과 민주화를 실현하기 위해 분투한다고 말했다. 그는 또 국민당 특무 요원의 암살을 막으려는 방편으로 미리 써놓은 유서에서 "대담하게 말하고, 대담하게 행동하며, 인민을 위해 고난을 겪고, 인민을 위해 죽을 것"이라고 표명했다.

그는 7월 말 중국공산당이 제창한 중국인민정치협상회의에 참석하기 위해 알렉산드르 파뉴슈킨 미국 주재 소련 대사의 협조를 얻어 소련 선박에 탑승했다. 그가 탄 선박은 9월 1일 흑해를 지나 오데사항으로 향했는데, 갑자기 의문의 화재가 발생했다. 펑위샹은 그의 셋째 딸과 함께 불귀의 객이 됐다. 주검은 항공편으로 모스크바로 옮겨져 리더취안의 뜻에 따라 화장됐다. 그의 유골은 그해 11월 중국에 돌아와 1953년 10월 타이산에 묻혔다.

중·일 적십자사 첫 접촉

일본 침략군의 뒤를 따라 중국 각지로 진출했던 일본인은 패전으로 신세가 급전직하했다. 서둘러서 귀국길에 올랐던 사람은 교통편을 구하지 못해 애를 먹었고, 중국인의 간헐적 보복에 시달려야 했다. 가재도구와 귀중품을 처분해가며 버티면서 대도시의 항구에 도착해 미군의 수송선에 재빨리 탑승할 수 있었던 사람은 그나마 나은 편이었다. 전후 혼란기에 목숨을 잃거나 가족 간 생이별을 경험한 사람도 적지 않았다.

내전이 끝나고 중화인민공화국이 성립할 무렵 중국에 남은 일본인 거류민 수는 3만 명이 넘었다. 잔류 일본인 교민의 귀국은 두 나라 사이에 국교가 없는 상태에서 적십자사가 해결해야 할 과제였다.

양국 적십자사 간의 첫 접촉은 1950년 여름 모나코 몬테카를로에서 열린 국제적십자사 이사회에서 이뤄졌다. 국제적십자사는 새로 결성된 신중국의 중국홍십자회를 승인했고, 일본적십자사는 전후 처음으로 국제적십자사 회의에 대표단을 파견해 양자 접촉의 토대가 마련된 셈이다. 리더취안은 출국 전 저우언라이 총리로부터 시마즈 다다쓰구 일본적십자사 사장과 접촉하라는 지시를 받았다.

시마즈는 가고시마 지역을 오랜 기간 통치해온 시마즈 가문의 후예로, 일본 패망 전에는 공작 신분이었고 귀족원 의원도 겸했다. 1930년 교토제국대학 법학부를 나온 그는 적십자사에서 줄곧 일했고 1946년 사장에 올라 19년간 재임했다. 시마즈가 중국에 있는 일본인 간호사가 300여 명에 이른다고 제기하자 리더취안은 조사해보겠다고 약속했다. 리더취안은 잔류 일본인의 귀국 문제에도 협력할 용의를 밝혔다.

일본 대표단이 귀국해 중국의 협력 용의를 전하자 잔류 교민의 가족 중심으로 반향이 일었다. 침략전쟁을 반성하면서 중국과의 평화와 우호를 기원하는 일중우호협회, 일본평화연락회 등의 민간단체도 잇달아 발족했다. 이 두 단체는 일본 정부와 적십자사에 중국으로 선박을 보내 잔류 교민을 귀국시키는 방안을 추진하라고 촉구했다.

여성운동가 고라 의원의
방중, 민간 교류의 문 열어

1952년 새로운 전기가 마련됐다. 고라 도미高良とみ를 비롯한 참의원 두 명과 중의원 한 명이 중국을 방문해 리더취안을 만난 것이다. 여성운동, 평화운동에 관여했던 고라는 무소속 의원의 모임인 녹풍회綠風會 소속이었다. 미국의 컬럼비아대학, 존스홉킨스대학에 유학해 심리학 박사 학위를 얻은 고라는 1952년 5월 파리에서 열린 유네스코 회의 참석을 목적으로 출국했다가 일본 정부의 제지를 뿌리치고 모스크바에서 열린 세계경제회의에 참석했다. 당시 일본 정부는 자국민의 소련, 중국 방문을 허용하지 않았기 때문에 이는 전후 일본인이 소련에 처음으로 입국한 사례. 고라는 모스크바 체류 중 시베리아 억류 일본인을 만나고 싶다고 소련 쪽에 요청해 하바롭스크 21분소를 방문했다.

고라는 귀국길에 두 명의 의원과 함께 중국에 들렀다. 모스크바 세계경제회의에 참석한 난한천南漢宸 중국인민은행 총재 초청으로 베이징에 간 고라는 6월 1일 바터barter 방식의 1차 중일민간무역협정을 체결했다. 이것은 중·일 간의 정부 접촉이 없는 상황에서 이뤄진 첫 민간 교류였다. 난한청은 1920년대 중반 펑위샹, 양후청楊虎城의 부대에서 공산당원으로 통일전선 비밀공작을 수행했고, 후에 신중국의 초대 인민은행 행장이 됐다. 중국국제무역촉진위원회 주석을 역임했던 그는 문화대혁명 때 조반파造反派의 박해를 받아 1967년 1월 자살했다.

고라 일행은 리더취안과 만나 잔류 일본 교민의 귀국 문제를 논의했다. 그해 12월 베이징방송은 약 3만여 명의 일본인 교민이 중국 정부의 보호 아래 거주하고 있다고 밝히고, 중국 정부가 홍십자회 및 일본 측의 세 단체와 협의해 일본인 송환을 도울 것이라고 보도했다. 중국 정부는 관영 통신사인 신화사 기자의 질의에 답변하는 형식을 빌려 일본이 배를 준비한다면 일본의 관련 민간단체가 중국을 방문해 중국홍십자회와 구체적 대화를 할 수 있을 것이라고 밝혔다.

고라 의원은 일본적십자사, 일중우호협회, 일본평화연락회가 포함된 일곱 명의 대표단을 조직했다. 일본 정부는 이 세 단체의 중국 방문을 허용하고 시마즈 적십자사 사장 중심으로 중국의 각 방면과 거류민 귀국 문제를 논의하는 것에 동의했다. 하지만 일본 정부는 고라 의원에게 출국 비자 발급을 거부했다. 오카자키 가쓰오岡崎勝男 외상은 고라 의원이 이미 여권법을 위반했고 중국이 초청한 세 단체의 구성원도 아니라고 이유를 밝혔다. 세 단체의 대표는 고라 의원이 빠지면 출국하지 않겠다고 버텨 결국 출국 예정 당일 고라의 비자가 나왔다. 일본 대표단은 1953년 1월 26일 하네다를 출발해 홍콩을 경유해 베이징으로 들어갔다.

중국 대표단은 홍십자회 간부 중심의 여섯 명으로 꾸려졌는데, 랴오청즈가 '홍십자회 고문' 자격으로 단장을 맡았다. 양쪽은 2월 15, 20, 23일 세 차례 정식 회담을 열어 합의문을 조율했다. 랴오청즈는 중국은 모든 일본인 귀국 희망자의 귀환에 협력하며, 이들의 출국과 관련한 준비를 이미 끝냈다고 밝혔다. 그는 출국 전에 필요한 귀환 희망자의 여비, 식비, 숙박비를 중국이 부담하겠다고 말했다. 양쪽 대표단은 3월 5일 일본 정부가 3월 하순부터 중국이 지정하는 항구에 선박을 파견하면 약 2년간에 걸쳐 희망하는 사람을 일본에 보내기로 한다는 공동 코뮤니케(베이징협정)에 서명했다.

3월 22일 고안마루 등 세 척의 일본 선박이 톈진항에 도착해 1차 귀국자를 태웠다. 선박이 마이즈루에 도착하자 귀환자는 중국에서의 체험, 중국 민중과 정부에 대한 깊은 감사의 마음을 토로했다. 이들의 얘기는 언론을 통해 널리 보도돼 신중국에 대한 일반 대중의 이미지를 개선하는 데 크게 기여했다. 베이징협정 체결로 마지막 집단이 귀환한 1958년 7월까지 총 3만 2506명이 귀국했다.

베이징회담에서 일본적십자사는 홍십자회 대표단의 방일을 초청했으나 요시다 내각은 정치적으로 이용될 우려가 있다는 이유로 승인을 계속 보류했다. 리더취안은 방일 초청 계획이 전혀 진전을 보이지 않자 1953년 10월 10일 2차 민간무역협정 체결 문제로 방중한 일본 의원단에게 일본인 귀환 지원 사업을 중단한다고 통보했다. 리더취안은 일본인 전범의 귀국 문제를 거론하기 시작했다. 그는 1954년 7월 29일 방중한 일본평화대표단(단장은 철학자 야나기다 겐주로柳田謙十郞)에 인민해방군의 관대한 조치로 가까운 시기에 일본인 전범이 석방될 것이며, 일본의 세 민간단체와 협의해 귀국을 지원할 용의가 있다고 밝혔다.

요지부동이던 일본 정부는 국회에서 홍십자회초청결의안이 채택되고 나서야 1954년 8월 2일 대표단 초청을 승인했다. 중국은 화답이라도 하듯 19일 중앙정부 혁명군사위원회 총정치부가 허베이성 이현 시링농장에 수용 중인 일본인 전범 417명을 면소 석방했다고 밝혔다. 기소면제로 석방된 첫 사례인 이들은 9월 27일 고안마루에 승선해 마이즈루에 도착했다. 이런 과정을 거쳐 리더취안 일행은 일본적십자사가 초청 의사를 밝힌 지 1년 8

개월 뒤에야 일본 땅을 밟았다.

일본, 중국인 유골 반환으로
보답

잔류 일본인 귀국과 관련한 중국의 '관대한 조치'가 일본 전역에 알려지자 전쟁 기간 중 강제로 끌려왔다 희생된 중국인의 유골을 돌려보내 중국의 우의에 보답하자는 운동이 일어났다. 일본 불교 종파의 하나인 진종眞宗 오타니파大谷派의 하코다테별원別院 주지이자 참의원 의원이었던 오타니 에이준大谷瑩潤 등이 나서서 일본인 수송 선박을 이용해 중국인 유골 7000여 구를 몇 차례로 나눠 보내자고 제의했다.

일본은 전쟁 말기 국내의 노동력이 부족하자 중국인을 마구잡이로 끌고 와 탄광을 비롯해 135개의 사업소에 배치했다. 그 수는 3만 8935명에 이르며, 혹사로 숨지거나 살해된 사람은 6830명으로 집계됐다. 가장 큰 참극은 하나오카花岡사건이었다. 1945년 6월 30일 아키타현秋田縣 하나오카광산 일대에서 중국인 강제노역 피해자들이 굶주림과 중노동에 항거해 봉기했다. 하나오카광산 일대에 투입된 중국인 986명 가운데 일본 헌병과 경찰의 잔혹한 진압으로 숨진 사람은 100여 명이다. 굶어죽거나 병으로 숨진 사람까지 합치면 희생자는 420명에 이른다.

전쟁 때 정부의 군국주의 정책에 편승한 과거를 반성하는 일본 불교계와 시민사회는 중국인포로순난자위령실행위원회를 구성해 유골 송환에 나섰다. 1953년 6월과 8월 톈진항에 유골이 도착하자 랴오청즈 등 2000여 명의 중국인이 나와 장엄한 의식으로 인수했다. 중국은 유골을 포로 희생자가 아니라 항일 열사로 맞아들였다. 일본의 시민단체는 1956년 말까지 7회에 걸쳐 유골 2724구를 중국에 보냈다.

리더취안은 1차 방일에서 3년여가 지난 1957년 12월 다시 일본을 찾았다. 열세 명으로 구성된 홍십자회 대표단의 방일 목적은 중국인의 유골을 챙겨 보내준 것에 사의를 표명한다는 것이었다. 6일 인도항공편으로 하네다공항에 도착한 리더취안은 유골송환운동을 이끈 오타니 에이준 환영위원회 위원장, 마쓰모토 지이치로松本治一郎 일중우호협회 회장 등 1000여 명의 영접을 받았다. 리더취안은 중·일 간에 민간단체의 왕래가 활발해져 우정이 깊어지고 밝은 미래가 기대된다고 밝혔다.

1차 방일 때와 마찬가지로 부단장으로 참가한 랴오청즈가 기자회견에 임해 일본인 잔류자 귀국, 중국에서 숨진 일본인 유골 반환, 수감 중인 일본인 전범 석방 전망 등에 대해 답변했다. 홍십자회 대표단은 26일까지 체류하며 일본 각지에서 중국인 희생자의 위령제를 거행했다.

중·일 간 교류에 새로운 장을 연 리더취안은 양국 국교가 정상화되기 5개월 전인 1972년 4월 베이징에서 세상을 떠났다. 리더취안은 1964년 12월 중국인민정치협상회의(약칭 인민정협 또는 정협) 4차 전국위원회에서 부주석으로 선출돼 사망 시까지 그 직을 유지했다.

양형을 둘러싼
논란과 단호한
저우언라이 총리

●

장관급·좌관급 이상
취조에 저항

위관급 이하를 대상으로 한 인죄운동은 치열하게 전개됐지만 비교적 단기간에 가닥이 잡혔다. 위관급 이하는 자율조직인 학습위원회를 구성해 인죄운동의 성과를 다양한 형태로 담아냈다. 각자의 체험을 토대로 르포 형식의 창작물을 써서 문집으로 낸다거나 연극 대본을 써서 무대에 올렸다. 무대의 소도구는 물론이고 배우의 역할 분담이나 연기 연습도 모두 자력으로 했다. 문집 발간이나 연극 상연은 그 자체가 인죄운동을 진전시키는 역할을 했다. 기억의 저편에 꽁꽁 감추어두었거나 존재 자체를 부정하고 싶었던 전장에서의 잔혹한 행위가 백일하에 드러나면서 이들은 부끄러운 과거를 대면하지 않을 수 없었다. 자신이 어떻게 하다가 그런 짓을 저지르게 됐는지, 그런 행위가 만연했던 배경에는 무엇이 있었는지 성찰의 계기가 됐다.

하지만 직책이 비교적 높은 장관급, 좌관급 이상 간부 전범은 인죄운동에 냉소적이거나 소극적이었다. 위관급 이하는 침략전쟁에 동원된 하수인이라는 신세를 깨닫게 되면 전범 행위를 구체적으로 말했으나, 간부급은 입을 다물거나 죄상을 얼버무리고 책임을 다른 상급자나 부하에게 떠넘기려 했다.

푸순전범관리소는 1954년 봄 동북공작단이 대거 부임하기 직전에 6소의 간부급을 전원 독방에 수용했다. 관리소는 1953년 가을 3, 4소의 하사관급 20~30명을 임시로 6소에 보내 합방했다. 관리소가 이미 전쟁범죄 행위를 자인하고 인죄 태도가 검증됐다고 판단한 사람들이다. 간부급은 이들과의 접촉을 통해 중국 당국의 인죄, 조사에 관한 방침을 알아차렸다. 또 자신들의 인죄 수준이 이들의 언행과 비교해 극히 초보 단계라는 것도 알았다.

독방에 수용된 이후에도 간부의 처우는 크게 달라지지 않았다. 한 건물에 개별 방을 설치해놓고 한쪽 구석에 공동 세면소와 변소가 설치됐다. 세면과 용변은 한 사람씩 복도로 나가서 하도록 했다. 식사는 간수가 독방에 가져다주었는데 이전보다 영영가가 높은 것으로 지급됐다. 어육류, 제철 채소, 김, 버섯, 죽순 등이 나왔다.

취조는 관리소에서 멀지 않은 건물에 차를 타고 이동해 실시됐다. 취조실에 들어가면 검찰원과 통역이 상대했다. 간부급은 대부분 소련에서도 여러 기관의 조사를 받았던 경험이 있다. 소련의 취조관은 괴뢰 만주국이나 중국에서 벌어진 일을 잘 알지 못했고 자료 정리도 부실했기에 피조사자가 시종일관 부인하면 그냥 넘어갔다. 하지만 동북공작단의 조사는 주도면밀한 점에서는 소련과 비교가 되지 않았다. 중국은 압수한 일본군과 행정, 사법 기관의 자료를 바탕으로 각종 문헌을 정리하고 전쟁범죄 행위가 벌어진 현지의 증거 자료를 수년에 걸쳐 수집했다. 수많은 피해 당사자나 유족의 고발장을 접수해 정리해놓고 목격자 등 증인도 확보해놓았다.

이렇듯 중국 검찰원(검사)은 상당한 양의 증거 자료를 갖고 있었지만 간부급을 다그치는 자세를 취하지는 않았다. 어디까지나 피조사자 스스로 자백하도록 하고 진전이 없으면 방에 돌아가 잘 생각해보라는 식으로 나왔다. 결정적 증거 자료를 갖고 있어도 미리 보여주면서 심문하는 경우는 아주 드물었다. 간부급은 검찰원의 유연한 추궁 방침과 상관없이 일단은 항거하는 자세로 나왔다. 죄를 시인하면 바로 극형으로 이어지리라는 불안감이 크게 작용했다. 수감된 일본인 문관 중에서 서열이 가장 높은 다케베 로쿠조는 심문 첫날 자신을 지사志士에 비유하며 "탄백할 죄가 없다"라고 심문을 거부했다. 그는 "일본과 만주국 사이의 일심일덕一心一德(모두 한마음으로 일을 한다는 뜻)을 주장해온 사람으로서 내가 한 일은 모두 만주국의 이익을 위한 것"이라고 주장했다. 39사단장 사사 신노스케 중장은 오히려 반격을 가하려 했다. 그는 "전쟁에서는 쌍방이 서로를 살상하기 마련이다. 우리의 살상이 죄가 된다면 당신들의 살상도 죄가 아닌가?"라고 따졌다.

"내 부하들이 그런 잔혹한
행위를 할 리가 없다"

동북공작단은 전쟁범죄를 인정하거나 뉘우치려는 기색을 전혀 보이지 않는 이들을 공략하기 위해 고심했다. 공작단은 반동의 보루를 무너뜨리기 위해 '가장 완고한 극반동'인 나가시마 쓰토무長島勤 소장을 탄백대에 세우기로 했다. 1888년 사이타마현에서 출생한 그는 1910년 5월 일본 육사를 22기로 졸업했다. 1937년 1월 대좌로 승진해 다음 해 12월 장쑤성의 쑤저우蘇州특무기관장이 됐다. 1942년 4월 새로 편성된 59사단의 54여단장으로 부임했고, 1943년 6월부터 1945년 4월까지는 산둥성의 지난濟南방위사령관을 겸임했다. 5월에는 59사단이 관동군 예하로 편입돼 함흥으로 이동했고, 패전 후 북한에 진주한 소련군에 잡혀 포로가 됐다. 그의 직속상관 후지타 시게루 중장은 육사 23기였으니 1기 후배 밑에서 여단장을 한 셈이다.

나가시마는 학습위원회가 주최하고 관리소의 지도원과 검찰원이 방청자 신분으로 참관한 탄백대회에서 단상에 올라 당당하게 얘기를 시작했다. "제군이 알다시피 나는 공무에 충직하고 사사로움이 없는 사람이다. 지난날 나는 무고한 평민을 해쳐서는 안 되며 재물을 빼앗아도 안 된다고 항상 제군을 타일렀다. 그래서 나는 부하들이 비인도적 행위를 하지 않았으리라고 확신한다." 나가시마가 이런 식으로 나오자 장내에 술렁임이 일었고, 병사들의 야유가 쏟아져 나왔다. "당신은 탄백을 하는가, 훈시를 하는가?" "훈시는 그만두고 죄를 탄백하라." "당신은 '소탕전'을 어떻게 지휘했는가?" "라이우현萊蕪縣 학살은 어떻게 일으켰나?"

나가시마는 1942년 4월 54여단장 부임 이래 산둥성 라이우현, 타이안현泰安縣, 멍인현蒙陰縣 등지에서 수많은 소탕전을 벌여 중국인을 무차별 학살하고 마을을 불태워 '무인지구無人地區'로 만들었다. 1942년 음력 8월 2일 라이우현 류바이양촌劉白楊村 학살은 당시 이 일대에서 벌어졌던 많은 참극의 하나다. 류바이양촌은 현재 산둥성 라이우시 라이청구萊城區 차예커우진茶業口鎭에 있다. 산둥성 중부 타이산 동쪽 골짜기에 있는 라이청구는 항일전쟁기 공산군의 중요한 항일 근거지였다. 나가시마의 부대는 류바이양촌을 포위해 불을 질러 잿더미로 만들고 산속에 피신한 농민 32명을 모두 총검으로 찔러 죽였다. 일본군은 농민을 데리고 피신하다 잡힌 한 사람의 눈알을 뽑아 조롱하다가 군도로 배를 갈라버렸다. 54여단은 1945년 7월까지 열다섯 차례의 토벌 작전을 벌여 항일 전사 1660명, 백성 970명을 살해하고 민가 2220칸을 태워버렸다는 것이 중국 쪽의 조사 결과다. 또 양식 6000톤을 약탈하고 농민을 연행해 강제 노동시킨 일수가 12만 일을 넘었다.

나가시마는 부하들이 앞다퉈 54여단의 죄상을 고발해도 머리를 숙이지 않았다. 그는 "과연 그런 무참한 일이 있었단 말인가?"라며 반문하고 "내 부하들은 그런 잔악한 일을 할 수 없다"라고 주장했다. 그는 옛 부하들이 "궤변을 그만두고 죄를 말하라"라고 옥죄어도 "그런 잔인한 일이 있었다면 대대장들은 무엇 때문에 나에게 보고하지 않았는가?"라고 되받아쳤다. 그러자 대대장이 일어나 소탕전의 실상을 자세히 설명했다. 궁지에 몰린 나가시마는 "백성의 생명을 해치고 약탈한 일이 있다면 그것은 망나니의 소행이다. 내가 부하를 너무 믿었던 것이 잘못이다"라며 자신과는 관련 없는 일로 피해가려 했다. 병사들은 "당신이야말로 망나니다. 공로를 표창할 때는 모든 것을 자기 공로로 보고하다가 오늘은 책임을 아랫사람에게 덮어씌우고 있으니, 이것이 세상 망나니가 아니고 뭔가"라고 따졌다. 탄백대회는 두 시간 이상 진행됐지만 나가시마는 단 한 가지도 자신의 죄를 인정하지 않았다. 하지만 오만한 자세로 말문을 열었다가 집중 반박을 당하고 풀이 죽었다.

"전쟁에 진 장군은 쟁반에 놓인 물고기 신세인가"

장군을 비롯한 간부급은 자신에게도 올가미가 좁혀지고 있다는 위기감을 느꼈다. 하지만 탄백하더라도 무엇을 어디까지 어떻게 인정해야 할지 혼란스러워 쉽게 입을 열지 않았다. 동북공작단은 압박의 강도를 높이기 위해 후루미 다다유키 전 총무청 차장을 다시 탄백대에 올렸다. 후루미는 단상에 올라 인간으로서 용서받지 못할 대죄를 지었다고 거침없이 말했다. 그는 "일본의 후대를 교양하기 위해, 참혹한 전쟁이 다시는 일어나지 않도록 사람들을 각성시키기 위해 사형을 내려주기를 간절히 바란다. 나는 천 번, 만 번 죽어도 죄를 씻을 수 없다"라고 말하고 무릎을 꿇은 채 한동안 일어나지 않았다. 관리소 책임자는 총평을 하면서 "지난날의 적이라 하더라도 일단 무기를 내려놓은 후 반항하지 않고 죄를 진심으로 뉘우치기만 하면 우리는 살길을 준다. 이것이 중국공산당의 일관된 정책"이라고 강조했다.

간부급이 느끼는 심리적 초조감은 갈수록 깊어졌다. 불면의 밤이 이어지고 식욕이 사라졌다. 나중에 기소자 선별이 마무리되고 선양특별군사법정이 열렸을 때 첫 테이프를 끊은 것이 일본 육군 관련 여덟 명의 재판이었다. 공소장 1번으로 지정된 사람은 117사단장 스즈키 히라쿠 중장이었다. 117사단은 1944년 7월 허난성 신샹에서 독립보병 14여단을 중심으로 편성된 치안사단이다. 스즈키는 1941년 8월 소장으로 진급해 별을 달았고 1944년 7월 117사단장 대리가 됐다. 다음 해 4월 중장으로 승진하며 정식으로 사단장이 됐다가 일본의 항복 선언 뒤인 8월 31일 지린성 궁주링에서 포로가 됐다.

스즈키 중장도 취조가 본격화되자 식사를 제대로 하지 못했다. 간수는 그가 아프다고 판단해 취사반에 연락해 환자용 식사를 가져다주었다. 스즈키는 쟁반 위에 데친 생선, 달걀볶음이 있는 것을 보고 '전쟁에 진 장군은 쟁반의 물고기 신세로구나'라며 탄식했다고 한다. 그는 평소보다 좋은 식사가 나오자 처형 직전에 주는 식사로 지레 넘겨짚었다.

중국 중앙당안관(중앙공문서관)은 특별군사법정에 기소된 전범 45인의

일본의 침략전쟁 왜곡 추세가 거세지자 중국이 2014년 온라인에 공개한 일본인 전범 자술서

자필 진술서를 오랜 기간 보관하고 있다가 2014년 7월 초 날마다 하나씩 공개하기 시작했다. 시기적으로는 2006년 총리에 취임했다가 1년 만에 사퇴한 아베 신조가 2012년 12월 재집권에 성공하고 나서 1년 7개월이 지난 때다. 2차 아베 정권에서 평화헌법 개정 요구 등 우경화 조짐이 거세게 일자 중국이 견제하기 위해 '전범 자술서 공개'라는 카드를 꺼내든 것이다. 이때도 스즈키의 자술서가 가장 먼저 공개됐다. 이제는 중국의 관련 사이트에서 전범의 자술서를 쉽게 볼 수 있다.

"황군의 정체란 이런 것이었나"

푸순에서 가장 늦게 풀려난 세 사람 중 하나인 사이토 요시오 전 만주국 헌병훈련처장은 인죄 심문 과정이 다른 완고분자에 비해 비교적 순탄하게 진행됐던 것 같다. 사이토는 약 두 달간의 취조가 끝난 후 독방에서 2인 1실로 옮겨졌다. 평톈성 경무청장 겸 지방보안국장을 했던 미야케 히데야三宅秀也와 같은 방에 배정됐다. 도쿄제국대학 법학부 정치학과를 나온 미야케는 나중에 기소 45인에 포함돼 금고 18년형을 받고 1963년 4월 풀려났다.

사이토는 수기에서 2인 1실로 온 뒤 맞은편 방에 수감된 러허성 경무청장 T가 자신의 목을 손으로 자르는 손짓으로 머지않아 단두대에 오르게 된다는 심정을 표현했다고 썼다. 이것은 당시 한 개인이 아니라 간부급 대부분의 심경을 나타낸 것으로 보인다. 러허성 경무청장 T는 사이토가 직책을 혼동했을 가능성이 있다. 그가 언급한 사람은 다이 규지로田井久二郎로 추정된다. 마지막 보직은 룽장성 치치하얼경찰국 특무과장, 직급은 경정이었다. 고치현 출신인 다이는 향리의 구보카와고등소학교를 나와 1923년 8월 고치현의 순사교습소에 들어갔다. 바닥에서부터 출발한 그는 1933년 9월 규슈의 사가현 가라쓰경찰서 특고주임을 끝으로 일본 경찰을 사직하고 만주국 북만北滿특별공서 경무처 특무과로 옮겼다. 이후 푸순경찰서, 러허성 경무청 등 주로 항일 분자를 색출하는 특무 분야에서 근무했다. 그는 16년 형을 선고받았으나 1957년 5월 조기에 석방됐다.

사이토는 보병 중위 근무 시 헌병 교육을 받고 병과를 옮겼다. 식민지 조선에서도 여러 차례 근무해 평양헌병분대장, 연안(황해도)헌병분대장, 함흥 분대장 등을 지냈다. 1934년 12월 관동헌병대사령부로 발령받아 경무부에서 거의 3년간 근무했고, 만주국 수도인 신징헌병대장을 했다가 1939년 3월 다시 관동헌병대사령부로 돌아와 1년 5개월간 경무부장으로 있었다. 1942년 7월 남지나파견군 헌병대장을 끝으로 도쿄의 헌병대사령부에서 예편 대기 상태로 있다가 두 달 뒤 지나파견군 총군사령부 군사고문부로 소집됐다. 그는 왕징웨이汪精衛 괴뢰 정권의 군사고문으로서 경찰이나 보안대 지휘 업무에 종사하다가 1944년 6월 말 소집 해제됐다.

일본에 돌아와 그해 10월 와카모토제약회사에 들어갔으나 이듬해 2월 만주국으로 옮겨 헌병훈련처장이 됐다. 일본군에서는 헌병 대좌로 예편해 별을 달지 못했으나 만군에서는 소장이 됐다. 그가 일본군 군복을 벗은 후 전쟁 말기 만주국으로 가지 않았더라면 아마도 시베리아 억류를 포함해 거의 19년에 이르는 수감 생활은 하지 않았을 것이다.

중국 당국이 주목한 사이토의 주요 전쟁범죄 혐의는 1930년대 중반 관동헌병대 경무부에 복무하면서 동북 지방에서 공산당 중심으로 벌어지던 항일 투쟁의 근절 대책을 수립한 것과 관련이 있다. 공산당 세력 박멸을 몰아붙인 사람은 1935년 9월 관동헌병대 사령관, 관동국 경무부장에 부임한 도조 히데키였다. 관동헌병대는 그해 12월 중장으로 승진한 도조의 독려 아래 공산당 동북(만주)성위원회를 파괴하고 각 조직의 책임자 검거에 열을 올렸다. 관동헌병대는 일본 본토에서 공산당 탄압 경험이 있는 특고 베테랑을 만주국 주재 일본대사관 경무부나 만주국 경찰기관으로 불러들였다. 또 지역별로 경무통제위원회를 구성하고 그 지역의 헌병대 사령관이 위원장을 맡아 예하 헌병대와 만주국의 경찰, 치안기구를 동원해 항일 무장 세력을 소탕하도록 했다. 사이토는 신징헌병대장 재임 기간을 포함해 5년 8개월간 관동헌병대 경무부에 근무하며 관동헌병대 사령관 다섯 명을 보좌했다.

사이토는 인죄운동이 격렬하게 벌어지던 시기에 자신의 인죄 계기를 이렇게 토로했다.

전쟁 중 이 손으로 사람을 학살한 일은 없다. 그러나 다수의 부하가 전쟁범죄를 범하지 않았다고 단언할 용기는 전혀 없다. 부하의 범죄는 자신의 범죄다. 누구도 주민을 죽이라고 말하지 않는다. 하지만 취조할 때 고문한다는 것을 알고 있으면서 그것을 묵인하거나 부하가 피의자를 빙실氷室에 감금해서 동사시킨 것을 자신의 책임이 아니라고 도피하는 것은 비열한 행위다.

게다가 가해자는 목적을 위해 수단을 가리지 않는다. 여기에 집행자의 의사가 작용하는 경우가 자주 있다. 이때 내가 그것까지 명령하지 않았다고 책임을 회피할 마음은 도저히 들지 않는다. 상위에 있는 자가 부하의 책임을 스스로 지는 것, 이것은 회피하기 어려운 것이라고 생각한다.

또한 창작 활동을 통해 폭로된 일본 군대의 잔인한 행동을 알게 되자 '황군의 정체란 이런 것이었나' 하는 생각에 으스스한 느낌이 들었다.

사이토가 처음 동북 지방의 땅을 밟은 때는 헌병 소좌로 있다가 관동헌병대 창춘(만주국에서는 신징)분대장으로 부임한 1929년 4월이다. 그는 함흥 분대장으로 있던 1934년 8월 헌병 중좌로 승진했고 다음 해 12월 관동헌 병대 경무부로 옮겼다. 그는 중견 장교의 계급으로 동북 지방에 와서 상당 기간 관동헌병대 사령부에서 근무했기 때문에 최일선에서 벌어지는 토벌 의 실상이나 헌병대의 말단조직에서 자행된 고문의 실상을 직접 체험하지 않았던 것 같다. 그래서 인죄를 끝낸 위관급 이하가 작성한 체험담을 보고 상당히 고뇌에 빠졌다. 그가 황군의 정체에 대해 회의가 들었다고 적은 사 례를 보자.

① 일본군이 팔로군의 게릴라 공격을 막기 위해 러허성 경계에 깊이 20미터 의 무주지대를 설정해서 이 지대의 농민을 모두 내쫓았다.

② 작전 명령으로 '공실청야空室清野(적이 이용하지 못하도록 가옥과 재물을 모두 태워 초토화하는 것)' 혹은 '청향清鄉 공작'이라고 하는 소토燒土 작전을 도처 에서 실행했다. 이렇게 해서 삼광 정책을 장려했다.

③ 소탕 작전 중 대피호 안 피난민 500여 명을 독가스로 학살하거나 대피호 입구에서 기관총으로 소탕했다.

④ 설날(구정) 조용히 만두를 만들어 축하하려 하는 평화로운 부락을 기습해 삼광 소탕을 벌였다.

⑤ 민가에 불을 질러 엄마에게서 아기를 빼앗아 불구덩이에 던지고 엄마를 윤간한 뒤 국부에 총검을 꽂았다.

⑥ 총검을 들이대 숨겨놓은 곡물을 약탈하고 노파를 통비通匪 항일 분자로 몰 아 찔러 죽였다.

⑦ 러허헌병대의 모 장교는 통비 용의자로 납치한 중국인의 두 눈알을 뽑아 내며 자백을 강요했다.

⑧ 중지中支에 있던 모 부대는 포로를 학살했는데, 두 다리에 군용견을 한 마리씩 묶어 반대 방향으로 달리게 해 사타구니를 찢어버렸다.

⑨ 사이토의 관할 아래 있던 궁주링헌병대는 적과 내통한 용의자 10여 명을 빙실에 감금해 모두 동사하게 했다.

푸순전범관리소는 인죄 교육의 하나로 전후 일본에서 제작된 영화를 소내에서 상영했다. 사이토는 1952년 야마모토 사쓰오山本薩夫 감독의 영화 〈진공지대眞空地帶〉에서 부각된 일본군 내무반의 부조리를 보고 충격을 받았다. 영화는 소설가이자 평론가인 노마 히로시野間宏가 쓴 동명의 장편소설을 원작으로 해서 만들어졌다. 소설은 노마의 개인 체험을 바탕으로 한 것이다. 1938년 교토제국대학 불문과를 나온 노마는 사병으로 입대해 복무 중 예전에 반전학생운동, 사회주의운동을 한 전력이 드러나 치안유지법 위반 혐의로 군법회의에 회부됐다. 오사카육군형무소에서 반년 수감 생활을 한 후 원대에 복귀했다가 제대했다.

영화 '진공지대' 포스터

소설의 줄거리는 이렇다. 상등병에서 강등된 기타니 일등병은 육군형무소에서 2년 복역하고 1944년 겨울 원래 소속이던 오사카보병연대 보병포중대에 복귀했다. 돌아온 내무반에는 고참 하사관을 빼고는 기타니를 아는 사람이 없었다. 내무반의 고참병은 그보다 연차가 낮았고 초년병인 학도병, 중년의 보충병이 뒤섞여 있었다.

기타니가 군형무소에서 복역하게 된 것은 연대 경리실 요원으로 복무 중 경리실 주도권 다툼에 휘말려 상관의 지갑을 훔쳤다는 혐의가 씌워진 것이다. 그는 취조 과정에서 친하게 지내던 '창녀'에게 보냈던 편지에 반군적 내용이 있다고 고초를 겪는다.

복귀한 기타니가 스스로 전력을 밝히지 않으니 내무반에는 소문만 무성했다. 기타니를 귀찮게 본 중대 인사계는 보충병 부모에게서 뇌물을 받고 기타니를 야전 요원으로 바꿔버린다. 진상을 알게 된 기타니는 중대 사무실로 인사계 준위를 찾아가 따진다. 그는 자신을 형무소로 보낸 경리 담당 중위의 사무실을 부수고 야간 탈영했다가 붙잡혀 전선으로 나가는 수송선에 태워진다.

사이토는 군대 내무반에서 항상 벌어졌던 갈구기(사적 제재) 장면이 영화에 나왔을 때의 감상을 이렇게 썼다.

온몸이 도려내지듯 해 눈을 돌리지 않을 수 없었다. '황군이다', '성전이다'라고 공언해온 자신을 버리고 싶었다. 아무것도 모르고 입대해서 전선으로 보내진 초년병이 표적을 향해 찌르기 훈련을 거듭하면서 살아 있는 인간을 잔인무도하게 고문하고 찔러 죽이는 귀신으로 변하게 한다. 그런 과정에는 잔혹성을 몸에 붙이는 잘못된 명령과 군율과 훈련이 존재했다. 그것이 일본군의 특이한 성격이 되고 파시스트군으로 만든 것이다.

예전에 소련에 억류돼 있을 때 소련인이 일본 포로를 보면 '사무라이'라고 야유하는 것을 가끔 들었다. 무사 계급의 '하라키리(자신의 배를 가름)'나 '쓰지기리(칼이 잘 드는지 시험한다며 지나가는 통행인을 갑자기 베는 짓)'를 자랑스러운 전통으로 삼는 야만스러운 일본인이라는 풍자가 포함돼 있다. 그것은 별도로 하더라도 무사 계급에서 군대로 민족의 우월감과 차별감이 전통적으로 이어져 이것이 야만성의 근원이 되고 있다.

자신의 군 생활과 일본군의 부조리 행태를 성찰해온 사이토는 취조 과정에서 검찰원과 정면으로 대치하거나 소모적인 신경전은 크게 벌이지 않았다. 그는 본격적인 취조에서 "내가 한 것은 했다, 기억나지 않는 것은 잊었다고 명확히 말하고 새삼 숨기지 않는다"라고 결심했다고 한다. 검찰원은 관동헌병대의 연보, 계보系報, 월보, 기타 중요 문건의 총괄 보고 등을 근거로 조사 항목을 분류해놓고 추궁했다. 사이토의 진술에 애매하거나 틀린 점이 있으면 "이런 중대한 사안에 대한 진술이 명확하지 않다, 더 생각해봐라" 하고 압박을 가했다. 사이토가 20년 전의 일이고 기억이 희미하다고 해도 검찰원은 그대로 넘어가지 않았다.

사이토의 자필 진술은 1954년 8월 대략 마무리됐다. 다른 고위급 전범이 1년여 걸린 것에 비해 비교적 빨리 진행됐다.

가족 친지가 보낸 편지, 소포가 속속 도착

일본에 갔던 중국홍십자회 대표단이 돌아오고 나서 수감 중인 일본인 전범에게 가족과의 통신이 허용됐다. 중국에 수감 중인 전범의 명단이 공개되자 가족이나 친지가 보낸 편지, 소포가 양쪽 적십자사를 통해 푸순과 타이위안의 관리소에 속속 도착했다.

수감자는 1948, 1949년 무렵부터 가족과 통신이 두절된 상태였는데,

6~7년 만에 소식을 접하게 된 것이다. 이것이 중국 당국의 인죄 교육에 긍정적 효과를 가져왔다. 소 내에 배포되던 중국의 관영 신문에 실린 일본 관련 뉴스나 관리소 지도원이 말하는 일본 현황을 시큰둥하게 받아들였던 일본인은 편지를 보고 나서야 패전 후 일본의 곤경을 실감하게 됐다. 전쟁터에 나가 돌아오지 않은 가까운 친지의 사연이나 생계를 이어가기 위해 온 가족이 아등바등하는 고생담이 담겨 있었다. 당시 일본 경제는 패전의 잿더미에서 서서히 회복되고 있었지만, 여전히 어려운 상태였다. 한 전범의 아내는 병든 몸으로 자녀를 키우며 생계를 유지하려고 애쓴다면서 '사투'라는 표현을 썼다.

수감자는 전쟁고아나 미군에게 몸을 팔아 살아가는 여성의 참상을 알고는 '대동아성전'이라고 요란하게 포장됐던 전쟁에서 일본 국민 자신이 피해자라는 사실을 깨달았다. 일본의 군국주의자가 일으킨 전쟁은 중국 등 다른 나라의 인민을 해쳤을 뿐만 아니라 자국 국민에게도 엄청난 폐해를 끼쳤다는 것을 피부로 느꼈다. 전쟁은 절대로 해서는 안 된다는 생각이 이들의 마음속에 굳건히 자리를 잡았다.

리더취안의 방일 이후 갑자기 중·일 우호 분위기가 일어 푸순전범관리소에는 1955년 1년간 일본에서 열세 개의 방문단이 찾아왔다. 매달 한 번 꼴로 방문단이 온 셈이다. 일본인 전범의 수기에는 방문단 일정이 있는 날에는 감방에서 《인민일본人民日本》이나 《아카하타赤旗》 같은 좌익 신문은 전부 마루 밑에 감추고 '위험한 반동'은 방문단과 접촉하지 못하도록 격리됐다는 기술이 있다. 수감자의 수염을 깎아주고 옷도 깨끗한 것으로 바꿔 주었다. 학습 토론은 중지되고 방문 시간에 맞춰 옥외 운동이나 오락을 하게 했다. 방문단은 관리소에서 바로 전범의 서신을 받아 귀국해서 일본적십자사에 전달하는 역할도 했다.

전범 심판은 특별군사법정에서
공개로

동북공작단은 1954년 10월 말 간부급 전범에 대한 취조와 증거 수집 작업이 기본적으로 마무리되자 그동안 차출됐던 대다수 요원을 원래 소속 기관으로 돌려보내고, 고위급 심문검찰원 등 소수의 요원만 남겨 후속 작업을 계속했다. 주로 두 방면에서 작업이 진행됐다. 하나는 인죄고발운동의 성과를 살려 인죄와 참회 인식의 심화를 촉진하는 것이다. 또 하나는 죄행 자료의 심사 대조를 검증하고, 일본 전범을 심판, 처리하기 위해 기소와 면소 준비를 하는 것이다.

공작단은 국제적으로 이목이 집중되는 재판이 되는 만큼 전범의 범죄 증거를 다면적으로 확인해 충분한 법률 효력을 갖추도록 했다. 증인 증언, 현장검증서, 감정서 등 증거는 피해자, 피해자 가족, 목격자, 감정인, 검증인의 서명 날인을 갖추도록 했다. 동시에 취조 요원(검찰원)이 현장 조회 기록을 만들고, 관계자에게 낭독해서 착오 여부를 확인한 후 다시 그들과 취조 요원이 나누어 대조 기록에 서명했다. 수감 중인 전범에 대한 고발 자료는 다른 증거와 대조 확인을 거쳐 완전히 일치하는 것만 증거로 채용하고, 일방적 고발 적발만 있고 기타 증거로 실증되지 않은 것은 모두 받아들이지 않았다.

중국 지도부는 일본 전범을 심판하는 작업을 최고인민법원이 마련하는 특별군사법정에서 공개 진행하기로 결정했다. 죄행 판정, 증거 채택, 기소장 작성 등 법적 절차는 펑전과 랴오청즈 등 중앙의 간부들이 최고인민검찰원(1954년 9월부터 인민검찰서에서 인민검찰원으로 개칭)과 사법 전문가를 불러 회의를 주재하며 세밀히 검토했다.

최고인민검찰원은 펑전의 지시에 따라 죄행을 판정하는 표준 규범(최종

안표준)으로 다섯 가지 조건을 확정했다.

① 각 죄행의 범죄 사실은 반드시 분명해야 한다.
② 증거는 반드시 충분하고 확실해야 하며 두 개 이상의 증거를 함께 구비해
   야 한다.
③ 증거는 반드시 일치해야 한다.
④ 범죄의 인과관계는 반드시 분명해야 한다.
⑤ 관련 심문 작업의 일체 법률 문서와 법률 절차는 반드시 완비돼야 하고, 법
   률 효력을 갖춰야 한다.

동북공작단의 심문검찰원은 중앙의 방침에 따라 자신이 담당한 사건의 죄행을 표준 규범에 맞춰 오류가 없는지 일일이 확인한 후 〈심사종결의견서〉를 작성해 주관 검찰원에게 보고했다. 주관 검찰원은 재심리를 한 후 최종안 표준에 부적절하다고 인정하면 심문검찰원에게 돌려보내 심문을 보충하도록 했다. 최종안 표준에 적합하다고 인정된 것은 최고인민검찰원에게 보내 검찰장(부검찰장)이 직접 비준했다. 승인을 받으면 심문검찰원이 피고인에게 심문 종결을 선언한다. 또한 모든 수사 기록을 피고인에게 보여주고 설명했다. 조서에서 인정된 각 죄행에 피고인이 동의하면 서명하도록 했다. 피고인이 동의하지 않는다면 그 이유와 변명을 제출하도록 했다.

동북공작단은 특별군사법정 개정과 관련해 적용 법률을 어떻게 정비, 적용할지 실무 검토에 들어갔다. 공작단의 리푸산 주임은 이 단계의 작업 추진을 이렇게 기술했다.

1956년 초 나는 심문, 재심리, 심사 비준 등의 정황을 최고검찰원 당조에 상

세히 보고했고, 바로 뒤에 당조는 중공 중앙에 심문 결과와 처리 의견에 대해 보고했다. 그 후 장딩청張鼎丞 검찰장과 탄정원 부검찰장이 앞뒤로 전인대 상무위원회와 전국정치협상회의에 수감 중인 일본 전범의 정황과 처리 의견에 대해 보고했다. 정협 대표와 전인대 위원들에게 광범한 의견을 달라고 요구했다.

특별군사법정 방식으로 일본 전범을 심판하는 것은 신중국 성립 후 처음으로 법률적으로 국제법의 전쟁범죄 문제를 처리, 다루는 것이다. 당시 신중국의 법률 건설은 막 발걸음을 뗀 상태였고, 형법과 형사소송법은 아직 제정되지 않았다. 어떤 법률에 의거해 일본 전범을 기소해서 양형 선고를 할 것인가? 기소장의 기초 작성은 전범을 심판하는 데 가장 중요한 하나의 과제였다.

최종안 재검토 작업이 기본적으로 끝난 후 나는 푸순에서 강력한 관련 인원을 조직해 기소장 기초 작업을 시작했다. 언제나 마주치는 난제는 의거할 법률이었다. 당시 참고로 한 법률은 두 개였다. 즉 1948년 11월 1일 중국 인민해방군 총사령 주더, 부총사령 펑더화이가 선포한 '전쟁범인처벌명령'과 1951년 2월 21일 중앙인민정부가 공포, 시행한 '중화인민공화국 반혁명징치懲治 조례'였다.

하지만 이 두 법률은 중국 내 범법자를 대상으로 한 것이며, 원용해서 국제 전범 무리를 처벌하는 데 합당한 법률 근거를 제공하기 어려웠다. 그리고 우리 중국이 범죄자를 심판할 때 반드시 따라야 할 방침은 '사실에 의거해서, 법률을 기준으로'였다. 이를 위해 나는 이전에 허다한 법학 전문가에게 가르침을 청했다. 한 전문가가 전인대 상무위원회에 한 가지 규정을 내도록 제청해서 법률 근거로 하자는 의견을 말했다. 모두가 묘안이라고 인정해 일련의 토론과 협상을 거쳐 중앙에 제출했다.

리푸산이 언급한 전문가는 메이루아오梅汝璈였다. 일본의 전쟁범죄를 심판하기 위한 도쿄국제군사법정에 중국을 대표해 판사로 참여했다. 1904년 장시성 난창에서 태어나 칭화학교를 나온 그는 1924년 국비장학생으로 미국에 유학했다. 스탠퍼드대학에서 학사, 시카고대학에서 법학 박사 학위를 취득한 뒤 귀국해 여러 대학에서 강의했고, 국민당 정부의 행정원장 쑹쯔원宋子文, 외교부장 왕스졔王世杰를 보좌했다. 신중국에서는 외교부 고문, 외교학회 상무이사, 전인대 대표 등을 했다. 저우언라이 총리는 일본인 전범 재판과 관련해 메이루아오에게 자문을 구하도록 여러 차례 지시했다.

기소 전범의 수와 양형을 둘러싼 내부 격론

저우언라이 총리는 일본인 전범을 인계받은 이후 극형에 처하지 않는다는 방침을 견지해왔다. 하지만 전범의 선별 기소, 공판이 점차 실현 단계에 이르자 핵심 간부 사이에서도 사형, 무기징역 등 중형을 구형할 것이냐를 놓고 이견이 쉽게 해소되지 않았다.

'정사偵查(조사·수사)처리일본전범 영도領導소조'를 축으로 해서 논의가 진행됐다. 랴오청즈가 조장을 맡은 이 영도소조는 최고인민법원, 최고인민검찰원, 공안부, 외교부 간부로 구성됐다. 영도소조가 마련한 양형안은 시기별로 기복이 있다.

1955년 9월 15일 자 양형안
* 사형 및 징역 15년 이상 28명. 이 중 사형 7명, 집행유예부 사형 3명

- 징역 10~14년 48명. 복역 후 1년에서 2년 사이에 석방
- 징역 8~9년 79명. 형 집행은 하지 않고 석방
- 기소면제 909명

수감 전범 가운데 기소 대상을 155명으로 잡았다. 최고인민검찰원은 전범 대부분에게 관대한 처분을 내리더라도 중요 전범에게는 극형을 내려야 한다고 주장했다.

영도소조의 11월 1일 자 양형안

- 사형, 집행유예부 사형은 내리지 않는다.
- 유기징역과 무기징역 두 종류의 형벌로 한다.
- 구류 기간의 기산 시점은 중국에서 구류를 개시한 시점으로 한다.

11월 7일 자 저우언라이 총리에게 보고된 양형안

- 사형 및 무기징역 15년 이상 29명
- 징역 8~9년 120여 명

현장에서 일하는 검찰원으로부터 중요 전범은 본보기로 처형해야 한다는 의견이 강하게 제기된 것으로 보인다. 한편 징역 8~9년의 전범조차 주된 근거가 자백이며, 증거가 충분치 않다는 의견도 나왔다.

저우언라이 총리는 탄정원 최고인민검찰원 부검찰장을 중심으로 양형연구소조를 설치하도록 지시했다. 관계부문 공산당 당원뿐만 아니라 비당원 인사도 참여토록 해 의견을 듣도록 했다. 공산당 당원이 아닌 스량 사법부장, 메이루아오 외교부 고문 등도 논의에 참가했다.

메이루아오는 1955년 12월 10일 랴오청즈에게 자신의 의견서를 제출

했다. 도쿄국제군사법정에 참여한 판사였다는 점에서 그의 발언은 무게를 지녔다.

- 죄행이 중대하고 반성이 없는 소수의 완고한 전범에게는 20년 이상이나 무기징역을 과해야 한다.
- 기소 전범의 대부분에게 징역 10년에서 15년으로 하는 것이 적당하고, '이미 복역 기간의 3분의 2를 채웠거나 태도가 양호하다'는 등의 이유로 될 수 있는 한 일찍 귀국시켜야 한다.
- 증거 불충분, 범죄 혐의 경미 등의 이유로 석방한다는 것은 결코 시사해서는 안 된다.
- 유죄지만 기소면제로 한다는 자세를 관철해야 한다. 정치적 관점에서도 정정당당히 정치적, 인도적 고려를 바탕으로 석방 송환을 결정했다고 선고해야 한다.

영도소조는 1955년 12월 20일 기소 대상자를 155명으로 하고, 최고형을 무기로 하는 〈지시요청보고〉를 저우 총리에게 올렸다.

- 죄행이 중대하고 구체적 증거가 있고 징역 12년 이상을 과할 수 있는 82명을 기소해야 한다.
- 기소자가 너무 적다는 문제가 나올 수 있으니 죄행이 비교적 경미하고 부분 증거가 있는 73명도 동시에 기소해야 한다(이 중 61명이 전후 산시성에서 '반혁명'에 가담한 타이위안조였다).
- 기소자 155명에 대한 양형은 무기징역 15명, 징역 20년 21명, 징역 18년 24명, 징역 15년 24명, 징역 12년 10명, 징역 6~10년 61명으로 한다. 태도가

양호한 자 73명, 중병자 5명은 판결 후 관대하게 석방한다.

저우 총리는 이 보고에 대해 전범 관리를 관할하는 공안부장, 정보 수집 활동을 총괄하는 중앙사회부장 등과 협의했다. 그 뒤 12월 28일 중앙정치국회의에서 토의를 거쳐 "일본인 전범을 관대하게 처리하며, 사형이나 무기징역은 내리지 않고, 극소수의 사람에게 유기징역을 내린다"라고 결정했다. 중앙정치국회의는 사실상 중국의 최고지도자가 모이는 자리니 결론이 난 셈이다. 하지만 현장의 반발이 수그러지지 않은 듯 최고인민검찰원 당조는 1956년 1월 12일 메이루아오 등의 의견을 토대로 "사형에 처하지 않는 것만으로도 충분히 관대함을 표시했으니 무기징역조차 과하지 않는다면 인민의 의분義憤을 억제하는 것이 극히 곤란하다"라는 보고를 제출했다. 이 보고는 첫째, 뉘른베르크군사법정과 도쿄국제군사법정에서는 최고형이 사형이었고 중국 내에서 실시된 군사재판에서는 좀 더 가혹한 형이 내려졌다. 둘째, 소련의 대일 전범 재판(하바롭스크군사법정)에서 최고형은 25년이었지만, 소련은 사형을 폐지했고 무기징역형도 없었다. 셋째, 중국에서는 형법상 무기징역이 있다는 등의 이유를 댔다.

"20년 뒤 당중앙의 결정이 현명했다는 것을 깨닫게 될 것이다"

탄정원 최고인민검찰원 부검찰장은 쑨밍자이 소장과 함께 전범 처리에 대한 보고를 마치고 푸순에 돌아와서 대회를 열어 당중앙과 저우 총리의 지시를 전달했다. 동북공작단과 푸순전범관리소 직원이 참가한 이 자리에서 일본인 전범 중 한 사람도 사형에 처하지 않는다는 방침이 전달되자 강력한 이의 제기가 나왔다. 간부급까지 나서서 납득할 수 없으니 중앙에 다시 문의해달라고 요구했다. 탄정원 부검찰장은 다시 베이징으로 가서 저우 총리에게 간부들의 의사를 반영해 당중앙의 결정을 바꾸어줄 것을 건의했다. 저우 총리는 깊은 생각에 잠겼다가 무겁게 입을 열었다.

"간부들의 심정을 이해할 수 있다. 그러나 당중앙의 결정은 고칠 수 없다. 책임자부터 생각을 바꾼다면 아래 간부도 생각을 바꿀 것이다. 중·일 관계를 대국적으로 심사원려深思遠慮(뜻 깊이 생각하고 멀리 고려한다) 차원에서 관대한 처리가 필요하다. 일본인 전범을 관대하게 처리하는 정책은 정확하다. 지금은 이해되지 않을 수 있지만 20여 년이 지난 후에는 이 정책이 참으로 현명했다는 것을 알게 될 것이다. 그러므로 당중앙의 결정을 추호도 어기는 일이 있어서는 안 된다. 다시 한 번 반복한다. 한 사람도 죽이지 말고, 극형에 처하지도 말며, 도형徒刑에 언도하는 수효도 최대한으로 줄여야 한다."

탄정원은 푸순에 돌아와 간부대회를 열어 저우 총리의 지시를 전달했다. 간부들은 여전히 납득할 수 없다는 표정이었지만 중앙의 결정에 복종하는 수밖에 없었다.

일본인 전범 처리의 기본 방침을 확정한 저우언라이 총리는 공식 기구에서 공론화를 시도했다. 저우 총리는 1956년 3월 14일 개최된 전국인민정치협상회의(2기 전국위원회 상무위원회 19차 확대회의)에서 최초의 공개 논의를 시작했다. 전국인민정치협상회의(인민정협 또는 정협)는 공산당을 비롯해 각 민주당파, 각 단체, 각계의 대표로 구성되는 통일전선조직이다. 의회 역할을 하는 전인대가 1954년 9월 처음으로 구성되기 전에는 1949년 9월 소집된 1기 정협이 국가최고권력기관의 직권을 대행했다. 중앙정부 주석에 마오쩌둥을 선출하고, 수도를 베이징으로 하며, 국가와 국기를 제정한 것은 모두 1기 정협이었다. 1954년 12월까지 임기였던 1기 정협 전국위원회 주석은 마오쩌둥이었고, 2기부터 4기까지는 저우언라이가 1976년 1월 타계할 때까지 맡았다.

정협 회의에서는 뤄루이칭 공안부장과 탄정원 부검찰장이 각기 보고를 했다. 항일전쟁기 일본인 포로 정책을 지휘했던 뤄루이칭은 일본인 전범 처리와 관련해 '한 사람도 처형하지 않는다', '150여 명의 중대 전범에 대해 법에 따른 형을 내린다', '대다수 전범은 관대 석방한다'라고 요점을 설명했다. 그는 관대히 처리하는 이유에 대해 "시기적으로 반혁명진압운동이 성공해 국내 치안이 안정되고 있고, 종전 후 시간이 경과해 인민의 의분이 완화돼왔고, 전범 자신의 인죄가 진행되고 있다"라고 밝혔다.

총괄 보고를 한 저우언라이 총리는 이미 10년이 경과하고 있으니 이제 끝내지 않으면 안 된다고 못을 박았다. 그는 징역형을 예정한 자는 51명이고, 형기는 징역 11년에서 20년, 대다수 전범은 3회로 나눠 석방한다고 설명했다. 그는 정협 회의가 끝난 뒤 최고인민검찰원에 의한 보고, 전인대 상무위원회에서의 토의와 좌담회 등을 개최해 논의를 심화할 필요가 있다고 말했다. 정협 상무위원회는 일본인 전범 처리 방침을 만장일치로 찬성했다.

정협 회의가 끝난 이틀 뒤인 3월 16일 양형연구소조는 중공중앙회의에 제출할 문건을 작성했다. 양형연구소조는 "중앙이 지시하는 관대 처리의 원칙을 관철하기 위해 우리는 '관사寬赦(관대하게 방면) 대다수, 징치懲治 극소수'라는 방침을 취해야 한다"라며 기소 대상을 51명으로 줄이는 양형 최종안을 마련했다. 소조는 자기비판 내용도 문건에 담았다. 소조는 "국내외 정치 정세의 변화에 대한 인식이 부족해서 중앙의 관대 처리에 대한 깊은 이해의 부족이 심각했기 때문에 우리가 제출해온 처리 방침은 기소 대상이

지나치게 많고, 형벌을 지나치게 엄중하게 하는 편향이 존재하고 있었다"
라고 인정했다.

당중앙은 1956년 4월 11일 '장제스 전범, 일본 전범, 괴뢰 부역 전범' 및
기타 반혁명 범죄의 처리 의견을 구하는 것에 대한 중공중앙의 통지를 중
앙과 지방의 당조직에 보내 토의해서 의견을 제출하도록 지시했다. 일본인
전범 처리를 앞두고 당원을 대상으로 광범하게 학습을 벌이라는 지시였다.
중국 지도부가 사전 정지 작업을 하지 않고 일본인 관대 처리 방침을 밝히
면 인민으로부터 상당한 반발이 나올 것을 우려했기 때문으로 보인다.

전인대 상무위원회의 추인과
법령 제정

일본인 전범 처리와 관련한 법적 근거를 확실히 마련하기 위해서는 새로운
법률을 제정해야 했다. 중국 지도부는 1956년 4월 25일 1기 전인대 상무위
원회 34차 회의를 소집했다. 전인대의 폐회 기간 중에는 전인대 상무위원
회가 권한을 대행한다.

전인대 상무위원회는 장딩청 최고인민검찰원 검찰장으로부터 그간의
경위에 관한 총괄 보고를 듣고 '관대 처리 방침'을 의결하고 전범 재판의 근
거가 되는 법률을 제정했다.

일본의 중국 침략전쟁 중 전쟁범죄를 일으켜 현재 구류 중인 자의 처리에 관한
결정

현재 중국에 구류되어 있는 일본인 전범은 일본제국주의가 우리를 침략한 전

쟁 기간에 공공연히 국제법의 준칙과 인도 원칙을 위반해서 우리 인민에 대해 각종 죄행을 저지르고 우리 인민에게 극히 엄중한 손해를 끼쳤다. 그들이 저지른 죄행에 비춰보면 엄중한 징벌을 주어야만 하지만, 일본 항복 후 10년간의 상황 변화와 현재의 상황, 근년 이래 중·일 양국 인민의 우호 관계의 발전, 이들 전쟁범죄 분자의 대다수가 구류 기간 중 정도의 차이는 있더라도 개전의 정을 보이는 점을 감안해 관대 정책을 바탕으로 이들 전범을 구별해 처리하기로 결정한다. 구류 중인 일본인 전범의 처리에 관한 원칙 및 관련 사항의 규정은 이하와 같다.

① 부차적次要的인 일본인 전범 혹은 속죄의 표현이 비교적 양호한 일본인 전범은 관대하게 처리하고 기소를 면제한다. 죄가 엄중한 일본인 전범은 개별 범죄 행위와 구류 기간 중의 태도에 따라 구별해 관대한 형을 과한다. 일본 항복 후 다시 중국의 영토에서 다른 범죄 행위를 저지른 일본인 전범은 그 범죄 행위를 합쳐 처리한다.

② 일본인 전범 재판은 최고인민법원이 특별군사법정을 조직해서 행한다.

③ 특별군사법정에서 사용하는 언어와 문서는 피고인이 이해할 수 있는 언어, 문자로 번역한다.

④ 피고인은 스스로 변호를 하든가, 중화인민공화국의 사법기관에 등록한 변호사에게 의뢰해 변호를 받을 수 있다. 특별군사법정은 필요하다고 인정한 경우 변호인을 지정해서 피고인의 변호를 맡도록 할 수 있다.

⑤ 특별군사법정의 판결은 최종 판결로 한다.

⑥ 형을 받은 수형자는 수형 기간에 태도가 양호한 경우 형기 만료 전에 석방할 수 있다.

이 결정은 전인대 상무위원회의 의결 당일 '중화인민공화국주석령'으로

일본인 전범처리 관련 뉴스를 실은 중국공산당 중앙위원회 기관지 〈인민일보〉의 1956년 6월 22일 자 지면. 머리 기사는 전인대 상무위원회가 그해 4월 25일 구류 중인 일본인 전범을 처리하기로 한 결정, 아래 기사는 최고인민법원 특별법정이 6월 9일부터 20일까지 진행한 3개 사건 17명에 대한 선고 내용을 다뤘다

공포됐다.

 전인대 상무위원회의 일본인 전범 처리 결정은 푸순과 타이위안 전범관리소에 수감된 전범에게도 바로 공지됐다. 푸순전범관리소에서는 운동을 끝내고 감방에 돌아와 쉬고 있는 일본인에게 중대 발표가 있으니 모두 필기도구를 준비해 대기하라는 소 내 방송이 나왔다. 김원은 이제부터 여러분의 신분에 대한 중화인민공화국 인민대표대회 상무위원회의 결정을 발표하니 잘 듣고 이 결정을 학습하라고 말했다. 이어 결정 전문이 일본어로 방송됐다.

특별군사법정 재판
열리다,
관대한 처리

●

공소장 문안 검토에
언어학자도 참여

　중국 지도부는 특별군사법정의 중점을 '일본이 중국 동북을 전면 침략한 전쟁의 죄행'에 두기로 결정했다. 일본의 중국 침략 범죄는 도쿄국제군사법정이나 국민당 정권의 전범 재판에서 다뤄지기는 했지만, 동북 지방을 침략한 죄행은 두드러지게 다뤄진 적이 없다고 판단했기 때문이다.

　기소 대상을 최소한으로 한다는 중앙의 확고한 방침에 따라 기소 대상자는 심사 과정에서 계속 줄었다. 155명에서 107명이 됐다가 절반인 51명으로 줄었고 최종 45명으로 확정됐다. 심판을 위한 법적 근거가 완비되자 공소장 작성이 시급한 과제가 됐다. 중앙 지도부는 최고인민검찰원, 군사검찰원, 최고인민법원, 군사법원, 사법부가 함께 협력해 기소와 심판 작업을 하도록 결정했다. 리푸산은 수기에서 동북공작단의 심문검찰원과 최고인민법원, 군사법원, 군사검찰원의 공소 심판 인원이 함께 모여 주야로 자료를 확인하고 공소장 작성과 수정 작업을 개시했다고 밝혔다. 저우언라이, 평전 등 중앙 영도와 관련 전문가가 공소장 문안을 직접 보고 첨삭했다는 것이다.

사법과 검찰의 고위 간부가 한자리에 모여 특정 사안에 대한 공소장을 논의, 검토했다는 것은 삼권분립 체제가 확립된 나라에서는 상상하기 힘든 일이다. 당시 중국이 사회주의 국가 건설의 초창기에 있었고 일본인 전범 처리가 중대한 국가 과제였음을 보여주는 방증이라고도 할 수 있다. 리푸산은 "신성한 정의의 심판을 위해 모두가 한 글자, 한 구절 퇴고하는" 심혈을 쏟아 공소장이 완성됐다고 썼다. 현장의 공소장 작성 담당자는 증거가 불충분하다고 지적 받으면 바로 보충 조사를 해서 새로운 증거나 자료를 전용기로 베이징으로 보냈다. 리푸산의 수기에는 저우언라이 총리가 밤새 공소장 안을 보며 검토했다는 부분이 나온다.

공소장 안이 만들어져 중앙 영도의 직접 지도를 받기로 했다. 10여만 자가 넘는 공소장을 갖고 랴오청즈의 판공실로 찾아가 지시를 요청했다. 중앙 영도는 이 사건의 공소장 제작을 아주 중시해 평전이 직접 여러 차례 검토를 주재했다. 평전의 집에 검토 관련 인원이 모였다. 자첸賈潜(최고인민법원 당조 구성원, 최고인민법원 위원 겸 형사부 재판장)이 최고인민법원과 군사법원의 관련자, 리푸산이 최고인민검찰원과 군사검찰원 관련자를 데리고 왔다. 평전의 집에서 식사도 하며 밤늦게까지 세밀히 검토했다.

그날 밤 11시께 최고인민검찰원에서 연락이 왔다. 저우언라이 총리가 밤에 공소장 원고를 보려고 하니 보내달라고 비서가 전화했다는 것이다. 리푸산이 바로 총리에게 공소장 원고를 보냈다. 저우 총리는 밤새 열독하고 나서 다음 날 낙관과 함께 붓으로 방점 찍은 필적을 남겼다. 저명한 명문가이자 학자인

뤼슈샹呂叔湘에게 문안 검토를 요청하라는 것이다.

뤼슈샹은 영국에 유학해 옥스퍼드대학에서 인류학, 런던대학에서 도서관학을 수학했고, 신중국에서는 중국과학원 언어연구소 소장을 지냈다.

참관학습으로 신중국의 변화를 보여줘

중공 중앙은 1956년 초 일본인 전범에 대한 공판 준비를 서두름과 동시에 구류 중인 1063명을 대상으로 '참관학습'을 하도록 결정했다. 저우언라이 총리는 전범에게 중국 사회주의혁명의 진전 상황을 참관토록 해 그들이 이전에 죄를 범했던 장소가 신중국 성립 후 어떻게 변화했는지를 보여줘야 한다고 말했다.

1956년 1월 중순 베이징에서 공안부 주최로 다섯 개 지구의 전범관리소 소장, 부소장이 참가하는 회의가 열렸다. 일본인 전범, 만주국 전범, 국민당 전범이 수용된 전범관리소 책임자에게 사회 견학을 시킨다는 중앙의 결정과 저우 총리의 지시가 전달됐다. 푸순에서는 쑨밍자이 소장과 김원 부소장 대리가 참가했다. 김원이 푸순에 돌아와 사회참관학습을 한다는 중앙의 결정을 알리자 일본인 전범은 반신반의했다. 이들은 관리소 당국이 출발 준비를 해야 한다고 재촉하자 비로소 사실로 받아들이고 석방 징조로 해석했다. 한편으로는 군중에게 모욕을 받고 피해자에게 보복을 당할까 봐 우려하기도 했다.

일본인 전범의 참관학습은 단기와 장기로 구분해 두 차례 실시됐다.

1956년 2월 전범관리소 인근에 있는 푸순, 선양, 타이위안, 위츠 등지에서 단기 참관학습이 행해졌다. 푸순의 경우 중증 환자를 제외한 1000여 명의 전범을 세 개의 견학 대대로 편성해 2월 8일부터 공장, 집단농장, 합영合營(공동경영) 상점, 명승지 등을 둘러보았다.

장기 참관학습은 훨씬 대규모로 진행됐다. 세 집단으로 나뉘어 베이징, 톈진, 상하이, 난징, 우한, 항저우, 창춘, 안산, 하얼빈 등 열한 개 대도시를 특별 편성한 열차로 둘러보았다. 전범은 깨끗한 침대차를 타고 여행객과 같은 대우를 받았고, 간수나 무장 병사 없이 관리소 지도원이 길 안내 역할을 했다. 오랜 기간 바깥세상과 단절됐던 그들은 신중국의 발전상에 놀라움을 감추지 못했다. 이들은 만주국 공업화의 상징으로 떠받들어지던 쇼와昭和제강소의 후신인 안산鞍山제강소를 방문했다. 패전 후 일본군은 제강소의 모든 시설을 파괴하고 떠나면서 "중국인은 이 땅에 수수나 심어 먹을 것이고, 복구하자면 20년은 걸릴 것"으로 예측했다고 한다. 하지만 안산의 철강 노동자는 불과 3년 만에 현대적 제강소로 재건했다.

핑딩산학살사건 생존자의
증언

일본인 전범에게 참관학습은 사죄 여행이기도 했다. 중국 어디를 가건 일본제국주의가 벌인 야만적 정책의 피해자와 만나지 않을 수 없었다. 젠다오성間島省 성장, 만주국 후생회 이사장 등을 지낸 기베 요헤이岐部與平는 참관단의 일원으로 선양 교외의 다칭촌大靑村 농업사를 둘러봤다. 한 중국인 할머니는 만주국 시절 형편은 어땠느냐는 질문에 "죽지 못해 살았다. 출하 때문에 농민은 죽도록 농사를 짓고도 배부르게 먹지 못했다. 농민이 밥을 먹으면 '경제범'으로 잡혀가고 국사를 말하면 '사상범'으로 잡혀가고, 사람이 살지 못할 세상이었다"라고 말했다. 기베는 군용미 확보를 위해 농가의 출하를 독려하고 농민을 동원해 강제노동을 시키는 정책에 앞장섰던 전력이 있다. 기베가 할머니 앞에 무릎을 꿇고 사죄하자 다른 전범도 따라서 했다.

창춘은 동북 지방에서 자동차공업의 중심지로 이름난 곳이다. 창춘의 제1자동차공장에는 관동군이 세균 생체실험의 피해자를 소각하던 화장로가 보존돼 있었다. 중국 당국은 전후 자동차공장을 세우면서 후세에 침략전쟁의 만행을 교육하기 위해 화장로를 그대로 남겼다.

패전 직전 731부대 부대원은 긴급 대피 지시에 따라 조선을 거쳐 일본으로 재빨리 피신했지만, 731부대 162지대 지대장 사카키바라 히데오榊原秀夫 소좌는 도피에 실패하고 중국에 남았다가 푸순전범관리소에 수감됐다. 그는 일본인 전범의 요구로 731부대 군의 장교로 생체실험을 진행한 과정을 얘기하고 화장로 앞에 무릎 꿇고 사죄했다.

노천 채굴로 유명한 푸순탄광을 방문했을 때 일본인 전범은 상상도 하지 못했던 사람을 만났다. 핑딩산平頂山 학살사건(중국에서는 핑딩산참안平頂山惨案이라고 한다. 참안은 대규모 학살 사건이라는 뜻)의 생존자 팡수룽方素榮이 그들 앞에 나타나 참상을 생생하게 증언했다.

핑딩산사건은 일본의 동북 지방 침공(만주침략) 1주년을 앞두고 항일 무장 세력인 '랴오닝민중자위군'의 기습 공격이 발단이 됐다. 민중자위군은 1932년 9월 15일 푸순탄광을 기습해 탄광 소장 등 다섯 명을 죽이고 여섯 명을 다치게 했다. 독이 오른 일본군 푸순수비대는 9월 16일 헌병, 경찰까지 동원해 항일 부대를 추적하는 한편, 푸순탄광 인근의 핑딩산 마을에 들

731부대 군의 소좌였던 사카키바라 히데오가 세균전 실험 관련 터에서 증언하고 있다

푸순시 소학교 학생들이 1972년 11월 펑딩산 학살 현장을 집단 참배하고 있다

펑딩산 학살 현장에 세워진 추도비 '펑딩산순난동포기념비(平頂山殉難同胞紀念碑)'

어가 남녀노소를 가리지 않고 주민 3000명을 집합시켜 중기관총 여섯 정을 난사했다. 일본군 지휘관은 기관총 사격을 멈춘 후 "새끼 비적도 살려두어선 안 된다"라며 모두 죽이라고 명령했다. 일본군은 다음 날 온 마을에 휘발유를 뿌리고 불을 질러 태워버렸다.

1928년생으로 당시 네 살이었던 팡수룽은 극소수 생존자의 한 사람이다. 할아버지와 어머니가 몸으로 총알과 총검을 막아내 기적적으로 목숨을 건진 것으로 추정된다. 몸 여덟 군데에 상처가 남아 있는 팡수룽은 전범 방문 때 탁아소 소장이었다. 일본인 전범은 참살 현장을 둘러보다가 그의 사연을 알게 되자 만나게 해달라고 간청했다. 탁아소 안내원들이 정신적 타격을 받을 것이라며 가로막았으나 팡수룽은 결심을 하고 나타나 말문을 열었다.

나 개인으로 말하면 오늘 당신들을 찢어 죽여도 원한을 다 풀 수 없다. 그러나 나는 우리 정부의 정책을 믿고 개인의 원한을 말하지 않는다.
일본군이 갑자기 핑딩산 마을에 몰려왔다. 헌병이 와서 모두 모이라고 했다. 아버지는 창문을 넘어 달아나려다 세 걸음도 못 가서 사살됐다. 아버지를 쏜 것도 헌병이었다. 할아버지가 울고 있는 어머니를 달래서 세 살짜리 동생과 함께 집합하라는 장소로 갔다. 일본군은 사진을 찍는다고 마을 사람을 모두 모이게 해서는 기관총으로 학살했다. 겨우 숨을 쉬는 사람은 총검으로 마구 찔렀다.
다음 날 동이 틀 무렵 할아버지의 배 밑에서 기어 나와 산 뒤편으로 내려왔다. 사람이 다니지 않는 좁은 길로 가다가 오전 10시쯤 마차를 몰고 가는 중년 남자를 만났다. 그는 피투성이인 나를 건초더미 안에 숨겨주었다. 할아버지의 이름을 물어보고는 큰아버지가 산다는 마을에 데려다주었다. 큰아버지는 가난한 소작인이었는데, 아이가 없었다. 갑자기 여자아이가 생겼다고 하면 지주가 의심하니 집에 있을 수도 없었다. 낮에는 고량 밭에 숨었다가 밤에 돌아왔다. 누군가 사람이 찾아오면 창고 속에 숨고, 그렇게 3년을 살았다. 큰아버지는 아기가 생기자 주위에 아이 보는 사람을 들였다고 말했다. 그래서 처음으로 사람들 앞에 나가게 됐다.

일본제국주의가 괴멸했을 때 나는 어머니나 할아버지가 당한 것처럼 모두 죽여버리겠다며 울부짖었다. 그래서 많은 사람을 힘들게 했다.

팡수룽이 얘기를 마치자 수백 명의 전범은 일제히 머리를 숙였다. 핑딩산학살사건에 참여했던 에미 도시오江見俊男 전 다렌경찰서장은 무릎을 꿇고 울면서 "내 죄를 알고 있다. 나 같은 인간은 이 세상에 살아 있을 자격이 없다. 천 번, 만 번 죽어 마땅하다"라고 말했다.

돌아오는 버스 안에서는 모두 침통한 분위기에 싸여 누구도 입을 열지 않았다. 중국인 희생자의 생생한 분노를 정면으로 접한 것이다. 처음 푸순역에 도착했을 때 삼엄했던 경비가 분노한 중국 인민으로부터 위해가 가해지는 것을 막기 위한 조치였다는 설명이 비로소 납득이 갔다. 푸순에서 완고한 반동조로 간주됐던 가게 시게타는 견학 소감에 "광활한 중국 땅은 그 어디에나 우리에게 살해된 중국 애국지사의 피가 스며들어 있다. 그 땅을 다시 밟으면서 자신의 죄를 더욱 통절히 느끼고 제국주의를 증오하게 됐다"라고 썼다.

팡수룽은 1951년 청명절에 푸순에서 핑딩산학살 만인추모대회가 열렸을 때 처음 생존자로서 증언했다. 이후 많은 자리에서 학살 증언을 계속했다. 그는 1992년 다른 두 명의 생존자와 함께 일본 정부를 상대로 1인당 2000만 엔의 보상을 요구하는 소송을 제기했다. 그는 세 차례 일본을 방문

핑딩산 학살사건의 생존자인 팡수룽(가운데)이 2002년 2월 도쿄에서 증언하고 있다

해 두 번 법정에서 증언했다. 그러나 1, 2심은 법리적으로 학살이 일본군 행위라고 인정하면서도 보상 요구를 모두 기각했고, 2006년 최고재판소에서도 그대로 확정됐다. 팡수룽은 2015년 7월 정의가 실현되는 것을 보지 못하고 세상을 떴다.

일본 사법부가 보상 요구를 거부하면서 내세운 근거는 '국가무답책國家無答責' 원리다. 전후 일본에서 국가배상법이 시행된 것은 1947년이다. '대일본제국' 헌법에는 국가나 공공단체의 배상 책임을 정한 법률이 없기에 전시 중 국가권력의 불법 행위로 발생한 개인 피해에 국가가 배상 책임을 지지 않는다는 것이다.

항일 전쟁 승리 후 국민당 정권은 핑딩산학살사건과 관련해 일본인 탄광 관련자 열한 명을 체포해 1948년 1월 그중 일곱 명에게 사형을 선고했다.

이들의 형 집행은 그해 4월 19일 실시됐다. 하지만 당시 군부대의 지휘관들은 다른 부대로 전속됐거나 사망해 실제 책임자는 심판을 받지 않았다.

기소된 전범 45인의 면면

최고인민검찰원은 관련 기관과 세밀한 협의를 거쳐 특별군사법정에 회부하는 기소자를 45명으로 확정했다. 마지막 단계에서 일본 상공성 관료로 패전 때 만주국 참의였던 다카하시 야스노부高橋康順와 소지 다쓰미莊司巽 117사단 87여단장 등 여섯 명이 기소 대상에서 빠졌다. 다카하시는 1950년대 중반 총리를 지낸 기시 노부스케의 상공성 선배로, 만주국에서 실업부(산업부) 국장, 차장을 역임하다 기시에게 그 자리를 넘겼다. 다카하시는 1955년 6월 푸순에서 병사했다.

선양특별군사법정에 기소되는 사람은 36명, 타이위안특별군사법정에 회부되는 사람은 아홉 명이었다. 최고인민검찰원은 사건 유형에 따라 선양과 타이위안의 기소자를 다시 두 집단으로 나눴다. 중국 지도부가 전범 재판의 중점을 일본의 동북 지방 침략에 두기로 함에 따라 선양특별군사법정에 전범 혐의로 피고석에 서는 일본인은 '만주국' 관련이 28명으로 가장 많고, 관동군 관련이 여덟 명이었다.

만주국 관련 기소자는 다케베 로쿠조 총무청 장관을 우두머리로 하여 정치, 사법, 헌병, 치안 분야 고위직으로 구성됐다. 세분하면 행정 분야는 다케베 로쿠조와 후루미 다다유키 등 세 명, 사법 분야는 나카이 규지中井久二 사법부 사법교정총국 국장 등 네 명, 헌병 분야는 사이토 요시오 헌병훈련처장 등 10명, 철로경호군은 사코 류스케佐古龍祐 무단장철로경호여단장 등 세 명, 경찰 분야는 미야케 히데야 펑톈성 경무청장 겸 지방보안국 국장 등 여덟 명이다.

관동군 관련 기소자는 장관급은 스즈키 히라쿠 등 사단장과 여단장 다섯 명, 좌관급은 후나키 겐지로船木健次郎 대좌 등 두 명, 위관급은 우노 신타로鵜野晋太郎 중위 한 명이다. 좌관급에서는 독가스 살포와 관련된 후나키 외에 731부대 지대장을 한 사카키바라 히데오가 포함됐다. 위관급에서 유일하게 기소된 우노는 포로나 일반 주민을 다수 참살한 것이 문제가 됐다.

타이위안특별군사법정에는 특무 간첩 혐의로 도미나가 준타로가 단독 사건으로 기소됐고, 패전 후 산시성에 남아 옌시산군에 협력해 팔로군과 싸웠던 조노 히로시 등 여덟 명은 한 묶음으로 재판에 넘겨졌다. 이들은 옌시산군에서 특진을 해 장관, 좌관급이 됐지만 패전 시 일본군 경찰에서의 직급은 대체로 위관급이었다.

중국의 '항일 영웅'을 체포하거나 살해하는 데 관여한 일본인은 직급이 다소 낮더라도 기소자 명단에 포함됐다. 경정 직급에서 유일하게 기소된 다이 규지로는 산장성三江省 허리현鶴立縣에서 경찰서장 재직 시 자오상즈趙尙志 살해에 기여한 공로로 훈장을 받았다. 자오상즈는 북만 지구에서 항일유격대를 조직해 동북인민혁명군 3군 군장, 동북항일연군 3군 군장, 북만항련 총사령, 동북항일연군 총사령 등을 역임했고 1942년 2월 전투 중 총상을 입고 숨졌다. 푸순전범관리소 의료팀 기록에는 다이가 자오상즈 등 항일 장병을 살해한 직접 지휘관일 뿐 아니라 수많은 부녀자를 유린해 중증 매독성 심장병을 앓은 것으로 나온다. 약품을 대량으로 투입해 대증 치료를 하지 않으면 죽음을 피하기 어려운 상태였으나 적시에 약품을 공급해 증세를 가라앉혔다고 한다.

몽골연합자치정부 다퉁성大同省 직할 경찰대 대장을 한 오노 다이지大野

자오상즈

部队番号	成立时间	领导人		建制
东北抗日联军第一路军	1936年7月	总司令兼政委 杨靖宇 副总司令 王德泰 政治部主任 魏拯民		下辖东北抗日联军第一军、第二军，共 6 个师。1938 年 8 月，改编为第一、第二、第三方面军和一个警卫旅。
东北抗日联军第二路军	1937年10月	总指挥 周保中 副总指挥 赵尚志 (1940年2月任) 参谋长 崔石泉		下辖东北抗日联军第四军、第五军、第七军、第八军、第十军。
东北抗日联军第三路军	1939年5月	总指挥 张寿篯 政治委员 冯仲云 (1940年4月任) 总参谋长 许亨植		下辖东北抗日联军第三军、第六军、第九军、第十一军，1940 年 3 月改编为第三、第六、第九、第十二支队。

东北抗日联军
第一、第二、第三路军组织序列表
（1936--1939年）

동북항일연군 조직 서열표에 양징위, 자오상즈 등 중국인 항일영웅
과 함께 최석천(최용건), 허형식 등 조선인 이름이 병기돼 있다. 당시
만주의 항일투쟁에는 조선인과 중국인이 함께 싸웠다

자오이만 모자

자오이만 순국 50주년 기념상

泰治는 동북 지방에서 여성 항일 영웅 자오이만趙一曼을 잔혹한 수법으로 심문하고 특무 활동에 종사한 것이 심판의 이유가 됐다. 쓰촨성의 지주 가문에서 태어난 자오이만은 공산당에 입당한 뒤 우한황푸군관학교를 졸업하고 모스크바중산대학에서 수학했다. 귀국 후 동북 지방으로 가 동북항일연군 3군 2단의 정치위원으로 활동하다가 1935년 11월 전투 중 다리 부상으로 체포됐다. 일본군은 심문에 철저히 함구로 일관한 자오이만의 부상이 악화되자 정보를 얻어낼 가치가 있다는 판단 아래 하얼빈시립병원으로 옮겨 치료를 받게 했다. 자오이만은 12월 만주국 경찰과 간호사 등 협력자의 도움으로 병원을 탈출해 피신했다. 1936년 6월 말 일본군에 다시 체포된 후 8월 2일 주허현珠河縣 성문 밖에서 총살돼 31세의 짧은 삶을 마감했다.

자오이만은 처형 직전 여섯 살이 채 안 된 아들에게 유서를 남겼다.

> 엄마는 너에게 교육적 책임을 다할 수 없게 됐는데 유감스러운 사정이 있다. 엄마는 결연하게 반만反滿 항일 투쟁을 해왔기 때문에 오늘 곧 처형된다. 닝얼寧兒(아들의 아명)아, 어서 어른이 되어 지하의 엄마를 위안해주렴. 네가 커서 어른이 된 뒤에 너의 엄마가 나라를 위해 희생했다는 것을 잊지 말아라.

자오이만의 가족도 삶이 평탄치 않았다. 남편 천다방陳達邦은 자오이만과 마찬가지로 황푸군관학교와 모스크바중산대학에서 수학했고 코민테른에서 프랑스로 파견돼 공작을 담당했다. 신중국 성립 후 중국인민은행 국외업무국 인쇄처장을 했으나 문화대혁명 때 '소련수정주의자가 파견한 특무'라는 혐의로 박해를 받아 1966년 사망했다. 유일한 혈육 천예셴陳掖賢은 1955년 중국인민대학을 나와 베이징공업학교에서 마르크스주의 철학 등을 가르치다가 1982년 8월 15일 자살했다.

중국은 항일 투쟁 열사를 기리기 위해 연고 지명을 열사의 이름으로 바꾸는 작업을 해왔다. 동북 지방을 해방한 공산군은 1946년 2월 항일연군 1로군 총사령 양징위가 숨진 멍장현을 징위현으로 개명했다. 자오상즈가 희생된 주허현은 1946년 7월 중일전쟁 발발 9주년을 맞아 상즈현으로 바뀌었다. 하얼빈 중심부에는 상즈대가尙志大街와 이만가一曼街 등이 있다. 동북 열사기념관, 동북항련抗聯박물관이 이만가에 있다.

역사적 재판의 시작,
생존자의 증언

일본인 전범을 심판하는 특별군사법정은 1956년 6월 9일 선양에서 관동군 관련 기소자 여덟 명을 대상으로 막이 올랐다. 중국은 역사적 재판을 앞두고 법정 정비, 재판 조직과 일정, 선전 공작, 방청석과 증인 선정 등을 사전에 치밀하게 준비했다. 방청자는 중앙기관의 대표 외에 랴오닝성, 산시성 및 푸순, 타이위안의 각 기관 단체의 대표로 하고, 공판마다 방청석을 가득 채우기로 했다. 법정에는 기록영화제작소, 신화사, 인민화보사 등의 촬영기사와 사진기자가 대거 나와 모든 진행 과정을 촬영했다. 이들이 촬영한 영상이나 사진은 관리소의 일상생활 및 참관학습 기록과 합쳐져 후에 〈인도人道와 관서寬恕〉라는 기록영화와 책자로 만들어졌다.

관동군 관련 기소자 공판은 6월 9일부터 19일까지 진행됐다. 공판 개정에 앞서 6월 2일 수석검찰원 왕즈핑王之平 법무소장 등 네 명의 연명으로 작성된 '기소서(공소장)'가 특별군사법정에 제출됐다. 일본 전범 심판을 위해 구성된 최고인민법원 군사법원의 부원장인 위안광袁光이 재판장을 맡

선양특별군사법정 앞에서 기념 촬영을 한 동북공작단

선양특별군사법정 건물 외관

아 예심을 열었다. 재판부는 6월 9일 개정키로 하고 3일 각 피고인에게 일본어로 번역된 공소장을 송달했다.

첫 공판은 9일 오전 8시 30분 선양시 베이링北陵의 특별군사법정에서 스즈키 히라쿠 중장 등 피고인 여덟 명이 출정한 가운데 시작됐다. 재판관 세 명, 검찰원 네 명, 변호인 다섯 명 외에 통역 여덟 명, 중국인 증인 열다섯 명, 전범관리소의 일본인 증인 다섯 명, 법정감정인 세 명 등이 참석했다. 재판장은 개정을 선포하면서 "피고인들은 법정에서 증인과 감정인에게 질문할 수 있고, 변호인을 요청해 변호하는 외에 스스로 변호할 수 있으며, 최후진술의 권리를 가진다"라고 밝혔다. 왕즈핑 수석검찰원이 1만 5000자가 넘는 공소장을 낭독했는데, 오전 11시 39분에야 끝났다. 오후 2시 30분에 공판이 속개돼 후지타 시게루 중장을 시작으로 사실 심리에 들어갔다. 피고와 증인에 대한 심문, 기록 문서 심사 등은 13일 오후까지 계속됐다.

중국인 증인들은 학살, 방화, 약탈 등에 대해 처절한 증언을 늘어놓아 법정을 숙연하게 했다. 특정 사건의 책임자로 지목된 피고인은 생존자의 육성 고발을 들으며 고개를 들지 못했다. 스즈키 히라쿠의 죄행과 관련해서는 판자다이좡潘家戴莊 학살사건의 생존자 저우수언周樹恩이 나왔다.

판자다이좡학살사건은 스즈키가 27사단 27보병단장 재임 때 벌어졌다. 허베이성 탕산시唐山市 롼난현灤南縣 청좡향程莊鄉에 있는 이 마을은 1942년 10월 말과 12월 초 두 차례 도살극의 무대가 됐다. 10월 28일 스즈키 예하의 부대는 마을을 급습해 주민과 통행인 1200여 명을 잡아놓고 총검으로 팔로군의 소재를 대라고 위협했다. 이들이 침묵을 지키자 일본군은 각종 무기로 50여 명을 죽인 뒤 청장년을 골라내 구덩이를 파게 했다. 구덩이는 깊이 여덟 자(한 자는 33센티미터), 폭 열 자, 길이 260자로 방대했다. 일본군은 이 구덩이에 마을 주민이 다 들어가지 못하자 다른 구덩이를 더 파게 해서 짚단을 쌓아놓고 불을 질렀다. 1200여 명이 살해되고 집 1000여 채가 파손됐다. 중국은 일본군을 수군獸軍(짐승의 군대)으로 표현했다.

12월 5일에도 비슷한 도살이 있었다. 전날 밤 청장향에 팔로군 부대가 나타났다는 첩보에 따라 긴급 출동한 일본군은 판자다이창 북쪽에서 소규모 항일 부대가 매복해 있는 바람에 병사 한 명이 죽고 말 한 필을 잃었다. 일본군은 다시 마을을 피로 씻어 주민 1280명을 죽였다. 전신에 화상을 입어 평생 장애인으로 살게 된 저우수언은 법정 증언을 하다가 통곡했다.

> 일본 구이쯔鬼子('놈'이라는 뜻의 욕설)는 마을 사람을 공터에 모이게 해서 청장년에게 억지로 큰 구덩이를 두 개 파도록 했다. 곤봉과 총검을 사용해 30여 명의 마을 사람을 구덩이 속에 몰아넣고 섶에 불을 붙여 던져 모두 태워 죽였다. (……) 일본 구이쯔는 100여 명의 젊은 부인을 큰 집에 몰아넣고 야수같이 그들을 강간, 윤간했다. 그중에는 내 처도 있었다. (……) 임신 4개월이었던 내 처는 강간당한 후 일본 놈의 총검으로 배가 갈라졌다. 태아가 장과 함께 땅바닥에 끌려나오는 것을 목격했다.

저우수언은 상의를 벗어 커다란 화상 상처를 스즈키에게 보여주며 자신도 피해자라고 말했다. 스즈키는 그 상처를 보고 머리를 깊이 숙이고 낮은 목소리로 사죄의 말을 했다. 재판장이 "증인의 증언은 모두 사실인가?"라고 묻자 스즈키는 "모두 사실입니다"라고 답했다. 스즈키는 비슷한 유형의 다른 학살 사건도 자신이 부하에게 명령해서 실행케 한 '삼광 정책'의 결과라고 인정했다.

의외의 증인 출현에 기겁한 피고는 또 있다. 39사단에서 사사 신노스케 사단장을 제외하고 유일하게 재판에 회부된 우노 중위는 232연대본부 포로감독군관 겸 정보선무주임을 했다. 중국어가 능숙한 그는 포로로 구성된 '부대'를 맡아 탄약, 식량, 환자 운송 등의 잡역을 시켰다. 숱한 항일 전사나 농민을 살해한 그는 검찰원의 조사 과정에서 스스로 자백한 참살자의 수가 한 명 많다는 지적을 받았다. 우노는 영문을 몰랐으나 법정에서 그를 고발한 증인과 대면하면서 곡절을 알게 됐다.

증인은 우노를 노려보더니 옷을 벗어 상반신을 드러내 보였다. 오른쪽 목덜미에서 등 쪽으로 무참하게 베였던 상처 자국이 생생히 드러났다. 증인은 상처 자국을 가리키며 "이것이 네 녀석이 나를 벴을 때의 상처다"라고 외치며 한 걸음 다가와 "네 녀석이 나를 구덩이에 처넣고 떠난 후 마을 사람들이 서둘러 구덩이를 파헤쳐 끌어내 치료를 해줘서 겨우 목숨을 건졌다"라고 말했다. 그는 "지금 네 녀석의 얼굴을 보고 있으니 찢어 죽여도 내 분은 풀리지 않는다"라며 말을 잇지 못했다.

우노는 중국어를 알아들었기 때문에 무릎이 떨려서 쓰러질 지경이었다. 참살자가 한 명 많다는 말이 비로소 이해됐다. 분노로 떨려서 말문이 닫힌 증인이 다시 입을 열었다. 그는 "내가 들으니, 과거의 잘못을 솔직히 인정하고 참사람이 되려는 노력을 계속하고 있다고 하는데, 나 개인으로서는 용서하기 어렵지만 중·일 양국민의 우호 발전을 위해 재판관은 관대히 처리하시기를 바란다"라고 말하고 증인석으로 돌아갔다. 우노는 더는 견디지 못하고 주저앉듯이 바닥에 손을 짚었다.

6월 15일 오전 공판이 재개돼 변호인의 변론이 있었다. 변호인은 피고인이 '최고책임자가 아니다', '직권이 한정적이다', '어디까지나 명령을 받아 실행한 자에 지나지 않는다'고 주장하며 각 피고인이 개전의 정을 보이고 인죄를 하고 있으니 개인의 죄책에 대해 관대하게 처리해달라고 호소했다. 이날 오후에는 피고인들의 최후진술을 듣고 결심이 이뤄졌다. 스즈키 히라

선양특별군사법정 피고석에 선 전 일본군 사단장들. 스즈키 히라쿠 중장(앞줄 오른쪽)과 후지타 시게루 중장(가운데)

타이위안특별군사법정에 기소된 일본 전범들이 선고를 듣고 있다

쿠의 최후진술을 보자.

"저는 처음에 포악한 죄상을 은폐하려고 했습니다. 그러다가 중국 인민의 인도적 대우에 감화되어 죄를 반성하기 시작했고 죄를 느끼게 됐습니다. 저의 죄로 말하면 법정에서 변호할 필요조차 없습니다. 그럼에도 법정은 저에게 변호인을 알선해주고 또 스스로 변호할 권리까지 주었습니다. 중국 인민 앞에 감사를 드립니다. 진심으로 사죄합니다."

기소 전범에 대한 첫 선고

6월 19일 일본인 전범에 대한 첫 선고가 내려졌다. 위안광 재판장이 오전 8시 30분 '중화인민공화국 최고인민법원특별법정 판결서'를 낭독하자 이전에 중국대륙을 유린했던 피고들은 머리를 숙이고 들었다. 최고 징역 20년에서 13년까지 형이 선고됐다. 중국은 이들에게 사역을 시키지 않았으니 사실상 금고형이다.

- 징역 20년: 스즈키 히라쿠 117사단장 중장
- 징역 18년: 후지타 시게루 59사단장 중장, 우에사카 마사루上坂勝 59사단 53여단장 소장
- 징역 16년: 사사 신노스케 39사단장 중장, 나가시마 쓰토무 59사단 54여단장 소장
- 징역 14년: 후나키 겐지로 137사단 375연대장 대좌
- 징역 13년: 사카키바라 히데오 731부대 162지대장 소좌, 우노 신타로 39사단 232연대 포로감독 겸 정보선무주임 중위

선양특별군사법정에서 증언하고 있는 푸이. 맨 오른쪽이 후루미 다다유키 전 총무청 차장

　유기형이 내려지자 후지타 시게루는 사형을 예상했던 듯 놀란 표정으로 "재판장 각하, 이 후지타의 목을 쳐주십시오"라고 말했다. 그는 소리 내어 엉엉 울었고 다른 일곱 명도 오열했다. 후지타는 다시 발언을 요청해 "중국이 이 재판에서 정확하고 공평하게 사실 조사를 해주신 것에 감사드립니다. 관대한 처분에 감사드립니다"라고 말했다.

　선양에서 관동군 관련 기소자 여덟 명에 대한 특별군사법정의 공판이 시작된 다음 날 타이위안에서도 특별군사법정이 열려 단독 기소된 도미나가 준타로가 출정했다. 도미나가의 재판은 6월 19일 끝났고, 산시성 잔류 전범 여덟 명의 재판은 6월 12일부터 20일까지 열렸다. 산시성 전범은 징역 18년에서 8년까지 형이 선고됐다.

도미나가 준타로의 기이한 행적

특무 간첩 혐의로 타이위안에서 유일하게 최장기형인 20년형을 선고받은 도미나가 준타로의 이력은 독특하고 행적에 수수께끼가 많다. 1895년 후쿠시마에서 출생한 그는 도쿄의 육군중앙유년학교 예과와 본과를 거쳐 육군사관학교에 들어가 1917년 6월 29기로 졸업해서 연말에 임관했다. 영친왕 이은이 동기다. 그의 기수에서 수석으로 졸업한 가와무라 사부로河村參郎는 중장까지 올랐으나 인도지나주둔군 참모장 시절 싱가포르 화교를 학살한 혐의로 전후 체포돼 사형을 선고받고 1947년 6월 싱가포르에서 교수형에 처해졌다.

도미나가는 소위 때 소련의 사회주의혁명에 간섭하기 위해 시베리아에 파견된 일본군 사단으로 전속돼 러시아어 통역을 담당했다. 그는 육군특무기관 소속으로 연해주 일대에서 러시아 백군부대와의 연락을 맡았다. 1922년 8월 일본이 시베리아파견군 철수 결정을 내리자 센다이의 보병 4연대에 복귀한 그는 1923년 3월부터 1년간 도쿄의 외국어 전문 학원에서 러시아어 강좌를 수강했다. 원래 소속 부대로 잠시 복귀했다가 육군 유학생으로 선발돼 1924년 8월부터 1년간 중아하얼빈법정대학中俄哈爾濱法政大學에서 수학했다.

그는 1925년 12월 대위로 진급하면서 갑자기 예편했다. 중앙육군유년학교를 나온 것으로 보아 어렸을 때부터 직업군인을 지망했던 것으로 보이는데, 군복을 벗은 이유는 분명하지 않다. 그는 한동안 러시아 문학 번역가 노보리 쇼무昇曙夢의 문하생으로 들어가 러시아 문학을 번역하다가 1926년 8월 하얼빈의 일본사무소에 들어가 촉탁으로 일하며 중아하얼빈법정대학에서 공부를 계속했다. 그는 공산주의 관련 러시아 문헌을 번역하거나 일본 여행을 신청한 외국인의 서류 번역과 신원

조사를 했다고 한다.

1931년 2월 남만주철도회사(만철) 하얼빈사무소에 취직한 그는 그해 10월부터 1933년 3월까지 펑톈의 관동군사령부 참모부나 하얼빈육군특무기관에 파견돼 소련 문헌을 번역하고 선전물 작성 업무를 했다. 다시 만철에 복귀해 펑톈철로총국 경무국에서 일을 했다. 이때의 직책이 '방무防務과장', '경무警務참여'인데, 철도나 도로의 연선 5킬로미터의 마을을 엮어 정보망을 조직해 '불온 세력'의 움직임을 단속하는 작업을 했다.

1937년 10월 만철 본사의 명령으로 톈진의 북지파견군사령부 특무부에 파견돼 베이닝北寧철로관리국 경무처에서 지도원으로 일했다. 베이닝철로는 베이징에서 선양에 이르는 철도 구간이다. 1938년 1월 북지파견군사령부가 베이징에 진주하자 베이징 일대에서 선무반을 편성했고 1939년 만철이 화북교통주식회사를 설립하자 경무부, 교통지지실交通地誌室에서 근무했다. 화북교통주식회사는 1943년 북지나방면군사령부 관리로 들어가 교통지지실도 방면군사령부 참모부 2과의 지휘를 받았다. 도미나가는 중국인 협력자들로 정보망을 만들어 수집한 정보를 군 기관에 배부하고 화북 일대의 지하자원을 조사하는 일도 했다.

일본의 항복 후 화북교통주식회사는 국민당 11전구 사령부에 접수됐다. 도미나가는 일본군연락부(사령부 후신) 지시로 미군 고문과 국민당 특무들을 만났고, 1946년 3월 국민당 정보부대 간부로 변신했다. 그는 국민당 국방부 베이핑北平2공작대 부副대장에 임명돼 중교(중령) 대우를 받았다. 후에 국방부 제2청 베이핑전신電訊지대로 명칭이 바뀐 이 부대에서 도미나가는 일본인 기술 책임자로서 소련 전파 정보 업무를 담당했다. 1949년 2월 베이징이 해방되자 전신지대는 해방군에 접수됐고 도미나가는 체포돼 수감됐다.

만주국 관련 전범 심판

중국이 가장 중점을 둔 만주국 관련 전범 재판은 7월 1일 선양특별군사법정에서 시작됐다. 공판 개정을 앞두고 피고들은 푸순전범관리소에서 미리 선양으로 호송돼 개별 방에 수용됐다.

공판 개정 날 따로 병상 재판을 받은 서열 1위의 다케베 로쿠조 전 총무청 장관을 제외한 27명이 후루미 다다유키 총무청 차장을 선두로 나란히 입정했다. 이 재판은 자첸 최고인민법원 특별군사법정 재판장이 주재했다. 검찰원의 기소장 낭독이 장시간 계속됐고, 다음 날부터 하루에 두 사람 정도씩 법정에 불려가 재판이 진행됐다. 피고인이 28명인 큰 사안이어서 검찰원과 변호인도 각기 10명, 19명으로 늘어났다.

후루미는 푸순전범관리소에서 몇 차례 인죄 강연을 한 적이 있고 다른 피고도 기본적으로 공소 사실을 모두 시인해 공판은 순조롭게 진행됐다. 7월 20일 선고 공판에서는 징역 20년에서 12년까지 형이 내려졌다.

여기서는 만주국 경찰에서 대공 특수 공작을 담당했던 시마무라 사부로를 중심으로 재판 과정을 살펴보자. 시마무라는 100쪽이 넘는 전체 공소장에서 열다섯 번째로 나오는데, 겨우 1쪽 분량이었다. 그것도 산장성三江省 특고과장을 했던 1년 3개월의 죄상만 언급됐다. 그가 드러날 것이 두려워 인죄운동이 고조됐던 시기에 자살까지 생각했던 자오저우현참수사건은 아예 들어가지도 않았다.

시마무라는 한국전쟁 격화로 푸순전범관리소의 수감자가 하얼빈 일대로 이송되던 시절, 하얼빈감옥 운동장에서 산책하다가 쓰레기통 주변에서 신문 쪼가리 하나를 주웠다. 바깥세상 소식에 대한 갈증이 있던 터라 도시락이나 서류를 쌌던 신문지 조각이 보이면 바로 들고 와 물로 더러운 데를 씻어내 읽기도 했다. 하루는 운 좋게 기름 자국이 있었지만 더럽지 않은 《쑹장일보松江日報》 한 장을 주워 의기양양해서 방으로 돌아왔다.

그는 신문을 펼쳐 보자마자 기겁했다. 1면 제목이 〈자오저우 변두리의 백설을 붉게 물들인 삼저우참안三肇慘案〉이었다. 자오저우는 헤이룽장성 서남부에 있는 다칭시大慶市에 속한 현이다.

삼저우참안은 1940년 10월 자오저우, 자오둥肇東, 자오위안肇源 일대에서 동북항일연군 3로군 12지대가 무장투쟁을 벌이자 일본군과 만주의 치안 병력이 3개월 이상 대대적 토벌 작전을 벌이면서 항일 전사와 주민을 학살한 사건이다. 12지대의 사령관은 쉬쩌민徐澤民, 정치위원은 의병장 허위의 일가인 허형식이었다. 쉬쩌민은 일본군의 추격에 맞서 분전했으나 1941년 2월 14일 란시현蘭西縣에서 부하 50명과 함께 포위돼 체포됐고 옥중에서 사망했다.

시마무라는 1941년 1월 말 바이청현白城縣 부현장에서 갑자기 자오저우현 부현장으로 전임 명령을 받았다. 치안이 불안해서 관리들이 부임하기 꺼리는 지역이었다. 시마무라의 부임 첫날 쉬쩌민이 체포됐다. 소부대로 흩어져 지하로 잠복한 항일연군 전사나 동조자를 잡아들여 고문하는 게 시마무라의 일과가 됐다.

시마무라가 주운 신문에는 당시 자오저우현에서 처형된 항일 열사 장밍張銘의 처가 쓴 글이 실려 있었다. 그의 처도 체포돼 잔혹한 심문을 받았다.

족쇄에 묶여 끌려 나가니 남편은 사다리에 묶여서 물고문을 당하고 있었다. 남편이 고통스러워하며 피해도 계속 입으로 쏟아 부었다. 이윽고 남편이 기절했다. 괴로워 보지 못하고 두 손으로 얼굴을 가린 내 손을 한 귀신이 거칠게 떼어내고 "자, 말하지 않으면 너도 저렇게 해주겠다" 하고 위협했다. 내가 대답하지 않고 노려보자 채찍으로 얼굴, 등을 닥치는 대로 때렸다. 다른 귀신이 더러운 구두로 남편의 배를 밟자 입에서 물이 분수처럼 나왔다. 귀신들이 일제히 웃었다.

그들이 얼굴을 발로 차니 겨우 정신이 든 남편은 내가 있는 것을 알아차렸다. 귀신들은 "자백하지 않으면 사랑스러운 남편에게 다시 물을 먹이지"라고 말했다. 남편은 "말하지 마, 입이 찢어져도 말하지 마" 하고 외쳤다. 두 귀신이 남편에게 달려들어 때리고 차고 밟았다. 남편은 "말해도 죽인다, 말하지 않아도 죽인다, 한 사람이라도 더 많은 동지를 지킨다"라고 말하고는 다시 기절했다. 영하 20도의 추위 속에 남편이 토한 물이 땅 위에서 하얗게 얼어붙었다.

장밍의 처는 이렇게 세밀하게 쓰고 나서 마무리했다.

일본 귀신들의 통치는 종말을 고했다. 우리의 어려웠던 날은 영원히 종말을 고한 것이다. 그러나 살아남은 일본의 지배 계급은 지금 미국의 주구가 되어 전에 그들이 지나갔던 침략의 길, 스스로 파멸한 길의 안내역을 하고 있다.

시마무라는 원한과 분노로 가득 찬 글을 읽으면서 자신의 이름이 언급되지 않은 것을 보고 가슴을 쓸어내렸다. 시마무라는 1941년 3월 25일 항일 전사 32명의 총살 집행 현장에 있었다. 하얼빈고등법원 임시재판정의 재판이라는 형식을 거치긴 했지만, 허울뿐이었고 구형대로 사형이 선고됐다. 형장은 현청에서 1.5킬로미터 떨어진 야산으로 눈 덮인 설원이었다. 항일 전사의 친지나 벗이 마지막 모습을 보려고 잔뜩 모여들었지만 많은 경찰관이 총을 들이대며 형장에 접근하는 것을 막았다.

항일 전사는 트럭 세 대에 실려 형장에 도착했다. 얼굴은 창백했지만 적의에 가득 찬 눈으로 형 집행자들을 노려봤다. 이들은 족쇄를 끌며 길이 30미터 정도로 파놓은 구덩이 앞에 나란히 섰다. 같은 수의 집총한 경찰관이 이들의 10미터 앞에 정렬했다. 시마무라를 비롯해 하얼빈고등법원, 고등검찰청 책임자, 일본군 부대장 등 입회자들은 마차를 타고 형장에 나타났다.

집행 지시에 경찰의 총구가 일제히 불을 뿜어내자 항일 전사들은 구덩이 속으로 빨려 들어갔다. 초연이 멀리 흩어지기도 전에 감옥의 간수 두 사람이 구멍 안으로 뛰어 들어가 피투성이 주검에서 족쇄를 걷어내려고 망치로 자물쇠를 두드렸다. 그것이 끝나자 주검에 휘발유를 뿌리고 불을 붙였다. 쓰러져 있던 항일 전사 가운데 한 사람이 불기둥이 되어 집행관 쪽으로 갑자기 뛰어오다가 두세 번 구른 뒤 더 이상 움직이지 않았다. 일본군은 항일연군 지도부 몇 사람의 목을 작두로 잘라 나무통에 넣어서 이 지역 일대에서 순회 전시를 하는 만행도 서슴지 않았다.

시마무라는 검찰원의 취조에서 하얼빈비밀수용소의 존재, 그곳에서 행한 잔혹한 살해 행위, 특수반의 '엄중 처분'이라는 살해 행위를 결국은 다 털어놓았다. 그래도 자오저우현에서 저지른 살인사건은 끝까지 감추고 싶었다. 차마 다른 사람에게 말할 수 없는 무리한 짓을 했기 때문이다. 그는 항일 분자 단속에 열중한 나머지 절도 등 '하찮은' 범죄를 저지른 자의 목숨을 그야말로 하찮게 여겨 재판 절차 없이 죽이게 하거나 직접 참수했다. 자오저우참수사건이란 그가 말 도둑 다섯 명을 송치했다가 갑자기 분격해 법원과 교섭해서 무리하게 신병을 인도받은 뒤에 죽인 것이다. 그는 칼을 뽑아 두 사람의 목을 치고 나서는 힘이 빠져 나머지 세 사람의 처형은 다른 경찰에게 넘겼다.

시마무라는 더 이상 털어놓을 것이 없다며 버텼으나 검찰원은 당신은 아직도 감추는 것이 있다고 추궁했다. 시마무라가 "그렇다면 무슨 범죄냐, 힌

트만이라도 달라"라고 하자 검찰원은 "자네는 참으로 후안무치한 남자다. 자신이 한 짓을 남에게 묻는 것은 뭐냐. 이미 참인간이 되고 싶지 않다고 말하는 건가"라고 압박했다.

시마무라에 대한 검찰원의 심문은 여기서 한 달 정도 중단됐다. 검찰원은 확보해놓은 증거나 자료를 전범에게 먼저 보여주는 일은 거의 하지 않았다. 검찰원은 참수사건 희생자의 가족이 낸 고발장이나 시마무라 밑에서 일하던 만주국 경찰의 증언을 갖고 있었다. 결국 시마무라는 마음속에서 지우고 싶었던 죄행까지 다 털어놓았고 그 과정에서 뼈를 깎는 듯한 정신적 고통을 겪었다.

공판 전날 최인걸 지도원이 찾아와 내일 오후 재판이니 진술 준비를 해두는 게 좋다고 알려주었다. 그는 각 성에서 온 방청객이 열심히 지켜볼 것이라고 말한 뒤 "법정 상황이나 당신들의 말 하나하나가 매일 라디오로 방송되고 있다"라고 전했다.

시마무라는 다음 날 혼자 길을 건너 특별군사법정의 피고석으로 들어갔다. 법정은 바로 숙사 건너편에 있었다. 그는 방청석의 수많은 눈이 자신에게 쏠리는 것을 의식했지만, 차마 눈을 마주칠 용기가 없었다. 피고석에 서서 정해진 틀대로 심문을 받았다.

"기소 사실에 틀림이 있는가?"

"없다."

"기소 사실에 대해 의견이 있는가?"

"없다. 다만 여기에 기소된 사실은 내가 11년간 범한 죄의 극히 일부에 지나지 않는다."

"자신이 저지른 죄행을 지금 어떻게 생각하는가?"

시마무라의 답변이 길게 계속됐다.

1939년 산장성 이란현依蘭縣 공산당 탄압 때 현지에 가서 탄압을 지휘했다. 어떤 방법이든 좋으니 철저하게 쥐어짜서 자백하게 하라고 명령했다. 이란경찰서에서는 경찰관의 고함, 가차 없이 내려치는 채찍 소리, 고통스러워하는 피해자의 신음과 절규가 그 앞을 지나는 통행인에게도 들릴 정도였다. 나는 그 고통의 절규를 태연하게, 아니 기분 좋다고 생각하면서까지 들었다. 나는 이 사건의 고문만으로도 네 명의 귀중한 생명을 빼앗았다. 그러나 나는 돼지나 개가 죽은 정도로밖에 생각하지 않았다.

나는 작년 큰아들의 죽음을 전해 들었다. 처의 편지를 받은 날 운동장 한쪽 구석으로 가서 몰래 울었다. 내 자식의 죽음에는 눈물을 흘리면서 슬퍼했는데도, 타인의 아들 죽음에는 눈물 하나 흘리지 않는 귀신이었다. 내가 살해한 사람에게도 부모가 있고 가장 사랑하는 처가 있고 귀여운 아이들이 있다는 것이 명명백백한 일인데도 나는 이 간단한 진리조차 깨닫지 못한 귀신이었다.

제국주의의 야심으로 가득 찬 나는 평화롭게 살고 있는 중국인을 살해해도, 모욕해도, 압박해도, 재물을 빼앗아도, 그것이 입신출세로 연결되고 일본제국주의의 이익으로 이어진다고만 하면 아무런 가책을 느끼지 않는 인면수심의 귀신이었다. 이것이 침략자로서의 내 본질이고 동시에 일본제국주의자의 본질이었다.

나는 이제 겨우 중국 인민의 긴 세월에 걸친 따뜻하고 끈질긴 지도에 의해 나 자신의 본질을 알 수 있게 됐다. 그 죄, 마음속으로부터 만 번 죽어 마땅하다고 느끼고 있다.

시마무라는 두세 걸음 뒤로 물러나 융단 위에 두 손을 대고 "재판장님, 부디 저를 엄벌에 처해주십시오"라고 말하고 머리를 숙였다. 그가 다시 뒤편의 방청석을 향해 "중국 인민 여러분"이라고 외치며 엄벌을 요구하려 했는데, 가장 가까이 있던 보초가 달려와 발언을 제지했다. 시마무라가 피고석에 서자 재판장은 "의견은 모두 본관에게 말하시오"라고 명령했다.

5일 정도 지나 피고 전원이 출정해 한 사람씩 최후진술을 끝내고 변호인이 변론에 들어갔다. 시마무라의 변호사는 "원래 특무과장은 경무청장의 보좌역이기 때문에 책임은 물론 청장에게 있다. 그 점을 충분히 헤아려달라"라고 말했다. 구형은 따로 없었다.

7월 20일 특별군사법정의 마지막 선고가 있었다. 27명의 피고가 입정해 3열로 나란히 섰다. 자첸 최고인민법원 특별군사법정 재판장이 정적 속에서 판결문을 낭독하기 시작했다. 판결문은 공소장과 거의 동일했다. 일본어 번역문도 함께 읽어 200쪽이 넘는 분량이었다. 한 시간이 지났는데도 여덟 명분밖에 나가지 못했다. 직립부동 자세로 나란히 선 피고들은 다리에 통증을 느끼기 시작했고 두 시간 반이 지나자 병약한 호리구치 마사오堀口正雄 헌병 중좌는 쓰러져 병사들이 데리고 나갔다. 자첸 최고인민법원 특별군사법정 재판장이 판결문의 결론 부분을 읽기 시작했다.

이상 말한 것을 종합해보면 본건의 각 피고인은 일본제국주의가 우리를 침략한 전쟁 기간에 일본제국주의의 침략전쟁을 수행하고, 침략전쟁을 지원하고, 국제법의 규범과 인도의 원칙을 짓밟아 어느 것이나 중대한 범죄를 저지른 일본 전쟁범죄자다. 본래 엄벌에 처해야 하는 것이 당연하지만, 본 법정은 각 피고인이 구류 기간 중 정도의 차는 있으나 회오悔悟의 태도를 나타내는 것을 고려하고, 또한 피고인이 저지른 범죄의 구체적 정상에 따라 전쟁범죄자로 목하 구류된 자의 처리에 관한 중화인민공화국 전인대 상무위원회의 결정 정신과 그 1조 2항의 결정을 바탕으로 각 피고인에게 각기 다음과 같은 판결을 내린다.

자첸 재판장은 형량을 선고한 뒤 "각 피고인의 형기는 판결일로부터 기산하며, 판결 전의 구류 일수 1일은 형기 1일로 계산한다. 본 판결은 최종 판결이다"라고 말했다.

최고형인 징역 20년형은 다케베 로쿠조 전 총무청 장관과 사이토 요시오 헌병훈련처장 두 명이었고, 18년형은 후루미 다다유키 총무청 차장, 나카이 규지 사법교정총국장, 사코 류스케 철로경호군 여단장, 미야케 히데야 펑텐성 경무청장이었다. 나머지는 16년형에서 12년형까지 선고됐다.

피고들은 그날 밤은 선양에서 자고 다음 날 오전 10시경 버스를 타고 푸순전범관리소로 돌아왔다. 돌아오는 버스 안에서 일본의 가족이 근일 중 면회하러 온다는 것이 공지됐다.

중병의 다케베 로쿠조, 선고 직후 가석방

중국 당국은 중병으로 거동이 불편한 다케베 로쿠조를 선고 직후 가석방했다. 베이징방송은 바로 다케베의 석방 전말을 상세히 보도했다. 이 보도에 따르면 인민해방군 선양군구 전범관리소장은 그가 환자임을 감안해 특별군사법정에 가석방을 신청했고 특별군사법정은 중국의과대학 제1부속병원 내과의 판 교수에게 병상감정서를 의뢰했다. 그 결과 고혈압, 동맥경화, 뇌혈전, 좌반신경련성불수로 건강 회복이 곤란하다는 진단이 나왔다.

특별군사법정은 다케베의 병상과 구류 중 회오悔悟의 정이 양호하다는 점을 근거로 삼아 21일 가석방을 허가한다는 재정裁定을 내렸다. 이 재정서는 22일 오후 1시 중국의과대학 제1부속병원 병실에서 군사법정의 서기가 낭독한 뒤 다케베에게 수교했다. 다케베는 감격에 목이 메어 "가석방된다고는 예상하지 않았다. 뭐라고 감사해야 할지 모르겠다"라고 말했다. 그는 그날 밤 9시 35분발 열차 평화호를 타고 톈진으로 향했다.

마침 그의 처 우타코歌子는 재판 종료 후 가족 면회가 허용된다는 소식을 듣고 다른 기소 전범 가족과 함께 귀환선 고안마루에 승선해 중국으로 가는 도중이었다. 우타코는 22일 밤 9시 15분 배 안에서 일본적십자사 관계자 등과 함께 베이징방송의 뉴스를 들었다. 우타코는 상상도 하지 못했던 소식에 반신반의했다. 도쿄의 집에 남은 자녀들은 이틀 전에 가장 무거운 20년형을 받아 살아서 보지 못하는 것이 아닌가 걱정했는데, 48시간 만에 절망이 환희로 바뀐 것이다.

중국이 일본인 전범의 건강 유지와 질병 치료를 위해 상당한 노력을 기울인 점은 당사자의 수기에서도 확인된다. 신중국은 출범 초기 경제적으로 곤궁한 처지였는데도 과분할 정도로 진료를 해주었다. 다케베 로쿠조도 그런 혜택을 받은 사람의 하나였다. 그는 1952년 갑자기 뇌혈전을 일으켜 입술이 비뚤어지고 눈이 사시가 됐다. 푸순전범관리소 의무실은 전력을 다해 반신불수의 위독 상태였던 그를 사지에서 구해냈다.

병세가 안정되자 관리소 의무실은 자오구이전焦桂珍을 전담 간호사로 배치했다. 뇌혈전 환자는 조금이라도 잘못되면 병세가 급격히 악화되기 때문에 간호하기가 대단히 어려웠다. 자오구이전은 어려운 임무를 맡고 나서 4년 동안 불평 한마디 없이 정성스럽게 간호했다. 어린 딸을 탁아소에 맡기고 일을 했는데, 항상 가장 늦게 아이를 데리러 갔다고 한다.

발병 초기 다케베는 마시는 것이 곤란해 입속에 있던 음식 국물을 자오 간호사의 얼굴이나 몸에 토해내곤 했다. 자오는 묵묵히 오물을 닦아내고 한 입씩 먹였다. 대소변을 가리지 못해 침대나 바지에서 항상 분뇨 냄새가 코를 찔렀으나 날마다 병실을 청소하고 안팎을 소독하며 세 끼 꼬박꼬박 먹였다. 장기간 침대에 누워 있으면 혈액순환이 안 되기에 하루에도 몇 차례씩 자세를 바꿔주고 알코올과 가루약을 발라주었다. 자오의 지극한 간호로 다케베는 4년이나 누워 있었는데, 욕창 하나 없었다.

가석방된 다케베는 들것에 실려 톈진항까지 호송됐다. 다케베는 일본에서 맞이하러 온 아내 우타코에게 자오가 얼마나 진심으로 간호를 해줬는지 설명했다. 감동한 우타코는 자오를 끌어안고 한참 동안 울었다.

기결수의 일상, 직접 농사와 양계에 나서기도

유기 금고형을 선고받은 일본인 전범은 형량에는 별다른 불만이 없었다. 중국으로 이송됐을 때는 조만간 처형될 것이 틀림없다고 생각했기 때문에 여분의 인생을 다시 얻었다고 생각하는 사람도 적지 않았다. 이들이 오히려 걱정한 것은 다른 감옥으로 이감되는 것은 아닌지, 그동안 '마음의 교류'를 계속해온 관리소 직원과 헤어지는 것은 아닌지였다. 그만큼 푸순전범관리소 생활이 이들에게 비교적 편했다고 할 수도 있다. 타이위안특별군사법정에서 심판을 받은 아홉 명은 푸순으로 이송됐다.

푸순전범관리소는 구내에 '푸순전범감옥'을 설치해 일본인 전범 44명을 따로 수용했다. 감옥이라는 명칭이 붙었지만 실제 생활은 달라진 것이 없었다. 중국 당국은 이들의 신분이 기결수로 바뀌었다고 사역을 시킬 계획은 없었다. 몸을 너무 움직이지 않으면 건강에 좋지 않기 때문에 양계, 채소 재배, 금붕어 키우기 등 취미 생활 정도의 일을 했다.

'자율조직'인 학습위원회 체제는 그대로 유지됐다. 후루미 다다유키가 주임으로 책임자가 됐고, 시마무라 사부로가 학습위원, 미조구치 요시오溝口嘉夫 하얼빈고등검찰청 검찰관이 생활위원을 맡았다. 오랜 기간 푸순에서 '완고 반동'으로 손꼽히던 사람들이 학습위원회의 주축이 된 셈이다.

푸순전범관리소는 이들의 생활습관을 배려하고 '노동교육'을 실시하는 차원에서 독립된 화덕(주방)을 만들어 본인들이 원하는 요리를 만들어 먹게 했다. 관리소 취사원이 요리법을 가르쳤다. 만두를 빚는 것은 김원이 직접 시범을 보였다고 한다. 이들은 일본의 가족에게 요리 관련 잡지를 보내달라고 해서 연구를 하며 상당한 수준의 기량을 쌓았다. 가족에게 연락해 받은 식재료나 조미료를 사용해 진짜 일본 맛이 나는 음식까지 해서 먹었다.

취사 때는 후루미가 뜻밖의 솜씨를 선보였다. 그는 시베리아의 장군 전용 수용소에서 요리를 배웠다. 장군수용소에는 일본인 사병이 당번병으로 배치돼 식사 준비부터 모든 것을 수발했는데, 이들이 속속 귀국해 돌아가니 취사할 사람이 없었다. 장군들은 거드름만 피웠지 밥을 해본 적이 없어 난처한 상황에 빠졌다. 결국 소장 한 사람이 하겠다고 나서서 후루미와 둘이 취사를 했다.

중국은 1958년부터 경제 건설을 촉진하기 위해 '사회주의 건설의 총노선', '대약진', '인민공사'라는 3면 홍기紅旗 정책을 내걸고 밀어붙였다. 하지만 1959년부터 3년간 자연재해가 계속됐고 중·소 분쟁 격화로 소련의 대중국 경제원조가 전면 중단됨에 따라 경제는 내리막길로 치달았다. 식량 사정도 악화됐다. 그러나 푸순시 당국은 전반적인 경제난 속에서도 전범관리소와 양로원에는 쌀과 고기를 특별 배급해주었다.

초기에는 별 문제가 없었으나 점차 배급량이 줄어들자 푸순전범관리소는 쌀과 고기 등을 직접 조달하기로 했다. 관리소는 1950년대 말 국민당 전범의 노동 개조를 위해 관리소 북방 4킬로미터 산골짜기의 황무지를 개간했다. 그곳에 농장을 만들어 과실, 옥수수, 채소 등을 재배하고 양돈을 시작한 것이다. 최인걸은 어느 날 농장 노동에서 돌아오다 작은 골짜기에 개간할 수 있는 황무지를 발견했다. 논농사에 적합한 터라고 판단해 일본 전범에게 벼농사를 짓게 해 식량난을 극복하자고 건의해 승인을 받았다.

그는 일본인 전범 가운데 체력이 될 만한 열 명을 뽑아 후루미 다다유키를 반장으로 해서 벼농사반을 구성했다. 관리소 인근 베이관北關의 조선족 생산대에 연락을 취해 볍씨를 사들이고 농기구를 빌렸다. 벼농사반은 매일 아침 가래 두 개 등을 메고 점심을 휴대해서 개간지까지 걸어가 오후 5시가 지나 관리소로 돌아왔다. 조선족의 가래는 한족의 것보다 두 배 이상 커서 사용하려면 다섯 명이 필요했다.

최인걸은 농촌 출신이라 벼농사는 해봤지만, 땅을 개간해 논으로 만드는 것은 처음이었다. 그는 관리교육과 생산을 총지휘해야 해서 늙은 농부를 매일 오게 하여 지도하도록 했다. 우선 논두렁을 만들고 잡초 등을 제거해야 했다. 그리고 수로를 만들어 물을 끌어와 논을 만드는데, 계곡물이 살을 에듯이 차가웠다. 최인걸은 지도원으로서 모범을 보여야 해서 선두에서 맨발로 물속에 들어갔다. 일본인 전범도 하는 수 없이 양말을 벗고 바지를 올리고 들어왔는데, 몇 사람은 신발과 양말을 신은 채였다. 가래를 끌려면 함께해야 하는데, 신발에 진흙이 들어가자 계속 작업이 중단됐다. 해가 높이 떠서 수온이 올라가자 대다수는 맨발로 작업했다.

다음 날 작업 때도 한 사람이 여전히 양말을 신은 채 들어왔다. 미야케 오카베였다. 전날 아무 말도 하지 않았던 최인걸은 쉬는 시간에 관리소가 조직한 노동의 목적에 대해 얘기했다. 그는 "일본 농부를 포함해서 농부가 양말을 신고 논일을 한다는 것을 생각해본 적이 있겠느냐, 만약 농부가 그런 광경을 봤다면 온전히 경멸의 눈으로 봤을 것"이라고 말했다. 이후 양말을 신고 논에 들어가는 사람은 볼 수 없었다.

벼는 정성스레 가꾼 덕에 가을에 풍작을 이뤘다. 전범은 스스로 수확해 탈곡했다. 정미소에 맡겨 도정한 하얀 쌀로 식사가 나온 날 조노 히로시는 "이것은 우리가 심은 것이고 오늘 저녁은 우리 손으로 만든 쌀밥이다"라고 감격스레 말했다.

관리소는 부족한 고기를 보충하기 위해 본격적으로 양계반을 운영하기로 하고, 만주국 경무총국 경무처장 이마요시 긴今吉均를 반장으로 지명했다. 양계장은 이들의 감방이 있는 7소 앞에 있었다. 당시 감방은 자물쇠를 채우지 않아 양계반원은 밤낮으로 자유롭게 출입했다.

관리소는 병아리 3000마리를 구입해 양계반에 맡겼다. 양계반원은 일본에 양계 관련 잡지를 보내라고 요청해 상당한 수준의 양계 지식을 습득했다. 이들의 보살핌으로 병아리의 생존율이 높아져 사료를 절약하기 위해 수탉은 수십 마리만 남기고 처분하고 암탉은 2000마리에 육박했다. 스즈키 히라쿠는 "예전에는 달걀 같은 것이 안중에도 없었지만, 수개월의 양계 작업을 통해 달걀 하나라도 결코 손쉬운 것이 아니고 농민의 일상적 고생스러운 노동의 산물이라는 것을 알았다"라고 소감을 말했다.

전범의 가족 면회 허용,
감동의 시간

중국은 1956년 6월 일본적십자사 등 민간단체 세 곳에 기소 대상 전범 가족의 중국 방문 면회를 허용한다고 통보했다. 직계가족이면 중국 체류 중

여비, 의식주 비용을 중국홍십자회가 모두 부담한다고 밝혔다. 중국 당국은 '전범 가족을 벗으로 접대한다'는 방침을 세우고 '정열적 접대'를 통해 전범 가족에게 감명을 주도록 했다.

푸순전범관리소는 1층 복도 양쪽의 방 10여 개를 비우고 벽을 칠하는 등 새로 단장했다. 소파, 침대와 다기까지 비치했다. 또 구류 기간이 5년을 넘고 수감자와 처자가 희망하면 한방에서 자도 좋다고 면회 규정을 만들어 벽에 붙였다. 식사뿐 아니라 종일 같이 있으면서 얘기하는 것도 허용했다.

가족면회단 1진은 니페이쥔倪斐君 홍십자회 부비서장의 안내로 관리소를 찾았다. 당시 면회단의 일원이었던 후루미 다다유키의 아들 겐이치健一는 니페이쥔의 세세한 배려가 인상에 깊이 남는다고 했다. 상하이둥난東南의학원을 나온 니페이쥔은 상하이여의사연의회聯誼會 주석 등을 역임했으나 문화대혁명 초기에 박해를 받아 1966년 8월 사망했다.

가족 면회를 취재하려고 일본의 신문, 방송 기자가 관리소에 몰려왔다. 이들은 각 방을 다니며 사진을 찍고 전범이나 가족에게 마이크를 들이밀며 거침없이 물었다.

"전후 10년이나 지났는데 아직 당신들은 중국 감옥에 수용돼 있다. 납득이 되는가?"

"당신들은 생활 면에서 뭔가 요구하고 싶은 것이 없는가?"

"당신들의 학습은 강제된 것인가?"

기자는 전범의 답변에 실망한 듯 다음 날 관리소에서 모두 사라졌다. 전범이 이구동성으로 죄를 인정하고 중국 정부의 관대한 정책과 인도주의 정책을 얘기했기 때문이다.

가족이 남긴 수기를 보면 기소면제자를 수송하기 위한 일본 선박을 타고 톈진항에 상륙해 5일간 중국에 체류했고, 중국 정부가 정중하게 대우했다

첫 공개 탄백을 했던 미야자키 히로무가 1956년 6월 푸순전범관리소를 찾아온 일본 방송기
자와 인터뷰를 하고 있다

고 한다. 면회는 회의실에서 가족마다 한 테이블에 앉아 집단으로 했다. 다른 가족과 관리소 직원이 조금 떨어진 곳에 있어 속을 털어놓고 얘기하지 못했다는 감상도 있다. 가족은 수감된 방을 둘러보고는 감옥이라기보다 양로원 같다는 인상을 받았다.

쑨밍자이 관리소 소장은 가족의 귀국 전날 오후 전범 전원과 가족의 좌담회를 열었다. 부인들의 소감이다.

50세가 넘은 듯한 여성

이 관리소는 일본의 감옥과 마찬가지로 관리의 감시 아래 있고 쇠창살로 격리돼 수분 정도밖에 면회할 수 없으리라고 생각했다. 이런 극진한 대접을 받으리라고는 꿈에도 생각하지 못했다. 요 며칠 남편과 기거하며 자유롭게 얘기할 수 있었다. 남편은 자신의 죄를 후회하고 중국의 관대함에 감격했고 미래에 희망을 갖고 있다. 남편은 다른 사람을 잘못 봤나 할 정도로 변했다. 옛날에는 아주 오만하고 냉혹했지만, 지금은 겸허하고 부드러우며 배려하는 사람이 됐다. 남편이 건강한 것을 눈으로 봤으니 전적으로 안심해서 돌아갈 수 있다.

후지타 시게루의 처 기요코喜代子

수일간 남편 시게루는 날마다 중국 인민에게 저지른 죄행을 상세히 얘기해주었다. 나는 아내로서 남편이 이렇게 심한 죄행을 저질렀다는 것은 모르고 있었다. 나는 이제까지 현모양처가 되려 했고 군인의 아내로서 집을 지키고 자식을 키우며 후지타에게 후환이 없도록 한다는 생각으로 살아왔다. 그러나 후지타의 저 지독한 죄행은 책임의 절반이 나에게도 있다는 것을 알았다. 나도 남편과 함께 여기서 복역하게 해주었으면 하는 바람이다.

미조구치의 처 히로코浩子

수일간 남편이 저지른 엄청난 죄행을 알게 됐다. 남편이 범한 죄를 보면 목숨이 몇 개 있어도 모자란다. 이번에 배를 타고 오면서 우리가 연명으로 중국 정부에 하루라도 빨리 석방을 요구하는 청원서를 내자고 얘기하는 사람이 일부 있었다. 나와 조노 히로시 부인이 대표가 되어 청원서를 기초했다. 이 청원서는 중국을 떠나기 전날 정식으로 중국 정부에 제출할 예정이었지만, 이제 쓸모없어졌다. 이제까지 잘못된 계획을 전부 취소한다. 우리는 마음속에서 눈이 깨어 중국 당국에 깊은 감사의 말을 드린다.

유죄판결을 받은 45명의 운명

기소돼 유죄판결을 받은 45명의 운명은 어떻게 됐을까? 선고 직후 특사로 풀려난 다케베 로쿠조는 기소면제자와 함께 귀국한 뒤 1958년 1월 사망했다. 사사 신노스케 39사단장은 복역 중 위암으로 1959년 6월 병사했다.

나머지 43명 중 29명은 형기 만료 전 석방돼 귀국했다. 최고형 20년형을 받은 스즈키 히라쿠 중장은 1965년 8월이 만기지만 1963년 6월 형기 만료 전 석방됐다. 우에사카 마사루 소장은 18년형을 꼬박 채우고 1963년 8월 풀려났다. 우에사카처럼 만기를 채우고 석방된 사람은 14명이다. 마지막까지 푸순전범관리소에 남았던 사이토 요시오, 도미나가 준타로, 조노 히로시는 1964년 3월 각기 형기 만료 전 석방됐다. 이들이 서두에서 소개한 최후의 전범 3인이다.

기소된 전범 45명 명단

일본군 관련자 8명, 선양특별군사법정

이름	주요 직무	출생 연도	형기	석방 시기	비고
스즈키 히라쿠 (鈴木啓久)	117사단장 중장	1890년	20년	1963년 6월	육군사관학교 23기
후지타 시게루 (藤田茂)	59사단장 중장	1889년	18년	1957년 9월	육군사관학교 23기
우에사카 마사루 (上坂勝)	59사단 53여단장 소장	1892년	18년	1963년 8월	육군사관학교 25기
사사 신노스케 (佐佐眞之助)	39사단장 중장	1893년	16년	1959년 6월 수감 중 병사	육군사관학교 27기
나가시마 쓰토무 (長島勤)	59사단 54여단장 소장	1888년	16년	1959년 말	육군사관학교 22기
후나기 겐지로 (船木健次郎)	137사단 375연대장 대좌	1897년	14년	1957년 6월	육군사관학교 31기
사카키바라 히데오 (榊原秀夫)	731부대 162지대장 소좌	1908년	13년	1957년 5월	오카야마의과대학 육군군의학교
우노 신타로 (鵜野晋太郎)	39사단 232연대 중위	1920년	13년	1958년 8월	육군구루메1 예비사관학교

괴뢰 만주국 관련자 28명, 선양특별군사법정

이름	주요 직무	출생 연도	형기	석방 시기	비고
다케베 로쿠조 (武部六藏)	국무원 총무청 장관	1893년	20년	1956년 7월 선고 직후 가 석방	도쿄제국대학 법학부
사이토 요시오 (齋藤美夫)	만군 헌병훈련처장 만군 소장	1890년	20년	1964년 3월	육군사관학교 23기
후루미 다다유키 (古海忠之)	국무원 총무청 차장	1900년	18년	1963년 2월	도쿄제국대학 법학부
나카이 규지 (中井久二)	사법부 교정총국 국장	1897년	18년	1963년 9월	메이지대학 법학부
미야케 히데야 (三宅秀也)	펑톈성 경무청장	1902년	18년	1963년 4월	도쿄제국대학 법학 부
스기하라 잇사쿠 (杉原一策)	사법부 형사국장 겸 사상과장	1899년	18년	1963년 9월	도쿄제국대학 법학부
사코 류스케 (佐古龍祐)	무단장철로경호군 여단 장 만군 소장	1892년	18년	1961년 8월	육군사관학교 25기
요코야마 미쓰히코 (橫山光彦)	하얼빈고등법원 차장 겸 특별치안법정 재판장	1901년	16년	1961년 8월	도쿄제국대학 법학부

하라 히로시 (原弘志)	철로경호군 참모장 만군 소장	1895년	16년	1957년 9월	육군사관학교 29기
이마요시 긴(今吉均)	경무총국 경무처장	1906년	16년	1961년 8월	도쿄제국대학 법학부
다이 규지로 (田井久二郎)	치치하얼시 경찰국 특무 과장	1903년	16년	1957년 5월	고치 구보카와 고등소학교
기무라 미쓰아키 (木村光明)	관동군 3특별경비대 헌병 소좌	1906년	15년	1957년 5월	도쿄제국대학 농학부
기베 요헤이 (岐部與平)	만주국 후생회 이사장	1895년	15년	1959년 12월	도쿄체신관리 연습소
시마무라 사부로 (島村三郞)	경무총국 특무처 조사과장	1908년	15년	1959년 12월	교토제국대학 경제학부
가게 시게타 (鹿毛繁太)	진저우시 경찰국 경무과장	1899년	15년	1960년 7월	니혼대학 전문부
쓰키타니 쇼조 (築谷章造)	지린성 경찰청 이사관	1894년	15년	1960년 7월	오사카다이세이 학관
가시와바 유이치 (柏葉勇一)	푸순시 경찰국장	1890년	15년	1960년 7월	히로시마 후쿠야마 중학교
미조구치 요시오 (溝口嘉夫)	하얼빈고등검찰청 검찰관	1910년	15년	1959년 12월	도쿄제국대학 법학부
요시부사 도라오 (吉房虎雄)	평양헌병대장, 관동군헌 병대 고급부관 중좌	1897년	14년	1957년 5월	육군사관학교 33기
후지와라 히로노신 (藤原廣之進)	신징헌병대 분대장 소좌	1897년	14년	1959년 8월	에히메 슈소 농잠학교
노자키 모사쿠 (野崎茂作)	화이더현 경무과장	1898년	14년	1960년 1월	시즈오카 누마즈 중학교
우쓰기 다케오 (宇津木盃雄)	자무스헌병대장 중좌	1895년	13년	1958년 12월	육군사관학교 30기
가미쓰보 데쓰이치 (上坪鐵一)	쓰핑헌병대장 중좌	1902년	12년	1957년 8월	육군사관학교 38기
하치스카 시게오 (蜂須賀重雄)	평톈철로경호단장 만군 상교(대령)	1896년	12년	1957년 9월	가고시마 에이 고등소학교
호리구치 마사오 (堀口正雄)	진저우헌병대장 중좌	1901년	12년	1957년 8월	육군사관학교 34기
시무라 유키오 (志村行雄)	관동군 제1특별경비대 교 육대장 중좌	1902년	12년	1957년 8월	육군사관학교 36기
고바야시 기이치 (小林喜一)	싱안헌병대장 소좌	1895년	12년	1957년 8월	군마 다카야마샤 잠업학교
니시나가 쇼지 (西永彰治)	하얼빈 다오리 헌병분대 장 소좌	1899년	12년	1957년 9월	육군사관학교 34기

산시 잔류 반혁명 관련자 8명, 타이위안특별군사법정

이름	주요 직무	출생 연도	형기	석방 시기	비고
조노 히로시 (城野宏)	산시성 정부 고문보좌관	1914년	18년	1964년 3월	도쿄제국대학 법학부
사가라 게이지 (相樂圭二)	독립혼성3여단 대대장 대위, 엔시산군 소장	1916년	15년	1963년 9월	후쿠시마 아사카중학교, 육군보병학교
기쿠지 슈이치 (菊地修一)	독립혼성3여단 대대장 대 위, 엔시산군 소장	1915년	13년	1962년 2월	요코하마고등상업, 육군보병학교
나가토미 히로유키 (永富博之)	5독립경비대 27대대 보안 대 지도관 중사, 엔시산군 상교(대령)	1916년	13년	1963년 9월	고쿠시칸전문학교
오노 다이지 (大野泰治)	몽골연합 다퉁성 경찰대 장, 엔시산군 중교(중령)	1902년	13년	1963년 9월	고치 우마지소학교
스미오카 기이치 (住岡義一)	독립보병14여단 중대장 대위, 엔시산군 상교 (대령)	1917년	11년	1959년 12월	간사이학원 신학부
가사 미노루 (笠實)	산시성 후관현 신민회 주 석 참사, 엔시산군 소교 (소령)	1906년	11년	1961년 12월	후쿠오카 구루메 상업학교
간노 히사키치 (神野久吉)	몽골연합 다퉁성 경찰대 지도관, 엔시산군 소교 (소령)	1908년	8년	1957년 4월	에히메 이마바리 실천상업학교

특무간첩 관련자 1명, 타이위안특별군사법정

이름	주요 직무	출생 연도	형기	석방 시기	비고
도미나가 준타로 (富永順太郎)	화북교통 참여, 국민당군 국방부 2청 베이핑공작대 부대장 중교(중령) 대우	1895년	20년	1964년 3월	육군사관학교 29기

각국의 일본인 BC전범 재판 선고 내역

	건수	인원수	사형	무기	유기	무죄	기타	비고
미국	456	1453	143 (3)	162 (2)	871	188	89	괄호는 감형자
영국	330	978	223	54	502	116	83	
호주	294	949	153	38	455	267	36	
네덜란드	448	1038	236 (10)	28 (1)	705	55	14	괄호는 감형자
프랑스	39	230	63 (37)	23 (4)	112 (2)	31	1	괄호는 체포하지 못해 궐석재판 선고
필리핀	72	169	17	87	27	11	27	
중국 (국민정부)	605	883	149	83	272	350	29	
합계	2244	5700	984	475	2944	1018	279	

* 기타는 공소 취하, 공소 기각, 질병 귀국, 도주 등

침략전쟁에 가담해서 많은 가해 행위를 해버린 것, 그것에 대한
죄의식, 철저한 인죄 의식을 바탕으로 피해자의 용서를 구하는
것이 중귀런 정신의 핵심이라는 것 등이 적혀 있었다. 문서는
쓰다 만 상태였다.

푸순의 기적

"두 번 다시
침략전쟁에
총을 들지
않겠다"

중국귀환자연락회
결성과
수기집 발간

'즉시 석방' 된 1017명

선양과 타이위안에서 특별군사법정이 진행되는 도중 기소면제자에게 불기소처분 결정을 내리는 절차도 진행됐다. 전범 재판 가운데 선양특별군사법정의 관동군 관련 기소자, 타이위안특별군사법정의 특무 간첩과 산시성 잔류 관련 공판이 마무리되고 나서 불기소처분이 시작됐다. 푸순과 타이위안의 전범관리소에 수감돼 있던 전범은 세 차례로 나뉘어 6월 21일 1진 335명, 7월 18일 2진 328명, 8월 21일 3진 354명이 기소면제로 풀려났다. 사망자를 제외한 전범 1062명 가운데 기소자 45명을 뺀 1017명이 '즉시 석방' 조치를 받은 것이다.

장딩청 최고인민검찰원 검찰장은 7월 22일 오후 3시부터 베이징에서 열린 전인대 전체회의에서 일본인 전범 처리에 대한 보고를 했다.

일본이 중국을 침략한 전쟁에서 몇몇 중요 전범을 비롯한 대부분의 전범은 일본이 항복한 후 도쿄국제군사법정과 중국 정부(중화민국 정부를 뜻한다)에 의해 동시에 처리됐다. 현재 중국에 구치 중인 전범의 일부는 중국에서 체포됐는데, 이 중에 장제스, 옌시산이 행한 반혁명적 내전에 가담해 1949년 인민해방군에 체포된 140명이 있다. 또한 1950년 7월 소련 정부에서 중국으로 인도된 969명이 있다. 이들 중 몇 년 사이에 47명이 사망해 구류 중인 자는 1062명이다.

최고인민검찰원은 전인대 상무위원회의 결정에 따라 중대한 범죄 행위를 행한 일본 전범의 경우 이미 최고인민법원 특별군사법정에서 기소해 재판에 부쳤다. 주요 전범이 아니거나 회오의 태도가 비교적 양호한 일본 전범은 관대히 처리해 기소를 면제하는 것으로 결정했다. 최고인민검찰원은 이미 21일 335명의 기소를 면제하기로 결정하고 석방했다. 그 밖에 구류 중인 전범 중 관대한 조치로 사면할 수 있는 자는 기소되지 않고 석방돼 중국홍십자회의 협력으로 일본에 돌아갈 수 있을 것이다.

기소면제 조치는 두 지역에서 3회에 걸쳐 실시됐지만, 진행 절차는 거의 동일했다. 1차 석방 대상은 푸순조 295명, 타이위안조 40명이었다. 베이징 방송은 불기소처분이 나온 다음 날인 6월 22일 오전 6시 석방자 335명의 이름을 발표했다.

푸순전범관리소 1진의 사례를 보자. 6월 21일 푸순전범관리소의 일본인 전범은 대형 버스에 나눠 타고 푸순시내 전 일본여학교의 강당에 집결했다. 강당 주변과 입구는 인민해방군 병사가 엄중한 경계를 섰다. 장내가 정리되자 일동기립 호령과 함께 금색 견장을 단 최고인민검찰원 검찰단이 입정해 정면 단상으로 올라갔다. 수석검찰관 왕즈핑 법무소장은 장딩청 최고인민검찰원 검찰장을 대리해 면소 석방 결정서를 낭독했다. 그는 "전인대 상무위원회의 결정에 따라 이하의 사람은 기소를 면하고 바로 석방하는 것을 선고한다"라며 이름을 호명하기 시작했다. 호명된 사람은 계속 일어섰다. 호명이 끝나자 장내가 술렁거렸고, 감격에 겨워 훌쩍이며 우는 사람도 적지 않았다.

검찰관이 할 말이 있는 사람에게는 감상 발표를 허락한다고 하자 너도나도 손을 들었다.

"두 번 다시 총을 들어 중국인과 싸우는 일은 하지 않겠다."

"죽어서는 안 될 사람이 죽어갔다. 그들은 행복한 사회를 볼 수가 없다. 그렇지만 당연히 죽어야 할 우리가 살아서 귀국해 이윽고 육친과 재회하려 한다. 이것을 생각하면 가슴이 찢어지는 듯하다."

"피해자에게 사죄하며, 중국 인민의 관대한 조치에 감사한다. 두 번 다시 침략전쟁에 총을 들지 않겠다."

흥분이 사그라지지 않는 가운데 인민복 차림의 젊은이가 단상에 올라와 유창한 일본어로 안내했다.

"일본인 여러분 축하한다. 나는 중국홍십자회 사람이다. 이제부터 여러분이 귀국할 때까지 홍십자회가 돌볼 것이다. 여러분의 귀국 소식을 일본적십자사에 알렸다. 여러분은 이제부터 관리소에 돌아가 신변 정리를 하고 톈진으로 향하면 된다. 거기서 일본 선박을 기다릴 것이다. 여러분의 귀국에 필요한 물품을 지급하고 그 밖에 용돈으로 중국 화폐 50위안을 지급한다."

기소가 면제된 사람은 바로 전범에서 일본인 교민으로 신분이 바뀌었다. 이들이 푸순전범관리소로 돌아가기 위해 버스에 오르자 아침에 올 때 함께 탔던 경비병은 이미 사라지고 없었다. 관리소에 버스가 도착하자 정문에 쑨밍자이 소장 이하 전 직원이 나와서 맞이했다. 중간 마당에 연회가 마련돼 있었다. 흰 식탁보가 깔린 테이블이 마당 가득 놓여 있고 시내의 호텔에서 배달된 화려한 중국 요리와 맥주가 놓여 있었다.

모두가 자리에 앉자 쑨 소장이 일어나 인사말을 했다.

"여러분, 축하한다. 오늘 여러분은 우리 중국의 관대 정책을 받아 기소가 면제돼 석방됐다. 이 관대 정책을 받을 수 있게 된 것도 여러분이 진지하게 사상 개조를 이뤄냈기 때문이다. 나는 관리소의 전 직원을 대표해서 마음 속으로부터 기쁜 말을 전한다. 귀국 후에도 건강에 충분히 유의하며 평화롭고 행복한 생활을 보내기 바란다."

지도원들은 손에 맥주병을 들고 테이블을 돌며 맥주를 따랐다. 연회는 밤늦게까지 계속됐다.

다음 날 이들에게 새 인민복, 모자, 순모 모포, 혁대, 구두, 가방, 세면도구 등 기타 일용품과 50위안이 지급됐다. 6년 전 입소 때 관리소에 맡겼던 사물은 끈 하나까지 다 돌려받았다. 그날 밤 8시가 넘어 침대차, 식당차, 환자용 위생차가 딸린 특별열차로 푸순을 출발해 톈진으로 향했다. 홍십자회가 이들을 세심하게 안내했고 푸순전범관리소에서는 지도원 오호연을 비롯해 직원들이 동행했다.

타이위안조의 1진 면소, 석방 결정은 푸순과 같은 날 실시됐다. 타이위안에 수감돼 있던 전범의 3분의 1 정도인 40명은 6월 21일 산시기계창 대강당에 마련된 법정에 집합했다. 타이위안특별군사법정에서 아홉 명의 전범을 기소했던 징주궈井助國 수석검찰관이 면소결정서를 낭독했다. 징주궈는 동북공작단이 출범했을 때 부주임 세 명 중의 하나였으며, 타이위안으로 파견돼 전범 심문 작업을 지휘했다. 면소 처분을 받은 40명은 바로 수감복을 인민복으로 바꿔 입으라는 지시를 받았다. 이들은 강당을 나와 음식점으로 이동해 관리소로 돌아가 짐을 챙기고 22일 밤 9시 반에 톈진으로 향했다.

기소면제로 석방된 전범들이 톈진으로 이동하는 특별열차 안에서 식사하고 있다

　톈진에 모인 일본인은 번화가의 고급 호텔 후이중반점惠中飯店에 묵었다. 1931년 개업한 이 호텔은 객실이 100여 개에 달했다. 석방자에게는 끼니마다 고급 요리가 나왔다. 이들은 귀국선에 승선하기에 앞서 수상공원, 인민공원, 경극 등을 관람하고 시내의 백화점에 가서 가족에게 줄 선물을 사기도 했다. 물론 이들이 관광객처럼 행동한 것은 아니다. 톈진의 항일열사기념관을 방문하고 톈진열사능원에 있는 중국인 강제연행 희생자 유골에 헌화했다. 이 열사능원에는 일본에 강제 연행됐다가 숨진 중국인 노동자 2320여 명의 유골이 안치돼 있다.

　기소면제자 1진을 태울 고안마루는 일본적십자회 등 세 단체의 대표단과 함께 6월 23일 톈진 탕구항에 입항해 28일 오후 출항했다. 귀환자들은 승선하기에 앞서 오호연의 손을 굳게 잡고 "푸순전범관리소 은사 여러분의 가르침을 결코 잊지 않겠다", "귀국해서 가족에게 '자자손손까지 일·중 우호, 일·중은 영구히 다시 싸우지 않는다'는 도리를 들려주겠다"라고 다짐했다. 오

호연은 이별을 아쉬워하는 일본인과 손목이 뻐근할 정도로 악수를 계속했다. 2진, 3진의 귀국 때도 마찬가지였다. 중국홍십자회 관계자, 푸순전범관리소 직원들은 부두에 남아 배가 시야에서 사라질 때까지 손을 흔들었다.

귀국과 마이즈루 결의

귀환선 고안마루는 7월 3일 오전 8시 마이즈루항에 도착했다. 원래 2일 입항 예정이었으나 항해 도중 짙은 안개가 끼어 하루 지연됐다. 검역을 마치고 결핵, 고혈압 등 중증 환자 네 명을 포함해 환자 40명이 먼저 하선하고 오전 11시에 상륙이 끝났다. 수감 기간 중 사망한 일곱 명의 유골도 함께 돌아왔다.

　귀환자는 항구로 마중나온 가족, 친지, 친구를 만나 감격했다. 이들은 우선 이력, 군력, 정착지 등에 대한 귀환증명서를 작성해야 했다. 1진 가운데 246명이 군인이어서 이 절차를 거쳐야 정식으로 소집해제(제대)가 되어 귀향할 수 있기 때문이다. 타이위안전범관리소에 수감됐다가 풀려난 이들이 당장 문제가 됐다. 일본 정부의 공식 입장은 이들이 패전 후 '현지 제대' 절차를 거쳐 '특무단'에 들어가 자원해서 잔류했다고 보고 군인 신분을 인정하지 않았다. 마이즈루에서 귀환 업무를 처리하는 귀환원호국 관리는 타이위안조에 대해 직업을 군인이라 하지 말고 민간인으로 표기하라고 요구했다. 이에 반발해 직업난을 빈칸으로 남긴 사람도 있었다. 타이위안조는 군인연금을 수령하더라도 전후의 잔류, 구류 기간은 연금 대상 기간에 합산되지 않았다. 사망자나 부상자도 공무 취급의 보상 조치를 해주지 않아 나중에 잔류를 지시한 '군명軍命'이 있었는지 여부를 둘러싼 소송전으로 비화됐다.

1진 귀환자는 톈진의 호텔에 머물면서 승선을 기다리는 동안 귀국 후 어떻게 살아갈지 등을 놓고 토론을 벌였다. 오랜 기간 한솥밥을 먹으며 인죄 학습을 해온 처지여서 정신적 유대감은 강력했다. 이들은 뿔뿔이 흩어지지 말고 지속적으로 연락을 유지하기로 했다. 1진은 단장, 부단장의 지휘부를 임시로 두었는데, 단장은 구니토모 슌타로가 맡았다. 하얼빈에 소개됐을 때 후란감옥에서 시작된 학습소조센터의 센터장을 한 그 사람이다. 푸순전범관리소에 돌아와 인죄운동이 거세게 일어났을 때도 지휘부에 있었다.

구니토모는 부단장 등 주변 사람과 상의해 상륙할 때 일본 국민에게 자신들의 생각을 알리는 성명을 발표하기로 했다. 구니토모는 고안마루가 접안하고 나서 선상으로 뛰어올라오는 기자를 불러 모아 '그리운 조국의 여러분에게'라는 등사판으로 찍은 메시지를 배포했다.

우리는 몸과 마음을 바쳐 전쟁하고 그 결과 일본인 전쟁범죄자로서 소련, 중국을 통해 11년간 구류를 당했고, 이번에 중화인민공화국 정부의 관대 정책으로 석방돼 방금 돌아왔습니다. 우리는 한때라도 잊은 적이 없는 사랑하는 조국 일본과 그리운 동포 여러분 앞에 섰습니다. 우리는 이날을 얼마나 꿈에 그리고 애타게 기다려왔을까요.

우리는 이미 돌이킬 수 없는 죄행을 저질렀습니다. 우리가 이 손으로 벌인 전쟁의 결과는 중국 사람뿐만 아니라 일본 국민 여러분의 신상에도 전화戰火의 고통과 슬픔을 주었습니다. 우리는 사람으로 태어났음에도 사람으로서 가장 부끄러운 길을 걸어, 정말로 전반생前半生을 헛디뎌버리고 말았습니다. 속아서 청춘의 정열을 잘못된 목적에 쏟은 우리는 이 쓰라린 체험 속에서 침략전쟁이야말로 일부 지배자의 야망에 의한 것임을 확실히 알았습니다. 침략전쟁은 이제 절대 반대입니다.

이번에야말로 우리는 참으로 조국 일본에 충성을 다하고, 참으로 부모에게
효도하며, 참으로 국민 여러분과 함께 신의를 두텁게 해서 여러분의 가르침
을 받아 평화와 행복을 위해 그리고 일·중 우호를 위해 정성껏 일하고, 조금
이라도 여러분에게 도움이 되는 후반생을 바치고 싶다고 생각합니다. 그러나
뭐라 해도 우리는 사회생활의 경험도 없습니다. 11년간 구류됐던 우리의 심
정을 헤아려주서서 무엇이든 잘 지도, 원조해주시기를 바라며 귀국 인사로
갈음하겠습니다.

이 메시지는 이미 전쟁 책임을 까맣게 잊고 경제성장에만 몰입해 있던 일
본 사회에 공개적으로 '가해 책임'을 인정하는 집단의 출현을 알리는 것이
었다. 귀환자는 고안마루와 귀환자 숙소에서 전체 집회를 열어 '마이즈루
방침'이라 불리는 투쟁 방침을 결의했다. 1항은 앞으로의 운동 방향을 정한
것이고, 2항부터 5항은 정부에 피해 보상과 생활 지원을 요구한 것이다.

① 후반생은 잘못 걸어온 전반생과 결별해서 전범관리소 생활 속에서 체험한
   인도적 대우와 중국의 평화 정책을 일본 국민에게 알리고, 일·중 우호를 실
   현하기 위해 힘을 합쳐 노력하는 것
② 전범 귀환자 전원에게 11년 억류 기간의 경제적, 육체적, 정신적 손해의 보
   상으로서 '전범 귀환자 특별수당(당장의 생활 기반 조성)'을 정부에 건의해
   지급하도록 하는 것
③ 이미 '은급恩給(연금이나 일시금)' 자격을 갖춘 자(옛 일본 군인, 군속)를 제외
   한 다른 전범 귀환자에게도 군인과 동등한 자격을 인정하게 하는 것

④ 타이위안 관계자의 신분을 신속히 군인으로 복권하는 것

⑤ 기타 현행 법령에 정해진 보호·의료·자금 융자·주택 알선, 응급 생활물자
원조 등을 신속하고 최대한으로 적용, 실시하도록 요구하는 것

귀환자를 기계적으로 다룬
일본 정부

전범 귀환자의 이런 요구와 달리 일본 정부는 이들을 기계적으로 다뤘다.
일본 패전 당시 해외에 남겨진 군인이나 민간인의 총수는 약 660만 명이었
다. 일본 정부는 점령군총사령부의 명령에 따라 귀환자 지원 업무를 후생
성에서 총괄하기로 했다. 초기에는 후생성에 외청을 두어 전담토록 했으
나, 1954년 해외 체류자의 귀국이 대체로 마무리되자 후생성 내에 귀환원
호국引揚援護局을 설치해 업무를 지속하도록 했다.

마이즈루항에서 전범 귀환자를 맞이한 귀환원호국 관리는 귀환자가 상
륙한 직후 군복, 군화, 군용 양말, 딱딱한 비누 등을 지급했다. 귀환자는 물
품을 받아들고 어처구니가 없어 이것이 군용이냐고 물었다. 천신만고 끝에
돌아와 고향에 돌아가려는 마당에 일본 정부가 옛 일본군 군복과 군화를
지급하자 이들은 경악했다. 일부는 "다시 전쟁에 나가라는 것이냐"라며 받
기를 거부했다. 후생성 관리는 패전 직후 맨몸으로 돌아온 귀환자에게 군
용 창고에 쌓인 재고품을 긴급 구호용품으로 나눠주던 행태를 11년간 이
국 땅에서 수용됐던 이들에게도 반복한 것이다.

1진에 이어 2, 3진도 차례로 마이즈루항으로 귀환했다. 2진 단장은 1954
년 봄 인죄탄백운동의 불을 댕긴 미야자키 히로무 대위였다. 선양특별군사

법정에서 20년형을 받자마자 가석방된 다케베 로쿠조 총무청 장관은 2진과 함께 귀국했다. 3진 단장은 미와 게이이치 중위였다. 하얼빈의 후란감옥에서부터 학습 활동의 중심에 섰던 사람이다.

조악한 군용 물품을 귀환자에게 지급하는 후생성 관리의 행태는 일부의 비판 제기에도 아랑곳없이 그대로 계속됐다. 3진 귀환자는 "국가의 정책과 상관의 명령을 충실히 수행한 결과 전범이 되어 전후 11년간이나 구류, 구속됐다가 귀국했는데, 이런 대접을 할 수 있느냐"라며 분통을 터뜨렸다. 일본 정부는 군용 물품 외에 1인당 현금 1만 엔을 지급했다.

3진 귀환자는 현금 지급액을 2만 엔으로 인상해줄 것을 요구하기로 했다. 미와 등 대표단은 귀환원호국 마이즈루출장소 소장을 찾아가 1만 엔의 추가 지급을 요청했으나, 소장은 규정에 없는 돈을 줄 수 없다며 바로 거절했다. 귀환자는 소장의 발언을 전해 듣고 분노했고 가족도 동조했다. 귀환원호국은 귀환자의 귀향을 지원하기 위해 동쪽과 서쪽 방면 열차를 편성했다.

3진은 현금 지원액 인상 요구가 받아들여지지 않으면 다음 날 아침 출발 예정인 열차 탑승을 거부하기로 결의했다. 소장은 뜻밖의 사태에 놀라서 탑승을 간청하다가, 도쿄의 후생성 본부에 사태를 보고했다. 소장은 장거리 전화로 본부와 협의한 뒤 어쨌든 1만 엔을 더 지급할 테니 예정 시간에 탑승해달라고 간청했다. 3진 대표단은 지급 기한을 명시하지 않으면 받아들일 수 없다고 통보했다. 소장은 그날 밤 늦게 9월 중이라는 회답을 들고 왔다. 대표단은 구두 약속만으로는 신용할 수 없으니 기한을 명시한 증서를 갖고 오라고 돌려보냈다. 소장은 결국 증서를 가지고 왔다. 열차는 예정된 시간에 마이즈루를 출발해 교토에서 동쪽과 서쪽으로 갈라졌다. 추가 귀환수당 1만 엔은 9월 말 1, 2진과 함께 전원에게 지급됐다.

일본 언론의 냉소와 세뇌 딱지

중국에서 인죄운동을 통해 침략전쟁에 가담한 것을 철저히 반성하고 남은 인생을 전쟁 반대와 평화를 위해 살겠다고 다짐한 귀환자는 1956년 일본 사회의 분위기에서 대단히 이질적 존재였다. 일반인은 전쟁이 끝난 지 11년이 되어가는 마당에 불편한 기억을 상기시키는 이들의 주장에 위화감과 당혹감을 느꼈다. 언론은 이들에게 거리낌 없이 '세뇌됐다'는 딱지를 붙이고 냉소의 시선을 보냈다.

1진이 마이즈루에 상륙한 7월 3일 자《요미우리신문讀賣新聞》석간은 사회면에 귀국 스케치를 크게 실었다. 〈중공 귀국자 마이즈루에 상륙, 전쟁은 절대 반대, '속임수에 당한 청춘'이라는 메시지〉라는 기사에서 "이번 귀국자는 여자 두 명 외에 아이의 모습은 없고 철저히 세뇌된 전범뿐인 만큼 구니토모 슌타로 단장의 지휘로 행동이 훌륭하게 통제되고 있었다"라고 했다. 감정 개입을 배제하고 사실을 충실히 전달해야 하는 신문에서 '철저히 세뇌됐다'는 표현을 단정적으로 썼다. 기사에는 군인이 다수인 귀국자 가운데 경찰서장, 대학 조교수, 만철 참사, 간호부 등 다른 직종의 사람이 섞여 있지만, '침략전쟁에 가담했다'는 죄를 공통으로 인식하고 있다거나 대국민 메시지가 '규율 잡힌 참회'를 보여줬다고 표현했다.

당시 신문은 이들이 '도장을 찍은 듯이' 자신의 죄를 후회하며 옛 군인뿐만 아니라 의사, 관리, 경찰관, 회사원, 간호부, 환자까지 진지한 표정으로 참회한다고 희화화했다. 7월 2일 자《아사히신문》석간은 귀국 전범과 동행한 기자의 글을 실었다. 그 기자는 "석방 전범과 접하며 강하게 느낀 것은 순교자처럼 자신의 죄를 강하게 고백하는 것이다. 소련이나 중국에 대한 격한 비판은 귀국자의 입에서 전혀 들을 수가 없었다"라고 썼다. 귀국 전범의 언동을 의아하게 보는 시각은 지방지도 전국지와 별 차이가 없었다.

미야기현 센다이를 거점으로 하는 동북 지방의 신문인《가호쿠신보河北新報》는 7월 2일 자 석간에서 이렇게 보도했다.

> 이번 귀국자는 공산주의 심취는 아니지만 반군국주의를 굳게 몸에 익히고 있다, 철저한 탄백(자기비판)과 중공에 대한 감사, 일본 생활에 대한 불안 등이 공통적이어서 '확고한 신념을 가진 자', '골수'라는 느낌이다.

> 귀국자는 기자가 말을 걸면 반사적으로 중공에서의 '죄행'을 말한다. '군국주의의 앞잡이'로서 행한 잔혹 행위를 고백하고 당연히 사형될 죄를 중공의 '관대 정책'으로 도움을 받았다고 감사해한다. (……) 중공을 험담하는 사람은 아무도 없다.

이 신문의 칼럼은 "중국 귀환자가 일본식 목욕으로 신체의 때는 흘려보냈지만, 마음의 때까지 흘려보낼 수 있나, 이제부터가 문제"라고 썼다. 이들에게 정신적 불순물이 덮였다는 식이다.

유력지《아사히신문》의 논조도 크게 다르지 않았다. 1956년 8월 1일 자 고정 미니 칼럼 〈천성인어天声人語〉를 보자.

> '세뇌洗腦'라는 말이 있다. 영어로는 브레인워싱brainwashing이라고 한다. 세뇌는 중국에서 만들어진 말이다. (……) 이번 고안마루 귀국자 가운데 328명의 '석방 전범'은 도장을 찍은 듯이 같은 것을 말한다고 보도된다. 10년이 넘는 고통스러운 억류에도 조금도 불평을 얘기하지 않고 오로지 과거의 죄를 모두 참회한다고만 한다. (……) 침략의 죄를 개인으로서 참회하는 것이 이상

하지는 않지만, 일반 귀국자가 각자의 생각을 가진 것과 비교하면 '전범'은 역시 '세뇌'의 세례를 받지 않았을까 생각하게 된다. 10년이나 사회에서 격리돼 아침부터 밤까지 반복해서 학습을 하게 된다면 대부분의 인간은 같은 거푸집에 넣어졌을 것이다. 전시 중 일본인도 해외 뉴스에는 귀가 막혀 있어 대본영의 제멋대로 발표만 믿게 되어 '성전'이나 '승조필근承詔必謹(천황의 조칙을 받아 반드시 삼가 실행한다는 뜻)'이라는 강제적 최면술에 걸려 하나의 거푸집에 부어진 것이다.

이 칼럼은 일본 군국주의의 철저한 상명하복, 사상 통제와 중국의 인죄 교육을 동일 차원에서 다루었다. 피해자의 입장에서 침략 행위를 바라보고 반성한다는 발상은 당시 일본 사회에 존재하지 않았다. 전후 책임이니 전후 보상이니 하는 용어도 통용되지 않던 시절이다.

한편 월간지《주오고론中央公論》처럼 소련이나 중국에서 억류됐다가 돌아온 사람의 육성을 그대로 전달하는 기획도 있었다.《주오고론》은 소설가이자 평론가인 오오카 쇼헤이大岡昇平를 사회로 내세워 '전범이 본 중국과 소련'을 주제로 좌담회를 열어 1956년 11월호에 실었다. 오오카 쇼헤이 자신이 포로로 잡혀 수용 생활을 한 경험이 있었다. 교토제국대학 불문과를 나온 그는 뒤늦게 보충병 훈련 소집으로 1944년 3월 입영했다가 필리핀 전선으로 이동했다. 1945년 1월 미군 포로가 되어 레이테섬 타클로반의 포로 병원에 수용돼 있다가 그해 12월 귀국했다.

좌담회에는 소련 전범 다섯 명, 중국 전범 세 명이 나왔다. 중국 쪽은 아리마 도라오有馬虎雄(만주국 철로경호군 중앙경호학교장 소장), 도미나가 쇼조, 이가라시 모토히사五十嵐基久였다. 포로 생활의 체험담을 얘기하는 가운데 자연스레 소련과 중국의 처우 차이가 부각됐다. 소련에서는 재판을 받고 전범으로 지정되면 일반인과 격리돼 '죄수' 취급을 했다. 죄수수용소에 보내져 다른 수감자와 마찬가지로 중노동을 해야 했다. 약 2500명의 일본인 전범 가운데 1956년 말 석방까지 노동에 견딜 수 있는 체력을 유지한 사람은 200명 정도였고 나머지는 환자거나 반쯤 환자 상태였다. 그러나 중국에서는 유죄판결 이후에도 취미 생활 정도의 노동을 빼고는 사역을 시키지 않았다. 한 소련 전범은 소련 귀환자 가운데 소련을 좋게 말하는 사람은 아주 소수인데, 중국 귀환자는 모두 중국을 예찬하니 중국의 처지에서는 이 정도로 득이 되는 것도 없다고 말했다.

중국귀환자연락회 결성

중국 전범 귀환자는 단체를 결성해 국회나 정부에 압력을 가해 마이즈루 방침을 실현해 나가기로 했다. 활동 자금으로 1인당 1000엔씩 걷었다. 구니토모 등 1진의 핵심 인물들은 우선 갈 곳이 마땅치 않은 사람을 위해 도쿄 시나가와역 근처의 귀환자 숙소 '도키와'에 방 두 개를 얻어 숙소 겸 사무실로 사용했다. 구니토모가 대표를 맡고 상근 근무자 한 명을 두었다. 3진까지 귀국이 완료되자 각 조의 단장이었던 구니토모, 미야자키, 미와를 중심으로 대표단을 구성해 정부, 정당, 일본적십자사, 일중우호협회, 중국 순난자위령실행위원회 등에 인사를 다니고 주거, 취직, 연금, 타이위안조의 신분 문제 등에 대해 협력을 요청했다.

이들은 단체의 이름을 가칭 '중국귀환자연락회(약칭 중귀련)'로 하고, 회원 주소록 작성과 회보 발간을 추진하기로 했다. 또 각자 향리에 정착해 일을 하게 되면 모이기가 어려워지므로 빠른 시일 안에 일중우호운동의 일환으로 귀국 기념 문화공연회를 열기로 결정했다. 푸순전범관리소에 수감됐던 시절 인죄운동이 고비를 넘기고 취미 활동이 자율화되자 전범들은 합창단, 취주악반, 무용반, 연극반 등 다양한 동호인 단체를 만들어 활동했고, 이따금 소 내 행사에서 연마한 실력을 드러내 보이기도 했다.

첫 대외 공개 행사인 '중국전범귀국기념 문화공연'은 3진이 귀국한 지 한 달 정도 지난 10월 중순 도쿄 지요타구 공회당에서 관중 1500명이 모인 가운데 열렸다. 일본적십자사, 일중우호협회, 중국순난자위령실행위원회의 후원으로 개최된 공연은 낮과 밤 두 차례 진행돼 푸순에서 '문화공작대'를 하던 사람들을 중심으로 일본, 소련, 중국의 민족무용, 민요, 촌극 등을 선보였다. 이 공연을 계기로 도쿄와 지방 회원들의 교류가 활발해지면서 중귀련 본부와 지부의 조직화가 진행됐다. 중귀련은 센다가야에 있는 일중우호협회 도쿄도연합회에서 방 하나를 빌려 사무소를 옮겼다.

해가 바뀌어 1957년 1월 30일 등사판 기관지《앞으로 앞으로前へ前へ》 창간호를 발행했다. 2월 24일에는 임시상임이사회를 발족해 구니토모가 이사장 겸 사무국장을 겸임하고 네 명의 부이사장과 여섯 명의 이사를 두었다. 중귀련은 수기집《삼광》의 출판과 일·중 우호 단체와의 제휴를 추진하기로 했다. 중국인 포로 순난자 유골 송환 작업과 중국홍십자회 대표단 초청 운동 등에도 참가하기로 했다.

이 무렵 귀국 전범의 수는 1018명이었고, 조직률은 50퍼센트를 넘었다. 회비를 내는 회원은 그중의 반 정도였다

'앞으로 앞으로' 창간호 표지

1957년 9월 도쿄에서 열린 중귀련 제1회 전국대회

고 한다. 회원의 지향이나 목표가 일사불란하게 통일된 것은 아니었다. 지도부는 중국에서 학습운동에 앞장섰던 사람을 중심으로 구성된 만큼 '반전 평화와 일·중 우호운동'에 우선순위를 두었다. 그러나 단순한 친목단체 또는 경제적 요구를 쟁취하는 단체로 운영하자는 의견도 적지 않았다.

중귀련은 귀국 1주년을 즈음해 1957년 9월 22일 도쿄 신주쿠 인근의 산라쿠山樂회관에서 제1회 전국대회를 열었다. 이틀간 열린 대회에서 70여 명의 대표가 임원을 선출했다. 회장은 '사회적으로 영향력 있는 전직 고관, 장군의 위치에 있던 사람 중에서 뽑는다'는 원칙만 정하고 고위직이 푸순 전범감옥에 수감 중이어서 당분간 공석으로 남겨두기로 했다. 부회장에는 미야자키 히로무, 아리마 도라오가 선출됐고, 구니토모가 사무국장 겸 이사장을 맡았다. 일상적 활동은 도쿄의 상임이사회를 중심으로 하기로 하고 회비는 월 50엔으로 정했다.

초대 회장은 1960년 10월 22일 2회 전국대회에서 후지타 시게루 전 59사단장이 만장일치로 천거됐다. 그는 금고 18년형을 받아 1963년에야 만기가 되지만 1957년 9월 조기 석방됐다. 후루미 다다유키는 중국이 후지타를 이례적으로 빨리 석방한 것에 대해 인죄 태도가 양호했다는 것과 별도로 황족으로 육군대장·원수였던 간인노미야 고토히토 친왕閑院宮載仁親王과의 인연을 꼽았다. 후지타가 기병대좌였던 1935년 8월 고토히토의 시종무관으로 임명됐다는 점에서 '일·중 우호에 도움이 되는 남자'라고 중국이 판단했다는 것이다.

1957년 12월 리더취안이 중국홍십자회 대표단을 이끌고 2차 방일했을 때 중귀련은 도쿄 팔레스호텔에서 도쿄와 주변 지역 회원 100여 명이 참석한 가운데 별도의 환영연을 열었다.

전범 수기집의 엄청난 반향

1957년 봄 중국 전범의 수기집이 일본에서 출판돼 불티나게 팔렸다. 1쇄 5만 부가 20일 내에 팔렸고 2개월 동안 20만 부가 나갔다. 책의 제목은《삼광三光》, 1957년 3월 고분샤光文社에서 '갓파 북스' 시리즈의 하나로 출간됐다. '중국에서의 일본인 전쟁범죄의 고백'이라는 부제가 달린 이 책은 푸순전범관리소에 수감됐던 전범 15인의 수기를 실었다. 푸순전범관리소에서 인죄학습의 한 방법으로 자신의 죄행을 문예작품 형식으로 쓰도록 수감자에게 권유해 작성된 것이다.

229쪽 분량의 이 책은 앞부분에 일본 군대의 만행을 보여주는 10여 장의 사진을 게재했다. 학살 현장에서 발굴된 수많은 두개골과 뼛조각, 생매장

되기 직전 구덩이 앞에서 담배 한 개비를 물고 있는 중국인, 참수한 중국인의 머리통을 들고 있는 일본군, 작두로 목이 잘린 중국 의용군 병사 등 처참한 모습을 담은 것이다.

수기는 중국인 생체해부, 독가스탄 사용, 세균전 실험 부대인 731부대로 중국인 이송, 중국인 노무자 동원을 위한 사냥 등 다양한 내용을 다루었다. 중귀련이 처음부터 이 책의 출간을 기획한 것은 아니지만, 출간 계획에 적극 협조했다. 중귀련은 수기의 필자에게 게재와 실명 표기에 동의하는지 묻고 동의하지 않는 일부를 제외하고는 실명을 밝혔다. 대부분 기소면제자지만, 요시부사 도라오吉房虎雄(관동헌병대사령부 고급 부관, 평양헌병대 대장), 미조구치 요시오, 우노 신타로는 특별군사법정에 회부돼 금고형을 선고받은 사람이다.

책 제목은 수록된 수기 중 혼다 요시오本田義夫 소좌의 '삼광: 살광殺光, 소광燒光, 약광略光'에서 따왔다. 혼다가 1941년 63사단 대대장으로 복무하던 때 허난성 푸양현濮陽縣 리자좡李家莊에서 삼광 작전을 벌인 것을 고백한 것이다. 삼광은 다 죽여버리고(살광), 다 태워버리고(소광), 다 약탈해버린다(약광)는 중국의 용어다. 작전 대상으로 지목한 마을을 기습해 주민을 학살하고, 집이나 가재도구는 소각하고, 군용으로 쓸 수 있는 식량이나 가축 등은 모조리 빼앗는 일본군의 작전 행태를 지칭한다.

혼다의 수기를 보자. 미에현三重縣의 농촌에서 1900년 태어난 그는 고등소학교를 나와 하사를 지원해 소위 후보생을 거쳐 장교가 됐다.

5월 9일 한밤중에 800명을 이끌고 빗속을 행군해 새벽녘에 목적지에 도착했다. 전투 개시 신호탄을 쏘아 올려 이미 부락 안에 부대가 들어갔을 터인데 전황 보고가 전혀 없었다. 정보계와 지휘반을 대동하고 부락에 들어가니 5중대장이 면목이 없다고 보고했다. 적이 사전에 알았는지 사라졌고 주민도 대부분 도망갔다는 것이다. 노인과 아이 20~30명을 체포하고 주민 약 열 명을 죽였다. 연대장에게 보고해야 하니 전과를 부풀리라고 했다. 현 보안대(친일 협력부대)에 넘겨야 할 병기를 노획한 것처럼 꾸몄다. 새벽부터 지금까지의 전과는 '소총 10정, 수류탄 10발, 포로 5명, 유기 시체 10구'라고 보고하게 했다.

5월 10일 오전 10시경 중대장 고다 대위가 새파랗게 질린 얼굴로 찾아와 사이토 일병이 아침식사 후 행방불명됐다고 보고했다. 열흘 전부터 배탈이 났다며 식사도 제대로 안 하고 빈둥거렸던 녀석이다. 머리가 혼란스러워졌다. 어디선가 죽었다면 전사했다고 허위 보고하면 되는데 포로가 됐다면 내 목이 가장 먼저 위험하다. 일등병의 목숨과 내 목숨을 바꿀 수 있나.

바보라고 중대장을 꾸짖은 뒤 빨리 현장으로 가서 주민을 철저하게 고문하고 조사하라고 명령했다. 본부 정보계를 데리고 고문 현장으로 달려갔다. 토담으로 둘러싸인 큰 벽돌집에 주민들을 감금해놓고 고문하고 있었다.

갇혀 있던 30명을 마당으로 끌어내게 했다. "일본 병사 한 사람이 행방불명됐다. 너희의 연대책임이다. 말하지 않으면 저렇게 고문할 것"이라고 위협했는데 아무도 대답하지 않았다. 화가 치밀어 부자를 끌어내 위협했다. 아버지는 50세가량, 아들은 22세였다. 기요시 중사에게 아들의 뒤통수에 총을 겨누게 하고 자백하지 않으면 아들을 죽이겠다고 말했다. 아버지는 "모르겠소"라고 한마디하고는 더 입을 열지 않았다. 중사에게 쏘도록 지시했다. 다시 자백하지 않으면 몰살하겠다고 소리 질렀으나 아무도 대답하지 않았다.

본부로 돌아오니 중대장의 보고가 들어왔다. "사이토 일병은 우촌吳村 부락 밭고랑 사이에서 수류탄으로 자살했습니다. 몸은 산산조각이 나서 흩어져 있었는데 무엇이 적힌 셔츠의 찢어진 조각이 있어서 확인했습니다." 바보 같은 놈, 애를 태우게 하더니……. 하지만 안도의 웃음이 나왔다. 부관에게 명해서 즉시 연대장에 전사 보고를 하라고 지시했다.

5월 11일 각 중대를 동원해 대추나무숲을 벌채하도록 지시했다. 15정보에 이르는 넓은 지역에 농민이 20~30년간 공들여 육성한 2500그루가 있었다. 허난성은 예로부터 대추의 명산지로, 대추는 이곳 주민의 주요 수입원이었다. 벌채를 한 이유는 모조리 베어버리면 주민이 살길을 잃고 팔로군과 멀어질 것으로 판단했기 때문이다.

저녁 무렵 후쿠토미 중위가 굉장한 전과라고 보고하러 왔다. "말 40두, 당나귀 50두, 소 50두, 돼지 20두입니다."

5월 12일 고다 대위가 예순 살이 넘은 깡마른 노인을 데리고 왔다. 대대장께 드릴 말씀이 있다는 것이다. 어디 사람이냐고 물으니 우촌의 왕이라고 했다. 그는 무릎을 꿇고 앉아서 말했다. "이 지방은 사막 지대여서 보리나 수수는 잘되지 않는다. 할아버지 대부터 대추를 심었다. 농민은 대추를 시중에 팔아 식량을 사서 생활한다. 곡물이라면 한해 한해 어떻게든 해나갈 수 있으나 대추는 30년이 걸려야 겨우 이렇게 자라니 제발 자르는 것을 중지해달라."

나는 "너희는 팔로군에 협력하고 있다. 지난번에 일본군이 전멸한 것을 알고 있겠지. 이곳에 두 번 다시 살 수 없도록 하는 것이 우리의 전법이다"라고 말했다. 노인이 다시 무언가를 호소하려 해 구둣발로 배를 차버렸다. 옆에 있던 시미즈 중위에게 "어이, 저놈 수상하지? 그냥 돌려보내면 팔로군에 연락할 게 틀림없어. 처치해버려"라고 지시했다. 시미즈는 마쓰모토 중사에게 명해 돌아가는 노인을 뒤에서 쏘아버렸다.

5월 13일 저녁 연대 명령에 따라 각 부대는 원래 주둔지로 돌아가게 됐다. 5,6,7중대에 명해 부락의 집을 모두 소각해버리도록 하고 퇴각했다.

《삼광》이 출간되기까지

《삼광》출판을 기획한 사람은 고분샤의 출판국장이던 간키 하루오神吉晴夫였다. 책 표지에도 '간키 하루오 편編'이라고 명기했다. 도쿄제국대학 불문과를 중퇴한 간키는 1927년 고단샤講談社에 입사해 주로 홍보 업무를 담당하다가 1945년 고분샤 창립에 참가해 출판인으로서 재능을 발휘했다. 그는 전후 최대의 '출판 프로듀서'로 불렸다. 그때까지만 해도 출판사의 편집자는 필자의 원고에 손대기를 꺼렸으나 간키는 책이란 저자와 출판사의 공동 작업이라고 규정해 자신의 생각을 적극적으로 반영했다. 그는 1954년 10월 신서판 갓파 북스 시리즈를 기획해《문학입문》등 베스트셀러를 속속 만들어냈고, 나중에는 사장의 지위에 올랐다. 이와나미서점岩波書店에서 낸 이와나미 신서가 지식인 상대의 출판물이라고 한다면, 상상 속의 동물인 갓파라는 이름을 붙인 갓파 북스는 대중 상대의 교양 신서를 표방했다.

간키는 1956년 여름 핀란드 헬싱키에서 열린 국제저널리스트회의에 일본 대표단의 일원으로 참가했다. 단장은 기도 마타이치城戸又一 도쿄대학 신문연구소 교수였다. 그는 전전《오사카마이니치신문》에 입사해 파리특파원을 지냈고 전후 학예부장, 논설부위원장으로 있다가 1951년 단독 강화에 반대해 사직했다. 대표단은 귀로에 '중국신문공작자단체'의 초청을 받아 베이징에 들렀다.

간키는 소련에서 베이징으로 가는 기내에서《인민일보》의 전범 재판 관련 기사를 봤다. 그는 일본인 기자 여덟 명과 한 달 정도 예정으로 중국 여행을 하기로 했다. 7월 10일 베이징에 도착해 안내를 맡은 우쉐원吳學文 신화사 기자를 만났다. 우쉐원은 기자지만 일본인 방문단 접대도 담당했다. 1923년 헤이룽장성 후란현에서 태어난 그는 일본육군사관학교를 나와 일본어가 능통했고, 신화사 국제부 기자, 도쿄특파원 등을 했다. 랴오청즈 밑에서 대일 공작에 관여한 그는 리더취안을 단장으로 하는 중국홍십자회 대표단이 1954년 처음으로 일본을 방문했을 때 도쿄에 먼저 들어간 선발대의 일원이었다.

간키는 우쉐원에게 일본인 전범이 쓴 것이 있는지 묻고, 있다면 보여 달라고 요청했다. 간키 일행은 동북 3성에 가서 핑딩산학살사건 현장을 둘러봤다. 일행 중 고하라 마사오小原正雄《아사히신문》기자가 사건의 유족을 만나게 해달라고 요청해서 팡수룽 등 두 명의 생존자를 만났다. 고하라 기자는 점령군사령부의 '좌파 숙청(red purge)' 조치로 신문사에서 강제 해직됐다가 재판을 통해 복직됐다.

우쉐원은 전범의 수기와 관련해 일본어로 발행되는 월간지《인민중국》의 편집장 캉다촨康大川을 간키에게 소개했다. 타이완 먀오리苗栗 출신인 캉다촨은 와세다대학 상학과 재학 중 중일전쟁이 전면전으로 확대되자 1938년 졸업과 함께 중국대륙으로 가서 가지 와타루鹿地亘의 일본인민반전동맹에서 일본인 포로 교화 공작에 참여했다. 신중국 성립 후《인민중국》주간, 부총편집, 총편집을 맡았고, 네 권짜리《마오쩌둥 선집》일어판 발간을 주관했다.

간키는 캉다촨이 200편이 훨씬 넘는 목록을 보여주자 꼭 원고를 읽어보고 싶다고 요청했다. 10월 상순 간키에게 82편의 수기가 도착했다. 400자 원고지로 따지면 1589장 분량이었다. 그 무렵 둔황전敦煌展 전시 물품이 하네다공항에 도착했는데, 나무 상자에 담긴 수기 원고는 우쉐원의 개인 휴대품으로 세관을 통과했다. 원고 제공은 당시 대일 공작을 실무 총괄했던 랴오청즈의 지시에 따른 것이며, 저우언라이 총리에게도 보고됐을 것으로 추정된다.

간키는 중귀련 대표들과 수기 출간 방안을 놓고 협의했다. 원고는 개별 필자가 아니라 중귀련이 책임과 권리를 가지고 열다섯 명의 원고를 싣기로 했다. 필자 표기는 다섯 명은 가명으로 하고 나머지는 실명으로 처리하기로 했다. 권두에 실린 사진은 인쇄가 끝나갈 무렵 캉다촨이 보내온 서른세 장 가운데 고른 것이다. 간키는《삼광》 서문에서 중국에서 복사본이 왔다고 썼으나 실제로는 원본이 온 것이라고 한다. 이 원고는 현재 중귀련평화기념관 등 여러 곳에 분산, 보관돼 있다.

우익의 거센 반발과 증쇄 보류, 출판사 변경

《삼광》이 서점에 깔린 직후 이례적인 선풍을 일으키자 우익의 반발도 거세졌다. 출판사에는 협박, 항의 전화가 빗발쳤다. 4월 1일 우익 단체 회원 여러 명이 고분샤에 나타났다. 간키가 자리에 없어 만나지 못하자 다음 날 또 찾아왔다.

혼자 찾아와 시비를 거는 퇴역 군인도 있었다. 헌병 상사 출신이라는 미야자키 기요타카宮崎清隆는 재향군인회 일원임을 자처하면서 "출판 목적이 괘씸하다"라고 트집을 잡았다. 그는 "돈을 벌면 야스쿠니신사에 기부하겠다고 말한 적이 있느냐"라고 따지고 바로 출판을 중지하라고 협박했다. 태평양전쟁의 주요 작전 계획을 수립했고 전후 전범으로 몰려 5년간 도피를 계속했던 쓰지 마사노부辻政信 전 육군 대좌는 일부러 나쁜 것을 드러내는 '노악露惡 취미'라며 출판 금지를 요구했다. 쓰지는 책 출간 시기에 중의원 의원이었고, 1961년 참의원 재직 시 라오스에 시찰을 갔다가 행방불명됐다.

우익 단체가 아닌 데서도 비판이 나왔다. 전쟁은 원래 잔학한 것인데, 가령 사실이라 하더라도 대대적으로 드러낼 것까지 있느냐 는 것이다. 전장에서 숨진 '영령'이 국난國難 에 순국했다고 믿는 군인 전사자 유족의 마 음을 짓밟는 것이라는 비난도 더해졌다.

'삼광' 초판 표지

고분샤는 우익의 압박이 심해지자 주문이 계속 들어오는데도 증쇄를 찍지 않고 도쿄 간다역 앞의 거대한 네온광고탑을 철거했다. 국철(현재의 JR)의 차내 광고 계획도 취소했다. 고분샤가 우익 단체의 압력에 굴해 절판했다 는 온갖 소문이 돌았다. 중귀련 상근 근무자 들이 5월 6일 고분샤를 찾아가 절판 여부를 묻자 간키는 절판하겠다고 자신이 언명한 적 은 한 번도 없다며 소문을 부정했다. 그의 해 명이 길게 이어졌다.

'침략' 표지

압력을 느꼈는지는 주관의 문제이기는 하지만, 나는 압력으로 느낀 적이 한 차례도 없다. 내가 증쇄를 보류하려 한 것과는 우연의 일치로 소문이 소문을 낳은 것을 유감스럽게 생각한다. 《삼광》은 편찬한 내 자신이 우울해지는 책이 다. 많이 읽힌다고 해서 계속 팔지는 고려해봐야 한다고 처음부터 생각했다. 철수할 때가 중요하지 않나? 그래서 철수하려고 하니 찬성 의견과 함께 반대 의견도 갑자기 대두됐다. 결코 특정인 누군가에게서 무슨 말을 들어 절판했 다든가 하는 생각은 전혀 없다.

일시적으로 인쇄를 중지하지만, 상황을 보고 나서 앞으로의 방침을 고려할 생각이다. 첫째 이유는 오랜 영업상의 경험에서 보면 이런 종류의 책이 판매되는 흐름으로 볼 때 지금이 잠시 손을 느슨하게 할 시기이며, 이 시기를 놓치면 결손을 초래할 우려가 있다. 둘째, 우익 모 단체나 저명한 평론가로부터 출판 반대 의견이 들어와 있다. 출판사로서는 인도주의 입장에서 지도자에게 반성을 촉구하는 의미에서 감히 출판에 착수한 것이지만, 현재까지의 발행 부수로 그 목적을 대체로 달성했다고 생각한다. 더 이상 반대 의견을 누르고 증쇄를 계속하는 것은 국내에 쓸데없는 마찰을 일으키는 것이 된다고 생각한다. 그래서 일시 증쇄를 정지하고 싶다.

중귀련은 결국 간키의 의견을 존중해 출판사를 옮겨《삼광》을 계속 내기로 했다.《삼광》에 실린 열다섯 편의 수기에 스즈키 히라쿠의 〈무주지대〉한 편을 추가해서 신도쿠쇼샤新讀書社에서 재판을 내기로 결정했다. 하지만 고분샤가 신도쿠쇼샤의 책 이름으로 '삼광'을 쓰지 못하도록 가처분신청을 낸 것이 받아들여져, 책명을《침략: 중국에서 일본 전범의 고백侵略: 中國における日本戰犯の告白》으로 수정해 내기로 합의가 이뤄졌다. 편자를 '중국귀환자연락회 신도쿠쇼샤'로 명기한《침략》은 1958년 7월 1쇄가 나왔다. 고분샤는 사태의 추이를 지켜보다가 증쇄를 재개해 1963년 2월 21쇄를 찍었다.

《삼광》출간이 일본 사회에 일으킨 파문으로 중귀련의 활동 방향은 절로 굳어졌다. 일중우호협회 등 다른 중국 관련 단체와 달리 중귀련의 최대 무기는 회원 모두가 일본군의 잔혹 행위와 전쟁의 참상을 생생하게 체험했다는 점이다. 중귀련은 단체 행사건 개별적 증언 활동이건 스스로의 죄행이나 체험을 고백하는 것이 반전평화운동의 유효한 수단이라는 것을 깨달았다.

귀환자와
중귀련의 시련

귀국 1년 뒤에도 절반이 무직자

전범 귀환자는 일본 사회에 적응하는 데 적지 않은 어려움을 겪었다. 마치 10여 년간 외딴 섬에 갇혔다가 도시의 번화가에 갑자기 던져진 사람처럼 혼란스러웠다. 거리의 풍경은 확 달라져 있고, 여성의 화장, 구멍 뚫린 청바지도 이들을 놀라게 했다. 전전에는 '도나리구미隣組'라는 주민 조직이 있어 일상생활을 통제했는데 지금은 사라졌고, 장유유서 관습은 역사의 유물이 됐다.

귀환자에게 가장 시급한 것은 주거, 취직 등 생활 기반의 확보였다. 하지만 이들은 취직에 불리한 조건을 다 갖추고 있었다. 전범으로 세뇌된 자라는 딱지, 10여 년의 사회적 공백에다 나이도 많았다. 중귀련은 생계 해결을 위해 지역별로 회원을 모아 현청 등 관청을 찾아가 압박을 가했다. 진전이 있으면 도쿄의 본부가 정보를 취합해 노하우를 지부에 전달했다. 이것이 중귀련 지부 활동의 원점이 됐다.

일본 정부는 소련이나 중국에서 돌아온 사람을 대상으로 적성 지역의 군사, 정치, 경제 정보와 지지학적 정보 등을 수집했다. '중공 귀환 세뇌조'라는 낙인이 찍힌 중귀련 회원에게는 공안조사관이나 경찰이 정기적으로 찾아와 감시했다. 일제 때 특고 등 공안 분야에서 잔뼈가 굵어진 사람들이 전후 공안경찰의 감시를 받는 웃지 못할 일도 벌어졌다. 만주국에서 특무경찰을 했던 이와사키 겐키치岩崎賢吉의 증언이다.

경찰이 정기적으로 집에 와서 얘기를 하곤 했다. 대화 자체는 아무 내용이 없고, 그냥 세상 돌아가는 얘기다. 인근 집에도 들러 어떤지 물어본다. 별다른 얘기를 하는 것은 아니지만 경찰이 왔다 갔다는 것이 큰 압력이 된다. 이웃 사람이 보는 눈도 달라진다. 이것은 과거에 내가 했던 일이다.

이 시기에는 거의 모든 전범이 감시를 받았다. 공안의 감시는 이들의 사회생활 복귀에 최대 장벽이 됐다. 공안이 집으로 찾아와 중국이나 소련에 대한 정보 제공을 요구하는 경우가 많았다. 요구를 거부하면 공안은 겨우 취직한 직장으로 찾아와 '세상 돌아가는 얘기'를 하고 돌아갔다. 직장에서 눈치가 보이면 사표를 내고 나오는 사람이 적지 않았다. 이런 감시는 일본이 중국과 수교하는 1972년 무렵까지 계속됐다.

귀환자는 귀국 후 1년간 주거, 취직과 관련해 행정기관의 지원을 받기는 했지만, 생활 안정과는 아주 거리가 먼 수준이었다. 귀국 1년이 지났어도 일정한 직업이 없는 사람이 거의 절반에 달했다. 취직했어도 월급이 적거나 가족수당, 보험이 없고 정직원이 되지 못하는 열악한 조건에 놓인 경우가 많았다. 직업안정소의 소개로 취직한 사람이 300여 명이고, 농업·공업·상업 등의 자영업에 복귀한 사람이 165명이었다. 하지만 자영업의 경우 수감 기간 중 동생이나 처남이 사업을 인계받아 발을 빼야 하는 사람이 적지 않았다.

가정 파탄을 겪은 사람도 적지 않았다. 입영하기 전에는 처자가 있었는데 돌아와 보니 처가 재혼해 스스로 물러난 사람이 50명 정도 됐다. 리더취안의 방일 이후 서신 교환이 허용되자 전범은 가족의 형편을 알 수 있었다. 그중에는 자녀의 편지는 오는데 정작 아내의 편지를 받지 못해 괴로워하는 사람이 있었다. 자녀의 편지를 보면 분명히 아내가 살아 있는데도 소식이 없으니 뭔가 두려운 상상을 할 수밖에 없었다. 귀국해보니 상상이 현실이 된 것이다.

중귀련은 어려운 처지에 놓인 회원을 돕기 위해 상호 부조 기관으로 '중련호조회中連互助會'를 만들었다. 비교적 여유 있는 사람에게서 출자를 받아 저리 대출 사업을 했다.

그나마 가장 형편이 좋았던 쪽은 군대에 입영하기 전 관청이나 회사에 다니던 사람이었다. 70여 명이 원래 소속 기관에 복직했다. 이들은 상대적으로 신분이 안정됐지만, 조직 안에서 차별을 겪기는 마찬가지였다.

푸순전범관리소에서 한동안 반동 장교의 상징처럼 행동하다가 참회한 가나이 사다나오(원래 성은 다무라, 귀국 후 결혼해 처가 쪽 성으로 바꾸었다)는 입영 전 농림성 삼림국에서 근무했다. 그는 도쿄 영림국 조림과에 배치됐는데, 복귀 직후 법무성 산하 공안조사청 조사관이 자주 찾아왔다. 조사관은 가나이 본인은 물론이고 직장 동료에게도 이것저것 묻고 다녔다. 가나이의 직속 과장은 조사관이 오면 적당히 상대하다 나중에 "오늘도 왔다 갔다"라고 알려줬다.

출장을 가도 따라왔다. 가나이는 어느 날 출장에 따라온 젊은 공안조사관을 다방으로 데리고 가서 얘기를 걸었다. 조사관은 사찰 대상의 행선지를 놓치게 되면 실점이 된다고 했다. 가나이는 조사관의 고충을 이해해 앞으로는 출장지를 알려주겠다고 안심시켰다.

가나이는 1940년 사병으로 입대해 1956년 귀국했으니 동기생에 비해 15년 이상 뒤처졌다. 그는 열심히 일해서 1964년 시즈오카현 가와즈河津 영림서의 차장으로 부임했다. 관리관의 직위에 오른 것이다. 영림서 차장의 상위 자리는 서장이었으나 도쿄영림국의 총무부장으로부터 "당신을 서장으로 승진시킬 수는 없다"라는 말을 들었다. 기관장 자리를 맡길 수는 없다는 통보였다. 가나이는 1965년 도쿄영림국으로 돌아와 감사관으로 전보됐다.

대학 은사, '반전 평화'라는 말에 취직길 막아

도미나가 쇼조는 귀국 후 일자리를 구하다가 대학의 은사로부터 철저히 버림을 받았다. 편지에 쓴 문구 하나가 은사의 심기를 건드렸기 때문이다.

도미나가는 1939년 3월 도쿄제국대학 농학부 농업경제학과를 나와 4월 만주양곡주식회사(만주농산공사의 전신)에 들어갔다. 만주국이 양곡 통제를 위해 미곡관리법을 시행하며 1938년 12월 설립한 회사다. 그는 1940년 2월 사병으로 입대해 간부 후보생을 거쳐 소위로 임관했고 패전 때는 39사단 232연대의 중대장이었다. 기소면제자로 귀국해 친지에게 인사를 마치고 구직 활동에 나섰다. 입영 전에 결혼한 그는 처와 고등학생이 된 딸이 있었다.

대학 친구들은 당시 일본 농업 정책의 권위자인 교수에게 상담하라고 조언했다. 도미나가의 졸업 논문 지도교수였고 취직할 때도 도움을 받았다. 도미나가는 수기에서 실명은 밝히지 않고 T교수라고만 썼으나, 정황으로 보아 도바타 세이이치東畑精一 교수가 분명하다. 도바타는 1933년부터 1959년까지 도쿄대학 농학부 교수를 했고, 농림성 농업종합연구소와 아시아경제연구소 초대 소장을 지냈다. 도미나가가 찾아가니 도바타 교수는 농업종합연구소 총무부장을 하는 쓰시마에 전화를 걸어주었다. 쓰시마는 만주국 시절 도미나가의 상사이기도 했다.

도미나가는 오랜만에 먹을 갈아 이력서 세 장을 썼다. 그리고 '이제 전쟁은 지긋지긋하며, 앞으로는 반전 평화를 생활의 지침으로 삼고 싶다'는 의미의 편지도 함께 보냈다. 다음 날 쓰시마를 찾아가니 직원들을 소개해주고 옛 동료에게도 연락해주었다. 쓰시마는 만주농산공사가 잔무 정리(청산)를 하면서 옛 직원들에게 1만 엔씩 지급해주기로 했다며 청구 절차도 밟아줬다.

며칠 뒤 다시 찾아갔더니 쓰시마는 난처한 표정으로 "자네, 교수에게 뭐라고 썼나?" 하고 물었다. 도바타 교수가 "도미나가 군이 중국에서 세뇌돼서 온 것 같으니 잠시 머리를 식힐 필요가 있다"라고 얘기했다고 전해주었다. 전전에 3·15사건(1928년 공산당탄압사건)으로 검거된 경험이 있는 쓰시마가 애써주었지만 결국 일자리를 찾지 못했다.

도미나가는 연이 닿는 유력 정치인의 소개로 몇 군데 이력서를 냈으나 번번이 실패했다. 한번은 도쿄대학교 농업경제과 1년 후배인 쓰루조노 데쓰오鶴園哲夫 사회당 의원이 아시아경제연구소 전무를 소개해줬다. 전무는 가고시마7고의 선배였다. 아시아경제연구소는 전후 일본 정부가 과거의 만철 조사부 같은 대형 싱크탱크로 키우려고 추진하던 기관이다. 전무는 정기적으로 특정 주제를 놓고 좌담회를 하는 기획을 담당해주지 않겠는가 묻고 조사부장을 불러 소개했다. 운 나쁘게도 그때 도바타 교수가 지나가다 도미나가를 봤다. 도바타는 묘한 표정을 짓더니 "자네, 여기에 오는가?"

라고 물었다. 며칠 뒤 전무가 계획이 취소됐다고 전화로 알려왔다.

도미나가는 유력인사를 통한 취직 알선이 번번이 좌절되자 할 수 없이 귀환자증명서를 가지고 신주쿠직업안정소를 찾아가 구직 신청을 했다. 당시는 중소기업이 아니라 영세기업을 상대로 일자리를 소개했다. 며칠 뒤 담당 직원이 불러 함께 골목길을 돌아다니며 기업체를 찾아갔다. 사장은 직원으로부터 건네받은 이력서를 보더니 "이렇게 학력이 높고 나이가 든 분은 안됐지만 쓸 수가 없다"라고 말했다. 몇 군데를 더 소개받았지만 마찬가지 반응이었다.

어쩔 수 없이 도쿄도실업대책사업에 신청했다. 구청, 세무사무소, 복지사무소, 청소사무소, 직업안정소 등에서 일당을 받고 보조 일을 하는 것이다. 대체로 달마다 일하는 장소가 바뀌었다. 신주쿠직업안정소에서는 서류 정리, 통계 작성, 등사지 원지 긁기, 인쇄 등을 담당했다.

임시직을 전전하던 도미나가는 귀국 1년 만에 일본상품전람회 사무국에 취직했다. 《아사히신문》 기자를 하는 처남으로부터 내년 봄 중국 광저우에서 상품 전시회가 열린다는 정보를 듣고 지인을 통해 소개를 받았다. 그로서는 귀국 후 처음으로 일자리라 할 만한 곳을 찾은 것이다. 도미나가는 후에 사립학교 교원으로 들어가 오래 근무했다.

중귀련에서 처음 제명된
이모리 시게토 판사

기시 내각은 전국적인 안보조약 연장 반대 운동에도 미국과 신안보조약을 체결하고 재군비를 밀어붙였다. 중국과의 관계는 친타이완 정책 일변도로 나가 중·일 교류는 거의 단절됐다. 중귀련은 일중우호운동, 국교회복운동이 더욱 절박해졌다는 인식 아래 운동 단체로서의 성격을 강화하기로 했다. 1960년 10월 2회 전국대회에서는 규약의 목적에서 '친목', '상호 원조', '보상 요구' 등 경제적 요구는 빼버리고 조직 내부에 있는 '체제 협력적인 자'는 배제하는 규정을 채택했다.

중귀련에서 처음으로 제명된 사람은 이모리 시게토飯守重任였다. 패전 시 만주국 신징고등법원 심판관(판사)이었고 기소면제로 귀국해서는 도쿄 지법 판사로 복직했다. 최고재판소 장관(대법원장)을 1950년 3월부터 10년 넘게 한 다나카 고타로田中耕太郎가 그의 형이었다. 다나카는 최고재판소 장관에서 물러난 뒤 국제사법재판소 판사로 9년간 재직했다.

이모리는 시베리아나 푸순에서 수용 생활을 하면서 가문이나 성장 환경을 과시하는 얘기를 많이 해 주위의 반감을 샀다. "펜보다 무거운 것은 잡지 않았다", "피아노 없는 집에는 살 수가 없다"라는 투로 말했다. 1939년 도쿄 지법 판사에서 만주국으로 전임해서 맡은 일은 주로 민사 사건이었다는 것이 이모리의 주장이다. 형사 사건은 거의 하지 않아 전범이라는 생각은 전혀 없었고 패전 후 신징의 관사에서 그대로 살다가 8월 하순 소련군에 체포됐다. 그의 처는 1946년 7월 네 명의 자녀와 함께 귀환선으로 귀국했다.

1954년 가을 리더취안 중국홍십자회 대표단 단장이 방일해 수감 중인 전범 명부를 공개했을 때《아사히신문》은 가족의 반응을 사회면에서 다루면서 이모리 가족의 표정을 머리기사로 실었다. 그의 가족이 피아노 등 악기를 다루는 사진도 곁들였다. 현직 최고재판소 장관의 막냇동생이라는 배경이 지면 제작에 반영된 듯하다.

이모리는 귀국 후 푸순에서의 인죄를 부정했다. 그는 자신의 죄행을 고백한 수기에 대해 "나의 작문이다. 중귀련이 순수한 친목단체라면 기꺼이 참가하지만 일·중 우호라거나 원폭·수폭 금지라는 주장을 하는 한 참가 의사가 없다. 판사이기 때문이 아니라 내 사상과 맞지 않는 것이다"라고 잘라 말했다. 그는 후에 자신을 '울트라 우익', '보수 반동'이라고 자평했다.

그는 '해거티사건' 때 법정 질서를 문란하게 했다는 이유로 변호인에게 감치 명령을 내려 물의를 일으켰다. 제임스 해거티James Hagerty는 아이젠하워 미국 대통령 재임 시기에 8년간 백악관 대변인을 했다. 해거티는 안보조약연장반대운동이 한창이던 1960년 6월 10일 아이젠하워의 방일 일정을 협의하기 위해 하네다공항에 도착했을 때 시위대에 포위됐다가 미국 해병대 헬리콥터로 겨우 빠져나갔다. 아이젠하워의 방일 일정은 결국 취소됐다. 시위 주동자는 폭력행위 등 단속법, 불법감금죄 위반 혐의로 체포돼 재판에 회부됐다. 이 사건을 맡은 이모리는 법정 질서 유지 이유로 피고인의 변호인을 20일간 감치했다.

이모리는 후에 가고시마지법 원장 재직 중 소속 판사들에게 사상 동향을 묻는 설문지를 돌렸다가 논란이 일자 결국 사직했다. 마오쩌둥은 1964년 7월 일본사회당 대표를 접견했을 때 전범 귀국자 가운데 한 사람만이 중국에 반대한다고 말했다. 이모리를 염두에 두고 한 발언이다.

후루미의 특급 대우 귀환,
저우 총리와 회동

인죄운동을 추진하면서 뻣뻣하게 버티는 중·상급 전범을 무너뜨리기 위한 교두보로 후루미 다다유키 전 총무청 차장을 지목했던 중국은 그를 풀어줄 때도 특별히 대접했다. 후루미는 18년형을 선고받았으니 만기는 1963년 9

월 말이지만 만기 전 석방 형식으로 그해 2월에 석방됐다.

후루미는 귀국 전 3개월 동안 본인의 표현대로 하면 '국빈 대우' 여행을 했다. 푸순감옥을 나와 중국 각지를 견학 여행했는데, 최고급 원단 양복에, 열차 침대칸, 고급 호텔 등 사치스러운 여행이었다. 산시성 시안에서 양쯔강을 내려오면서 양안의 도시를 둘러보고 상하이, 쑤저우, 항저우를 돌아서 베이징으로 왔다. 다시 푸순감옥으로 돌아가 석방 행사를 마치고 베이징으로 갔다.

후루미는 베이징에서 바로 귀국길에 오르리라고 생각했는데, 안내인이 꼭 만나주었으면 하는 인물이 있으니 귀국을 늦춰달라고 했다. 후루미는 영문도 모르는 채 5일 정도 기다렸다. 그를 붙잡아놓은 사람은 저우언라이 총리였다. 저우 총리는 후루미를 약 한 시간 만나 중·일 우호, 중일관계 개선을 위한 중국 정부의 생각, 정책을 상세히 설명했다고 한다. 저우 총리는 이케다 하야토 일본 총리한테도 인사를 전해달라고 부탁했다.

저우 총리와 만난 다음 날 중국의 일본 정책 관계자 10여 명이 후루미에게 따로 송별회를 해줬다. 후루미는 "복역 기간 중 열심히 좌익 공부를 해서 일본에 돌아가 공산당에 입당해 좌익혁명을 일으킬 사명을 느낀 적도 있지만, 이제 귀국하는 마당에 그런 의지는 없다"라고 반응을 찔러보듯 말했다. 후루미는 누군가 한 사람은 싫은 얼굴을 할 줄 알았는데, 돌아온 답은 그게 아니었다. 그들은 "후루미 씨, 우리도 그런 것은 찬성하지 않아요"라고 말했다. 후루미는 그들이 자신에게 기대하는 것이 일본 정부, 재계와의 파이프 역할인 것으로 해석했다. 실제로 일본을 움직이는 자민당, 재계와 접촉하려면 후루미가 적절한 통로가 될 것이라고 본 것이다.

일본의 정·재계에는 후루미의 대장성 선후배나 만주국 시절 요직에 있던 사람이 잔뜩 포진해 있었다. 기시 노부스케 총리는 푸순감옥으로 사가

현 도스의 시장을 보내 귀국 후 관료로 복직할 의향이 있는지 물었다고 한다. 저우언라이 총리를 만나 후루미를 빨리 풀어달라고 간청한 일본 정치인도 있었다. 하토야마 내각에서 경제기획청, 통산상 장관, 기시 내각에서 통산상, 과학기술청 장관을 역임한 다카사키 다쓰노스케高碕達之助는 베이징에서 저우 총리 예방 시 후루미를 내달라고 재촉했다. 다카사키는 1955년 4월 인도네시아의 반둥회의에 하토야마 이치로鳩山一郎

1955년 4월 반둥회의에 참가한 저우언라이 총리

총리를 대신해 참석했는데, 저우 총리와의 교분은 이때부터 시작됐다.

다카사키는 1962년 10~11월 경제사절단장으로 방중해 랴오청즈와 '일중종합무역에 관한 각서(LT무역협정)'에 조인해 중국과 일본의 관계사에 족적을 남긴 사람이다. L과 T는 랴오청즈와 다카사키의 영문 머리글자를 가리킨다. 그 이전의 교역은 우호적 민간기업 사이의 소규모 거래였으나 LT협정 체결로 반관반민의 대규모 교역이 시작됐다. 그가 1964년 2월 타계했을 때 저우언라이 총리와 천이陳毅 부총리는 각기 유족에게 위로 조전을 보냈다.

이케다 총리의 당부

중국 요인들의 환송연을 받은 후루미는 베이징을 떠나 홍콩을 거쳐 귀국했다. 홍콩과의 국경인 선전深圳에 고가네 요시테루小金義照 의원과 오가와

헤이시로小川平四郎 홍콩 주재 일본총영사가 마중 나왔다. 고가네는 후루미의 윗동서로 이케다 내각에서 우정상을 지냈고 중의원 8선을 했다. 오가와는 1972년 중국과 일본의 국교 정상화가 이루어진 뒤 다음 해 초대 중국 대사로 부임했다. 오가와는 후루미를 총영사관으로 안내하고 이케다 총리의 말을 전했다. '이제부터 일본에 돌아가면 기자로부터 여러 가지 취재를 받을 텐데, 중국에서의 감상 등은 절대 말하지 마라'라는 것이었다.

후루미는 1963년 3월 12일 오후 7시 20분 하네다 도착 일본항공 여객기 편으로 귀국했다. 공항에 부인, 장모 등 가족이 나와 맞이했다. 패전으로 체포되면서 헤어졌을 때 소학교 6학년이던 아들이 결혼해 손자가 생겼을 만큼 긴 세월이 흘렀다. 그는 보도진의 질문 공세에 심경을 담담히 말했다.

내 과거에 대해서는 내 나름으로 반성하고 있다. 이제부터는 일·중 우호를 위해 남은 생애를 바치고 싶다.

구치소 생활은 아주 자유로웠고 육체적으로나 정신적으로나 꽤 혜택을 받은 대우였다. 식사도 특별히 일본 음식을 주었기 때문에 지금 귀국해서 특별히 먹고 싶다고 생각하는 것은 없다.

매일 아침 5시 30분 기상, 아침식사 후 8시부터 10시까지 학습, 10시부터 정오까지 각자 건강 유지를 위해 자유롭게 운동, 오후 1시부터 2시까지 학습(주로 국제문제), 오후 2시부터 5시까지는 원예, 양계 등 가벼운 노동, 밤 9시에 소등하는 생활이었다.

석방 후 중국 각지를 둘러보았는데, 도시나 농촌이나 경제적 기초가 생겨서 이제부터는 약진의 시대라는 느낌을 받았다. 구치소에는 스즈키 히라쿠 전 중장을 비롯해 열한 명이 전범으로 남아 있지만, 아주 건강이 좋다.

후루미가 귀가한 그날 밤 이케다 총리가 전화를 해서 거의 우는 듯한 목소리로 귀환을 기뻐해주었다. 그러고는 감옥에서 체험한 일이나 만주시대의 일은 절대로 발표하거나 입 밖에 내지 말라고 못을 박았다. 후루미와 이케다는 동년배와 다름없었다. 출생은 이케다가 6개월 빠르지만, 대장성은 후루미가 1년 먼저 들어갔다.

후루미는 이케다가 이상한 소리를 한다고 생각했지만, 현직 총리대신이 말하는 것이어서 잠자코 들었다. 그러다 공안조사청 사람이 자신의 신변조사를 시작했다는 것을 알아차렸다. 이케다는 후루미가 '붉어졌다'는 평판이 돌면 보살펴줄 수 없으니 절대 얘기하지 말라고 배려한 것이다. 중국의 핵심 인사들은 후루미가 '붉어지는' 것을 원치 않았는데, 일본의 핵심 인사들은 반대로 생각해 우려한 것이다. 기소면제자의 대부분이 귀국 후 생계를 꾸려가느라 고생한 것과 비교하면 후루미는 인연, 학연 등 든든한 배경 덕분에 큰 고생을 하지 않았다. 귀국한 3월부터 10개월간 생활비를 이케다 총리가 전부 대췄다고 한다. 총액 350만 엔 정도였다.

그는 1965년 7월 참의원선거에 자민당 공인으로 전국구에 출마했다가 낙선했다. 정치를 해보라는 이케다 총리의 권유에 처음에는 31년간이나 일본 땅을 떠나 살았으니 무리라고 거절했다. 그러다 기시도 나서서 출마를 권유하자 전·현직 총리가 입을 맞춰 얘기하니 혹시 될 수도 있겠다고 생각했는데, 빗나간 것이다. 그는 결국 정치를 포기하고 뉴오타니호텔 체인을 세운 오타니 요네타로大谷米太郎의 요청을 받아들여 오타니중공업 부사장, 도쿄도매센터 사장, 회장 등을 역임하다 1983년 숨졌다. 그는 중귀련 활동에는 거리를 두고 전혀 관여하지 않았다.

중귀련의 시련기,
문화대혁명 여파로 분열

중귀련은 지도부가 정치투쟁에 치중하느라 회원의 경제적 요구를 무시한 다는 내부 비판이 제기되자 1962년 11월 3회 대회에서는 경제적 요구를 '대정부투쟁'이라고 바꿔 중점을 두기로 했다. 실제로 회원의 조직률, 회비 납부율이 떨어졌기 때문이다.

일본 사회의 차별과 냉대 속에서도 굳세게 반전 평화, 일·중 수교를 외치 던 중귀련의 좀 더 큰 시련은 외부에서 왔다. 1966년 5월부터 중국에서 '실 권파'에 대한 '조반파'의 공격인 문화대혁명이 시작되자 중국 전역은 혼돈 의 도가니에 빠졌다. 그 불똥은 일본에도 튀었다. 가장 직격탄을 맞은 곳이 중국 관련 평화운동을 하던 단체였다.

첫 충돌은 일중우호협회에서 벌어졌다. 중화인민공화국 1주년에 맞춰 1950년 10월 1일 창립된 일중우호협회는 일본 정부가 타이완(중화민국)을 유일한 대표 정부로 인정하고 베이징 정권을 적대시하던 시기에 일·중 수 교, 상호 방문의 자유, 교역·문화 교류 확대, 중국인 유골 반환, 중국 잔류 일 본인 귀환 등의 사업에 앞장서왔다. 일중우호협회는 본부와 지방조직의 간 부가 대부분 일본공산당 당원이어서 일본공산당의 영향 아래 있었다.

1960년대 들어 중국공산당과 일본공산당이 공개 논쟁을 벌일 만큼 관 계가 소원해지자 일중우호협회 내부에서도 알력이 본격화됐다. 마오쩌둥 의 처 장칭江靑 등 4인방(조반파)이 장악한 중국 매체는 일본공산당을 반혁명 집단이라고 격렬하게 공격했다. 이런 와중에 일본의 일중우호협회와 중국의 중일우호협회가 문화대혁명을 지지하고 일본공산당을 일·중 우호의 반대자로 지목하는 공동 성명을 냈다. 공동 성명은 일중우호협회에서 합의된 상태로 나온 것이 아니었다. 사회당과 노동조합총평의회(총평) 계열은 공동 성명을 지지했지만, 공산당 계열은 반대했다. 공동 성명 지지파는 1966년 10월 별도 조직을 만들어 '일중우호협회 정통'이라고 자처했다. 기존의 일중우호협회는 중국이 스스로 문화대혁명의 오류를 인정하고 난 뒤에도 1999년까지 중국과의 모든 교류가 차단됐다.

일중우호협회의 분열은 다른 연관 단체에도 중대한 영향을 미쳐 평화운동단체, 부인단체, 문필가단체, 연극인단체도 줄줄이 갈라섰다. 심지어 팔로군에 종사한 전우회조차 분열됐다. 중귀련도 분열의 흐름을 피하지 못했다. 중귀련 간부들은 일중우호협회 간부나 활동가로 일하거나 일본공산당 당원으로 활동했다. 양쪽을 모두 하는 사람도 있었다.

1967년 2월 11일 중귀련 상임위원회 석상에서 초창기부터 중귀련을 이끌어온 구니토모 등 일부 위원이 갑자기 '중귀련재건안'을 제출했다. 이들은 재건안이 통과되지 않으면 앞으로 같이 행동할 수 없다고 주장했다. 회의는 의견이 맞서 결론을 내리지 못하고 폐회됐다. 재건안을 지지하는 쪽 열한 명은 중귀련 정통 본부를 결성했다. 잔류파는 별개 조직으로 활동했다. 갈라진 양쪽은 각기 '중귀련 정통', '중련中連'으로 불렸다. 후지타 시게루 회장은 중귀련 정통 쪽에 섰다. 문화대혁명기의 중국은 중귀련 정통만 상대하고 일본공산당과 중련을 '반중 분자'로 공격했다.

중귀련이 갈라진 비슷한 시기에 일중우호협회가 들어가 있는 젠린善隣학생회관에서 폭력사태가 발생했다. 1967년 2월 28일 도쿄도 분쿄구 고라쿠의 젠린학생회관에 있던 일중우호협회 본부사무소에 중국인 유학생이 몰려와 '반중 분자'는 나가라고 공격했다. 젠린학생회관에 숙사가 있는 이들은 문화대혁명을 지지하지 않는 일중우호협회 쪽을 규탄하며 홍위병처럼 실력행사에 들어갔다. 양쪽의 충돌로 사무소 유리창이 깨지고 일부가 불에 탔다. 투석, 각목까지 동원된 양쪽의 충돌은 이후 3년간 100회 이상 발생했고, 300명 이상의 중·경상자가 나왔다.

푸순전범관리소 지도부의
수난

중귀련의 분열 상태는 1980년대 중반까지 계속됐다. 중국과의 교류에 우선순위를 둔 중귀련 정통은 중련을 '반중 집단'이라고 몰아붙였고, 중련은 정통이 마오쩌둥 노선을 맹종한다고 비난했다. 많은 중귀련 회원은 양쪽 지도부가 격한 말을 주고받자 양쪽과 다 거리를 두었다.

중련은 중국 방문단 구성에서 제외돼 교류 사업을 아예 할 수 없었다. 중련은 이 시기 반전평화운동과 출판 활동에 주력했다. 만주국에서 특무경찰을 지휘했던 시마무라 사부로는 중련에 속했다. 시마무라는 1974년 중련 회장이 됐고 다음 해 《중국에서 돌아온 전범》을 닛추출판日中出版에서 냈다. 그는 1976년 10월 나가노현에서 열린 중련 행사에 참가하고 나서 산나물을 캔다고 산에 올랐다가 굴러 떨어져 68세에 세상을 떠났다.

중련은 고분샤의 의뢰를 받아 기존의 《삼광》에 실리지 않았던 수기 열다섯 편을 모아 1982년 8월 《신편 삼광新編三光》을 출간했다. 이 책은 마침 교과서사건이 발생해 총 25만 부가 팔렸다.

분열된 중귀련에 새로운 난제가 중국에서 왔다. 푸순전범관리소에서 인

신편 '삼광' 표지   신편 '삼광' 출판기념회. 1982년 8월

간적 신뢰 관계로 굳게 맺어진 관리소 간부나 지도원이 문화대혁명의 와중에서 탄압을 받고 있다는 소식이었다. 중귀련 회원은 특히 인죄운동의 고난을 같이했던 지도원을 '은사'로 부르며 일본에 초청해서 은혜를 갚고 싶다는 생각이 강했다.

중귀련 정통은 문화대혁명을 지지하며 푸순전범관리소의 간부들이 겪었던 수난에 침묵을 지켰다. 반면 중련은 훌륭한 인사들을 '주자파走資派(자본주의 길로 가는 사람, 자본주의자)'로 몰아간 문화대혁명은 잘못됐다고 주장했다. 이 논쟁과 관련해 도미나가 쇼조는 수기에서 정통의 자세를 비판했다.

중국 인민에 대한 감사의 마음은 스스로의 체험에 바탕을 둔 실감이고 역사적, 객관적 사실이다. 그래서 그 후 중국의 역사가 어떻게 바뀌더라도 그 영향을 받는 것이 아니다. 그러나 우리가 그런 마음가짐을 계속 갖는 것과 그 후 중국의 정책을 모두 지지하느냐는 전혀 별개의 문제다. 왜냐하면 인죄는 정치 이데올로기의 문제가 아니라 인간 양심의 문제이기 때문이다. 중국 지도자가 소련 지도자를 '현대수정주의자'라고 비난하고 '적색 제국주의'라고 적시하기 때문에 우리도 그렇게 하는 것이 아니고……. 폴란드 분할, 핀란드 침공, 발트 3국 침공 등 사회주의 이념에 반하는 여러 사실을 놓고 소련의 수법을 비난하고 미워하는 것이다. 중국이 미국에서 평판이 좋지 않은 닉슨을 친구라고 초대해 후대한다고 해서 우리가 닉슨을 친구로 볼 필요는 조금도 없다.

우리 동료 중 일부는 이런 점에서 잘못 생각하는 듯하다. 일·중 우호라는 것이 무엇이든지 중국에 장단을 맞추는 것은 아닐 터다. 이 사람들은 인죄를 하룻밤 신세 지고 한 끼 대접받은 것에 대한 의리와 혼동하는 것이 아닌가.

문화대혁명 기간 중 조반파의 공격은 혹독하게 전개됐다. 마오쩌둥은 중국공산당과 각 기관의 지도부가 관료주의에 오염돼 무산계급에 반대한다고 비판하고 1966년 8월 5일 〈사령부를 포격하라, 나의 대자보〉를 발표했다. 사령부는 국가주석 류샤오치劉少奇를 가리킨다. 국가주석에게 타격을 가하라는 지시가 공개적으로 발표될 정도이니 규모가 크든 작든 조직이나 기관의 책임자는 공격의 예봉을 피하기가 어려웠다. 젊은 학생이 주축인 홍위병은 마오쩌둥의 지시에 열광적으로 호응해 '조반유리造反有理(모든 저항과 반란에는 정당한 도리가 있다)'라는 구호를 외치며 권력을 쥔 '실권파', '당권파'를 공격했다. 당시 호된 공격을 받아 자살하거나 박해로 장애를 갖게 된 사람이 적지 않았다. 자리에서 쫓겨난 간부 가운데 상당수는 문화대혁명이 종료된 후에 복권, 명예 회복 처분을 받았다.

1964년 10월 푸순전범관리소의 소장이 된 김원도 문화대혁명 기간 중 호된 시련을 겪었다. 그는 회고록《기구한 인연》에서 당시 사정을 상세히 기록했다. 김원은 1966년 7월 저명한 문인들이 거리에 끌려나와 홍위병에게 조리돌림을 당할 때 사태를 파악하기 위해 베이징의 중앙공안부를 찾아갔다.

그리고 푸이가 입원했다는 소식을 듣고 셰허協和병원으로 찾아가 만났다. 푸순전범관리소에 만주국 전범으로 수용됐던 푸이는 1959년 12월 4일 건국 10주년 특사령으로 다른 아홉 명의 전범과 함께 석방됐다. 당시 관리소에서 열린 1차 전범특사대회에서 특사령을 낭독한 사람이 김원이었다.

푸이의 병실에는 며칠 전 홍위병 10여 명이 담당 의사를 끌고 들이닥쳤다. 책임자로 보이는 한 홍위병이 의사의 멱살을 쥐고 흔들며 "푸이 같은 반동을 이 좋은 병원에 입원시키고 치료해주는가?" 하며 고함을 질렀다. 그는 당장 쫓아내라고 요구했다. 이 일이 어떤 경로인지 저우언라이 총리에게 바로 보고됐다. 저우 총리는 전화로 홍위병 책임자를 불러 '즉각 철수하라'고 화를 냈다고 한다.

김원이 푸순으로 돌아오자 관리소도 술렁거리기 시작했다. 소 내 곳곳에 "김원은 류샤오치 반동사령부의 졸개다", "김원을 타도하자"라는 표어가 나붙었다. 김원은 관리소의 여러 조반파 그룹에 끌려 다니며 비판을 받았다. 일본인 전범은 1964년 3월 마지막 세 명이 풀려나 만주국 전범과 국민당 전범 수백 명이 남아 있던 때였다.

푸순전범관리소는 김원이 소장이 된 1964년 공안부의 전국 개조 공작 '선진단위先進單位'로 선정되는 영예를 안았다. 하지만 조반파에게 그런 표창은 아무런 의미가 없었다. 조반파는 김원이 주자파이자 특무라고 공격했다. 이들은 "중국 인민의 철천지원수인 일본 전범, 국민당 전범, 만주국 전범을 동정하고 관심을 가진 사람이 특무가 아닐 수 있는가"라고 선전했다. 이 선전은 실정을 모르는 인민에게 먹혀들었다. 푸이에게 수용소에서 자서전《나의 전반생我的前半生》을 쓰도록 허락했다는 것도 김원의 죄에 포함됐다. 김원은 소장 직무에서 배제돼 거리로 끌려 다니며 130차례의 투쟁을 당하고 수감됐다. 그는 당시의 심정을 이렇게 기술했다.

1964년 나는 '인간 영혼의 전문가'라는 칭호를 달고 국내외 신문에 적잖이 등장했다. 또한 국가로부터 높은 영예 칭호를 받았다. 그로부터 불과 2년 후 문화대혁명 때 하루아침에 모범 소장에서 죄인으로 굴러 떨어져 옥에 갇히는 신세가 됐다. 일제 때의 푸순감옥장이었던 일본 전범 오무라 시노부가 푸순 전범관리소에 갇히는 신세가 된 것처럼 똑같은 처지에 놓이게 된 것이다. 오무라는 전범으로 갇히긴 했어도 인도적 처우를 받았지만, 나는 비인도적 학대와 불법 심문을 받아야 했다.

홍위병과 조반파는 병상의 푸이를 여러 번 찾아가 김원의 죄를 아는 대로 적으라고 강박했다. 푸이는 "김원 소장은 나의 은사이며 전국에 이름 있는 모범 간부다. 그는 시종일관 당중앙과 마오 주석의 지시를 철저히 집행했다. 나는 전인대 상임위원과 정치협상회의 위원의 신분으로 이를 담보한다"라고 말하고 요구를 단호히 거절했다.

관리소에서 조반파의 공격을 받은 것은 김원만이 아니었다. 김원이 수감되고 나서 며칠 뒤 부소장과 최인걸도 수감됐다. 1968년 가을, 부소장과 최인걸이 풀려난 뒤 김원은 처와 함께 벽지로 하방 됐다. '57간부학교'에서 노동을 통한 개조교육을 받고 '특무 혐의'를 벗었다.

문화대혁명 기간 중 사라진
전범 개조 정책

1971년 5월 농촌에서 '귀양살이'를 하는 김원에게 랴오닝성혁명위원회에서 갑자기 회의에 나오라는 통지가 왔다. 김원은 가봤자 좋은 일이 있을 것

같지 않아 무시했는데, 3일째 되는 날 푸순전범관리소의 운전사가 차를 몰고 찾아왔다. 랴오닝성 공안청에 도착하니 곧바로 베이징으로 가라는 지시를 받았다.

김원은 영문도 모르고 장궈푸張國富 랴오닝성군구 부사령관 등 일행 여섯 명과 함께 출발해 다음 날 아침 베이징에 도착했다. 그다음 날 리전李震 공안부 혁명위원회 주임이 주재하는 회의에 참석했다. 항일전쟁기부터 혁명에 참여한 리전은 선양군구 부정치위원, 공안부 부부장을 거쳐 1972년 공안부장이 됐다. 회의는 저우언라이 총리의 다그침에 따라 열린 것이다. 회의석상에서 낭독된 저우 총리의 지시문은 문화대혁명 이후 푸순전범관리소의 개조 정책이 전혀 성과가 없음을 질책하는 내용이었다.

> 푸순전범관리소는 일본 전범 개조 과정에서 특출한 성과를 올렸는데, 문화대혁명 이래 공안부가 어떤 지시도 내리지 않고 사업을 검사하지도 않아 환자가 늘고 사망자가 해마다 증가하고 있다.

> 랴오닝성 혁명위원회 인민보위조의 보고는 중병자 열세 명에게 응급치료를 해주지 않고 있고 130명의 전범에게도 병을 예방할 긴급 대책을 내놓지 않았다. 그저 죽지 않을 만큼 살려두면 된다고 하고 개조에 대해서는 일언반구도 언급하지 않았다.

> 마오 주석의 위대한 무산계급 정책을 관철하여 전범에게 특사의 출로를 주어야 한다. 그렇지 않으면 큰 전범은 특사하면서 작은 전범은 죽을 때까지 가두어두고 있으며, 외국 전범은 특사하고 국내 전범은 계속 가두어두고 있다는 비난을 받을 수 있다.

가두어둔 지 이미 여러 해가 지났으므로 이제 더 얻을 자료가 있을 수 없다. 중심은 개조에 두어야 한다. 당신들이 이 문제를 잘 연구하고 그 결과를 보고하기 바란다.

조반파는 전범에 대한 인도주의 정책이 '자산계급 인성론'에 지나지 않고 무자비한 투쟁만이 '철저한 혁명'이라고 주장했다. 혁명에 대한 '철저성'을 중시하는 조반파의 노선은 감옥에서 구타와 욕설 등 전범 학대로 이어졌다. 이런 현상은 전국 감옥에서 나타났는데, 가장 정도가 심했던 곳이 베이징의 친청秦城 감옥이었다. 반혁명 분자 심사에 몰두하느라 수감자가 먹는 물까지 제한해 하루 세 끼 양치질할 물만 줬다고 한다.

당시 주자파로 투옥된 철도부 부부장 겸 정치부 주임 류젠장劉建章의 처가 면회를 갔다가 분노해 마오쩌둥에게 호소하는 편지를 썼다. 마오쩌둥은 편지의 공백에 "총리께서 처리하기 바란다. 그런 파쇼적 심사방법은 누가 내놓은 것인가? 일률적으로 제지해야 하겠다"라고 적어 저우 총리에게 보냈다고 한다. 저우 총리는 공안부장에게 파쇼적 심사 방법을 폐지한다고 죄인 앞에서 선포하고 위반하는 자에게 징벌을 가하라고 지시했다. 류젠장은 문화대혁명의 열기가 수그러든 1975년부터 철도부 부부장에 복직해 철도부 부장, 당조 서기를 지냈다.

공안부는 공안군 무장 경찰을 지휘하는 권력기관의 하나였던 만큼 지도부는 정치적 파동에 시달렸다. 리전의 전임자인 셰푸즈謝富治는 1959년 공안부장을 맡아 문화대혁명 기간 중 조반파에 가담했다가 1972년 병사했다. 그는 문화대혁명이 종료된 후 공산당에서 제명되고 '린뱌오林彪, 장칭江靑, 반혁명 집단의 주범'으로 규정됐다. 리전은 1973년 10월 공안부 청사 지하실에서 자살했다. 리전의 후임자인 화궈펑華國鋒은 마오쩌둥의 신임을 얻어 부총리, 총리, 당 제1부주석의 지위에 올랐고 마오쩌둥의 사후 4인방을 체포해 사실상 문화대혁명을 종결했다. 그는 한동안 명목상 제1인자였으나 덩샤오핑에게 밀려 퇴진했다.

문화대혁명 기간 중 부침을 겪은 김원은 국민당 전범에 대한 혹독한 처우를 개선하라는 저우 총리의 지시에 따라 우여곡절 끝에 푸순전범관리소에 소장으로 복귀했다. 그리고 1975년 마오쩌둥의 결정으로 국민당 관련 전범이 모두 석방되는 것을 지켜봤다. 김원은 이후 베이징에 진출해 중국국제정치학원 서기, 중국인민경관대학 당위 서기, 중국국제우호촉진회 외교부 고문 등을 하다가 2002년 3월 숨졌다.

푸순에서 위관급 이하 개조를 담당했던 오호연은 기소면제자가 풀려난 직후 일어난 반우파 투쟁에서 문화대혁명 기간에 이르기까지 내내 탄압을 받았다. 그는 문화대혁명이 끝난 1979년 관리소를 다시 정비해 공개한다고 해서 복귀해 1982년 정년 퇴직됐다. 푸순전범관리소가 전면 수리를 마치고 1987년 10월 대외 개방을 한 직후 그는 관리소의 초빙으로 고문으로 일했다. 중귀련 방문단이 이따금 찾아오는데, 대응할 만한 사람이 없어 다시 그를 부른 것이다. 그는 1999년 7월 세상을 떠났다.

'은사'의 방일 초청과
중귀련의 재통일

1960년 10월 중귀련 초대 회장에 선출된 후지타 시게루 전 59사단장은 취임 당시 이미 71세의 고령이었지만 정력적으로 활동했다. 1980년 4월 타계할 때까지 그는 다섯 차례 중국을 방문했고 저우 총리를 두 차례 만났다.

그는 중귀련 방문단을 이끌고 방문할 때마다 옛 전범관리소의 직원들을 초대하고 싶다는 의향을 전달했다. 그는 1976년 마지막 방중 시 중일친선 협회 회장 랴오청즈에게 다시 요청했다. 그는 "나이가 많아 이번이 마지막 방문이 될 텐데 소원을 이루지 못한다면 돌아가서 귀환자를 볼 면목이 없다"라고 압박했다. 그는 방중 일정이 끝났는데도 돌아가지 않고 답을 기다렸다.

후지타의 간청에 왕윈성王雲生 정협 전국위원회 부회장을 단장으로 하는 일본 방문단이 구성됐다. 김원은 다섯 명으로 구성된 방문단에 포함됐다. 그는 당시 군인 신분이어서 외국 방문이 허용되지 않았으나 중귀련이 원하는 것은 관리소 지도원이어서 포함된 것이다. 그는 푸순시 민정국장으로 신분을 임시로 바꿨다.

출발하려는 참에 1976년 10월 6일 마오쩌둥의 후계자로 지목된 화궈펑이 국방부장 예젠잉葉劍英 등의 지원을 얻어 장칭 등 4인방을 체포하는 중대사가 벌어졌다. 사실상 문화대혁명을 이끌었던 조반파가 몰락한 사건이다. 예정보다 한 달 정도 늦어져 11월 11일 나리타공항에 도착했다. 중귀련 일중우호협회 회원이 일본어와 중국어로 쓰인 '중일 친선 활동가 방문단을 열렬히 환영한다'는 플래카드를 들고 이들을 맞았다. 김원은 푸순전범관리소에서 석방된 기소면제자들과 20년 만에 상봉했다.

환영대회에는 한 여성이 남편의 위패를 들고 찾아왔다. 위패의 주인공은 중귀련 회원이자 후쿠시마현 일중우호협회 회장 등을 지낸 오즈키 이치로였다. 중국에서 돌아와 중국인 강제연행 희생자 유골 발굴에 혼신을 노력을 다한 그는 중국 방문단의 방일 소식을 듣고 가두연설을 하며 모금 활동을 하다가 불의의 교통사고로 숨졌다.

후지타 중귀련 회장이 1980년 4월 타계했을 때 분열 이후 소원해졌던 중련 사람도 장례에 참가했다. 중귀련의 분열 상태를 안타까워하는 목소리가 커지기 시작했다. 조직의 아래는 분열돼 있지 않으니 밑에서부터 화해하자는 의견이 퍼졌다. 1983년부터 통일을 위한 대화가 정통과 중련 사이에 정식으로 시작됐으나 감정의 응어리는 쉽게 풀리지 않았다. 이듬해 2월 간토 지구 신년회는 합동으로 열려 양쪽 사람이 18년 만에 재회의 악수를 나눴다.

문화대혁명이 종료되고 나서 서신 연락이 재개되자 옛 관리소 직원도 중귀련의 분열 사태를 알게 됐다. 귀환자가 일본 초청 의사를 전하면 이들은 통일된 모습으로 맞이해주었으면 좋겠다고 밝혔다. 오호연은 문화대혁명을 둘러싼 양쪽의 이견에 대해 "우리조차 인내하고 있으니 당신들이 인내해서 통일하지 못할 리 없다"라고 말했다.

이런 분위기에서 옛 관리소 직원의 초청과 중귀련의 재결합이 같은 차원에서 추진됐다. 중귀련의 양쪽을 대표하는 오카와라 고이치와 도미나가 쇼조가 연명으로 쓴 편지와 녹음테이프가 김원에게 전달됐다. 이들은 편지에서 "중국 관리소의 여러 선생이 종전과 마찬가지로 우리의 사업을 도와주시기 바란다"라며 "선생들의 일본 방문은 재통일의 커다란 힘이 될 것"이라고 말했다.

1984년 10월 중귀련 초청으로 전범관리소 방문단이 처음으로 일본을 방문했다. '푸순·타이위안 전범관리소 공작원 방문단'은 모두 여덟 명으로, 김원이 단장을 맡았다. 푸순 쪽에서는 쑨밍자이 초대 소장, 김원 2대 소장, 오호연, 최인걸과 원주다溫久達, 관후이셴關慧賢, 자오위잉 등 일곱 명이 왔다. 원주다는 관리소 전담 의사 중 하나였고 관후이셴과 자오위잉은 간호부로 일했다. 1950년 여름 선양 중국의과대학 고급간호과 졸업을 앞두고 푸순전범관리소로 발령을 받은 관후이셴과 자오위잉은 헌신적인 보살핌

후지타 중귀련 회장(앞줄 왼쪽에서부터 네 번째)이 1965년 1차 방문단을 이끌고 중국을 방문, 귀모뤄郭沫若(후지타의 오른쪽)의 영접을 받았다. 저명한 문필가이자 역사학자인 귀모뤄는 중국과학원 원장, 정무원 부총리, 전인대 상무위 부위원장 등을 지냈다

김원을 단장으로 하는 옛 전범관리소 직원 방문단이 1984년 10월 중귀련의 초청으로 일본을 방문했다. 마이크 앞에 앉은 사람이 김원, 그 왼쪽이 초대 푸순관리소 소장 쑨밍자이, 오른쪽이 오호연

으로 전범 사이에 인기가 높았다.

'옛 은사'의 방일 소식에 중귀련 회원은 공항에 잔뜩 몰려나왔다. 전광판에 탑승기 도착 표시가 나온 뒤에도 한동안 방문단 일행이 모습을 나타내지 않자 일부 회원은 출입이 금지된 출구 문을 열고서 안을 들여다보기도 했다. 8년 전 방일했던 김원을 제외하면 모두 28년 만에 재회의 기쁨을 나눴다. 김원은 단장 자격으로 한 인사말에서 감격을 토로했다.

"여러분과 우리의 우정을 옥중에서 맺어진 친구라고 말하는 분이 있지만, 확실히 예전에 우리는 관리, 피관리의 입장에 있었습니다. 이런 인간관계에서 우리가 깊은 우정을 유지할 수 있었던 것은 동서고금을 통해 드문 일이고 확실히 기적이라고 말할 수 있지요."

중귀련의 갈라진 두 단체는 도쿄, 센다이, 오사카, 히로시마 등지에서 공동으로 환영 행사를 열었다. 그동안 모임에 잘 나오지 않던 사람도 많이 나타나 참석자가 600명을 넘을 정도로 성황을 이루었다. 1년이 지난 1985년 11월 출간된 《28년 만의 재회二十八年ぶりの再会》에는 옛 전범 약 250명의 수기가 실려 당시 회원의 열기가 어느 정도였는지 짐작게 한다.

전범관리소의 옛 직원 초대 행사를 통해 중귀련 회원은 서로 결속감을 다시 확인했다. 정통과 중련의 간부는 실무 접촉을 거듭한 끝에 1986년 10월 19일 시즈오카현 아타미熱海에서 통일전국대회를 열었다. 갈라선 지 19년 8개월 만에 다시 합치는 데 성공했다. 문화대혁명의 여파로 분열된 일본의 중국 관련 단체 가운데 재결합을 한 것은 중귀련이 유일한 사례라고 한다.

역사 왜곡에 맞선 투쟁과
계간지 창간

중귀련은 1997년 회원의 평균 연령이 이미 70대 후반에 들어섰음에도 새로운 도전을 시작했다. 수구 우파진영의 역사 왜곡에 맞서 계간지《중귀련》을 창간해 지속적인 언론 활동에 나선 것이다. 1997년 6월 1일 자 창간호에는 특집 〈일본은 중국에서 무엇을 했는가〉, 〈침략전쟁: 체험과 반성〉, 〈패전에서 귀국까지〉 등의 글이 실렸다. 창간호는 유명 출판사에서 나온 것이 아닌데도 3쇄를 찍어 7000부가 나갔다.

중귀련이 계간지 발간이라는 새로운 도전에 나선 이유는 도미나가 쇼조 회장이 쓴 발간 취지에 잘 나타난다.

> 1955년 8월 민주당(1955년 11월 자민당으로 합쳐지기 전의 양대 보수 정당의 하나)의 팸플릿 〈우려해야 할 교과서 문제〉가 일으킨 제1차 교과서 문제, 다시 1982년 8월에는 '침략'을 '진출'이라고 고쳐 써 국내뿐만 아니라 중국, 한국으로부터 엄한 비판을 받은 제2차 교과서 문제가 일어났습니다. 이어서 전후 50년을 기해 '과거 전쟁의 반성과 미래 평화에의 결의 표명'을 국회에서 행하는 문안이 자민당 우파의 공작으로 빈 쭉정이가 되어버렸습니다. 이것을 배경으로 '자유주의 사관'을 제창하는 후지오카 노부가쓰藤岡信勝 도쿄대학 교수 일파는 '종군위안부' 문제를 교과서에서 삭제하는 활동을 시작해 '새로운 역사 교과서를 만드는 모임'을 발족했습니다. 제3차 교과서 문제의 발생입니다.
> 이 후지오카 교수 일파는 우리 중국귀환자연락회의 출판물《삼광》등을 '자학 사관'의 근원으로 간주하고 '삼광 정책은 없었다', '그들의 증언은 협박이고 거짓이다'라고 주장합니다. 이 도발적 폭언을 우리는 팔짱을 끼고 묵인할 수 없

습니다.

우리는 '인간-침략전쟁-살인귀-전쟁범죄-전범-중국 인민의 인도적 처우-인간적 양심 회복'이라는 기구한 공통 체험에서 얻은 강한 반성을 바탕으로 미진하기는 하지만, 반전 평화와 일·중 우호의 실천을 계속해왔습니다. 그리고 현재 가장 젊은 회원이라도 이미 70세 중반에 달해 활동력 감퇴는 부정할 수 없지만 모임은 다시 힘을 모아 이 일본 반동 세력의 발호에 대항하는 것, 특히 젊은 세대에게 지난 전쟁의 진실을 얘기해 전하는 것의 중요성을 통감하지 않을 수 없습니다.

그래서 감히 여기에 계간지《중귀련》의 간행을 결단했습니다. 노령으로 힘이 부족함은 어쩔 수 없지만, 폭넓은 식자, 지지자의 지도와 도움을 얻으면서 함께 밝은 일본의 미래를 목표로 분투해 갑니다.

도미나가 회장이 도발적 폭언이라고 분노한 것은 1990년 중반부터 고개를 치켜든 '자유주의 사관' 등 수구 우파, 역사수정주의자의 중귀련 공격이었다. 이들은 중귀련의 출판물《삼광》,《신편 삼광》의 내용이 허위, 거짓이라고 주장하고 이런 책이 '일본 죄악 사관', '자학 사관'의 근원이라고 비난했다. 이들은 새로운 역사 교과서를 만드는 모임을 발족해 난징학살과 군'위안부'의 강제성을 부정하는 교과서를 만들어 교육 현장에 확산하려 했다.

알맹이 없는 국회의 종전 50주년 결의

중귀련이 독자 매체를 통해 논전을 펼쳐야겠다는 결정을 하게 된 계기는

'중귀련' 창간호 표지. 후지타와 저우언라이가
악수하고 있는 사진을 실었다

2002 여름호 표지에 실린 최인걸(오른쪽)

2002 겨울호 표지에 실린 쓰치야 요시오(오른
쪽). 쓰치야는 괴뢰 만주국에서 저지른 악행을
자세히 기록한 '어느 헌병의 기록'을 남겼다

종전 50주년 국회 결의가 아무런 알맹이 없는 맹탕이 되어버렸기 때문이다. 중귀련은 1995년 4월 15일 각 정당의 주요 의원 100여 명에게 침략전쟁에 대한 진지한 반성과 사죄를 표명하는 국회 결의를 채택하라는 요청서를 보냈다. 국민을 대표하는 국회가 '침략전쟁의 반성과 사죄', '아시아 각국 국민에게 납득이 가는 전후 처리 확약', '헌법 정신에 맞는 평화 결의' 등을 표명해야 한다고 촉구한 것이다.

일본 중의원은 1995년 6월 9일 '역사를 교훈으로 평화 결의를 새롭게 하는 결의'를 채택했다. 당시는 자민당, 사회당, 신당 사키가케가 연립정권을 구성하던 시점이다. 결의의 전문을 소개한다.

> 본원本院은 전후 50년을 맞아 전 세계의 전몰자와 전쟁 등에 의한 희생자에 대해 추도의 성의를 바친다.
> 또한 세계 근대사에서 수많은 식민지 지배나 침략 행위를 생각해 우리가 과거에 행한 이런 행위나 다른 국민, 특히 아시아의 모든 국민에게 준 고통을 인식하고 깊은 반성의 뜻을 표명한다.
> 우리는 과거 전쟁에 대해 역사관의 차이를 넘어 역사의 교훈을 겸허하게 배우고 평화로운 국제사회를 건설해가지 않으면 안 된다.
> 본원은 일본국 헌법이 내건 항구 평화의 이념 아래 세계의 나라와 손을 잡고 인류 공생의 미래를 열어가는 결의를 표명한다.
> 이같이 결의한다.

사회당은 침략 행위와 식민지 지배에 대한 명확한 반성과 사죄, 평화와 부전不戰의 서약을 담자고 주장했으나 자민당이 반발해 문안 작성에 난항을 겪었다. 결국 침략과 식민지 지배의 주체를 명기하지 않아 애매하게 만들고 부전의 서약은 아예 사라졌다.

통상적으로 이런 결의안은 국회에서 만장일치로 채택되는 것이 관례였으나, 전후 50년 국회 결의는 중의원 재적 의원 502명 가운데 251명이 출석해 230명 찬성으로 가결됐다. 회의장 불참이 241명에 달했다. 자민당 보수파 의원 50명은 결의안이 필요 없다는 이유로, 사회당 의원 14명은 문안이 지나치게 양보됐다는 이유로 불참했다. 공산당 소속 의원 14명은 좀 더 솔직하게 사죄를 표명해야 한다며 반대했다.

참의원은 이런 수준의 결의안도 채택하지 못했다. 참의원 자민당 간사장이었던 무라카미 마사쿠니村上正邦가 채택을 봉쇄했기 때문이다. 무라카미는 현재의 아베 정권을 막후에서 지탱하는 일본회의日本會議를 만든 장본인이다. 그는 일본이 식민지 지배와 침략전쟁을 했다는 것 자체를 부정한다.

《아사히신문》은 6월 11일 자 사설에서 국회 결의에 대해 "부끄럽다. 슬프다. 이런 형용사를 몇 개 거듭해도 부족한 기분이다"라고 한탄했다. 이 신문은 "이것이 전후 50년을 맞아 국민을 대표해 과거를 반성하고 미래의 평화를 다짐한다는 국회 결의의 모습일까"라고 묻고 "모처럼의 기회에 흙탕물을 튀긴 듯한 생각"이라고 지적했다.

《중귀련》 편집장,
'참으로 사죄할 수 있는 정부 수립' 촉구

《중귀련》의 편집장은 에바토 쓰요시繪鳩毅가 맡았다. 그도 사연이 많은 사람이다. 1913년 돗토리현에서 태어난 에바토는 1938년 도쿄제국대학 문학부 윤리학과를 나왔다. 졸업 논문의 주제는 '칸트에서 인격성에 대한 고찰'이었다. 졸업한 그해 9월 문부성 교학국 사상과로 발령돼 관료로서 일을 시작했으나 1년을 넘기지 못했다. 존경해오던 도쿄대학 경제학부 교수 가와이 에이지로河合榮治郎의 사상을 조사하라는 명령을 받고 "칸트 학도를 자임하는 사람으로서 양심이 허락하지 않아" 사표를 제출했다고 한다. 가와이는 1938년《파시즘 비판》등 네 권의 저서가 내무성에서 발매 금지 처분을 받았고, 1년 뒤에는 출판법 위반 혐의로 기소돼 강제 휴직됐다.

1941년 4월 나가노현 우에다고등여학교 교사로 취직한 그는 몇 달 뒤 소집영장을 받고 입영해 패전 때는 59사단 54여단에서 중사로 분대장을 했다. 고등교육을 받은 사람은 사병으로 입대해도 간부 후보생 교육을 받고 장교가 됐는데, 그는 간부 후보생을 지원하지 않았다.

1956년 귀국 후 교사로 복직했으나 중국 귀환자라는 편견에 시달려 3년 5개월 만에 퇴직하고 가나가와현의 후지사와에서 우편국장으로 68세 정년까지 일했다. 퇴직 후 본격적으로 중귀련 활동에 참여한 그는 중귀련이 다시 통합된 후 1988년부터 상임위원장을 맡았다.

에바토는《중귀련》창간호에 〈침략전쟁: 체험과 반성〉을 기고했다. 그는 중귀련의 저작물이 세뇌의 산물이라는 우익의 비난에 정면으로 응수했다. 그는 "중국공산당이 당시 일본인 전범에게 한 교육, 사상 개조는 결코 세뇌라고 야유해서는 안 된다"라고 지적하고 "일본의 학교 교육이, 정치가가 옷깃을 여미고 올바르게 학습하지 않으면 안 되는 인권 존중의 숭고한 교육적, 정치적 원리를 포함하고 있다"라고 주장했다. 그는 오히려 옛 일본 군대의 세뇌 교육에는 병사를 납득시킬 만한 이념이 없었다고 비판했다. 그는 기고문을 이렇게 마무리했다.

우리 일본 국민은 쇼와의 '전쟁의 역사'를 다시 한 번 되돌아보고 일본 국민이 저야 할 책임을 명확히 하고 다 함께 사죄의 마음으로 보상할 것은 보상한 위에 국제사회에 복귀하지 않으면 안 될 것이다. 그렇게 해야만 일본은 밝은 전도가 열릴 것이라고 나는 생각한다. 그러므로 아시아의 여러 민족에게, 세계에 참으로 사죄할 수 있는 정부의 수립이야말로 지금 우리에게 부과된 공통의 긴급 과제가 아닐까?

에바토가 꿈꿨던 '참으로 사죄할 수 있는 정부의 수립'은 여전히 요원한 꿈으로만 남아 있다. 그는 2015년 숨을 거둘 때까지 일본이 전쟁을 할 수 있는 국가로 흘러가고 있다고 우려했다.

마지막까지
인죄의 길을 간 사람들

"피해자의 용서를 구하는 것이 핵심이다", 도미나가 쇼조

중귀련의 마지막 회장 도미나가 쇼조는 2002년 1월 13일 복부 대동맥류 파열로 요코하마의 병원에서 타계했다. 생전의 그의 뜻에 따라 장례와 고별식은 치르지 않았다. 그의 사후 3개월 뒤 중귀련은 공식 해산했고, 바로 '푸순의 기적을 이어가는 모임'이 발족했다.

1956년 귀국 후 차별과 냉대 속에서 생계를 꾸려가기 위해 동분서주했던 그는 기시 노부스케 내각이 추진하던 미일안보개정 반대 시위에 온 가족이 참가했다. 도미나가는 일중우호협회, 처는 외국은행종업원연합회, 딸은 전일본학생자치회총연합회(전학련)의 깃발 아래 시위에 나섰다고 한다. 그가 무엇보다도 용인할 수 없었던 것은 기시였다. 무모한 전쟁을 시작해 국민을 고난의 바닥에 밀어 넣은 A급 전범이 석방 후 자기비판도 하지 않고 정계에 복귀해 국정의 최고기관 총리 자리에 있다는 게 도저히 용서할

수 없었다. 그래서 안보 반대보다도 기
시 타도 구호에 더 공감이 갔다. 그는 "A
급 전범을 총리로 해놓고 태연하게 있
는 국민도 국민인가?"라고 물으며 유권
자의 자세를 문제 삼았다. 그는 "일본인
은 뭐든지 물에 흘려보내면 깨끗하다고
하는데, 물에 흘려도 상관없을 것과 물
에 흘려보내서는 안 될 것이 있다"라며
"양자를 구분하지 않으면 언제까지나
악의 근원을 단절할 수 없는 것이 아닌
가"라고 지적했다.

중귀련의 마지막 회장 도미나가 쇼조

　'푸순의 기적을 이어가는 모임'의 활동가였던 구마가이 신이치로熊谷伸
一郎가 2001년 12월 말 병실을 찾아갔을 때 도미나가는 젊은이에게 보내는
유언이라 할 문서를 작성하고 있었다. 그가 숨을 거두기 보름 전쯤이었다.
돌이킬 수 없는 병으로 누워 있던 도미나가는 "이것만은 자네들에게 보내
고 싶으니 들어주세요"라고 말하고 원고를 읽기 시작했다.

　도미나가가 중도에 힘들어해서 구마가이가 대신해 읽었다. 침략전쟁에
가담해서 많은 가해 행위를 해버린 것, 그것에 대한 죄의식, 철저한 인죄 의
식를 바탕으로 피해자의 용서를 구하는 것이 중귀련 정신의 핵심이라는
것, 전쟁 체험이 없는 세대가 옛 전범의 정신을 이어가는 것의 어려움과 가
능성 등이 적혀 있었다. 문서는 쓰다 만 상태였다. 도미나가는 이것만은 완
성하지 않으면 안 되는데, 이렇게 되어 유감이라고 말했다. 그는 이미 세상
을 떠난 쓰치야 요시오, 미오 유타카三尾豊 두 헌병 출신자의 사죄와 용서를
언급한 뒤 힘들게 말을 이었다.

우리 활동의 중심 과제는 침략전쟁에서 피해를 입은 사람들에게 마음속으로부터 철저히 사죄를 구하고 용서를 얻는 것이다. 두 사람은 피해자에게 직접 사죄했다. 미오 군이 죽음에 이르자 피해자에게서 조의문이 왔다. 미오 군 등의 활동은 우리 활동의 도달점이다. 이 행위로 우리의 추진 방식이 잘못된 것이 아니라는 것이 증명됐다고 생각한다.

미오는 1998년, 쓰치야는 2001년 숨을 거뒀다.

항일열사의 딸을 찾아가
사죄한 쓰치야 요시오

1990년 한 일본인이 중국 헤이룽장성 치치하얼에 있는 서만西滿 혁명열사능원을 찾았다. 1948년 4월에 문을 연 서만혁명열사능원은 일본 패망 후 재개된 국민당군과 공산당군의 내전(중국은 해방전쟁이라고 한다) 기간 중 동북 지방에서 첫 번째로 개설된 열사 묘역이다.

일본인은 한 무덤 앞에서 머리를 숙이고 사죄의 말을 이어갔다.

"나는 치치하얼헌병대에 있던 쓰치야 요시오입니다. 54년 전 1936년 당신과 당신의 동생, 그 밖의 여섯 명을 체포해 죽였습니다. 아주 큰 악인이었습니다. 그것이 지금까지 가슴속에 꽉 막혀 있어 언젠가는 사죄해야 한다고 생각하며 살아왔습니다. 정말로 나쁜 짓을 했습니다. 마음속으로 사죄합니다."

쓰치야 요시오는 괴뢰 만주국 시절 관동헌병대 예하 치치하얼헌병대에서 '취조의 신', '특고의 도사'라고 불릴 정도로 수많은 항일운동가를 검거해 악명을 떨쳤다. 1911년 야마가타현山形縣의 빈한한 가정에서 태어난 그는 향리에서 고등소학교를 나와 잡역을 하다가 1931년 징병검사를 받았다. 징병검사를 통과하면 야마가타의 연대로 입영하는 또래 청년과 달리 그는 관동군 만주독립수비대 근무를 자원했다.

일본의 만주(동북3성) 침략이 시작된 지 2개월이 지난 1931년 11월 28일 향리인 사이고촌西鄕村을 출발했다. 마을 어귀까지 촌장, 유지, 이웃 사람, 모교인 고등소학교의 고학년 50~60명이 따라 나와 전송했다. '축 입영 쓰치야 요시오 군'이라고 쓰인 소형 플래카드도 등장했다. 마을 자치체는 천황제와 군국주의를 지탱하는 말단조직의 역할을 했다. 메이지유신 초기만 해도 징병제가 새로운 부역이라고 해서 농민 사이에 반감이 강했다. 효고현 등 일부 지역에서는 징병 반대 민란까지 일어났다. 그러다 청일전쟁, 러일전쟁, 제1차 세계대전을 거치면서 병역을 기피하는 것은 마을의 수치라는 인식이 확고하게 주입됐다.

입영자가 있는 가정은 생활보호자로 지원하도록 하는 군사구호법이 제정됐다. 마을마다 규약이 있어 마을 주민이 입영 가정의 농사일을 의무적으로 도와주도록 했다. 장정이 영장을 받고 입영할 때, 군에서 만기로 제대하거나 포상 휴가를 나올 때 촌회村會 의원의 절반, 조장組長 등이 촌 경계까지 나가 맞이하거나 환송하라는 조항이 있었다. 게다가 '상등병 이상으로 귀향하는 자는 특히 경의를 표해서 촌회 의원, 조장 및 노인을 제외하고 상석으로 할 것'이라는 내용도 있었다. 병장이라는 계급이 생기기 이전에 제정된 규약이었다. 군에 입대해 최소한 상등병이 되지 않으면 제대하더라도 퇴역 군인의 영예를 인정해주지 않는다는 의미였다. 상등병으로 만기 제대하면 직장에서도 체력, 인격 면에서 우수자로 간주됐고 재향군인회에서도 대접을 받았다. 농촌에서는 마을 행사에 자리가 따로 마련돼 '모범 청년'으로 인정받아 장가를 가는 데도 유리했다. 이런 압박적인 사회 분위기 탓에 질병 등의 이유로 현역 입영을 하지 못하거나, 입대해서 적응하지 못해 진급이 늦어지면 당사자는 물론이고 그 부모조차 마을 사람에게 고개를 들지 못했다.

쓰치야는 가미노야마역上山驛에서 기차를 타고 도쿄에서 하차했다. 입영하기 전에 야스쿠니신사에 참배해야 했다. 다음 날 오사카에 들러 오사카성 등 시내 구경을 한 뒤 11월 30일 집결지인 고베에 도착했다. 당시 관동군은 대대별로 신병을 인수했다. 쓰치야가 입영하는 독립수비대 보병 1대대는 지린성 궁주링에 주둔하고 있었다. 신병을 인수하러 온 독립수비대 1대대의 고참병들이 나눠준 군복에는 탄환 자국이 있거나 피가 배어 있는 것도 있었다. 신병의 군기를 잡으려고 일부러 그런 군복을 섞어놓은 것이다.

고베항에 정박 중인 수송선 우지나마루는 6개 대대 신병 요원 1400여 명을 태우고 바로 출항했다. 부두에는 1만 명 이상의 고베시민이 나와 취주악대 연주가 울려 퍼지는 가운데 환송했다. 우지나마루는 12월 1일 다롄항大連港에 도착했고 쓰치야가 속한 1대대 신병은 열차로 궁주링으로 이동했다.

쓰치야가 야마가타현 군부대로 들어가지 않고 만주로 간 것은 가난에서 탈출하기 위한 지름길이라고 생각했기 때문이다. 빈농 신분에서 벗어나려는 그에게 1차 목표는 상등병 후보에 들어가는 것이었다. 그는 헌병 시험에 응시해 통과했다. 군인의 범죄나 군부대의 비리를 수사하는 헌병은 최하위 계급이 상등병이었다. 1933년 헌병 교육을 마치고 배치된 곳은 치치하얼 헌병분대였다. 치치하얼은 다우르족 언어로 변두리 땅 또는 천연 목장이라는 뜻이며, 헤이룽장성 성도 하얼빈에서 서북쪽으로 359킬로미터 떨어져 있다.

쓰치야는 선임병에게서 물고문, 인두로 지지기, 큰 바늘로 손톱 밑 찌르기, '주판 고문(통나무를 삼각형으로 다듬어 발가벗긴 피의자를 날카롭게 각이 진 부분에 앉게 하고 누름돌 올려놓기)' 등 가혹한 고문 기술을 익혔다. 구타는 고문 축에도 들지 못했다. 그는 고문의 참혹함을 보고 사람이 할 짓이 아니라고 생각해 헌병을 그만둘까 고민도 해봤지만 이내 접었다. 이따금 며칠씩 계속되는 고문에도 아무 말 하지 않고 버티는 사람들이 있었다. 몸이 만신창이가 된 이들은 밖으로 끌려 나가 장교들이 군도의 성능을 검사하는 실험용으로 사용됐다. 조서 작성이나 재판 등의 법적 절차는 모두 생략됐다.

쓰치야가 남보다 먼저 진급하기 위해서는 진짜건 가짜건 항일분자를 잡아들여야 했다. 그는 관내 지역의 유력자들에게 정보를 제공하라고 억박지르고 자신의 월급을 쪼개서 밀정을 고용했다. 그의 촉과 집념으로 이룬 성과는 부대장의 인정을 받아 상등병에서 계속 진급해 패전 때는 장교인 소위까지 올랐다.

쓰치야가 12년간의 헌병 생활에서 세운 '혁혁한 전공'은 1985년 아사히신문사에서 나온 《어느 헌병의 기록ある憲兵の記録》(우리나라에서는 《인간의 양심: 일본 헌병 쓰치야 요시오의 참회록》으로 출간되었다)에 상세히 기술돼 있다. 이 책은 《아사히신문》 야마가타현 지국의 기자들이 관동군 헌병대의 악행을 진솔하게 고백하는 노인이 있다는 얘기를 듣고 찾아가 인터뷰해서 야마가타현 지방판에 8개월 동안 연재한 기사를 묶어낸 것이다. 일본제국주의 통치 아래서 헌병이 정치 모략, 고문, 학살 등 온갖 악행에 깊이 간여했다는 증언은 제법 있으나, 당사자가 자기 이름을 드러내고 고백한 사례는 아주 드물다.

쓰치야가 79세에 치치하얼의 열사능원을 찾아가 사죄한 대상은 《어느 헌병의 기록》에서 장후이민張惠民 사건으로 다뤄져 있다. 장후이민은 가명으로, 본명은 장융싱張永興이다. 항일운동가는 보안을 위해 여러 개의 가명을 썼다. 장융싱은 치치하얼을 중심으로 첩보망을 구축해서 북만주 일대에 배치된 일본군 관련 정보를 입수해 인편으로 소련의 정보기관에 지속적으로 제공했다. 시급한 정보는 위험을 무릅쓰고 무전으로 송신하기도 했다.

치치하얼헌병분대는 1936년 11월 장융싱, 장커싱張克興 형제와 그들의 동지 20여 명을 체포했다. 관동헌병대가 소련과 관련한 대규모 스파이 조직을 적발한 것은 이것이 처음이었다. 당시 관동헌병대 사령관이었던 도조 히데키는 치치하얼헌병분대에 금일봉과 감사장을 보냈다.

쓰치야는 장융싱 일행의 검거에 어떤 역할을 했고, 왜 마음속이 꽉 막혀 있었다고 사죄했을까? 쓰치야는 치치하얼에 소련과 연결된 거물급 스파이가 있다는 첩보에 장융싱을 용의선상에 올려놓고 바로 내사에 들어갔다. 장융싱의 집은 높은 토담으로 둘러싸여 있고, 정문으로 들어서면 큰 본채가 있었다. 그는 이 집에서 여섯 명의 자녀와 동생 장커싱과 함께 살았다.

쓰치야는 직접 탐문하고 다니면 장융싱이 눈치를 채고 도주할 것으로 보고 일본어 교사를 하는 19세의 중국 여성을 매수했다. 결혼한다고 방을 구하는 척하면서 장융싱의 집에 방을 얻도록 했다. 11월 17일 저녁 밀정 여성이 쓰치야에게 전화를 걸어 빨리 오라고 했다. 장융싱이 집에 와 있다는 것이다. 쓰치야는 분대장에게 보고하고 중사 두 명을 비롯해 10여 명과 함께 출동해 장의 집을 포위했다. 바로 들이닥칠까 하다가 집에 없으면 아예 연락을 끊을 것 같아서 다시 밀정을 보내 확인을 시도했다. 중사는 화를 내며 분대원을 이끌고 부대로 돌아가고 쓰치야와 동료 상등병, 밀정 세 사람만 남았다.

밤늦게 누군가 뒷문으로 나와 주위를 살펴보더니 자전거를 타고 급히 사라졌다. 밀정이 달려와 저건 동생이라고 알려주었다. 쓰치야는 동료 상등병을 부대에 가서 보고하라고 보내고 밀정과 둘이 남았다. 쓰치야는 30분

항일영웅 장융싱

중국에서 항일영웅으로 추앙받는 장융싱은 어떤 사람인가? 1896년 3월 랴오닝성 遼寧省 콴덴현寬甸縣에서 출생한 장융싱은 톈진 난카이南開중학교를 3년 반 다니다가 학비가 없어 포기했다. 콴덴현에 돌아온 그는 소학교 교사 시험에 합격해 소학교 교사를 하고, 안둥安東(지금의 단둥)에서 기독청년회 간사를 했다. 1922년 국민당에 가입해 쑨원孫文의 삼민주의에 심취했고, 안둥을 중심으로 반일운동을 조직하며 신문《안둥만보安東晚報》를 발행했다. 일본이 동북 지방을 침략한 후에는 베이징으로 가서 동북 지방 탈환운동을 벌이는 '동북민중항일구국회'에 참가했다.

장융싱은 다시 동북 지방으로 돌아와 선양瀋陽 등지에서 항일 군사조직을 결성했다. 1932년 12월 공산당에 입당해 북만北滿으로 가서 항일조직을 만들고 일본군 정보를 수집했다. 1933년 8월 하바롭스크로 파견돼 코민테른 4정보과(극동 지구 정보부)에서 정보 기술을 학습하고, 1934년 4월 치치하얼로 돌아와 국제 정보 수집망을 조직했다. 그의 조직은 치치하얼뿐만 아니라 하이라얼海拉爾, 너허訥河, 타오난 洮南, 궁주링, 바이청쯔白城子 일대에서 일본군과 만군 정보를 수집했다.

그는 수집된 정보를 직접 또는 인편을 통해 하바롭스크의 코민테른 기관에 전달했다. 일본군 방첩기관의 의심을 사지 않기 위해 가족을 대동하기도 했다. 북만 지역은 교통편이 좋지 않아 현지 중국인은 병에 걸리면 소련으로 가서 진찰을 받는 게 일상적이었다. 1935년 겨울 그는 큰딸과 동생 장커싱을 소련으로 보냈다. 장커싱은 수개월간 정보 기술을 배우고 치치하얼로 돌아와 무전 송수신을 담당했다. 1936년 8월 장융싱은 군사 정보를 전달하기 위해 둘째 딸을 데리고 하바롭스크로 갔다가 현지에서 심한 각혈을 해서 수개월 요양을 했다.

그해 9월 쑨우孫吳에서 지하조직원 한 명이 체포됐다. 일본군은 북만 일대에서 소련과 연계해 활동하는 스파이망의 존재를 파악하고 수사를 확대했다. 11월 4일 소련에서 돌아온 장융싱은 집 근처에서 일본 특무의 움직임을 보고 바로 은신처로 이동했다. 그러나 그는 17일 밤 집에 숨겨둔 무전기를 옮기려고 특무들이 교대하는 틈을 노려 집에 들어갔다가 발각돼 쪽문으로 도주했다. 동생 장커싱도 무전기를 가져가려고 골목에 들어섰다가 체포됐다. 그날 밤 치치하얼 일대에서 대대적 검문 수색이 벌어졌다. 다음 날 장융싱 등 네 명이 은신처에서 체포됐고, 25일 열네 명이 추가로 잡혔다.

관동군은 장융싱사건을 조사한 뒤 관련자 여덟 명을 재판 없이 처형했다. 총살형은 1937년 1월 5일 오후 4시 치치하얼시 북쪽 바이타白塔 인근에서 집행됐다. 일본이 패망한 후 동북 지방에 들어간 민주연군(해방군)은 1948년 봄 장융싱 형제의 유골을 수습해 서만혁명열사능원에 모셨다. 치치하얼 당국은 장 형제를 '첩보의 쌍성雙星'이라 부르며, 이들의 활약을 치치하얼 역사의 금자탑으로 기렸다.

뒤 다시 나타난 동생을 500~600미터 추격전을 벌인 끝에 체포해 헌병대로 연행해 밤새 물고문을 했다. 장커싱은 형의 행방을 완강히 함구하다가 새벽 6시께 형이 무사히 탈출했으리라고 생각했는지 아지트의 소재를 밝혔다. 쓰치야는 장융싱도 포박했다.

그날 오전 9시가 넘어 중사 이하 10여 명이 장융싱의 집으로 가서 가택 수색을 벌였다. 구둣발로 들어가 천장을 떼어내고 마루를 들어내며 수시간 동안 수색했으나 스파이 도구는 찾아내지 못했다. 철수하자는 소리가 나왔으나 쓰치야는 포기하지 않고 집 뒤쪽을 뒤졌다. 벽돌로 된 작은 창고는 문이 자물쇠로 잠겨 있었다. 작은 창문을 깨고 들어가 무전기, 카메라, 사진 현상기, 공작금, 군사 기밀 서류 등을 발견했다. 일본 헌병들은 겁에 질린 장융싱의 가족을 불러다 함께 '기념 촬영'까지 했다. 사진에는 장융싱의 처가 한 살 정도 되는 어린아이를 안은 채 나온다.

일본에 귀국한 뒤 고향인 가미노야마에 정착한 쓰치야는 헌병 시절 동북 지방에서 저지른 죄행을 반성하고 일·중 평화운동에 앞장섰다. 그의 고백에 따르면 만주국에서 직간접으로 죽인 사람이 328명이고, 체포해서 고문하고 감옥에 넣은 사람이 1917명에 달했다. 그는 1972년 중국과 국교가 정상화된 이후 옛 전우들이 중국에 가보자고 할 때마다 완강히 거절했다. 중국인을 만날 명목이 없으니 죽은 뒤 혼이 되어 중국 땅을 돌아보고 싶다고 생각했다. 그러다 중국에 가서 피해자를 만나 사죄하는 것이 인간의 도리라고 생각을 바꿨다.

쓰치야는 마음의 응어리를 지우기 위해 장융싱 유족의 행방을 찾았다. 장융싱의 처 리슈친李淑琴은 남편이 총살된 뒤 기아와 과로로 숨졌고 여섯 명의 딸은 모두 고난을 겪었다. 유족은 대부분 "이제 와 사죄를 받는다고 해서 아버지가 돌아오지 않는다"라며 쓰치야의 면담 요청을 거절했다. 마지

막으로 연락이 된 넷
째 딸 장추웨張秋月
만이 만남에 응했다.
1929년 단둥에서 태
어난 장추웨는 1948
년 5월 선양의 중국
의과대학을 졸업하
고 모교에서 임상의
료 교수를 했다. 그
는 살기 위해 여덟
살에 공장에서 일을

쓰치야 요시오가 1990년 6월 장추웨 부부에게 사죄하고 있다.
등이 보이는 사람 중 오른쪽이 장추웨

했다고 한다. 쓰치야는 장추웨 앞에 무릎을 꿇고 앉아 울면서 사죄를 했다.

"한 사람이라도 좋으니 유족을 만나 사죄하지 않으면 나는 인간이 아닙
니다. 정말로 나빴습니다. 감사합니다. 그리고 죽고 싶습니다. (……) 두 번
다시 이런 잘못을 저지르지 않도록 평화와 일·중 우호를 위해 열심히 하겠
습니다."

쓰치야의 사죄 여행은 1990년 야마가타 방송에서 〈어느 전범의 사죄, 쓰
치야 전 헌병 소위와 중국〉이라는 25분짜리 다큐멘터리로 방영됐다. 쓰치
야는 그로부터 11년이 지난 2001년 10월 90세에 세상을 떠났다.

"우익에 대한 투쟁 무기는
우리의 죄행을 들이대는 것", 미오 유타카

도미나가가 중귀련 활동의 도달점이라고 죽음의 문턱에서 말한 미오는 누구인가? 미오는 인생의 말년에 계간지 《중귀련》에 상당한 자금 지원과 함께 열정을 쏟아냈다. 그는 우파 보수 매체의 침략전쟁 부인과 노골적 역사 왜곡에 대해 "전쟁을 알지 못하는 그들이 무슨 자격으로 평론을 하는가?"라고 항변하고 "우리는 이미 70대, 80대 노인이지만, 일본을 저 위험한 길로 되돌리게 할 수 없다"라고 말했다. 그는 또 "마지막 봉사로 젊은이에게 중귀련의 정신을 전하고 싶다"라며 "파시스트나 우익에 대한 투쟁의 무기는 침략전쟁에서 저지른 우리의 죄행을 들이대는 것"이라고 밝혔다.

1913년 기후현의 소작농 집안에서 차남으로 태어난 미오는 '군국 소년'으로 자라면서 직업군인을 꿈꿨다. 1934년 1월 기후보병 68연대에 입대해 그해 8월 하얼빈에 사령부가 있던 3사단의 무단장 인근 예허披河 주둔 부대에 배치됐다. 그는 폭력이 난무하는 군대 내무반 생활에 환멸을 느껴 1935년 8월 헌병 시험에 응시해 합격했다. 신징(창춘)의 헌병교습소에서 두 달간 훈련을 마치고, 이듬해 4월 치치하얼헌병분대에서 근무하다가 4개월 뒤 12사단 예하 무단장 인근 루자툰盧家屯으로 전보됐다. 항일운동이 활발하게 펼쳐지던 지역이다.

미오는 1937년 6월 루자툰 동쪽 8킬로미터 지점에 위치한 싼다오허쯔三道河子에서 항일군과 교전 중 허벅지 관통상을 입어 무단장육군병원에 한 달간 입원했다. 그는 자신의 부상이 조선인 여성 전사를 고문한 것과 관련이 있는 것으로 생각한다.

약 500호의 주민이 사는 루자툰은 항일 부대가 자주 나타나 일본군이 빈번히 출동하던 곳이다. 일본군은 어느 날 한 조선인 여성을 항일군의 밀정 혐의로 체포했다. 일본군은 취조해도 별 소득이 없자 미오에게 넘겼다. 조선인 여성 심문은 헌병이 된 미오가 처음 맡은 본격적 임무였다. 여성은 이웃 마을에서 지인을 찾아왔다고만 할 뿐 그 밖에는 아무것도 얘기하지 않았다. 미오는 고문하기로 정하고 상의를 벗겨 죽도로 마구 때렸다. 여성은 "아이고, 아이고" 하고 울부

미오 유타카

짖기만 할 뿐 털어놓는 게 없었다. 조선인 통역이 고문을 멈추는 게 좋다고 했으나 부락에 조선인이 없는데도 방문한 목적이 석연치 않아 계속 때렸다. 살갗이 찢어져 피가 흐르자 구타를 중단하고 하의를 벗겨 죽도로 여성의 음부를 쑤셨다. 그러나 여성은 아무런 답을 하지 않았다.

미오는 새내기 헌병으로서 지나쳤다고 생각해 고문을 중지하고 며칠 더 심문을 계속했지만 아무런 내용도 건지지 못했다. 결국 중대장의 허가를 얻어 석방했다. 한 달 뒤인 6월 12일 싼다오허쯔에 항일군이 출현했다는 정보가 들어와 다른 부대와 함께 미오도 긴급 출동했다. 언덕에 포진해 있던 항일군은 일본군에 일제사격을 퍼부어 미오를 포함해 일곱 명이 중상을 입었다. 미오는 항일군이 조선인 여성 고문에 대한 보복으로 습격해온 것으로 받아들였다.

만철조사부사건과
이시도 기요토모

미오는 10년간의 헌병 생활 중 두 개의 큰 사건을 겪었는데, 하나가 만철조사부사건이다. 만철은 일본이 러일전쟁에서 승리한 후 다롄에서 창춘까지의 철도 이권을 넘겨받아 1906년 설립한 남만주철도주식회사의 약칭이다. 만철의 기틀을 닦은 사람은 1년 8개월간 초대 총재를 맡았던 고토 신페이後藤新平였다. 그는 만주 경영에 대해 무력을 표면에 드러내지 않고 문화나 경제를 전면에 내세우는 '문화적 제국주의' 방침을 세우고 처음부터 조사·연구 분야를 중시해 조사부를 만들었다. 조사부 요원은 한창때는 1000명 이상으로 늘어나 일본이 동아시아를 경영하는 데 필요한 전반적인 사항을 연구했다. 가장 중시하는 주제는 전쟁을 수행하기 위해 어떤 경제적 전제 조건이 필요한지, 일본이 그런 조건을 갖추고 있는지를 세밀히 따져보는 것이었다.

'대大조사부' 시절 만철에는 일본에서 혁신운동에 관여했다가 전향한 사람이 일부 섞여 있었다. 관동헌병대는 이를 빌미로 몇 차례 '좌익사범검거사건'을 일으켰다. 조사부와 직접 관련된 것으로는 33명이 검거된 1차 만철조사부사건(1942년 9월), 열 명이 추가로 체포된 2차 만철조사부사건(1943년 7월)이 있다. 치안유지법 위반 혐의로 검거된 44명 가운데 40명이 기소돼 다섯 명이 옥사했고 19명이 보석으로 풀려났다. 나머지 구속자는 1945년 5월 선고 공판이 열려 징역 5년형을 받은 두 명을 제외하고 모두 집행유예로 석방됐다. 검찰이 구형을 하면서 관대한 처분을 요구했다고 하니, 사건 자체가 무리하게 조작됐음을 알 수 있다.

당시 이 사건의 재판장이 중귀련에서 제명된 '반동 판사' 이모리 시게토였다. 이모리는 우리가 무엇을 했느냐는 피고들의 항변에 "지금 한 사실을 추구하는 것이 아니라, 장래 국가가 위기에 빠졌을 때 너희의 정신 구조가 문제다"라고 말했다고 한다.

2차 만철조사부사건 피검거자 가운데 이시도 기요토모石堂清倫가 있다. 도쿄제국대학 재학 중 학생운동에 적극 가담한 그는 1927년 영문과를 졸업하고 그해 10월 공산당에 입당했다. 다음 해 공산당원을 대규모 탄압한 3·15사건으로 검거됐고, 이후 석방과 체포가 되풀이됐다. 1933년 11월 전향해서 보석으로 나온 그는 1938년 7월 만철 조사부에 들어갔다가 2차 만철조사부사건으로 구속돼 1944년 12월 풀려났다. 관동헌병대의 프락치 제의를 거부하자 1945년 5월 39세의 그에게 소집영장이 나왔다. 그는 관동군 이등병으로 동원됐다가 패전과 함께 소집 해제돼 그해 10월 다롄으로 돌아와 노동조합운동을 벌였다. 1949년 10월 귀국한 뒤 다시 공산당에 입당해《마르크스·엥겔스 전집》,《레닌 전집》등을 번역했다. 그는 이탈리아어를 배워 그람시연구회를 만들고《그람시의 옥중수고》등을 번역하기도 했다.

1970년대 전반기 이시도의 자택에 갑자기 한 사람이 찾아와 사과했다. 미오는 1941년 4월 다롄헌병대에 중사로 배속돼 1년 뒤 상사로 승진해 주로 '사상 대책' 업무를 담당했다. 미오는 자기소개를 한 뒤 "그 사건 때 번시후本溪湖(번시本溪의 옛 이름)까지 호송한 헌병이다. 부당한 짓을 해서 죄송했다"라고 말했다. 이시도는 깜짝 놀라서 "당신은 명령에 따라 직무를 수행한 것뿐인데, 번지수가 틀렸다. 그때 친절하게 해줘서 감사하게 생각했다"라고 답했다. 이후 두 사람은 평화와 민주주의를 위한 동료가 됐다.

2차 만철조사부사건 때 이시도는 소속이 만철 조사부이긴 하지만 다롄 도서관 직원으로 있었다. 새벽에 검거돼 저녁까지 다롄헌병대 유치장에 수감됐다가 야간열차로 랴오닝성 번시후로 이송됐다. 사복 입은 헌병이 그를 호송하면서 수갑이나 포승을 채우지 않았다. 그 헌병은 "유감이다"라고 말하며 당시 시중에서 귀했던 감미품을 많이 주면서 먹어두라고 했다. 이시도는 세상에 이런 따뜻한 헌병이 있나 하며 속으로 놀랐다고 한다. 그 헌병은 번시후헌병분대로 인계하고 돌아가 이름을 묻지도 못했는데 30년쯤 뒤 그가 사죄한다고 나타난 것이다. 이시도는 헌병대에 약 1년간 유치됐다가 심문이 시작될 때 신징(창춘)제2감옥으로 이송됐다. 당시 제1감옥은 중국인, 제2감옥은 일본인과 조선인을 수용했다.

다롄 헤이스쟈오 사건과
조선인 항일 열사 심득룡

미오가 겪은 두 번째 큰 사건은 '다롄 헤이스쟈오黑石礁사건'이다. 중국에서는 '다롄국제반제反帝정보조직사건'이라고 한다. 조선인 항일 열사 심득룡이 주범으로 돼 있다.

관동헌병대는 1941년 화학수사부대(만주86부대)를 신징에 창설했다. 5개 반, 300명으로 편성된 이 부대에서 가장 강력한 부서는 무선반으로, 소련의 무선 첩보 조직을 감시하는 임무를 맡았다. 86부대는 1943년 6월 다롄 지구에서 소련 치타 방향으로 가는 괴전파를 탐지했다. 바로 발신원 추적에 나서 3개월 뒤인 9월 다롄시내의 해안 경승지인 헤이스쟈오의 사진관을 특정했다. 다롄헌병대는 보름 정도 사진관 출입자를 내사한 뒤 10월 1일 헌병 60명을 동원해 사진관을 포위했다. 다롄헌병대에서 특고과장 이하 30명, 다롄헌병분대에서 20명, 86부대 무선분대에서 열 명이 차출됐다.

다음 날 오전 2시 송신이 종료되자 돌입해 심득룽과 임신 중인 처, 동거 중인 사진기사 등을 체포하고 무전기를 압수했다. 다롄헌병대는 수사를 확대해 톈진, 펑톈, 번시 등지에서 공산당 지하공작원과 협력자를 줄줄이 체포했다. 조사가 일단락된 뒤에는 심득룽 등 네 명을 '특이급特移扱(특별 이송 취급)'으로 분류해 731부대에 보내 세균전 생체실험의 대상으로 삼았다.

1911년 지린성 라오허현饒河縣(현재 헤이룽장성)에서 출생한 심득룽은 1929년 공산당에 입당해 동북항일인민혁명군에서 당 지하조직 선전 공작을 담당했다. 그는 1934년 12월 모스크바로 파견돼 무전 송수신 특수교육을 받고 1940년 3월 소련 적군 참모부에서 다롄으로 파견돼 첩보 공작을 시작했다. 다음 해 5월 펑톈에서 사진사를 하던 리전성李振聲을 불러 준비 작업을 거쳐 12월 헤이스쟈오에 싱야興亞사진관을 위장기관으로 차려 개업했다. 사진관 남쪽은 일본과 만주국 관료의 관저나 별장이 즐비하게 있어 평소 군인이 주둔했다. 심득룽은 등잔 밑이 어둡다는 허점을 노려 적의 심장부에 위장기관을 설치한 것이다.

심득룽은 이어 소련영사관에서 무전기가 매장된 곳의 약도를 받았다. 심득룽과 리전성은 여러 차례 답사해서 두 곳에 묻힌 무전기 기재를 파냈다. 네 개의 철 양동이에 담아서 사진관으로 옮겨 몇 차례 테스트를 거쳐 1942년 4월 14일 무전기 시운전에 성공했다. 이들은 지하 공작망을 통해 다롄, 번시, 펑톈 등지의 일본군 정보를 수집해 소련 적군 참모부에 송신했다. 심득룽은 적에게 전파가 탐지되지 않도록 매주 화요일과 금요일 오전 1시 30분 단속적으로 송신하며 은밀히 첩보 활동을 계속했으나, 결국 일본군 방첩망에 적발된 것이다.

만철 특급열차를 이용한
특이급 이송

다롄헌병대는 심득룡 등의 검거를 계기로 지하공작원 협조자의 일망타진에 나섰다. 헌병 상사였던 미오는 톈진으로 가서 심득룡에게 활동 거점을 제공한 중국인 사업가 왕야오촨王耀軒과 그의 조카 왕쉐녠王學年을 체포하라는 명령을 받았다.

미오 일행은 우편배달원이나 전기기사로 위장해 왕야오촨을 찾아다녔으나 지명이나 번지가 없는 지역이어서 난관에 부딪혔다. 열흘 정도 지나 톈진헌병대의 밀정이 왕야오촨이 잠복해 있는 방적공장을 알아냈다. 미오는 톈진헌병대의 지원을 받아 새벽에 방적공장 숙사를 포위하고 문을 발로 차고 들어가 회중전등으로 직공의 침상을 비추며 수색했다. 한 자리에서 빠져나간 흔적이 보여 일대를 조사했다. 왕야오촨은 지붕으로 도피했다가 발을 헛디뎌 떨어졌다. 미오는 그를 앞장세워 500미터 떨어진 조카의 집으로 가서 왕쉐녠을 체포했다.

미오는 두 사람을 배편으로 다롄에 연행해 연일 물고문 등을 하며 취조했다. 왕야오촨은 심득룡을 당 관계자에게서 소개받았지만, 이름이나 주소는 모른다며 함구했다. 왕야오촨은 발바닥을 양초로 태우는 등의 고문에도 더 이상 별다른 진술을 하지 않았다.

심득룡사건 발생 시 다롄헌병대장은 시라하마 시게오白浜重夫 중좌였다. 시라하마는 심득룡을 주범으로 하는 국제적 첩보 사건을 만들어 보고하고, 심득룡 등 주범 네 명을 특이급으로 선별해 731부대에 이송하기로 관동헌병대에 신청했다. 시라하마는 1945년 4월까지 다롄헌병대장으로 있다가 간도헌병대장으로 옮겨 그해 9월 소련군에 체포됐다.

특이급이란 관동군이 731부대에 '생체실험 재료'를 공급하기 위해 고안한 제도다. 각 지역의 일본군 헌병대가 항일운동가나 역이용할 가치가 없는 밀정 또는 단지 거동이 수상하다는 혐의만으로 체포한 사람을 선별해서 관동헌병대의 재가를 거쳐 731부대로 보내 '처분'하는 것이다. 산 사람을 생지옥으로 보내 말살하는 특이급 처분은 일본 헌병에게는 아주 편리한 제도였다. 귀찮은 심문 조서나 의견서 등 송치에 필요한 문서를 작성할 필요도 없었다. 간단한 의견서 한 통으로 신청해 허가를 받으면 공적을 세운 것으로 평가받았다.

일본군은 패전 직전 731부대와 특이급 처분에 대한 모든 자료를 소각해 인멸케 했으나, 중국이 소각 터에서 타다 남은 문서 가운데 특이급 관련 문서를 찾아냈다. 헤이룽장성 당안관(문서기록관소)은 1999년 8월 둥안東安헌병대장이 1941년 7월 관동헌병대 사령관 하라 마모루原守에게 특이급 처분 신청을 올려 허가를 받은 문서 등을 공개했다. 특이급 관련 문서가 드러난 것은 이것이 처음이다. 신화사는 특이급 문서 발견을 전하면서 731부대가 저지른 세균실험 범죄의 움직일 수 없는 증거는 산처럼 있다고 보도했다. 헤이룽장성 당안관은 2001년 12월 수집한 자료를 모아《731부대 죄행 철증: 관동헌병대 특이급 문서七三一部隊罪行鐵證》를 간행했다.

1944년 2월 말 심득룡 등 네 명의 특이급 처리에 대한 재가가 나오자 이들의 호송 임무가 미오에게 떨어졌다. 미오는 부하 네 명에게 "피호송자는 중요한 범인이다. 도주하거나 자살해도 우리의 목이 날아간다. 변소는 함께 들어가고 다른 사람과의 대화는 일체 금지한다"라고 지시하고 3월 1일 새벽 다롄역을 출발했다.

이송에는 만철이 자랑하던 특급열차 '아지아'가 사용됐다. 1934년 다롄-신징(창춘) 구간부터 운용을 시작한 아지아는 다롄과 하얼빈 간 943.3킬로미터를 12시간 30분에 달려 초특급으로 불리기도 했다. 특이급 이송 시 뒤쪽 차량에 아홉 개의 좌석이 마련됐다. 화장실이 객차 안에 있고 승객이 적은 차량이다. 오후 8시 하얼빈역에 도착해 미오 일행이 하차하자 기다리던 하얼빈역 주재 헌병이 회중전등을 비추며 일반 승객이 다니지 않는 홈으로 안내했다.

인적이 없는 광장으로 나오자 창문이 없는 검은색 대형 수송차가 대기하고 있었다. 미오는 이송장과 네 명을 사복 헌병에 인계하고 신병수령서를 받았다. 사복 헌병은 731부대 전속 헌병이었다. 양쪽의 서류 교환 후 미오 일행이 포승을 풀자 사복 헌병은 한 사람씩 수갑을 채우고 차 안으로 밀어 넣은 뒤 사라졌다.

귀국 후 미오의 삶, 〈731부대전〉이 결정적 전기

미오는 일본의 항복 한 달 전인 1945년 7월 준위로 승진했다. 그리고 8월 25일 다롄헌병대 전원이 체포돼 소련으로 이송됐다. 미오는 1956년 푸순 전범관리소에서 기소면제자 3진으로 풀려나 귀국했다. 마이즈루에 하선해서 4일 뒤 고향 쓰케치역에 도착하니 정장町長, 정회町會 의원, 정町사무소 직원들이 마중 나와 성대한 환영식을 열어주었다. 미사여구를 나열한 정장의 인사말이 끝난 뒤 미오가 답사를 했다.

저는 지금부터 22년 전 여러분의 환호 속에 이 역을 출발했지만, 이제 와서 보니 평화롭게 살고 있는 중국 인민에게 잔학하기 그지없는 행위를 해왔습니다. 실로 속죄할 수 없는 죄과를 저질렀습니다. 그리고 전쟁범죄자로서 11년 간 억류됐지만, 그동안 중국 정부의 온정 넘치는 대우, 특히 이번에 관대한 조치로 석방돼 돌아왔습니다. 이런 침략전쟁은 두 번 다시 있어서는 안 된다는 것을 깊이 명심하고 있습니다. 이 전쟁은 중국 인민에게 헤아릴 수 없는 피해를 준 것뿐만이 아니라 일본의 여러분에게도 엄청난 일을 겪게 했습니다. 이 제부터는 전쟁에 반대하고 일본과 중국의 우호를 위해 바치고 싶습니다.

다음 날 소좌 출신 정회町會 의장이 집으로 찾아와 "미오 군, 어제 같은 얘 기를 하면 곤란하다. 전범이었다든가 나쁜 짓을 했다든가 그런 얘기는 곤 란하다"라고 충고했다. 미오는 "당신의 생각은 알지만 나에게는 내 생각이 있다. 이제부터는 평화헌법을 지키고 전쟁반대운동의 선두에 서서 나아가 겠다"라고 답했다. 그는 시베리아에서 포로 생활을 함께한 동향 선배가 자 위대에 소개해주겠다는 제의에도 "후의는 고마우나 다시는 총을 들지 않 겠다"라고 거절했다.

미오는 중귀련 발족 당시부터 활동했지만, 큰 전기가 된 것은 731부대 전시회였다. 1993년 7월 도쿄 신주쿠갤러리에서 처음 열린 〈731부대전〉 을 본 그는 충격을 받았다. 미오는 49년 전 심득룡 등을 하얼빈에 특이급으 로 호송했을 때의 기억이 되살아났다. 당시 731부대에 이송되면 돌아오지 않는다는 얘기는 들었지만, 처참한 생체실험 등은 극비 사항이라 몰랐다. 〈731부대전〉이 일본에서 전국적으로 확산되면서 미오는 중귀련 동지들 과 증언 활동을 하다가 불면증에 빠졌다. 푸순전범관리소에서 실행자로서 책임을 진다는 인식을 갖게 됐지만 다롄 헤이스쟈오사건에 대해서는 이송 만 했으니 대수롭지 않게 여겼다. 그러다 자신을 포함한 헌병들이 특이 취 급을 하지 않았더라면 731부대가 성립할 수 없었던 게 아니냐는 데 생각이

중국이 하얼빈 핑팡의 731부대 터에 세운 전시관 '침화일군侵華日軍 731부대 죄증진열관罪證陳列館' 입구의 표지. 6개 언어로 '비인도적 잔학행위'라고 쓰여 있다

731부대에서 점호를 받고 있는 소년대원들

七三一部队少年队史一览表
LIST OF YOUTH CLASS HISTORY OF UNIT 731

期 数	成立时间	人 数	招收地	培 训
飞行员少年队	1937年3月	资料不全	以招收少年飞机驾驶员的名义在日本岩手县招募	在哈尔滨"南岗"集中受集中训7个月
第一期少年队	1938年末	90名	千叶县加茂地区	在平房本部接受3个月培训后，分配至各班
第二期少年队	1942年4月	107名	从日本青森县、鹿儿岛县等地招募	
第三期少年队	1943年4月	20多名	日本九州	在平房本部接受培训后陪训2个月
第四期少年队	1945年4月	50名	日本	平房集训3个月后分配至细部生产等

앳된 얼굴의 731부대 소년대원과 편성 일람표

被特别移送到七三一部队
SCHEDULE OF SURVEY ABOUT PART OF SOVIET INTELL

序列	姓 名	性别年龄	国 家	被捕和特别移送时间、地点、经过	备 注
1	李基洙	男28岁	朝 鲜	原籍在朝鲜咸镜北道新兴郡东兴面，1941年7月20日在间岛省珲春县春化村抬马沟被捕。	延宪高第673号
2	韩成镇	男30岁	朝 鲜	原籍在朝鲜咸镜北道境城，居住在间岛省珲春县春化村社院子屯第2牌，农民。1943年6月25日被捕。	间宪高第386号
3	金圣瑞	男	朝 鲜	原籍在朝鲜咸镜北道吉州面，居住在间岛省珲春县镇安村马滴达屯第8牌，1943年7月31日被捕。	间宪高第418号
4	高昌律	男42岁	朝 鲜	原籍朝鲜江源道淮阳郡兰谷面，居住在间岛省珲春街大同区第9牌，从事农业。1941年7月25日被捕。	间宪高第418号
5	德姆琴科	男	苏 联	1939年秋在诺门罕战场被日军俘虏，后押至哈尔滨香坊防护院集中营，刑讯拒不招供。后经哈尔滨特务机关批准，特别移送至七三一部队。	《审判材料》
6	柯基姆洛夫	男22岁	苏 联	1944年6月，根据86部队情报，哈尔滨宪兵队在哈尔滨马家沟逮捕无线电谍报工作者白俄柯基姆洛夫，后特别移送至七三一部队。	119-2-894-1第5号
7	2人名不详	男	苏 联	1940年6月，哈尔滨警察局司法科长按哈尔滨宪兵队的电话要求，命令大武雄警佐选择2名苏联人，由宪兵队来车押送至七三一部队。	119-2-33-1第4号
8	叶克塞也夫	男25岁	苏 联	1941年6月，哈尔滨宪兵队出动汽车到哈尔滨警察局司法科拉10多个中国犯人送往七三一，其中包括因越境而被捕的苏联士兵叶克塞也夫等2名苏联人。	119-2-33-1第4号
9	8人名不详 (情报工作者)	男	苏 联	1941年7月，哈尔滨警察厅司法科逮捕2名苏联人，外事科逮捕6名苏联人。据松本英雄证实，这8人都被特别移送至七三一部队。	119-2-856-1第4号
10	阿该恩妮娅·巴斯洛	女52岁	苏 联	原籍苏联扎巴伊卡尔，住在三江省抚远县海青村国富中。	关宪高第516号
11	张慧忠 (张文善)	男	中 国	1941年7月16日凌晨，牡丹江宪兵队在牡丹江市六马路将张发完报的张慧忠逮捕。白天又在牡丹江车站将三名情报员逮捕审讯后，于秋季通过哈尔滨宪兵队特别移送至七三一部队。	牡丹江国际反帝情报站站长、谍报员119-2-894-1第5号黑公安厅苏特04-10
12	朱之盈	男	中 国	同 上	同 上
13	孙朝山	男	中 国	同 上	同 上
14	吴殿兴	男	中 国	同 上	同 上

731부대에 특별이송된 희생자들의 일부 명단. 이름, 성별, 나이, 국적 등이 표시돼 있는데 1번부터 4번까지가 조선인이다

미쳤다.

죄의식은 날로 깊어져 매일 밤 피해자 유족의 분노를 온몸으로 받아내야 했다. 수면제 없이는 잠을 이루지 못했던 미오는 희생자의 유족을 찾아가 직접 사죄해야 한다고 결심했다. 그는 한샤오韓曉 전 침화일군侵華日軍 731부대 죄증진열관장, 역사학자 부핑步平 전 중국사회과학원근대사연구소 소장, 평화활동가 야마베 유키코山辺悠喜子 등의 도움을 얻어 유족을 찾아 나섰다. 야마베는 열두 살 때인 1941년 어머니와 함께 일본을 떠나 랴오닝성 번시강철공사에서 일하던 아버지와 합류했다. 패전 후 귀국하지 못하다가 1945년 12월 동북민주연군의 간호부로 들어가 광저우까지 이동하며 8년간 해방군 생활을 경험했다. 1953년 3월 귀국한 야마베는 〈731부대전〉을 기획하는 한편, 김원의 회고록 《기구한 인연》을 일본어로 옮기는 등 중국 학자의 연구서를 번역했다.

미오는 1993년 10월 심득룡사건의 일원으로 검거돼 실종된 류완후이劉萬會(731부대에서 희생됐을 것으로 추정)의 유족을 랴오닝성 안산으로 찾아가 사죄했다. 장쉐량張學良의 동북군에서 대위를 했던 류완후이는 밭 근처 안평선安奉線(안둥과 펑톈을 잇는 철로, 현재의 선단선瀋丹線)을 지나는 군용열차의 움직임을 파악해 심득룡에게 제공했다.

유족에게 사죄, 전후 보상 재판에는
가해자 증인으로

미오는 무엇보다도 자신이 직접 체포했던 왕야오촨과 왕쉐녠의 유족에게 사죄하고 싶었다. 그는 왕야오촨의 두 번째 부인 류구이란劉桂蘭을 베이징

으로 찾아가 만났다. 왕야오
촨의 자식 2남 2녀는 사건이
터진 후 집안이 몰락해 구걸
로 연명해야 했다. 큰아들은
살길을 찾아 외지로 떠났고,
둘째 아들 왕이빙王亦兵은 열
다섯 살에 노동을 했다. 두 여
동생은 결혼 연령이 되지도
않았는데 출가해 일가가 뿔
뿔이 흩어졌다.

미오와 왕이빙의 첫 만남
은 1995년 8월 초 이뤄졌다.
하얼빈에서 열린 '침략전쟁
반대 평화수호국제회의'에
일본과 중국의 학자, 독가스

조선인 심득룡이 주도한 반제첩보 조직에서 활동하
다가 검거돼 731부대에서 희생된 왕야오촨(왼쪽)과
왕쉐녠

전과 세균전의 피해자 유족, 미오 등 옛 일본 군인이 참석했다. 왕이빙은 홍
수로 랴오허遼河가 범람하는 바람에 늦게 회의장에 도착했다. 그는 미오를
보고 분노를 참지 못하고 만남 자체를 불쾌하게 여겼다. 미오는 동요했으
나 마음을 다잡고 눈물을 흘리며 사죄했다. 그는 "저는 당신의 아버지와 사
촌형 왕쉐녠 열사를 731부대로 보낸 죄인입니다. 오늘 당신을 만나 마음속
으로부터 사죄합니다. 부디 제 죄를 용서해주십시오"라고 말했다.

두 번째 만남은 보름 정도 지난 19일 중국인 전쟁피해자 배상청구소송
을 제기하기 위해 방일한 왕이빙을 미오가 호텔로 찾아가 성사됐다. 미오
는 신문과 방송 취재진에 둘러싸인 채 여생을 731부대의 진상을 규명하는

데 바치겠다고 약속했지만, 왕이빙은 굳은 표정을 풀지 않았다. 미오는 단둘이 얘기하고 싶으니 모두 방에서 나가달라고 요청했다. 미오의 동지들과 소송 지원 일본인 관계자들은 둘만 남겨도 괜찮을지 걱정이 돼 통역만 동석하도록 했다. 이 만남 이후 왕이빙의 태도는 한결 부드러워졌다. 그가 미오의 진정성을 받아들인 것이다. 미오는 당시 84세의 고령에다 위암수술을 한 직후였다.

'731부대 난징대학살 무차별 폭격'의 중국인 희생자 유족은 1995년 8월 일본인 변호사들의 도움을 얻어 도쿄지법에 배상소송을 제기했다. 미오는 이 재판에서 1997년 10월 1일 원고 쪽 증인으로 법정에 섰다. 그는 위암이 재발했다는 진단을 받았지만 증언에 나섰다. 당시 여러 방면에서 진행되는 전후 배상소송에서 가해자가 직접 법정에 나와 증언한 첫 사례였다. 그는 원고의 친족을 731부대에 보낸 경위를 증언하고 "일본 정부는 피해자에 사죄하고 배상해야 한다"라고 요구했다. 그는 "이제 생각해보면 731부대의 생체실험 재료로 삼기 위해 중국인을 보내는 것이 만주에서 헌병의 역할이었다. 내가 한 것은 살인 행위이고, 성의를 갖고 사실을 증언하는 것이 유족에 대한 사죄라고 생각한다"라고 말했다. 미오는 1998년 3월 왕이빙의 증언 때도 법정에 나와 방청석에 앉아서 메모를 했다. 그리고 4개월 뒤인 7월 2일 숨을 거뒀다.

미오의 증언에도 '731부대 난징대학살 무차별 폭격' 배상소송은 1999년 9월 도쿄지법에서 원고 패소 판결이 났고, 2007년 5월 최고재판소에서 기각돼 확정됐다.

731부대 소년 대원
시노즈카 요시오

만주국 시절 하얼빈 인근 핑팡平房의 군 특수시설에서 잔혹한 생체실험을 해 3000명 이상의 목숨을 앗아간 731부대의 만행이 대중적으로 알려진 것은 추리소설가 모리무라 세이이치森村誠一가 쓴《악마의 포식惡魔の飽食》이 간행되고 나서다. 이 논픽션은 원래 1981~1982년 일본공산당 기관지《아카하타》의 일간판과 일요판에 연재됐던 것을 묶어낸 것이다. 뒤집어 말하면《아카하타》가 731부대를 집중적으로 조명하는 르포를 연재하기 전에는 일본 사회가 정면으로 이 문제를 파헤치지 않은 것이다.

731부대에서 핵심 역할을 한 군의는 전후 일본에서 한 번도 책임을 추궁받은 적이 없다. 이들은 의학계에 당당히 복귀해 아무 일도 없었던 듯 지위와 명예를 누렸다. 731부대에서 2대 부대장을 한 기타노 마사지北野政次 군의 중장은 부대 창설자인 이시이 시로만큼 알려지지는 않았으나 전후 녹십자綠十字의 전신인 '블러드뱅크' 등에 관여하며 92세까지 살았다. 이시이는 교토제국대학 의학박사이고, 기타노는 도쿄제국대학 의학박사다. 1942년 8월부터 1945년 3월까지 731부대장으로 복무한 기타노는 1959년 10월 이시이가 사망했을 때 장례위원장을 했다.

기타노는 1944년 일본전염병학회지에 〈유행성출혈열에 관한 연구〉라는 논문을 실었다. 유행성출혈열 병원균을 포함한 추출액을 원숭이에게 주사해 발병시킨 후 그 장기를 추출해 2세대 원숭이에게 주사하는 것을 계속 반복하면 감염력이 강한 것을 추출할 수 있다는 것이 논문의 요지다. 기타노는 논문에서 원숭이라고 했지만, 실제로는 마루타(통나무)로 불린 살아 있는 사람이었다. 731부대가 일본 헌병대로부터 '실험 재료'로 공급받은 중국인, 조선인, 러시아인이었다. 한국전쟁 기간 전장에서 유행성출혈열이 번졌을 때 기타노는 맥아더 사령부의 지시로 방한해 약 4개월간 유행성출혈열 바이러스를 확보하는 작업을 했다고 고백한 적이 있다. 1952년 초 이시이도 두 차례 한국을 방문했다는 외신 보도가 있었으나 진상은 불투명하다.

731부대에서 생체실험을 한 군의 가운데 전후 자신이 구체적으로 어떤 일을 했는지 고백한 사람은 거의 없다. 기타노는 1970년대 초반 정부 산하 위원회 위원으로 위촉된 것을 계기로 731부대의 과거 전력이 문제가 되자 "731부대장을 3년 정도 했지만, 옛날 일이기 때문에 상세한 것은 잊었다"라며 넘어갔다.

중귀련 회원 중에 731부대에서 복무한 경험자가 있다. 731부대 소년대에 들어갔던 시노즈카 요시오篠塚良雄(원래 성은 다무라田村)다. 부대 근무자가 거의 모두 입을 다물고 세상을 떠난 상황에서 그의 증언은 상당히 의미가 있다. 1923년 지바현의 농가에서 태어난 시노즈카는 1939년 2월 731부대가 무엇인지도 모르고 입대 시험에 지원해 합격했다. 4월부터 도쿄의 육군군의학교 방역연구실에서 기초교육을 받고 5월 12일 하얼빈에 도착해 핑팡의 731부대에 들어갔다. 만 15세 6개월의 나이였다.

731부대는 15~18세의 미성년자를 군속으로 뽑아 보조 업무를 맡기는 소년대를 운영했다. 중학교 정도를 수료했으나 대학에 진학할 형편이 되지 못하는 소년을 대상으로 열심히 일하면 의과대학에 보내준다고 선전했다고 한다. 선발된 소년은 6개월간 의학교육을 받고 각 반에 배치됐다.

시노즈카는 731부대에 배속된 직후 헌병의 교육을 받았다. "보지 마라, 듣지 마라, 말하지 마라, 도망가는 자는 처형이다"라는 위협적인 내용이었다. 하지만 군국주의 소년으로 자란 그는 그 말에 공포심보다는 보람을 느껐다고 한다. 뭔가 엄청난 일에 참여한다는 생각이 들었다. 소년대는 1941년 7월 소련에 대한 침공 훈련인 관동군특종연습(관특연)을 앞두고 해산됐다. 사병이 부대에 본격적으로 배치돼 소년병의 필요성이 줄어들었기 때문으로 보인다.

시노즈카는 가라사와 도미오柄澤十三夫 소좌가 이끄는 4부 1과에 배속돼 세균 배양 작업에 참여했다. 도쿄의학전문, 육군군의학교를 나와 731부대에서 세균병기 개발을 맡은 가라사와는 1949년 소련의 전범 재판인 하바롭스크군사법정에서 금고 20년형을 받고 복역 중 1956년 10월 자살했다.

1943년 1월까지 중국인 일곱 명의 생체실험에 관여하면서 불편함을 느낀 시노즈카는 그해 3월 가라사와에게 그만두고 싶다고 말했다. 일본에 일시 귀국해 징병검사를 받은 그는 가라사와의 지시로 만주국 다른 지역에 군속으로 파견됐다. 1944년 3월 헤이허성黑河省 관동군 보병부대에 입대해 11월부터 125사단 사령부 군의부에서 근무하다가 1945년 2월 731부대로 돌아와 하사관 요원 교육을 받았다.

시노즈카는 패전을 두 달 앞둔 6월 다시 125사단 군의부로 전속됐다. 125사단은 소련의 침공에 대비해 압록강에 인접한 통화 지역을 중심으로 철저 항전한다는 대본영의 방침에 따라 통화로 이동했다. 소련군이 진주한후 125사단은 무장 해제되고 대부분 시베리아로 끌려갔으나 참모장 후지타 사네히코藤田實彦 대좌는 항복을 거부하고 부대를 이탈했다.

1946년 2월 초 통화사건이 터졌다. 통화를 장악한 동북민주연군(1947년 11월 동북인민해방군으로 개칭)이 국민당 세력과 일본 교민의 봉기 계획을 사전에 입수해 유혈 진압한 사건이다. 4000여 명이 살해됐는데 3000여 명이 일본인이었다. 시노즈카는 체포됐다가 1946년 9월 동부민주연군에 입대했고 나중에 명령에 따라 의학강습소에 나갔다. 1953년 톈진군의대학에 가라는 명령을 받았으나 731부대 소년대에 있던 전력이 드러나 체포돼 푸순전범관리소로 이송됐다. 그는 1956년 6월 기소면제 처분으로 귀국해 지방공무원으로 정년까지 근무했다.

시노즈카가 731부대 체험을 얘기하며 전쟁범죄를 고백하기 시작한 것은 정년퇴직 후인 1984년경부터다. 그는 731부대 소년대란 소년의 공명심을 교묘하게 이용해 일본군 세균전 조직 속에 끌어들인 것이며, 특별반 이외의 사람은 마루타와 만날 수 없었다고 증언했다. 그는 벼룩을 대량생산하기 위해 온도와 습도가 높은 암실에서 죽은 쥐를 교체하는 작업을 했다. 그의 동료 한 사람은 작업을 하다 페스트에 감염됐는데, 페스트균 생산 자체가 극비 연구여서 보안 유지를 위해 육군병원에 보내지 않았다. 동료는 중국인, 한국인 마루타처럼 생체 해부됐다고 한다. 그는 "상관의 명령은 천황의 명령과 같다. 정말 가혹하다"라고 말했다.

지바현 소사시匝瑳市 묘후쿠사妙福寺라는 절에는 '중귀련의 비'가 세워져 있다. 중귀련 지바 지부가 세운 이 비의 건립에는 시노즈카의 역할이 컸다. 지바 지부는 중귀련의 존재 이유를 알리는 비석을 세우려고 다방면으로 접촉했지만 비문의 내용을 건네주면 모두 거절됐다. 다행히도 시노즈카가 신도 대표를 하던 묘후쿠사가 비 건립을 받아주었다. 비문의 내용은 다음과 같다.

제2차 세계대전의 전범으로서 중국에 억류된 우리 1190명 중 지바현 출신 55명은 중국 정부의 뜻밖의 관대한 처분을 받아 한 사람도 처형되는 일 없이 1956년 이후 석방돼 전원 귀국이 허용됐습니다.

우리가 침략자로서 중국에서 범한 도천滔天의 죄행은 피해자의 심정을 생각하면 생각할수록 깊은데다 무거워서 도저히 보상할 수 있는 것이 아닙니다.

우리는 과거의 반성을 담아 귀국 후 중국귀환자연락회를 만들어 항구 평화를 희구하고 반전과 일·중 우호를 위해 노력해왔습니다.

귀국 40년을 맞아 '원한을 덕으로 갚는' 위대한 중국 인민에게 한없는 감사와 사죄의 성을 다해 먼저 가신 분들의 유족과 함께 여기에 비를 건립해 영원한 일·중 우호의 맹세로 삼습니다.

– 1997년 7월 길일吉日, 중국귀환자연락회 지바 지부

731부대 만행 증언하러
미국 입국하려다 거부돼

시노즈카는 1998년 6월 미국과 캐나다에서 731부대의 만행을 증언하려고 시카고의 오헤어공항에 도착했다가 입국이 불허돼 추방되는 수모를 겪었다.

75세의 노인이 일행과 분리돼 강제로 귀국 비행기에 탑승해야 했던 사연은 일본의 전쟁범죄를 추궁하려는 국제사회의 노력이 복잡하게 꼬이는 과정에서 어처구니없게 발생했다. 731부대의 가공할 죄행이 풍화되기는 것을 막기 위해 일본의 시민단체는 1993년부터 731부대전시회실행위원회를 만들어 일본 각지를 돌며 전시회를 개최했다. 미오 유타카, 시노즈카 요시오 등 중귀련 회원은 전시회 개최에 적극 호응해 전시장에서 안내하거나 증언 활동을 했다.

이 전시회를 기획했던 활동가, 731부대 연구 학자, 전후 배상소송을 지원하는 일본인 변호사는 1996년 12월 샌프란시스코에서 열린 '난징대학살 60주년 제2차 국제심포지엄'에 참석했다. 심포지엄은 '아시아에서 제2

차 세계대전의 역사를 보존하기 위한 글로벌동맹Global Alliance for preserving the history of WW Ⅱ in Asia'이라는 단체가 주최했다. 1994년 북미 지역의 40여 개 단체가 모여 난징대학살, 731부대, 군'위안부', 전쟁포로, 강제노동 등 제2차 세계대전에서 일본군이 자행한 범죄를 추궁하기 위해 만든 단체다. 한자로는 '세계항일전쟁사실유호연합회世界抗日戰爭事實維護聯合會'로 표기하는 것으로 보아 미국과 캐나다에 거주하는 중국계가 중심이 되어 결성한 것으로 보인다. 미국에서는 일본의 전쟁범죄를 규명하고 정당한 보상과 진정한 화해를 모색하는 대표적 시민단체의 하나로 간주된다.

3일간 열린 샌프란시스코 심포지엄에는 미국, 캐나다, 홍콩, 타이완, 중국, 프랑스, 말레이시아 등자에서 300여 명이 참가했다. 토론 과정에서 캐나다 단체가 〈731부대전〉을 북미에서도 해보자고 제안했다. 심포지엄이 끝난 후 실무자 사이의 후속 논의에서 글로벌동맹이 전시회 개최를 맡기로 하고, 일본에서 사용된 전시물을 쓸 수 있는지 협조를 받기로 했다. 글로벌동맹은 전시회 개최에 맞춰 전731부대원이 와서 증언해달라고 요청했다.

같은 시기 미국 법무부는 731부대, 군'위안부'에 관련된 일본인 전범 용의자 16명을 입국 금지 대상 명단에 올렸다고 발표했다. 법무부는 1979년 제2차 세계대전의 전쟁범죄를 다루는 '특별조사국Office of Special Investigations(OSI)'을 설립해 주로 나치 전력자 조사를 벌여 미국 국적자인 경우 시민권 박탈과 추방 조치를 내리고 외국인은 미국 입국 금지 명단에 올렸다. 1998년까지 59명이 시민권 박탈로 추방됐고 수백 명이 입국 금지됐다. 일본인 전쟁범죄자가 OSI가 작성한 입국 금지 명단에 들어간 것은 1986년 12월이 처음이었다. 미국의 재향군인회나 아시아계 미국인 단체는 법무부의 조치를 환영했다. 1997년 3월에는 17명이 추가돼 금지 대상 일본인은 33명으로 늘어났다. 당시 입국 금지 대상자는 모두 6만 명이었으니 일본인의 비중은 아주 낮았다.

글로벌동맹은 1997년 8월 옛 일본군 관계자는 입국 금지 명단에 올라 있을 가능성이 있으니 사전에 '임시 입국 허가(Parole)' 신청을 할 필요가 있을 것이라고 일본 쪽에 요청했다. 양쪽은 긴밀히 협의를 계속해 1998년 6월 25일부터 7월 7일까지 토론토, 뉴욕, 워싱턴, 밴쿠버, 샌프란시스코에서 열리는 행사의 세부 일정을 조정했다.

일본인 방문단은 25명으로 구성됐다. 일본변호사연합회 회장을 지냈고 731부대세균전 국가배상청구소송의 변호단 단장을 맡은 쓰치야 고켄土屋公獻이 방문단 단장을 겸했다. 일본인 방문단은 시노즈카와 함께 난징대학살의 참상을 꾸준히 증언해온 아즈마 시로東史郎의 참가를 추진했다. 아즈마는 난징대학살 때 16사단 후쿠치야마 20연대 상등병으로 참가했고,《나의 난징 플러툰: 소집병이 체험한 난징대학살わが南京プラトーン》이라는 체험기를 출간했다.

1997년 8월 도쿄지법에 제소된 731부대세균전 소송에는 중국인 피해자 유족 108명이 원고로 나섰다. 원고단 단장 왕쉬안王選도 일본인 방문단에 포함돼 참가했다. 저장성浙江省에서 영어 교사를 하다 일본에 유학해 쓰쿠바대학에서 교육학 석사 학위를 받은 왕쉬안은 1995년 하얼빈에서 열린 731부대 국제심포지엄에 참석했다가 의외의 사실을 알게 됐다. 일본인 증인 두 명이 저장성 이우현義烏縣 충산촌崇山村에 가서 페스트균을 살포했다고 고백했는데, 그 마을은 아버지의 고향이었다. 아버지를 찾아가 당시의 참상을 들은 그는 미국 유학 계획을 포기하고 일본 정부를 상대로 한 소송에 전념했다. 셸던 해리스Sheldon H. Harris 미국 캘리포니아주립대학 노스리지의 명예교수는 그의 활동에 대해 "왕쉬안 같은 중국 여인이 한 사람만 더 있었어도 일본을 침몰시켰을 것"이라고 평가했다.

해리스 교수는 토론토에서 샌프란시스코까지 일본 대표단과 함께 모든 행사에 참석했다. 그는 《미국의 은폐 기록과 일본의 만행: 제2차 세계대전 당시 일본이 저지른 만행(1932년~1945년)과 전후 미국의 사실 은폐에 대한 고발》의 저자다. 뉴욕 행사에는 난징학살을 다룬 《난징의 강간The Rape of Nanking》의 저자 아이리스 장Iris Chang이 나와 인사말을 했다. 샌프란시스코 전시회는 당초 2주간 예정이었으나 반향이 커서 9월 말까지 연장해 열렸다.

일본 방문단은 출발에 앞서 도쿄 주재 미국, 캐나다 대사관, 글로벌동맹, 미국 법무부 관련자와 수시로 연락을 주고받았다. 출국 이틀 전 미국 법무부 특별조사국에서 시노즈카와 아즈마의 입국을 거부한다는 팩스가 일본 변호사사무실에 들어왔다. 변호인단은 이의를 제기하는 긴급 기자회견을 열었다. 혼선이 해소되지 않은 채 일본 대표단은 몇 집단으로 나뉘어 출발했다.

시노즈카는 일행 네 명과 함께 1998년 6월 25일 오전 9시 35분 시카고 오헤어공항에 도착했다. 시노즈카는 입국 사열 과정에서 걸려 바로 출입국 관리사무소로 연행됐다. 동행 교수가 입국검사관에게 시카고의 변호사에게 연락하고 싶으니 전화를 쓸 수 있겠느냐고 요청했지만 거절됐다. 수시간 뒤 입국검사관 여러 명이 통역을 데리고 나와 시노즈카는 바로 일본으로 돌아가야 하니 지시에 따르라고 통고했다. 이들은 금지 이유를 묻는 시노즈카에게 다른 수단을 취하겠다고 위협했다. 결국 시노즈카는 오후 3시가 지나 나리타행 비행기에 태워졌고 동행자 일부가 입국관리실에서 취조를 받았다.

미국의 유력지 《뉴욕타임스》는 시노즈카의 입국이 거부되자 6월 27일자 국제면에서 〈미국이 전쟁범죄를 인정하는 일본인을 입국 금지〉라는 제목으로 크게 보도했다. 이 신문은 2년 전 일본인 전범을 금지 대상 명단에 올린 법무부의 조치에 환호했던 아시아계 미국인 단체가 분노하고 있다고 반응을 전했다. 신문은 시노즈카가 일본인 변호사와 옛 일본 군인들과 함께 뉴욕, 워싱턴 등을 방문해 일본의 전쟁범죄에 대해 강연할 예정이었다고 밝히고 "이것은 오심"이라는 초청 단체 관계자의 발언을 전했다. 이 관계자는 "그들은 관광 또는 사업을 하거나 책을 팔러 오는 게 아니다. 그들은 회개하고 사과하고 설명하고 폭로하기 위해 여기에 오는 것"이라고 항변했다.

신문은 시노즈카와 아즈마가 금지 명단에 오른 이유는 스스로 전쟁범죄를 고백했기 때문이라고 밝히고, 이들의 전쟁범죄 고백이 일본 내에서 많은 일본인의 적개심을 불러일으켰는데도 미국에서 입국 감시자 명단에 오른 것은 아이러니라고 지적했다. 엘리 로젠바움 법무부 특별조사국 국장은 "두 경우 모두 공개적으로 얘기해서 명단에 올랐다는 아이러니를 인정하지만, 법은 모든 사안에 적용되어야 한다"라고 말했다. 로젠바움은 "이들이 말하는 것이 중요하고 광범한 청중이 들을 만한 것이지만, 물리적으로 미국에 들어오지 않고도 청중에게 전달될 수 있다"라고 주장했다.

신문에 따르면 미국의 인권단체도 의견이 갈라졌다. 나치 전력자에 대한 끈질긴 추적으로 유명한 사이먼 비젠탈 센터Simon Wiesenthal Center는 법을 한 번 위반하면 모두 그대로 갈 수 있다고 법무부의 조치를 지지하고 자신들의 화상회의 센터를 이용하면 증언할 수 있다고 제의했다. 반면 초청 단체들은 두 사람이 일본에서 고립됐고 살해 위협까지 받았다면서 이들을 벌할 것이 아니라 격려해야 한다고 항변했다.

나오는 글

1

내가 중국귀환자연락회를 의식하기 시작한 것은 2010년 6월 말이다. 한 신문사의 기자로 있으면서 '국치 100년(일본제국주의의 조선 강점 100년)' 특집 기사를 준비하느라 홋카이도의 오지를 돌아다니던 때였다. 일제강점기 조선인은 징용 등 여러 형태로 홋카이도의 험준한 산악 지대에까지 끌려가 탄광이나 댐 건설 현장에서 강제 사역을 했다. 위험한 작업 환경, 구타, 굶주림, 추위 등의 가혹한 조건이 겹쳐 이국땅에서 희생된 조선인이 수없이 많았다. 책의 들머리에서 언급했던 류렌런 사건처럼 태평양전쟁 말기 중국인도 홋카이도까지 끌려와 강제노동을 했다. 중국인 처우는 명목상이나마 일본인 신분이었던 조선인보다 더 열악했다.

홋카이도 중부의 큰 도시 아사히카와에 인접한 히가시카와정東川町의 공동묘지에는 중국인 강제연행 희생자 추모비가 있다. 1972년 7월 건립된 이석비의 앞면에는 '중국인순난열사위령비'라고 쓰여 있다. 비문은 아사히카와의 유력 정치인이었던 반도 고타로坂東幸太郎가 썼다. 9선의 중의원 의원

중국인순난열사위령비   다이세쓰유수공원 내 '망향' 동상

에 아사히카와상공회의소 소장, 아사히카와시의회 의장 등을 역임했으니 지역에서는 거물급 인사다. 비를 세운 주체는 '중국인강제연행사건순난위령비건립실행위원회'다. 대표위원의 면면을 보면 아사히카와시와 히가시카와정의 시장, 정장, 지방의회 의장을 비롯해 상공회의소장, 농협조합장, 토지개량구 이사장, 노동단체 의장 등 지역의 유력인사가 망라돼 있다.

　석비의 뒷면에는 "중국인강제연행사건의 순난열사, 이곳에 잠들다"라고 시작하는 건립 설명문이 새겨져 있다. 지역의 유지가 줄줄이 이름을 올린 점을 감안하면 비문의 내용은 의외라 할 정도로 정곡을 찌른다. 침략전쟁이나 전쟁범죄라는 단어가 수구 보수 세력에서는 일종의 금기어처럼 된 일본의 분위기에서 비문은 "일본 군국주의가 중국 침략의 일환으로 행한 전쟁범죄"라고 사건을 규정하고 이렇게 마무리했다.

우리는 오늘 일본국의 주권자인 국민으로서 무엇보다도 중국 국민에게 마음 속으로부터 사죄하고 순난열사의 혼을 애도하며 다시는 잘못을 되풀이하지 않고 군국주의의 부활을 저지하여 일·중 우호, 일·중 부재전不再戰을 다짐하며 일·중 양 국민의 영원한 우의와 평화를 확립해 스스로의 증좌로서 이 비를 확립한다.

건립실행위원회의 대표위원 명단을 읽다가 중국귀환자연락회라는 낯선 명칭이 눈에 들어왔다. 지역의 유력 인사 다음으로 일중우호협회와 중국귀환자연락회의 지역 대표 이름이 새겨져 있었다. 문화대혁명의 여파로 일본의 친중 단체가 분열돼 있던 시기에 건립됐기 때문인지 단체 이름에 '정통'이 들어가 있다. 건립실행위원회의 구성을 보면 보수 단체의 대표가 많지만, 비문의 내용은 일중우호협회나 중국귀환자연락회의 주장이 주로 반영된 것으로 추정된다. 현지에서 안내해준 일본인 전후 보상 활동가는 당시 보수 정치인이나 경제인이 품고 있던 중국 시장 진출에 대한 기대가 비문의 내용에 일정 부분 담겼을 것이라고 말했다.

공동묘지에서 가까운 다이세쓰유수공원大雪遊水公園(홋카이도의 최고봉인 해발 2291미터의 아사히다케旭岳를 포함한 다이세쓰산이 근방에 있다)에는 한 중국인 청년이 팔짱을 끼고 먼 하늘을 쳐다보는 듯한 모습의 동상이 있다. '망향'이라는 명패가 붙어 있다. 2000년 7월 세워진 동상 밑에는 당시 히가시카와정 정장의 명의로 중국인의 강제연행과 가혹한 노동 환경 등을 적시한 설명문이 일본어, 중국어, 영어로 기재돼 있다. 양질의 쌀 생산지로 유명한 이 일대는 일제 때만 해도 댐 공사로 파놓은 터널을 통해 깊은 산의 찬 계곡물이 논으로 바로 흘러들어와 벼농사에 지장이 많았다. 냉해를 막아준 것이 강제로 끌려온 중국인이 건설한 유수지遊水池였다. 계곡물을 일정 기간 담아두었다가 햇볕을 받아 수온이 올라가면 논으로 보내 좋은 품질의 쌀을 거둘 수 있게 된 것이다. 설명문에는 1944년 9월 중국인 338명이 이곳으로 강제 연행돼 유수지 공사를 했으며, 11개월 사이에 88명이 숨졌다고 쓰여 있다.

히가시카와정의 '중국인순난열사위령비'나 '망향' 동상을 보면서 내 마음은 대단히 착잡했다. 중국인 강제연행 사실을 명기하고 참회의 마음과 함께 후세에 전한다는 다짐은 아주 고무적인 일이지만, 중국인보다 훨씬 많은 수가 끌려와 희생된 '조선인 추도비는 어디에 있는 거지?' 하는 의문을 지울 수 없었다. 일본 전역에서 조선인 희생자를 추도하는 시설물을 찾아보기는 어렵다. 있다고 해도 대부분 전후보상운동을 하는 시민단체나 재일동포 사회에서 세운 것이고, 관청이나 지역의 유지가 나서서 건립한 것은 거의 없다고 해도 과언이 아니다. 게다가 일본의 시민단체나 재일동포 단체가 세운 것마저 우익이나 그 동조자가 관할 지자체에 시비를 걸면 슬금슬금 사라지는 게 현실이다.

2

2017년 3월 말 나는 사이타마현 가와고에시川越市 가사하타笠幡에 있는 '중귀련평화기념관'을 찾았다. 중귀련 관련 자료와 도서가 모여 있는 곳이다. 일주일에 3일만 개관하므로 방문하려면 사전에 확인할 필요가 있다. 평화기념관의 이사 겸 사무국장인 세리자와 노부오芹澤昇雄는 이 기념관의 특색으로 "일본에서 '패전'이라는 말을 쓰는 드문 곳"이라는 점을 들었다. 일본 정부나 언론은 패전 대신 '종전'이라는 표현을 의례적으로 사용한다.

지방 도시의 한적한 곳에 기념관을 세운 주역은 니키 후미코仁木富美子

2006년 11월 문을 연 중귀련평화기념관 개관식. 둘째 줄 왼쪽에 서 세 번째부터 고야마 이치로, 오카와라 고이치, 에바토 쓰요시, 중국대사관 외교관, 니키 후미코, 스즈키 요시오, 후나오 다이스 케, 한 사람 건너 시노즈카 요시오. 셋째 줄 왼쪽에서 두 번째 다 카하시 데쓰로

창고를 개조해 개관한 중귀련평화기념관의 외관. 앞에 서 있는 이는 세리자와 노부오 기념관 이사 겸 사무국장

다. 1926년 오이타현에서 출생한 니키는 고
등학교 교사로서 일본교직원조합(일교조)에
서 오랫동안 활동해왔다. 니키는 일교조 부
인부장, 중앙집행위원, 전국고교여자교육문
제연구회 회장, 중국의 쑹칭링기금회 명예이
사 등을 역임했고, 관동대지진 때 살해된 중
국인의 진상 규명과 추도 사업에도 적극적으
로 참여했다.

니키 후미코 중귀련평화기념
관 초대 관장

니키는 2002년 중귀련이 해산되고 '푸순
의 기적을 이어가는 모임'이 발족했을 때 초
대 대표를 했고, 2006년 11월 중귀련평화기념관을 개설해 초대 관장 겸 이
사장으로 활동했다. 그는 중귀련의 마지막 사무국장인 다카하시 데쓰로高
橋哲郞와 함께 7개소에 분산돼 있던 중귀련 관련 자료를 한곳에 모으기 위
한 시설을 물색하러 다녔다. 하지만 비용 문제로 적절한 장소를 찾지 못하
고 결국 자택 인근의 농기구 창고 일부를 빌렸다. 먼저 중귀련 창설을 주도
했던 구니토모 슌타로의 장서 2500권을 들여왔고, 다른 회원이 보관하던
자료와 책도 인수했다.

니키는 처음에는 도서관으로 운영하려고 했다. 찾아온 사람이 책을 읽
으면서 평화를 생각하게 하자는 구상이었다. 그는 일교조 부인부장을 지낸
경력을 활용해 평화와 전쟁에 대한 책이 필요하다며 도처에 호소하고 다녔
다. 그 성과 중의 하나가 야마즈미 문고다. 야마즈미 마사미山住正己는 도쿄
도립대학장을 지낸 교육학자다. 역사학자 이에나가 사부로家永三郞가 문부
성의 교과서 검정에 맞서 교과서 재판을 벌이자 야마즈미는 이에나가 지원
에 앞장섰고, 일교조의 교육연구전국집회(교연)에도 적극 협력했다. 야마

즈미와 가까웠던 니키는 그가 2003년 세상을 떠나자 부인과 상담해 그의 장서를 모두 기증받았다. 도쿄 아사가야의 자택에서 4톤짜리 트럭에 싣고 왔다고 한다. 이후 학자, 일반인의 도서 기증이 줄을 이었다.

공간이 협소해지자 아예 창고 전체를 사들였다. 중귀련의 마지막 부회장인 오카와라 고이치가 전국을 다니며 기부금을 모았고, 일반인도 모금에 동참해 비용을 조달했다. 사실상 고령의 중귀련 회원들이 낸 성금으로 중귀련평화기념관이 문을 연 셈이다. 평화기념관은 일본 정부나 지자체의 지원을 한 푼도 받지 않고 회원의 회비, 기부금으로만 운영된다.

기념관은 경비 부족으로 전담 상근 직원을 두지 못하고 자원봉사자가 돌아가며 업무를 처리한다. 제대로 분류되지 않은 채 쌓여 있는 자료나 도서가 많지만 중귀련 관련 자료가 집약된 곳이어서 각지에서 관심 있는 연구자가 찾아온다. 중국의 푸순전범관리소진열관과도 매년 교류가 이어지고 있다.

1956년 특별군사법정에 회부된 일본인 전범 45명의 자필 공술서도 이곳에서 볼 수 있다. 니키와 중귀련 옛 간부들은 2004년 12월 부임 직후였던 왕이王毅 주일대사(현재 외교부장)를 찾아가 "증언할 수 있는 중귀련 회원이 줄어들고 있어 침략의 실상을 일본 국민에게 알리는 매체는 앞으로는 공술서밖에 없다"라며 "중귀련의 정신을 이어가는 사람들의 투쟁 무기로 쓰일 테니 공술서의 복사본을 달라"라고 요청했다. 왕이는 2005년 5월 45명의 공술서를 CD롬 형태로 중귀련 및 '푸순의 기적을 이어가는 모임'에 제공했다. 중국은 그해 공술서의 영인판인《일본침화전범필공日本侵華戰犯筆供》열권을 중국 당안檔案출판사에서 간행했다. 중국은 2014년 7월부터 공술서를 인터넷으로 공개하기 시작했다.

3

중귀련평화기념관을 찾아가서 개인적으로 인상 깊었던 것은 독립 언론인 무노 다케지むのたけじ(자신의 이름을 한자武野武治보다는 히라가나로 표기한다)가 생의 말년에 평화기념관에 보였던 애정을 확인했을 때였다. 무노는 패전 당시 언론이 전쟁 수행에 적극 협력했던 것에 부끄러움을 느껴 소속사인 아사히신문사에 사표를 던지고 나와 독립 언론의 외길을 걸어온 사람으로 유명하다.

1915년 아키타현의 소작농 집안에서 태어난 그는 도쿄외국어학교 스페인어과를 나와 호치保知신문을 거쳐 1940년 아사히신문사에 들어가 중국이나 동남아시아 등지에서 종군기자로 활동했다. 그는 일본이 항복한 1945년 8월 15일 전쟁 수행을 고무하는 기사를 쓴 것에 책임을 지고 홀로 사표를 쓰고 편집국을 나왔다. 전쟁 시기 주요 언론사에서 기자로 근무했던 일본인 가운데 패전 후 전쟁 보도에 책임을 느껴 자발적으로 그만둔 드문 사례다.

무노는 《아사히신문》에서 평기자였으니 그가 나서서 국민을 오도한 책임을 져야 할 만한 위치에 있었던 것도 아니다. 만 30세에 유력 신문사를 박차고 나온 그는 새로운 진로를 모색하다가 1948년 1월 아내를 포함한 가족 넷과 함께 고향 아키타현 요코테横手로 귀향했다. 그는 2월부터 주간 신문 《다이마쓰たいまつ》('햇불'이라는 뜻)를 창간해 고군분투하면서 반전 평화의 언론 활동을 시작했다. 제호를 다이마쓰로 정한 것은 세상이 너무 어두웠기 때문이라고 했다. 그는 1947년 2·1 총파업이 점령군 총사령부의 명령으로 무산된 것에 큰 충격을 받았다. 그는 창간호에 "아아 침묵! 침묵! 침묵 속에서 폭발하지 않는다면 침묵 속에서 멸망할 뿐이다"라는 루쉰의 글을

인용했다. 루쉰이 1926년 3월 일본제국주의에
굴종하는 군벌 규탄시위에 참가했다 사살된
제자 류허전劉和珍 (베이징여자사범대학 졸업, 당시
22세)의 추도사에 쓴 문장이다.

100세의 무노 다케지

　타블로이드판인《다이마쓰》는 1978년 휴간
할 때까지 30년 동안 총 780호를 냈다. 종군기
자 시절 전쟁은 절대로 해서는 안 된다는 것을
통감한 그는 일본이 두 번 다시 잘못된 길을 가
지 않도록 언론이 전쟁을 막는 역할을 해야 한
다고 촉구했다. 그는 일단 전쟁이 시작되면 어찌할 방도가 없으므로 신문,
방송, 출판은 전쟁이 일어나지 않도록 매진해야 한다고 줄기차게 호소했다.

　평화기념관이 문을 연 다음 해인 2007년 니키는 무노를 연사로 초청하
려 했다. 무노는 수년 전 위암과 폐암 수술을 받은 90대의 고령이었지만, 일
본 사회의 우경화를 경고하고 반전 평화 강연 활동을 마다하지 않았다. 오
키나와에서도 강연 요청을 받은 무노는 평화기념관의 강연도 하려 했지만,
의사가 두 군데 다하는 것은 도저히 무리라고 만류했다. 니키는 유감스럽
지만 건강이 회복된 다음에 와달라고 부탁했다.

　무노는 평화기념관의 강연 요청에 응하지 못한 것이 마음에 걸렸는지 의
사인 아들을 통해 2014년 강연을 하겠다는 의사를 전해왔다. 그래서 2014
년과 2015년 두 차례 평화기념관에서 무노의 강연이 실현됐다. 무노는 아
들과 함께 평화기념관의 회원으로 가입하고 "죽어서도 회비를 낼 터이니
활동을 계속해달라"라고 평화기념관 사람들을 격려했다. 그는 평화기념관
의 명예고문직도 수락했다.

　무노는 2016년 5월 3일(헌법기념일, 평화헌법이 시행된 날) 도쿄의 린카이臨

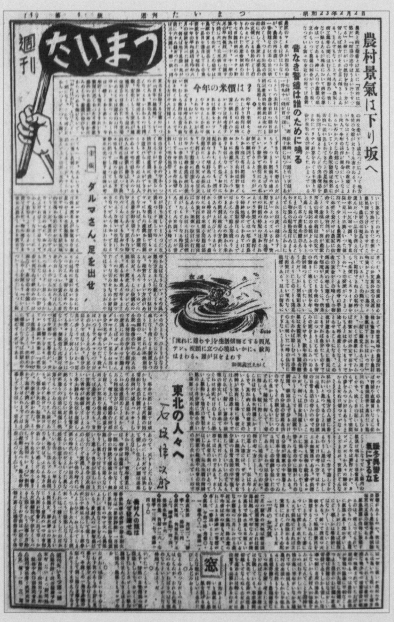

'다이마쓰' 창간호. 1948년 2월 2일 발행

海광역방재공원에서 열린 호헌 집회에 휠체어를 타고 나가 강연했다. 그는 "헌법이 있었기에 전후 71년간 일본인은 한 사람도 전사하지 않고 상대방도 전사시키지 않았다", "전쟁을 죽이지 않으면 인류가 죽게 된다"라며 평화헌법 수호를 주창했다. 이것이 만 101세가 넘은 무노가 공식 석상에서 한 최후의 호소가 됐다. 그는 고령에 열변을 토한 후유증인지 수일 뒤 쓰러져 8월에 타계했다.

4

푸순전범관리소에 수감됐다가 불기소처분으로 풀려난 일본인 전범 가운데 《아사히신문》 기자가 있었다. 1911년생이니 무노보다 네 살 많다. 도야마현 출생인 이즈미 다케가즈泉毅一는 도쿄제국대학 미학과를 나와 1935년 아사히신문사에 입사해 사회부 기자로 근무했다. 2년 뒤 중일전쟁이 전면전으로 확대되자 소집영장을 받고 입대해 중국 전선에서 소대장으로 복무했다. 제대 후 복직한 그는 해군성 담당 기자로 전황을 보도했다. 1943년 아사히신문사에서 《솔로몬 전기ソロモン戰記》를 출간하기도 했다. 1944년 2월 두 번째 소집영장이 나와 중국 화중華中 지역에서 34군 보도반장으로 복무했다. 전쟁 말기인 1945년 6월 34군은 관동군 전투서열에 편입돼 함흥으로 이동했다. 후지타 시게루가 사단장으로 있던 59사단, 전쟁 말기 나남으로 이동한 137사단, 독립혼성 133여단 등이 예하 부대였다. 34군사령관 구시부치 센이치櫛淵鉎一 중장은 패전 뒤 시베리아에 억류됐다가 1950년 4월 일본으로 귀환했고, 137사단장 아키야마 요시미쓰秋山義兌 중장은 1945년 8월 17일 자결했다.

이즈미는 1956년 8월 귀국 직후 《주간아사히》에 〈나는 이렇게 인간 개

아사히신문 기자 출신으로 푸순전범관리소에 6년간 수감됐던 이즈미 다케가즈가 1956년 8월 귀국 직후 '주간아사히'에 쓴 기고문

이즈미 다케가즈가 '주간아사히'에 연재했던 수기 '벽 안의 자유'에 실린 삽화. 중귀련 결성의 주역이었던 구니토모 슌타로가 그렸다

조를 했다〉를 기고했고, 그해 11월 초부터 〈벽 안의 자유〉라는 수기를 6회 연재했다. 11년간의 수감 생활을 신문기자의 눈으로 관찰해온 그의 글을 바탕으로 해서 어떻게 전범이 됐고 푸순전범관리소의 생활과 귀국 후 일본 사회의 처우를 어떻게 받아들였는지 살펴보자.

그는 일본의 포츠담선언 수락 소식에 분함과 동시에 목숨만큼은 구하겠구나 하며 한숨을 돌렸다. 소련의 참전으로 부대 전멸을 각오하고 있었기 때문이다. 그는 '정보장교'였던 탓에 소련군이 진주한 직후 군사령부에 있다가 바로 체포돼 함흥형무소에 수감됐는데, 정보장교로서 어떤 일을 했는지는 구체적으로 밝히지 않았다. 1946년 봄 소련으로 끌려간 그는 시베리아의 수용소를 전전하며 공장 건설 등 중노동을 했다. 소련 형법 제58조인 반소죄反蘇罪(소비에트 정권의 전복을 획책하는 반혁명죄) 혐의를 받았지만 5년의 억류 기간 중 취조다운 취조는 받은 적이 없다.

이즈미는 1950년 7월 소련에서 중국으로 인도된 전범 969명의 선정 타당성에 대해 의구심을 드러냈다. 대부분 관동군 장병이나 만주국 경찰이지만, 중죄 용의자가 특별히 뽑힌 것도 아니어서 이유를 알 수 없다고 했다. 1951년 정월 하얼빈의 후란감옥에서 떡과 과자가 처음으로 배급된 것에는 깊은 인상을 받았다. "아주 사소한 것이지만 중국 인민의 정성입니다"라는 지도원의 말을 들으니 가슴에 울리는 게 있었다. 중국이 한국전쟁에 참전하고 한편으로 티베트 해방 사업을 시작한 곤란한 상황에서 이 같은 배려를 잊지 않고 한다는 게 이상하게 생각될 정도였다.

이즈미는 글에서 '와세다 출신의 일본어가 능한 지도원'과의 대화를 중요하게 언급했다. 대화가 통하는 중국인을 만났다는 안도감이 느껴진다. 지도원은 예술에 대한 이해가 상당한 수준이어서 만나면 그 시절의 추억 얘기를 자주 나눴다. 이즈미는 지도원의 이름을 밝히지 않았지만, 정황으로 보아 장멍스가 확실하다. 관리소에서는 일본인 전범에게 자신의 죄행을 스스로 고백하라는 분위기가 조성되기 시작했다. 이즈미에게도 숨기고 싶은 과거가 있었다. 그가 수습사관으로 허베이성의 한 부대에 부임했을 때 중대장이 잡아온 중국인 농민 여섯 명을 칼로 베라고 명했다. 도저히 벨 수가 없어 주저하니까 부하인 하사관이 대신했다.

이즈미는 어느 날 장멍스와 대화를 나누다가 선수를 쳤다. 중대장이 농민을 시험 삼아 베라고 명령했지만 자신은 휴머니스트라서 할 수 없었다거나, 징발을 나가면 반드시 대금을 두고 왔다고 말을 꺼냈다. 지도원의 답변은 의외였다. 지도원은 "당신이 과거 얘기를 하고 싶지 않으면 하지 않아도 좋다. 다만 당신이 과거에 어떤 재해를 중국 인민에게 주었는지 생각해보는 것은 당신의 인간적 양심에 중요하다고 생각한다"라고 답할 뿐이었다. 이즈미는 그 말에 뭔가 움찔하는 것을 느꼈다. 감방으로 돌아온 이즈미는 고뇌에 빠졌다. 자신이 직접 손을 댄 것은 아니지만 상관으로서 하사관이 베는 것을 막기는커녕 오히려 그렇게 하라고 명령했던 것이 아닐까.

이즈미는 자신의 성찰을 지도원에게 털어놓았다. "직접 손을 댄 것은 아니다. 그러나 부하가 베는 것을 막지는 못했다. 중대한 책임을 느낀다." 그러자 지도원은 눈물을 흘리며 "그것은 좋은 것이다. 정말로 당신의 양심을 위해 기뻐한다"라고 답했다. '기자의 감각으로 보더라도' 지도원의 태도는 자백하게 했다는 기쁨이 아니었다. 정말로 마음속에 파고드는 무엇인가가 있었다.

패전 때 계급이 대위였던 이즈미는 하얼빈의 후란감옥에서 다오리감옥으로 옮겨졌다가 1953년 가을 푸순관리소로 돌아왔다. 소 내에서는 합창, 합주, 춤 등 다양한 문화 활동이 활발하게 벌어졌다. 그런 가운데 자신의 죄를 회개하는 자와 그렇지 않은 자가 명확히 구별되어갔다. 이즈미에게 결정적 전기는 작문 같은 문예 활동이었다. '창작부'에는 백수십 명이 참여를 희망했는데 글을 써 본 사람이 거의 없어 이즈미가 글쓰기를 지도했다. 그는 강간을 시도하려다 포기한 어느 병사의 글을 보고 큰 충격을 받았다. 이런 내용이었다.

> 나는 중지中支 전선에 출동하고 있었다. 중지에서 소금은 귀중품이다. 일본군은 소금을 장악해서 엄청난 가격으로 올려 이것을 다른 것과 교환한다는 조건으로 모든 무리한 짓을 저질렀다. 어느 마을에서 나는 여자를 찾아 뒷산 숲을 뒤지며 걷고 있었다. 엄마 옆에서 일고여덟 살 소녀가 떨고 있었다. 엄마를 밀쳐내고 소녀에게 달라붙어 옷을 벗기는데, 소녀는 가슴에 작은 꾸러미를 안고 있었다. 소금꾸러미였다. 소녀는 꾸러미를 애처로운 손에 쥐고 내밀었다. 이 소금을 줄 테니 살려달라고…….

피해자의 처지에서 전쟁을 생각하게 됐다고 믿었던 이즈미는 병사의 글을 보고 자신이 여전히 철저하지 못하다는 것을 깨달았다. '고등사령부에 있었기 때문에 나는 모른다는 마음이 깊이 숨어 있었던 것이 아닐까. 이렇게 해서 중국인의 형언할 수 없는 증오를 어떻게 지울 수 있을까' 하는 생각에 이르렀다. 이런 작문을 서로 돌아가며 읽으면서 진지하게 토론을 벌였고, 점차 인죄를 하는 사람이 늘어갔다.

1956년 6월 1차 기소면제자가 발표되고 즉시 석방, 귀국 조치가 시행될 때 실내에는 오열하는 소리가 가득 찼다. 그것은 귀국할 수 있다는 기쁨과 동시에 중국인이 이제까지 말했던 것이 모두 거짓말이 아니었다는 감동과 기쁨이었다. 이즈미의 표현은 기소면제자의 당시 심정을 웅변적으로 말해 준다.

우리의 후회는 결코 단순한 참회가 아니다. 중국인에 대한 일본인으로서의 책임을 느꼈을 뿐만 아니고, 이 같은 전쟁을 일으킨 자에 대한 증오이고 전쟁 책임자에 대한 분노이기도 하다. 그리고 두 번 다시 전쟁을 일으키지 않도록 한다는 바람으로도 연결되는 것이다.

철저한 참회와 반전, 평화 의식을 가지고 돌아온 이들이 귀환선에서 내려 고국 땅을 밟자 일본 당국이 기계적으로 나눠준 생활 비품이라는 것이 군복과 군화였으니, 이들의 심정이 어떠했겠는가? 이즈미는 분노를 감추지 않고 격정적으로 기술했다.

이 군복을 입게 하고 이 군화를 신게 한 만큼 우리는 전범이 된 것이다. 그리고 어떻게 살아남아 조국의 품에 돌아왔는데, 우리에게 다시 무참한 혈조血潮를 생생하게 생각나게 하는 저주스러운 군복과 군화를 받게 하는지. 그리하여 우리는 얼마나 혐오감에 시달렸는가…….

이즈미는 불기소처분으로 풀려나 텐진항에서 귀환선에 오른 뒤에도 일본의 기자들에게 많이 시달렸다. 김원의 회고록에 그 경위가 상세하게 기술돼 있다. 일본 기자는 전범이 중국의 통제 아래 있었기에 반성이니 참회니 하는 말을 상투어처럼 되풀이하면서 진심을 말하지 못한다고 생각했다. 이들은 귀환선이 출항하기 전 이즈미를 둘러싸고 이제 주저하지 말고 감옥에서 겪은 고초를 얘기해달라고 졸랐다. 그는 주저하는 게 아니라고 전제한 다음 "일본에서 면회하러 온 가족이나 친척은 우리 이야기를 듣고 모두 중국의 인도주의에 감동했는데, 유독 기자들만 우리의 말을 믿지 않는다"라고 잘라 말했다. 그는 기자의 바뀔 수 없는 천직은 세상 사람에게 사실을 진실하게 알려주는 것인데, 마음속에 없는 거짓말을 하라고 조르니 기자의 본분을 상실하는 것이라고 지적했다. 이즈미의 퉁명스러운 말에 기자들은 겸연쩍이 물러났다.

이즈미는 귀국 후 다른 전범에 비해서는 사회 복귀에 큰 어려움을 겪지 않은 듯하다. TV아사히에 들어가 전무의 직위까지 올랐던 그는 1997년 타계했다.

5

일제의 고위 군 장성이었다가 전후 반전평화운동에 투신해 '붉은 장군'이라 불리는 일본인이 있다. 육군유년학교, 사관학교, 육군대학을 모두 수석으로 졸업하고 참모본부 작전과에서 근무하는 등 엘리트 코스를 밟은 엔도 사부로遠藤三郎다. 프랑스 육군대학교를 졸업하고 프랑스 주재 무관을 지낸 엔도는 대좌 시절이던 1937년 12월 병과를 항공병과로 바꿔 항공사관학교 교장을 거쳐 항공기 생산 최고책임자인 군수성 항공병기총국 장관을 맡았다. 1945년 12월 중장으로 예편한 그는 고향인 사이타마현 사야마狭山로 돌아가 농사를 지었다.

전범 용의로 1947년 2월부터 약 1년간 스가모형무소에 수감되기도 했던 그는 톨스토이, 간디의 사상에 영향을 받아 반군비反軍備호헌운동에 앞장섰다. 그가 중국과의 우호나 평화헌법 옹호를 공개적으로 주장하자 육사 동기회 등 군 관련 단체는 사실상 그를 파문했다. 대일본애국당이라는 우익 단체는 그의 고향에 찾아가 '국적國賊 엔도 사부로 퇴치 대연설회'를 열었고, 육사 후배는 그가 육군 중장까지 영전한 것이 일본 패전의 한 요인이었다는 설까지 돈다고 비난했다. 엔도는 예전의 군 동료들이 돌변해서 곡

학아세한다는 비난을 퍼붓자 "각성은 하룻밤에 한다"라며 항변했다.

엔도는 1953년 가타야마 데쓰片山哲 전 총리와 함께 헌법옹호국민연합에 합류했고, 1955년 11월 가타야마를 단장으로 하는 헌법옹호국민연합 방중단에 참가했다. 그는 이때를 포함해 모두 다섯 차례 중국을 방문했고, 1961년 8월 '일중우호 옛 군인의 모임日中友好元軍人の會'을 결성했다. 1956년 마오쩌둥 주석이 방중단을 접견했다. 엔도는 일본 군도를 마오 주석에게 증정한 뒤 일본 군인은 앞으로 두 번 다시 중국과 전쟁을 벌이지 않겠다는 뜻을 나타내고 이전의 전쟁 행위를 사죄했다. 그러자 마오는 "사죄할 필요 없다. 당신들 일본군은 우리의 교사였다. 우리가 감사해야 한다. 당신들이 싸움을 걸어와 중국 인민을 교육했고, 흩어진 모래 같았던 중국 인민이 단결할 수 있었다. 그래서 우리가 당연히 감사해야 한다"라고 말했다.

마오의 발언은 어떻게 해석해야 할까? 통이 크다고 해야 할지, 생각의 차원이 다르다고 해야 할지, 파격적이다. 절대적 권위를 인정받는 지도자가 아니라면 함부로 뱉을 수 있는 말이 아니다. 마오는 엔도의 선물에 답례로 중국화의 거장인 치바이스齊白石의 그림 한 폭을 주었다.

엔도는 그해 8월 푸순관리소를 방문해 수감 중인 일본 전범을 만났다. 그는 "전후 10년이 지났는데도 아직 이곳에 있는 여러분의 마음은 아주 안타까울 것으로 생각한다. 나는 일·중 우호를 위해 싸워 여러분이 하루라도 빨리 귀국하도록 전력을 다하겠다"라고 말했다. 그러자 엔도의 육사 3기 선배가 되는 후지타 시게루가 전범 대표로 발언했다.

내가 여기서 옛 동창인 자네를 만날 수 있는 것은 먼저 푸순관리소 지도부에 감사해야 할 일이다. 지금 엔도 군이 우리에게 위로의 말을 건넸지만, 우리는 모두 그 죄에 대한 당연한 처우를 받고 있다는 것을 알기 바란다. 자네들은 각자 일본의 고급 장교로, 일본 군국주의가 추진한 전쟁 기간 동안 우리와 같이 많은 비극을 가져온 자들이다. 과거의 역사를 잊는다면 앞으로 일본의 희망은 없다. 우리는 깊은 반성과 중국 인민의 이해를 얻는 기초가 있고 나서야 일·중 우호를 말할 자격이 있다고 생각한다.

엔도는 1974년 펴낸 회고록《일·중15년전쟁과 나: 국적·붉은 장군이라고 사람들은 말한다日中十五年戰爭と私: 國賊·赤の將軍と人はいう》에서 일본이 동북 지방에서 행한 세균전, 생체실험 사실을 밝혔다. 군 고위 장성 출신으로는 아주 드문 행보였다.

6

2000년 12월 도쿄에서 군'위안부' 문제 심판을 위한 여성국제전범법정에 가네코 야스지金子安次와 스즈키 요시오鈴木良雄가 증인으로 나왔다. 두 사람은 중귀련 회원이었다. 군'위안부' 문제는 중귀련 회원조차 개인 체험을 공개적으로 밝히기를 주저하는 주제였다. 군대의 최종 계급은 가네코가 하사, 스즈키가 상사였다. 두 사람은 1920년생이니 80세의 나이에 증언대에 선 것이다.

이들에게 증인 신문을 한 사람은 일본 검사단의 히가시자와 야스시東澤靖 변호사(메이지가쿠인明治學院 대학 법학교수)였다. 히가시자와 변호사는 신문을 마치고 마지막에 "이런 증언을 하는 것이 편할 리 없을 텐데 당신은 왜 이런 장소에 나와서 증언할 마음을 먹었는가?"라고 물었다. 가네코는 "솔직히 말하면 처나 딸에게는 얘기하지 않았다. 실제로 할 수 없는 것이다. 두 번 다시 이런 일을 일으켜서는 안 된다. 이것을 막는 것은 현재 남은 우리밖에 없다고 생각해 모두에게 얘기하려고 한 것이다"라고 말했다. 스즈키는 "성폭력 문제는 좀체 말하기 힘든 것이다. 그래서 증언하는 사람도 적다. 그러나 이 문제를 빼버리면 전쟁의 실태가 나오지 않는다. 실제 전쟁을 말할 때 이런 것을 명확히 하지 않으면 안 된다는 마음이었다. 그래서 부끄러움을 무릅쓰고 증언한 것이다"라고 말했다.

두 사람이 증언하는 동안 1000명이 넘는 방청객은 숨을 죽이고 들었다. 재판관은 "나와서 진실을 말해주어 정말로 고맙다"라는 말을 몇 차례나 반복했다. 두 사람이 퇴정할 때 방청객은 뜨거운 박수를 치며 격려했다. 네덜란드의 식민지였던 인도네시아에서 일본군에 연행돼 성노예 생활을 했던 네덜란드계 호주인 얀 뤼프 오헤르너Jan Ruff O'Herne는 후에 두 사람의 증언을 전해 듣고 "이것으로 나는 일본 병사를 용서할 수 있었다. 겨우 내 인생을 살 수 있겠다"라고 말했다.

여성국제전범법정에서의 증언은 일본의 공영방송 NHK 산하 ETV(교육방송)의 특집 프로그램 수정 논쟁으로 비화됐다. ETV는 2001년 1월 30일부터 〈전쟁을 어떻게 심판할까〉라는 4부작 특집을 연속으로 방영했다. 1회 제목은 '인도에 대한 죄', 2회는 '일본군의 전시 성폭력', 3회는 '지금도 계속되는 전시 성폭력', 4회는 '화해는 가능한가'였고, 방영 시간은 회당 45분이었다.

2회가 방영될 때 희한한 일이 벌어졌다. 특집 프로그램 전체가 미리 예고까지 됐는데도 2회분은 40분 분량으로 축소돼 나간 것이다. 방영 3일 전 우익 단체들이 NHK로 몰려가 여성국제전범법정은 반일, 편향적 활동이라고 주장하며 방송 중지를 요구했다. 아베 신조 등 정치인도 움직였다. 당시 관방부장관인 아베는 방영 전날 NHK 간부를 불러 면담했다. 결과는 4분 정도의 분량이 삭제된 채 방영됐다. 여성국제전범법정을 주최한 단체 이름도 나오지 않았고, 고령의 나이에 어렵게 증언대에 선 가네코와 스즈키의 증언은 사라졌다. 피해자와 가해자의 증언은 모두 빠졌고, 여성국제전범법정을 비방, 비판하는 평론가의 의견이 들어갔다. 최종 편집에 통상적으로 참여하지 않는 정치 담당 국장이 입회했다고 한다.

아베는 정치가의 개입에 의한 프로그램 수정에 비판이 거세지자 자신은 압력을 가한 적이 없고 단지 방송법에 따라 하면 좋겠다는 정도로 얘기했을 뿐이라고 주장했다. NHK도 외주 제작사가 만든 프로그램에 내용상 문제가 있어 자체적으로 수정했다고 밝히며 외압설을 부정했다. 하지만 가네코의 설명을 보면 아베나 NHK의 주장을 그대로 받아들이기 어렵다. 가네코는 담당 프로듀서가 전화를 걸어와 실명으로 보도해도 좋으냐고 확인까지 했는데, 스스로 잘라냈을 리가 없다고 말했다.

7

이제까지 중귀련 사람들이 어떤 인생유전을 겪었고, 어떻게 반전평화운동의 외길을 걸어왔는지를 얘기했다. 또 일본 사회에서 이들의 삶과 주장에 공감하며 격려하고 지원한 사람(단체)은 누구인지, 역으로 멸시하며 배제한 사람(단체)은 누구인지도 살펴보았다. 한일관계가 갈등의 소용돌이 속에서 출구를 찾지 못하고 있는 이유는 후자가 줄곧 일본 사회의 실권을 쥔 탓이 크다. 앞으로도 결코 낙관적이지 않다. 중귀련 회원들처럼 몸으로 체험한 전쟁의 실상을 증언할 수 있는 사람은 거의 세상을 떠났다. 일제 군부의 폭정을 경험했기 때문에 그나마 보수 정계에서 중재역을 했던 자민당의 원로 정치인도 사라져 우경화의 폭주에 제동이 걸리지 않는다. 정계의 실세로 등장한 전후 세대의 보수 정치인은 역사수정주의를 계속 밀어붙이고 있고 수십 년간 지속된 교과서 개악 작업의 결과 일본 국민의 다수는 과거 침략전쟁의 악행을 상기시키는 움직임에 신경질적 거부반응부터 보인다. 이런 흐름을 대변하는 상징이라 할 만한 사람이 아베 신조다. NHK의 여성 국제전범법정 보도를 왜곡한 주역으로 지목받는 아베는 그 후 두 차례 총리에 올라 2019년 11월 일본 헌정사상 최장기 재임 총리의 기록을 갈아치웠다.

1956년 새로운 마음가짐으로 고국에 돌아온 중귀련 사람들은 어떤 심정으로 일본 사회에서 살았을까? 이들이 귀국한 다음 해 2월 A급 전범 혐의자 기시가 총리가 됐다. 3월 말에는 스가모에 수감됐던 A급 전범 가운데 사토 겐료佐藤賢了 전 육군 중장이 마지막으로 풀려났다. 육군성의 핵심 보직인 군무과장, 군무국장 등을 역임한 사토는 도조 히데키의 측근으로 도쿄국제군사법정에서 종신금고형을 받았지만, 11년 만에 자유의 몸이 됐다. 그는 국회의원들에게 폭언을 한 것으로도 악명이 높다. 군무과 국내반장으로 1938년 3월 국가총동원법을 심의하는 중의원위원회에 출석한 그는 법안을 장시간 설명하다가 의원들의 야유에 "입 닥쳐!"라고 말해 파문을 일으킨 것이다. 당시 중좌 계급이었지만 아무런 처벌도 받지 않고 넘어갔다. 스가모에서 나온 그는 우익 보수 단체의 모임에 수시로 연사로 불려나가 '영웅 대접'을 받았고, '대동아전쟁은 성전이었다'는 주장을 끝까지 굽히지 않았다. 도쿄국제군사법정에서 도조 히데키의 주임 변호사였던 기요세 이치로清瀬一郎는 중귀련 사람들이 귀국한 시점에 하토야마 내각의 문부상이었고, 후에 중의원 의장까지 지냈다. 기요세도 "그 전쟁은 백색 인종의 동양 정복에서 해방하기 위한 것으로, 그래서 성전이라고 이름 붙인 것"이라고 주장했다.

이런 사람들이 정권을 쥐락펴락하고 자라나는 세대를 입맛대로 교육하려 했으니 중귀련 사람들의 심정은 얼마나 심란했을까. 하지만 이들은 불리한 상황에서도 굴하지 않고 극우 반동 세력의 역사 왜곡에 맞서 생의 마지막까지 투쟁하고 증언했다. 이들의 행적과 증언은 이제까지 한국 사회에서 제대로 조명을 받지 못했다. 많이 늦었지만, 이들의 삶과 고뇌를 기억해야 할 의무와 책임이 우리에게도 있는 것이 아닐까.

끝으로 '마지막까지 인죄의 길을 간 사람들'에서 소개한 미오 유타카의 동료로 푸순전범관리소에 함께 수감됐고 중귀련 활동에 동참했던 나가누마 세쓰지長沼節二의 증언으로 이 책을 마무리하고자 한다. 나가누마는 미오와 1913년생 동갑이고 헌병도 같이 돼 다롄헌병대에서 준위 계급까지 올랐다. 그는 전쟁범죄를 증언하는 것은 목숨을 거는 것이라고 말하고 전쟁에 동원됐던 다수의 일본인이 학살이나 전범 행위를 부정하는 이유를 이렇게 설명했다.

일부 사람들은 '삼광 작전은 없었다', '난징대학살도 없었다'고 주장한다. 푸순전범관리소에서 사상 개조를 한 나도 제법 말할 수가 없었다. 하물며 (패전 후) 직접 귀국한 군인들은 그런 물음에 '모른다', '학살은 없었다', '강간도 없었다'고 말할 게 틀림없다. 나의 그런 마음을 구해준 게 미오였다, 그 후 각지를 돌아다니며 증언했다. 증언할 때는 어떻게든 천황 문제를 다루지 않으면 안 된다. 그러면 반드시 위험이 따르는데, 그것을 각오하고 증언한다는 것은 목숨을 거는 것이다. 미오가 없었으면 나는 증언할 만한 용기가 없었을 것이라고 생각한다. 그래서 미오에게 정말로 감사하다.

수기 · 회고록

간키 하루오神吉晴夫 편, 김가랑 역,《이런 일본인들》, 선경도서출판사, 1980

김원,《기구한 인연》, 한울, 1995

중국귀환자연락회 편, 서병조 역,《삼광》, 현대문예사, 1987

歸山則之,《生きている戰犯 金井貞直の認罪》, 芙蓉書房出版, 2009

神吉晴夫 編,《三光:日本人の中國における戰爭犯罪の告白》, 光文社, 1957

國友俊太郎,《洗腦の人生:三つの國家と私の昭和史》, 風濤社, 1999

富永正三,《あるB·C級戰犯の戰後史》, 水曜社, 1977

三尾豊,《認罪の旅:731部隊と三尾豊の記錄》, 認罪の旅:
    731部隊と三尾豊の記錄刊行委員會, 2000

齋藤美夫·著, 前田地子 編,《飛びゆく雲:最後の戰犯は語る》, 搖籃社, 1998(2판, 초판은
    1987년)

島村三郎,《中國から歸った戰犯》, 日中出版, 1975

土屋芳雄 述, 朝日新聞山形支局 著《聞き書きある憲兵の記錄》, 朝日新聞社, 1985

絵鳩毅,《皇軍兵士, シベリア抑留, 撫順戰犯管理所:カント學徒, 再生の記》, 花伝社,
    2017

湯淺謙 述·吉開那津子 著,《消せない記憶: 日本軍の生體解剖の記録》, 日中出版,
    1996(증보 신판 1쇄, 초판 1쇄는 1981년)

中國歸還者連絡會 編,《新編三光: 中國で日本人は何をしたか》, 光文社, 1982

中國歸還者連絡會 編,《天皇の軍隊 中國侵略》,
    平和のための大阪の戰爭展實行委員會, 日本機關紙出版センター, 1988

中國歸還者連絡會,《侵略: 中國における日本戰犯の告白》, 新讀書社, 1958

藤原恒男 著, 藤原時子 編,《私の驅け足反省 中國での從軍と歸國後の日日》, 2015

단행본

마오쩌둥 저, 이등연 역,《마오쩌둥 주요 문선》, 학고방, 2018

노다 마사아키野田正彰 저, 서혜영 역,《전쟁과 인간》, 길, 2000(원제는《戰爭と罪責》,
    岩波書店, 1998)

鎌田慧,《反骨のジャーナリスト》, 岩波書店, 2002

神谷則明,《長き沈默: 父が語った惡魔の731部隊》, かもがわ出版, 2017

加藤陽子,《滿洲事變から日中戰爭へ》, 岩波書店, 2007

小林節子,《私は中國人民解放軍の兵士だった: 山邊悠喜子の終わりなき旅》,
    明石書店, 2015

熊谷伸一郎,《なぜ加害を語るのか 中國歸還者連絡會の戰後史》, 岩波書店, 2005

竹內實,《日本人にとっての中國像》, 岩波書店, 1992

毛里和子,《日中關係》, 岩波書店, 2006

武野武治,《戰爭絶滅へ, 人間復活へ》, 岩波書店, 2008

澤地久枝,《もうひとつの滿洲》, 文藝春秋, 1986

山陰中國歸還者連絡會 編,《殘してきた風景: 私たちが湖北省で犯したこと》,
    山陰中歸連を受け繼ぐあさがおの會, 2013

新井利男 資料保存會 編,《中國撫順戰犯管理所職員の證言》, 梨の木舍, 2003

靑木富貴子,《731: 石井四郎と細菌戰部隊の暗を暴く》, 新潮社, 2008

Allen Whiting 著, 岡夫達味 譯, 《中國人の日本觀》, 岩波書店, 2000

山口盈文, 《僕は八路軍の少年兵だった》, 光人社, 2006

大澤武司, 《毛澤東: 對日戰犯裁判》, 中央公論新社, 2016

大杉一雄, 《日中十五年戰爭史》, 中央公論社, 1996

岡部牧夫 等 編, 《中國侵略の證言者たち》, 岩波書店, 2010

吉田裕, 《アジア·太平洋戰爭》, 岩波書店, 2007

伊東秀子, 《父の遺言: 戰爭は人間を狂氣にする》, 花伝社, 2016

程麻 林振江 著, 林光江 古市雅子 譯, 《李德全》, 日本僑報社, 2017

太平洋戰爭研究會, 《日中戰爭がよくわかる本》, PHP研究所, 2006

撫順市政協文史委員會 著, 中國歸還者連絡會 譯編, 《覺醒: 撫順戰犯管理所の六年
　　　日本戰犯改造の記錄》, 新風書房, 1995

中國歸還者連絡會 編, 《歸ってきた戰犯たちの後半生 中國歸還者連絡會の四十年》,
　　　新風書房, 1996

原彬久, 《岸信介》, 岩波書店, 1995

林博史, 《B·C級戰犯裁判》, 岩波書店, 2005

本多勝一 長沼節夫, 《天皇の軍隊》, 朝日新聞社, 1991

星徹, 《私たちが中國でしたこと, 中國歸還者連絡會の人びと》, 綠風出版,
　　　2006(增補改訂版)

靑木茂, 《日本の中國侵略の現場を步く》, 花伝社, 2015

논문·보고서

近藤昭二, 〈細菌戰部隊の史料と一將校の顚末〉,
　　　《15年戰爭と日本醫學醫療研究會會誌》12卷 1號, 2011

松村高夫, 〈731部隊と細菌戰〉, 《三田學會雜誌》91卷 2호, 1998

宋志勇, 〈終戰戰後における中國の對日政策: 戰爭犯罪裁判を中心に〉, 《史苑》54卷
　　　1號, 1993

坪田典子, 〈戰爭加害者と被害者の關係構築をめぐる一考察〉, 《社會理論動態研究所
　　　理論の動態》, 2015

土屋貴志,〈15年戰爭期の日本による醫學犯罪〉,《人權問題研究》, 2006

安藤裕子,〈和解の記憶の缺落:戰後日本における認罪の表象〉,《アジア太平洋研究》
　　　25卷, 2015

和田英穗,〈裁かれた憲兵:中國國民政府の戰犯裁判を中心に〉,《尙絅大學研究紀要》
　　　46號, 2014

石田隆至,〈寬大さへの應答から戰爭責任へ〉,《明治學院大學 國際平和研究所
　　　PRIME》31卷, 2010

_____,〈戰爭の反省はどのように受容されたか〉,
　　　《成城大学 社會イノベーション研究》, 10卷 1號, 2015

崔銀姬,〈公共の記憶とのジャーナリズムの形骸化〉,《佛敎大學 社會學部論集》48號,
　　　2009

董玉峰,〈接收蘇聯移交日本戰犯前後〉, 縱橫

李放,〈偵訊日本戰犯〉, 北京法院網

李甫山,〈我參與偵訊日本戰犯始末〉, 黨史博覽

정기 간행물

《季刊 中歸連》

《世界》

《朝日新聞》

《讀賣新聞》

《週刊朝日》

《中歸連平和記念館會報》

영상 자료

〈731部隊の眞實:エリート醫學者と人體實驗〉, NHK, 2017

〈731細菌戰部隊〉, NHK, 1992

〈劉連仁 54年目の證言:中國强制連行と戰後補償〉, NHK ETV, 1998

〈埋もれた戰後〉, NHK, 1965

〈兵士たちが語ったこと〉, フジテレビ, 2001

〈ある戰犯の謝罪:土屋元憲兵少尉と中國〉, 山形放送, 1992

〈認罪:中國撫順戰犯管理所の6年〉, NHK BS, 2008

〈日本鬼子〉, 松井稔 監督, 2001

〈日本人中國抑留の記錄〉, ① 抑留から戰犯裁判まで ② 戰犯裁判での證言, NHK
　　ETV, 1999

〈戰犯たち中國再訪:中歸連·上坪鐵一父子らの訪中〉, RKB每日放送, 1978

〈戰犯たちの告白:撫順·太原戰犯管理所 1062人の手記〉, NHK, 1989

〈戰爭をどう裁くか〉, ① 人道に對する罪 ② 問われる戰時性暴力
　　③ 今續く戰時性暴力 ④ 和解は可能か, NHK ETV, 2001